探寻能源的奥秘
——石油、天然气和石化产品

［卡塔尔］Theodore E. Theodoropoulos　著

王大锐　译

内 容 提 要

本书涵盖了石油、天然气与石油化工工业中所有专业人士与普通工作人员所需的基本信息，介绍了全球石油与天然气需求与供给，定价，油气的形成，勘探与开发，炼油工业，石油、天然气和石化产品的运输与市场营销和经济项目融资，未来能源等内容。

本书适合广大读者使用。

图书在版编目（CIP）数据

探寻能源的奥秘：石油、天然气和石化产品／（卡塔尔）西奥多罗普罗斯 (Theodore E. Theodoropoulos) 著；王大锐译．

北京：石油工业出版社，2015.11

书名原文：Oil, gas & petrochemicals——The Secret Word of Energy

ISBN 978-7-5183-0033-4

Ⅰ．探⋯

Ⅱ．①西⋯ ②王⋯

Ⅲ．①石油工业－能源经济－研究－世界

②天然气工业－能源经济－研究－世界

③石油化工－化工产品－研究－世界

Ⅳ．F416.22

中国版本图书馆 CIP 数据核字（2015）第 036613 号

Translation from the English language edition: "Oil, Gas & Petrochemicals – The Secret World of Energy" by Dr. Theodoros (Theodore) Theodoropoulos. Copyright © [Dr. Theodoros (Theodore) Theodoropoulos] and PIP (only in Chinese language and for a maximum of 5,000 copies)

本书经 Dr. Theodoros (Theodore) Theodoropoulos 授权石油工业出版社有限公司翻译出版。版权所有，侵权必究。

北京市版权局著作权合同登记号：01-2010-5474

出版发行：石油工业出版社

（北京安定门外安华里 2 区 1 号　100011）

网　　址：www.petropub.com

编辑部：(010) 64523736　图书营销中心：(010) 64523633

经　　销：全国新华书店

印　　刷：北京中石油彩色印刷有限责任公司

2015 年 11 月第 1 版　2015 年 11 月第 1 次印刷

787×1092 毫米　开本：1/16　印张：22.25

字数：555 千字

定价：60.00 元

（如出现印装质量问题，我社图书营销中心负责调换）

版权所有，翻印必究

谨将本书献给：

我的父亲与母亲，正是他们教会我诚实而高尚地生活。

我伟大的姐姐，她持之以恒地支持我，给我信心和力量。

一本书的写作是协作的成果，如果没有石油、天然气和石化工业领域科研人员的帮助是无法完成的。本书也正是我们设计团队和许多同仁精诚合作的结晶。

在此，我谨向几位主要的科学家和我们的规划与研究团队为本书所做的杰出贡献表示衷心的感谢。本书经历了4年耗时而艰苦的构思，并用17个月写作完成，笔者再次感谢他们的杰出贡献、智慧、经验以及为本书所做的前期准备工作。

笔者衷心感谢詹妮特(Jeanette Gotangogan)女士和拿破仑(Engr Napoleon)先生、桑托斯(William delos Santos)先生，正是有他们的大力帮助才能够将本书奉献给广大读者。

我特将本书献给我亲爱的朋友阿卜杜拉(Abdulla Saif AlMesallam)，他对笔者完成本书给予了极大的鼓励与支持。

感谢所有为本书面世提供过帮助的人们！

最后，我衷心地将本书献给我尊敬的卡塔尔石化公司和繁荣昌盛的卡塔尔，正是我在该公司三年半的生活和工作实践，为我在能源世界里的发展奠定了基础。

致　谢

我生活中最重要的经验之一就是："如果你想为这个社会做出一种新的贡献，那就必须不断激励自己在某一领域做出点辉煌的成绩来。"

本书经过4年的构思，又经过17个月的研究、数据收集与分析工作以后，与我的团队一同完成了草稿，并由我执笔成书。

"就是在那一刻，我们体会到了常常只有旅行者们登上高峰时的那种感受。"

我曾经有过撰写一本最有意义的、与能源有关的综合性著作的想法。现在，我已经为那些试图更好地了解石油、天然气和石油化工工业基础知识的人们提供了一本实用的著作。

我坚信，本书是一本基础性读物。毫无疑问，它也可以作为全面而进一步地了解能源领域现状的创新性培训（教育）工具。本书将以灵活而实用的手法对广受人们关注的石油、天然气和石油化工工业进行全面的阐述和剖析。

我以自己对该领域的深入理解和极大兴趣实现了这一目标。对于那些目前在这些领域工作却对石油、天然气和石化产品基础知识缺乏了解和认识的人们而言，我相信本书将是非常宝贵且必需的读物。只有获得足够的知识才会重视并正确评价那些影响我们日常生活与子孙后代的重要能源。

本书所涵盖的信息将会对从事石油、天然气和石油化工工业工作的人员产生激励与促进作用，他们通过本书来理解自己所扮演的重要角色，并为生产全世界、全人类所需的能源而尽职尽责。

"这是第一本为石油、天然气和石化产品所撰写的专著。一个在能源领域中获得优异成果的标志。"

Theodoropoulos博士

多年来，西奥德在他的科普著作与研究创作中如何加强"实际知识"方面做出了出色的贡献并提供了许多颇具实用价值的指标。现在，他的又一本新著面世，成为石油与天然气成功商业模式的一个基准点。

——Wee Meny Toyo 教授（*新加坡大学*）

油气和石化工业为成千上万的人在追求个人与专业成功方面提供了机遇，而本书将成为这些人的"黄金标准"。

——David Kenn教授（*美国哈佛大学IIR研究所*）

本书极具教育功能。如果你正在寻找这些工业领域的所有知识的"启迪"的话，那你会对本书爱不释手的。

——Napoleon delos Santos工程师（*卡塔尔 Oryx 天然气合成油公司*）

本书是一本特别的专著，它是一本非常实用的、涵盖了这些工业领域日新月异成果的综合指导性读物，它是当今挑战这个商战世界的一本必备书。恭喜你拥有此书！

——Barbara R. Enders 小姐（*英国国际货币基金组织研究所*）

前 言

本书涵盖了石油、天然气与石油化工工业中所有专业人士与普通工作人员所需的基本信息。本书的三个主要目的在于：一是以目前经济与技术应用水平为背景介绍所有能源的基础知识，二是根据能源的需求与供给形势介绍全球经济发展的概况，三是介绍能源领域中科技发展的趋势。石油、天然气和石油化工是当今世界最时髦、最热门的能源领域，也是科学理论与科技研究相当落后于生产实践的领域。在这些领域，对于每位科研人员来说，综合研究能力将是一种不可多得的优势。本书将努力弥补这些缺憾，并为促进未来研究提供有价值的数据。

本书的着眼点在于教育、研究、学术分析与实践经验，并以此为结构涵盖全书内容。除了介绍石油、天然气和石油化工领域的实用经验之外，本书还提供了一套很有实用价值的理念，描述石油与天然气使用的核心原理和关于能源的科技项目评估。本书还介绍了全球石油与天然气的需求与供给、定价，油气的形成、勘探与开发，炼油工业，石油、天然气和石化产品的运输与市场营销和经济项目融资，未来能源等内容。本书的核心内容"能源"将有关能源的知识进行了全面的介绍，利用了所有有价值的数据、理论和经验，使读者可以总体上更好地了解石油、天然气和石油化工工业的现状。此外，读者还可以发现一些关于石油、天然气和石化产品的换算方法，以及全球能源市场、世界油气、石化产品的生产率与增长信息，能源预测与评估，全球油气流通，词汇与技术术语的定义等有用的信息与资料。

石油、天然气是当今世界最热门的话题，可以毫不夸张地说，全球经济都是围绕着能源运行的。面对人口不断膨胀的世界，为了保障经济的可持续发展，就需要更多的能源。发展中国家对能源的需求量增加幅度更大，在这些国家中，经济的增长更为迅速，而现代能源的供给却无法满足人们需求。若要满足则将面临许多挑战，包括提高能源利用效率，发展新的能源供给以及控制环境危害等。在可以预见的未来，石油、天然气和煤炭仍然是满足人类需求的不可替代的、可靠的能源保障。到2030年，化石燃料将继续在人类所需能源中占到80%的份额。可替代能源起步时所占的份额很小，即使得到迅速发展，在未来也不可能使全球能源格局发生显著变化。经济发展与提高生活质量是全世界亿万人民的夙愿。因此，为这种发展提供可靠资源保障的重要意义就不言而喻了。这样，就必须了解能源概况并彻底审视可以实现能源需求的各种选择。

以往的实践表明，全球使用的能源种类及总量与经济发展密切相关。因此，在对未来能源进行可靠的评估时就需要认识到：经济的发展和人们对提高生活标准的追求与努力将依然无法弥补全球人口增加所造成的"缺憾"。

想到从现在开始，化石燃料仅够使用30年到50年的时间，谁能预测之后地球人的生活！

无人知晓将会发生什么。

谁都无法想象地球几十亿人生活的情景。

地球上的石油与天然气资源正缓慢地耗尽，而人类对能源的需求却快速增加……

目前发现的石油和天然气资源量够用吗？

高油价已经引发了金融界和整个经济体的长期改变，而且已波及生活在这个星球上的每一个人的生活。石油价格已在2007年的平均值上每桶增加了50美元，这导致了2008—2009年间全球经济增长减少了0.5至1.0个百分点。在更广义的层面上，商品价格的波动正在影响着经济预算拨款和贸易平衡，引发强烈的通货膨胀，当然，也影响了全球绝大多数人的生活质量。在一些国家中（尤其是石油出口国），由于经济预算拨款与贸易平衡增加以及国际油气交易价格的提高，使得其收入明显增加。据此，中东与非洲地区的国内生产总值（GDP）将分别增加6.1%和6.3%，这在很大程度上是油气价格提高造成的。收益最大的是石油输出国组织（OPEC，欧佩克）成员，它们每天产出3210万桶石油，占全球油气市场38%的份额（中东是主要供油地区，占全球石油市场30%的份额，如果伊拉克的油田全部投产并进入国际原油市场，且中东产油国达到它们的原油产能高限的话，这个比例还将更大）。

谁在抱怨高油价？今天，当海湾地区的石油生产国能够期望每天都获利10亿美元的收入时，那些西方的石油消费者却在为每桶售价已高达140美元的石油怨声载道。OPEC认为，猛增的油气需求与供给的矛盾正成为油价上涨的推手。在美国和欧洲，针对日益猖獗的石油合同市场的投机倒把行为，政治家们正呼吁要求加以约束，并且着手操控石油交易价格。在美国国会，愤怒的民主党人已经要求制定强制性法令，迫使商人们合法从事石油买卖。这种高油价也使得欧洲的石油市场丧失了活力，那里的领导人提出了一种全球性的官方禁令，限制石油交易中的投机倒把行为，痛斥由套购保值储备方式引发的最近的原油价格暴涨行为。2007年，大约有60%到70%的原油交易属于投机倒把买卖，这意味着交易这些石油的目的并不是用于消费或储备。这是个巨大的数额。众所周知，从理论上讲，这个数字应该会更大，因为人们购买的石油量经常大大多于自己的实际消费量。可以肯定的是，在通常情况下，油气储备在今天的价格评估中扮演着重要角色。真正的问题是：石油应该廉价吗？油价应该为多少？当每桶原油的价格介于120美元到145美元之间时，任何可以提供额外供给的、可选择的或者可获得的节能产品都会大量涌现。显然，能源价格的暴涨正在引起全球范围的烦恼。

"昂贵的价格是痛苦的，但在原油价格下暗藏着商业运作的手段。"

同时，能源价格昂贵也可能是件好事。为什么？当油价飙升时，人们和政府的消费也会减少，会去寻找替代品，并开发新的能源供给渠道。这些影响正是基础经济学的原理。由于过去20年间的廉价石油，当前的情况是令人痛苦的。昂贵的能源可以成为各经济领域的一种动力和一剂苦口良药，难以下咽但药效长久。高昂的能源价格也能够为发明之花浇水灌溉，也为节能行动、还清债务以及寻找更多的石油和天然气资源注入新的活力。

今天，石油和天然气是最热门的话题，本书将带你浏览全球能源概况。

目 录

第 1 章 能源 1

石油价格能够反映正确的供需方向吗? 1
全球经济增长与能源需求 5
什么是能量公式? 6
人类所利用的最古老能源是什么? 6
能源的重要性何在?能源对我们意味着什么? 7
民用与商用建筑物中怎样利用能源? 9
交通运输业如何利用能源? 10
全球私人交通工具 11
工业制造中如何利用能源? 12
全球能源需求 13
全球石油消费趋势 14
谁是石油的供给者? 18
主要石油生产国 19
未来的石油资源 21
谁控制着石油资源? 21
谁是石油的供给者?谁是石油的消费者? 23
谁消费的石油最多? 24
经济成熟度与石油的使用 28
全球天然气消费量 29
天然气的另一个巨大优势:蕴藏量极其丰富 29
关于能源的总结 32
石油工业发展大事记 33
国家石油和天然气公司 36
国际能源署 37

第 2 章 烃类物质 ... 38

什么是烃类物质? ... 38
烃类物质的种类 ... 40
烃类物质来自何处? ... 41
烃类物质是怎样形成的? ... 41
煤炭——一种不同类型的烃类物质 ... 42
什么是烃类和生物质? ... 43
什么是烃类混合物? ... 43
石油烃类的组成 ... 43
石油生成所需的各个条件 ... 44
石油生成体系分析 ... 45
在何处能够找到油气? ... 51
怎样找到油气? ... 51
什么是油砂? ... 54
油气为什么如此重要? ... 54
为石油而战的国家 ... 54
油气是否正在被耗尽? ... 55
石油储量与石油峰值 ... 56
非常规资源——非常规石油 ... 57

第 3 章 石油的研究、勘探、钻井及开采 ... 61

石油的种类 ... 61
石油开采需要什么样的研究工作? 资源评价的重要性何在? ... 61
如何发现石油? ... 62
石油勘探的经济意义与重要性何在? 最关键的经济因素是什么? ... 63
石油和天然气勘探过程 ... 64
在哪里可以找到油田? ... 64
油气田勘探中的国际关系 ... 65
什么是地震勘探法? ... 66

钻井费用评估 ………………………………………… 68

钻井费用与钻井设备 ………………………………… 69

旋转钻井原理 ………………………………………… 70

钻机 …………………………………………………… 73

钻井平台的类型 ……………………………………… 74

带有动力定位装置的轮船 …………………………… 76

油井的原理 …………………………………………… 76

试油 …………………………………………………… 80

油气田的寿命 ………………………………………… 81

全球油田纵览 ………………………………………… 82

第 4 章　石油炼制 …………………………………… 87

人们怎样才能从石油中获得汽油和其他产品? ……… 87

炼油厂是怎样工作的? ……………………………… 88

石油的炼制过程 ……………………………………… 90

对含有从最轻到最重烃类分子混合物的石油怎样进行加工处理? …… 92

石油的炼制始于分馏处理 …………………………… 92

从重质产品向轻质产品的转化 ……………………… 93

从原油到石油产品 …………………………………… 93

炼制产品的特性 ……………………………………… 94

石油产品的利用 ……………………………………… 95

石油炼制经济学 ……………………………………… 96

第 5 章　天然气和液化天然气 ……………………… 97

什么是天然气? ……………………………………… 97

天然气的化学组成 …………………………………… 98

天然气的形成 ………………………………………… 101

天然气——具有光明未来的能源 …………………… 102

液化天然气是世界天然气市场的桥梁 ……………… 111

液化天然气的加工流程 …… 113

什么是液化天然气接收终端? …… 115

吸收处理——什么是天然气液体? …… 115

天然气液体 …… 117

天然气制油的过程 …… 118

天然气制油技术的应用 …… 118

天然气的储存 …… 119

天然气的利用 …… 120

天然气价格——需求与供给要素 …… 121

世界液化天然气市场结构 …… 122

液化天然气市场如何运作及液化天然气合同的签订 …… 124

全球天然气田总览 …… 130

第 6 章　石油与天然气的运输　138

石油输送 …… 138

全球的油轮船队 …… 141

管线运输与构成 …… 141

管线系统的组成 …… 145

天然气管线的输送与储存 …… 147

油气储存与储备保障 …… 149

第 7 章　石油产品的市场营销与物流　154

石油产品的市场营销 …… 154

石油产品的物流 …… 155

加油站油品价格与油品实际价值的关系 …… 157

第 8 章　石油化工产品　159

炼油厂的作用 …… 159

石油化工厂的产品 …… 160

聚乙烯的制取 …… 162

塑料 ··· 162
蒸气裂解——石油化工的基本生产流程 ····················· 163
中东地区的石油化工工业 ·· 165
乙烯的成本 ··· 170
全球石油化工工业前景 ·· 175
全球石油化工产品的需求与供给 ·································· 176

第9章 石油、天然气与石化产品经济学   178

石油天然气工业的经济学——全球纵览 ····················· 179
影响石油价格的因素 ··· 185
中期石油价格 [1994—2008年（没有考虑通货膨胀因素）] ········· 186
欧佩克对石油工业的影响 ·· 187
石油价格的历史与分析 ·· 193
富油国消费了更多的能源，减少了出口 ······················· 204
历史上的石油危机 ··· 206
其他能源短缺危机 ··· 207
石油和天然气公司是怎样赚钱的？ ······························· 208
利润率的确定 ·· 209
最好的石油市场是什么？ ··· 209
原油定价标准是什么？ ·· 210
原油价格是波动很厉害的 ·· 210
FOB和CIF价格 ··· 220
石油炼制基础经济学 ··· 222
炼油的利润 ··· 222
全球原油与汽油价格发展对比 ····································· 225
美国的汽油使用与定价 ·· 225
欧洲的汽油使用与定价 ·· 226
欧佩克与全球石油价格 ·· 229
高昂的石油和汽油价格导致的经济困境 ······················· 230

石油消耗率——工业化与发展中国家 ………………… 235

　　液态天然气（NGL）的定价 …………………………… 241

　　液化石油气（LNG）价格的波动性 …………………… 242

　　MEGA利润公式 …………………………………………… 244

第 10 章　工程项目融资　　248

　　为什么要使用工程融资？ ………………………………… 248

　　工程项目融资与公司融资的区别 ………………………… 249

　　融资与贷款的区别 ………………………………………… 250

　　工程项目融资的基本构成是什么？ ……………………… 251

　　工程项目融资的历史 ……………………………………… 254

　　为什么要研究工程融资？ ………………………………… 259

　　财政模式——构建良好模式的要素是什么？ …………… 261

　　项目结构和融资的来源 …………………………………… 264

　　银团贷款 …………………………………………………… 269

　　投资的债券化 ……………………………………………… 270

　　貌似公平的结构（剩余索取权） ………………………… 271

　　负债状态的结构（固定的款项） ………………………… 271

　　工程发包人的财力 ………………………………………… 274

　　工程项目评价 ……………………………………………… 275

　　综合风险分析和（交易中的）必要审计 ………………… 279

　　风险的构成与消除 ………………………………………… 280

　　工程融资偿还能力比率 …………………………………… 294

　　信贷准备金利率 …………………………………………… 294

第 11 章　未来能源　　297

　　太阳能 ……………………………………………………… 305

　　风能 ………………………………………………………… 309

　　生物质能 …………………………………………………… 313

水力能 ……………………………………………………… 320

　　煤炭发电 …………………………………………………… 324

　　地热能 ……………………………………………………… 329

第 12 章　地球历史中的气候 …………………………………… 333

　　前寒武纪（46亿—5.4亿年前） …………………………… 333

　　古生代（5.4亿—2.45亿年前） …………………………… 333

　　中生代（2.45亿—6500万年前） ………………………… 333

　　古近—新近纪（6500万—165万年前） ………………… 333

　　第四纪 ……………………………………………………… 334

附录　计量与换算：石油、天然气与液化天然气当量 ………… 335

第1章 能 源

当今，由于全球一次性能源消费正在持续地增加，人类对能源的需求量比以往任何时候都大大地增加了。控制着这些能源的油气公司必须适应这种全球性能源需求量增加的现实，力保油气供给在全世界继续处于一种供需平衡状态。一次性能源的生产者们因为这个星球拥有大量能源但却不能满足消耗大户们的需求而承担起了向消费者运输能源的任务。这样，就出现了一系列新的问题：人类利用油气的历史已达150多年，地球还有足够的油气吗？能源还能用多久？经济发展对能源需求量的增加明显高于人类利用能源效率的提高速度。这种增加主要发生在非经济合作与发展组织（OECD）❶成员。在这些国家中，亿万民众迫切需要大量的能源来提高自己的生活质量，以达到与发达国家比肩的水准。石油、天然气和煤炭将在可预见的未来依然能够满足这种需求且是可以支付得起的可靠能源。全球经济都在围绕着能源运行，在能源效率大幅度提高的情况下亦然。到2030年，全球能源总需求量将比2005年增加40%左右❷。

石油价格能够反映正确的供需方向吗？

世界上有许多令人担忧的大事，随着能源供需矛盾的持续激化，石油价格很可能会在高位徘徊波动。我们的资源并不是已快用尽，但将能源送往市场的困难却不断增大，而且碳排放量也持续猛增。

2007年是人们对全球气候变化起因关注的一个转折点，2007—2008年资源消耗量增加最快的是煤炭，其消耗量比2006年度增加了4.5%，增长幅度最小的是石油，仅为1.2%，但这并没能阻止油价的暴涨，一直飙升到2007年底

---

❶ OECD（Organization for Economic Cooperation and Development）——经济合作与发展组织，简称"经合组织"，成立于1961年。其成员共计34个：澳大利亚、奥地利、比利时、加拿大、智利、捷克、丹麦、爱沙尼亚、芬兰、法国、德国、希腊、匈牙利、冰岛、爱尔兰、以色列、意大利、日本、韩国、卢森堡、墨西哥、荷兰、新西兰、挪威、波兰、葡萄牙、斯洛伐克、斯洛文尼亚、西班牙、瑞典、瑞士、土耳其、英国、美国。

❷ 资料来源：《世界经济报告》，2006；《IFR 2007》《SRWE 2008》。

的100美元/桶。到2008年，这一纪录被再次刷新，油价一路飙升至147.25美元/桶。同时，即使在2007年就开始了向所谓的清洁能源开发技术进行投资——对这些新项目的投资高达1500亿美元，但可再生能源（如风能、太阳能和地热能）在全球发电量中所占的比例依然很少，不足1.5%。

能源的廉价时代结束了吗？布伦特原油价格已连续6年增长。这开创了石油工业历史的先河，以往的低价石油可以上溯到美国内战爆发时的1861年。很显然，我们生活在一个不寻常的时代。目前，节节攀升的不仅是油价。自2003年1月以来，美国的石油

> 我们生活在一个商品和所有东西都处在高价位且价格波动极大的世界——油价会是个例外吗？

价格上涨了23%，天然气价格上涨了130%，而且呈加速上涨状态。在石油与天然气价格中，我们看到了一种相背离的现象。当绝大多数国家的石油价格上涨时，全球的天然气价格并没有随着石油价格同步上涨。在美国，与燃料油相比，天然气的价格反倒有所下降。除美国之外，全世界各地的煤炭价格都上涨了。然而，这种油价的陡涨态势就是石油价格攀升到顶峰的标志，一些人会把这种涨价认为是一些短期因素——就是所谓的投机倒把商人，或者是美元的疲软所致。但实际上，其原因却可能是根深蒂固的：这是供需之间的一种非常严密的平衡状态。对能源需求的主要驱动力最强的时期就往往是经济增长最迅猛的时期。而且，非OECD成员对这种经济增长的贡献也是能源需求量增加的主要原因，因为这些国家的能源强度是OECD成员的3倍之多。2007年，生产1000美元的国内生产总值（GDP）❶发展中国家用了4.1桶油当量（BOE），而OECD成员则仅用了1.4桶油当量的资源。

油气的供给无法满足能源需求量增加的渴求。在许多成熟的商业经济体中，油气产量一直在下降。对油气供应的另一个冲击来自俄罗斯——该国的油

---

❶ 国内生产总值（GDP）或称国内总收入（GDI）是对一个国家和一个特定区域的经济产出的度量。GDP的定义为所有最终产品总的市场价值和服务业产值在一个给定的时间段内（通常为年）的总和。还可以认为，GDP是在一个给定的时间段内所有最终产品在生产阶段（中间阶段）的附加值与服务业产值的总和，以一种货币的数值表述。

气产量在21世纪的前十年，首次出现了逐年下降的趋势。根据《全球能源统计》（Review of World Energy）2008年的统计，全球石油产量从2006年到2007年减少了0.2%（2007年的石油产量为8500万桶/日），这是2002年以来的首次减产。在同一时间段内，天然气的产量却增加了2.4%，其中尤以美国的产气量增加最为显著。中国与卡塔尔的天然气产量也显著增加。欧洲联盟（简称欧盟，EU）的产量下降了6.4%，英国的天然气产量下降了9.5%，这是全球连续两年最大幅度的下降。液化天然气（LNG）的供应量增加了7.3%，其中绝大部分贡献来自卡塔尔与尼日利亚。针对向市场提供新的能源就需要更多投资的呼声，笔者认为存在三大障碍：一些项目建设发展过快、资源的国有化进程与高税收政策。虽然能源工业的花费显著增加，但能源的供给链却依然热得烫手——那是一些"瓶颈"，设备的短缺和熟练工人的匮乏导致了油气供应增加缓慢和价格的大幅度波动。

消费者们通过调整自己的需求量来适应高油价的局面。比如，全球石油的消费主体是燃料，它是油价增加的最大刺激因素，也是化石燃料中最薄弱的环节。油价猛涨导致的消费下降至平均水平已是连续第二个年头了。实际上，全球石油消费的所有增加都集中在那些拥有价格补贴的国家中。在OECD成员中，2007年再次出现了能源消费量的下降，美国也出现了相同的情况。提供燃料价格补贴的国家有中国、印度和各产油国。这种补贴对消费者起到了保护作用，使他们得以免受油价上涨所带来的更大冲击，因此也会导致能源的恣意挥霍。然而，当油价维持当前水平时，许多国家的政府拒绝为所需的油气继续补贴拨款。

2007年，全球的一次性能源消费量为111亿桶油当量，比2006年增加了2.4%，2008年则达到了116.5亿桶油当量。欧盟的消费量下降了2.2%，OECD则增加了0.8%。其他一些经济体（EME组织——由中东、非OECD的亚洲国家，非OECD的欧洲国家，非洲和中南美洲国家组成）的能源需求量平均增加了5.5%。全球石油消费量在2007年增加了1.1%，达到8500万桶/日，2008年则达到了8710万桶/日(不同地区的差别很大)。欧盟的消费量下降了2.6%，OECD成员下降了0.9%，而EME国家则增加了4.4%。中东、中南美洲和非洲的石油出口地区的石油消费量达到了全球增加量中的三分之二。天然气的消费增加量异乎寻常地高达3.1%，为29220亿立方米。然而，仅在北美、亚太地区和非洲就出人意料地大幅度增加了天然气消费，EME成员的增加量高达4.1%。而在欧盟，天然气消费下降了1.6%，主要原因在于那里的暖冬气候。

> **我们的世界并不是正在将油气耗尽。**

在可预见的未来，石油与天然气资源量足以满足人类的需求。受地缘政治（Geopolitics）的影响，尤其在那些国家主义盛行的地区，正在设立油气供给的壁垒。我们的研究坚定地认为，全球拥有充足的石油、天然气和煤炭资源。全球探明的石油储量按照目前的产能可以保证41年以上的供给，而且近来全球油气探明储量仍在不断地增加。然而，将这些探明储量投入开采则是一件困难的事情。亚太经合组织的油气产量下降表明，油气资源在全球的开采并不是没有受到什么限制，一些油气公司所控制的油气资源往往会受到政策、贸易壁垒和高税收等因素的制约。换言之，当上述公司的石油开采量加大时，就会出现一系列与勘探作业无关的问题。统计结果表明，截至2008年底，全球探明的油气储量为1.195×10^{13}桶（2007年底为1.238×10^{13}桶，比2006年底的1.240×10^{13}桶略有下降），储采比（R/P）为41.1年。天然气的资源量为175.9万亿立方米（2007年为177.4万亿立方米，比2006年的176.2万亿立方米略有增加），其储采比为60年。煤炭的资源量为8459亿吨（2007年为8457亿吨），储采比为132年。

燃料中增长最快的是煤炭，它们的价格也较便宜，而且产地也往往就是消费地。此外，煤炭资源量也是所有化石燃料中最大的。所以，虽然清洁燃料的增加异常迅速（风能以每年28.5%、太阳能以每年37%的速度增加），但在未来，我们的能源仍将主要依赖化石燃料。全球迫切地需要更多的能源投资，而笔者也一直强调对石油、天然气、煤炭、核能和可再生能源等所有类型的能源进行投资。简言之,我们需要所有类型和多种来源的能源,同时也期待能源政策的调整,使石油的产量能得到实质上的增加。笔者乐观地认为,全球应该开采更多的石油,以满足日趋增加的需求量。

全球经济增长与能源需求

经济发展与提高生活质量是全世界人的期望,持续提供可靠的、可支付得起的能源就变得十分迫切。了解能源的整体概况并透彻理解相关的工业流程也是必备的基础知识。历史发展表明,全世界所使用的能源类型与总量和经济发展密切相关。因此,对未来能源需求进行令人信服的预测就必须认识到这一点:全球人口增长的速度将大大快于经济发展的速度,而且也将使人们提高生活品质的愿望滞后于现实。

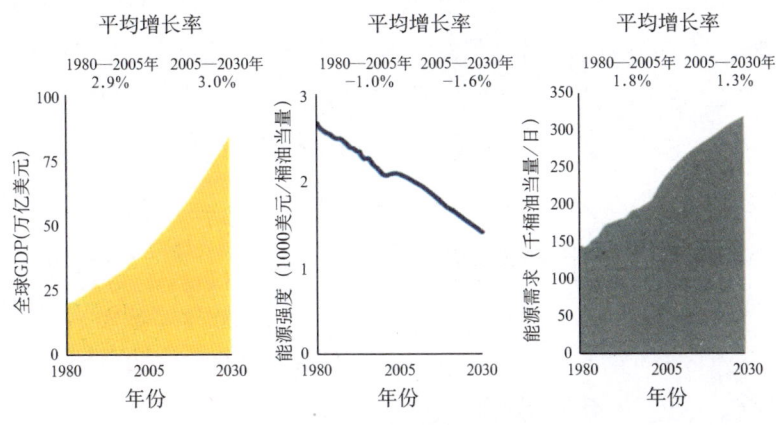

全球经济与能源发展示意图

全球GDP在1980年到2008年间以每年近3.0%的速度增加,预计到2030年将依然以此速度增加,这会使发展中国家的经济迅速发展。

从1980年全球经济开始增长以来,全世界的能源利用效率也提高了。这种效率提高的情况表现为能源强度的明显下降——能源强度用全球GDP除以全球能源需求量来表示。比如在1980年,全球1000美元的经济产出所消耗的能源量为2.5桶油当量。25年后,相同的经济产出所需的能源强度显著下降,每年的下降速度大约为1.0%。❶

---

❶ 资料来源:《世界经济报告》,2006;《IFR 2007》《SRWE 2008》。

能量，是一个宏大的命题！大到整个宇宙都在关注着"能量"！

> 能量是动力与时间的乘积。
> 常常被定义为工作中产出的能力。

什么是能量公式？

$$能量 = 力^① \times 时间^② \rightarrow E = P \times t$$

当我们从高处下落时，就意味着我们被力向下拉动，相对而言，需要一个活动的弹力。科学家们用这一专门词汇来表述能够有产出的或运动的物理系统的性质。这种力可能是机械力的产物（能量推动小轿车或火车运动），或者产生热量（用于做饭或加热水的能量）。所产生的能量取决于做功的强度或力，以及单位时间内所供给的力。在物理学和其他科学中，关于能量的定义起源于希腊语"energos"，它是运动与做功的意思，能量是一种标量，它是一种客观特性，也存在于一些自然界的体系。能量（energeia）是出现在亚里士多德著作中的一个重要的希腊技术术语。他创造的这个词是由两个结构表示的，表征着某些"正在工作"中的事物。它是现代"能量（energy）"的词源，在西方历史中极为广泛地出现，因此在理解原来的亚里士多德所创造的科学术语时，它已不再具有特殊意义。

人类所利用的最古老能源是什么？

从远古至今，人类总是在积极地利用着大自然赋予的所有能源，使自己的生活更加舒适而愉悦。毫无疑问，人类最早利用的能源就是火。处在荒蛮

---

❶ 力（符号：P）是做功或能量转移的比值，或者是在一个给定的时间里所需的能量或消耗的量。由于是做功转换或次级体系能量的一个比值，所以力应为：$P = W/t$，W为做功，t为时间。机械做功是一种力对能量的转换。

❷ 时间被认为是一种基本量。时间被用于确定其他定量，比如速度，并可确定那些能够导致这些其他物理量循环的一种量纲。

时期的远古祖先，就学会了烧木头为自己取暖、烧烤猛犸象的肉排——刚开始时肯定会烧痛自己的手指。下一个古老的能源就是风。据说，人类使用帆船的历史可以上溯到公元前3000年，风能的利用由此而诞生。世界上最早的风车是公元前2000年由波斯人制造的。

继风之后，当然就是水了。风车最近的表亲就是水车，水车的利用也可以上溯到远古时期。它们是受人类控制的水力能利用的最初阶段。水车的使用目的与风车相同。水坝的历史也非常久远，最早的水坝是由埃及法老美尼斯（Menes，埃及统一后第一代国王）于公元前2900年建造的。古埃及人用水坝蓄水耕作并为牲畜供水。这些古老的能源现如今依然被人们所使用，当然，水的应用技术已极大提高。其他类型的能源也已进入现代能源的行列。是的，在现代，似乎这些能源都已显得过于古老。首先而且最重要的是，引发19世纪两次重大工业革命的能源都是源于木材的——煤炭；到了20世纪，石油和天然气成为主要能源。除了上述能源类型之外，本书还将为读者提供关于天然气的更加详细的资料，它们几乎在所有含油的岩石层中都能被发现[1]。纵观人类对能源的利用历史，可以清楚地发现，"化石燃料"与人类文明史长期相伴，而目前，这类能源已出现匮乏的迹象且加速走向消亡。对我们来说，重要的在于学会如何找到未来的、可替代的能源。我们必须学会保护并珍惜能源。

能源的重要性何在？能源对我们意味着什么？

我们每天都要消耗大量能源——在我们的家庭生活、工作、工业生产中，在不同地区之间的旅行过程

> 我们并不食用能源，我们生产能源。那么，我们就可无所不能了吗？

中……我们可以利用各种类型的能源，比如波动能（如发光与激光）、机械能（如肌肉力量与发动机）、热能（如中央供热）、动能（如飞行中的子弹与标

---

[1] 参见第2章。

枪)、化学能(如炸药和燃料)。工业部门❶使用了总能源的33%,民用与商用领域(包括所有类型的建筑物,比如住宅、办公室、商店、餐馆和车间等)的耗能量占到总能源消耗量的39%左右。用于运输的能源占到能源总量的25%~28%。人口与经济的增长是所有能源需求增加的基本驱动因素,为满足一定需要的各种能源还往往受制于一些额外的因素,这些因素包括经济、供给能力、收入水平以及政策等方面。2005年,全球初级能源消耗大约为2.30亿桶油当量/日❷,由石油、天然气和煤炭等化石燃料和一些核能及可再生能源构成。到2030年,全球能源需求量预计将达到3.24亿桶油当量/日,

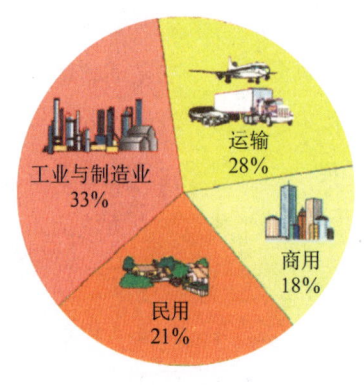

能源使用构成

即比2005年的需求量增加40%。

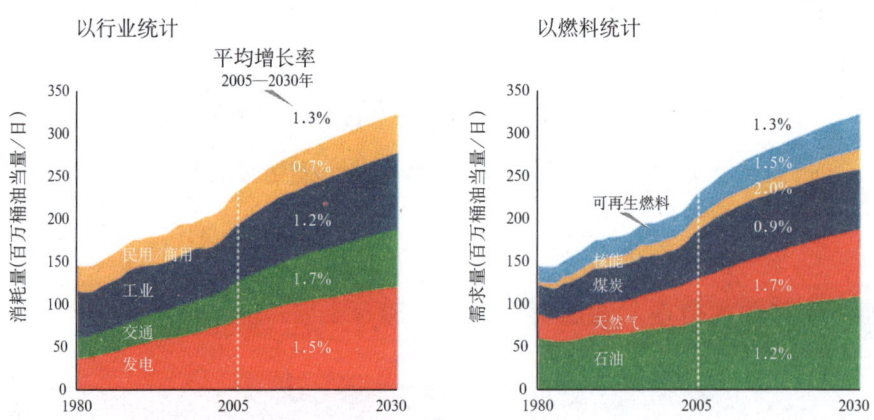

2030年全球能源需求量(预测)❸

---

❶ 一个工业领域或部门是一大类商品制造或售后服务功能的总称。虽然,对于经济与贸易来讲,工业是一个广义词,在经济学与城市规划中,工业是一个次生领域(部门),是一种经济活动类型,是指将原材料加工制成产品和商品的活动。共有四种重要的工业领域:初级领域为大型原材料开采工业,比如采矿业与农业;二级领域包括炼油与制造业;三级领域主要为服务业(比如法律与药品制造业等)和生产的商品的分配;四级领域为一种相对新颖的知识型工业类型,主要从事高科技研究、设计与开发,比如计算机编程与生物工程等。

❷ 按标准油的热值计算各种能源量的换算指标。

❸ 资料来源:《世界经济报告》,2008;《世界能源组织石油报告》,2007。

应该考虑到，全球能源需求与一些特殊能源类型的需求也会受到诸如发电、交通运输、工业、民用与商用等主要部门需求量增加和多样性需求的影响。到2030年之前，上述各领域（部门）对能源的需求量都将增加。当前能源需求量耗能量最大的是电力部门❶，需求量增长最快的是交通运输。而且，到2030年之前，这两个领域将对能源供需趋势产生深远影响。

民用与商用建筑物中怎样利用能源？

民用与商用是重要的能源需求领域，当前，该领域所消耗的一次性能源略高于37%。全球的民用与商用能源需求大约各为21%和18%。

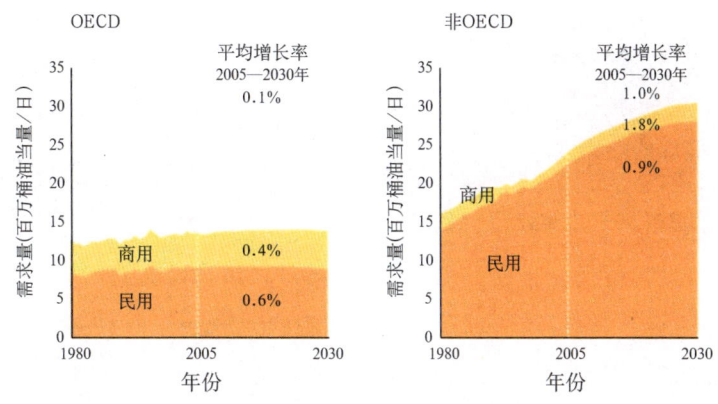

全球民用/商用能源需求❷

如上图所示，OECD成员民用能源需求量的曲线平直，能源利用效率提高使得这些国家缓解了因人口总量增加而引起的能源需求量增加的冲击。商用能源需求量将随着经济的发展而呈现缓慢的增加。所有OECD成员的民用与商用能源需求量将保持近乎平稳的发展趋势。在上图的右图中可以清楚地看出，非OECD成员的能源需求主要来自民用——那里的人口达到全世界总人口的80%左右❸。在非OECD成员中，即使未来能源效率得以提高，民用能源需求量将仍会以每年约1.0%的速率增长，明显高于OECD成员。而且，即使经济得

---

❶ 根据平均每年1.5%的增长量计算而得出(电力是所有市政与工业部门的基础，而电力是由发电系统产生的)。

❷ 资料来源：《世界经济报告》，2007。

❸ 印度和中国为非OECD成员。

到较快发展，到2030年，非OECD成员中民用与商用的需求量增加速率将达1.0%，而全球平均需求量的增加为每年0.7%。商用包括各种类型的建筑物，比如办公室、医院、学校、宾馆、商店、图书馆等。这些不同的商用领域所需的能源相同，但作为一个整体，商用建筑物的能源消耗中约半数是用于加热

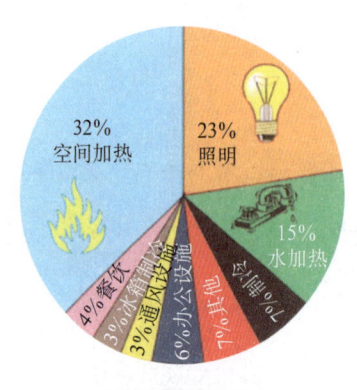

能源消耗构成

（32%）和照明（23%）。温度控制是现代科技最重要的成就之一。我们的炉子、冰箱和房间都能根据我们的需要而保持任意的温度，而100年前的人们是不可能有这种奢侈享受的。为将我们的住房保持在舒适状态就要消耗大量的能源。住宅消耗的能量中近一半是用于加热，其中15%用于水加热，7%用于房间的降温，6%用于办公设施，4%用于餐饮，3%用于冰箱制冷，3%用于通风设施，剩余的7%用于其他事项。

　　在过去的25年中，能源的消耗量迅速增加，消费者税后的收入也明显增加了。2007年，消费者们将自己税后收入中的5.7%用于能源消费，而1981年，为8.2%，也就是说26年来下降了2.5个百分点。1981年，消费者们的税后收入花费在能源方面的消费达到了近50年来的峰值❶。除了油价和净收入变化的因素之外，消费者们在油品消费方面的改变也是其他一些因素作用的结果，包括减少用石油取暖、房屋加热设施与交通工具燃料效率的改变。从20世纪70年代后期到80年代后期，这些方面的提高异常显著；提高效率后的交通工具的行驶距离也随之增加。

交通运输业如何利用能源？

　　到2030年，交通运输将成为对能源需求量增加最快的行业，因为该领域包含了众多的交通方式，如公交车、船只、火车和飞机等。1980—2007年间，全球交通工具能源消费量的平均涨幅为每年2.2%，商用交通工具的能耗

---

❶ 指能源消费的最高值（略低于80%）。

更多。商用车的能源需求量每年平均增加2.4%，这种速度超过了私家车（如小轿车、运动型多用途车、轻型小卡车等）的能源需求增速，后者在同一时间段内的年平均增加幅度为2.0%。在可以预见的未来，经济发展使得商用交通工具对能源的需求一直保持增加态势。如上所述，能源的需求平均每年增加2.3%。重型汽车的燃料需求增长率可能会达每年2.2%，低于历史平均增长率，其部分原因在于燃料效率的不断提高，但是其燃料消耗依然占到了商用交通工具总能源需求量的60%。航空与船运的每年需求增长率分别为2.2%和2.6%，都与总平均值持平。铁路运输的能源需求量将缓慢增加，随着经济发展与燃料效率的提高，该领域的能源需求量反而会下降。近年来，替代交通工具的发展将会维持这种需求量下降的趋势。

全球私人交通工具

在私人交通工具领域，过去的25年间，能源需求量平均每年的增长率为2.0%。当今OECD成员在该领域的能源需求量增加率约为80%，而非OECD国家从1980年以来的增长率则是这一数字的4倍之多。促使这种需求量增加的关键因素之一就是轻型小轿车数量的增加。历史证明，交通工具的拥有量与个人收入水平之间有着密切的关系。

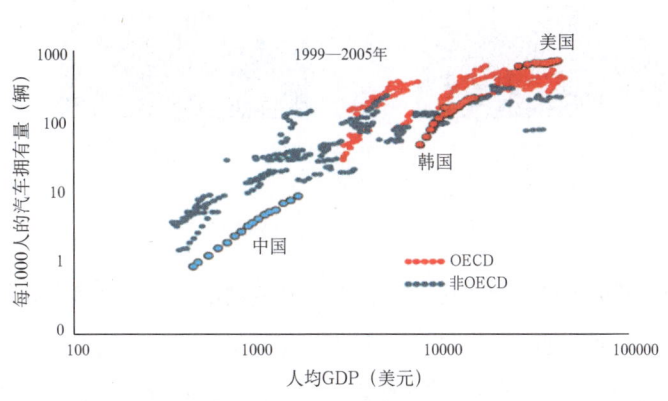

交通工具保有量与人均GDP之间的关系❶

---

❶ 资料来源:《世界经济报告》，2005。

上图为1990—2005年间的统计数据，显示了人均GDP与每千人拥有轻型汽车（小轿车、运动型多用途汽车、小型汽车）数量之间的关系，每个点代表着特定国家的情况，重点标出了中国、韩国和美国的统计结果。随着非OECD成员经济的发展，那些国家中私人汽车的拥有量也大幅度提高，而像中国等国家却依然位于曲线的下方，但它们的增加潜力是巨大的。与此同时，在许多OECD成员中，汽车的拥有量已达到相当高的水平，而且一些国家已接近饱和状态。

工业制造中如何利用能源？

工业部门对初级能源的需求量占到了全球能源需求量的33%❶，第二耗能大户是发电业。工业部门的能源消耗也是由许多分支构成的，可以分为几大类：首先就是重工业，包括钢铁和水泥生产。

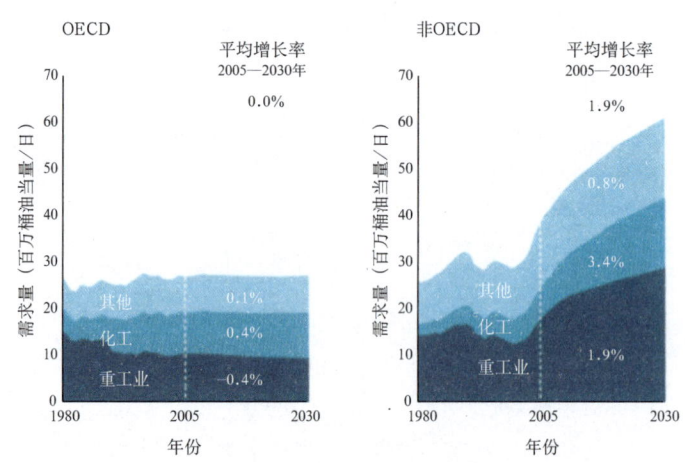

全球工业对能源的需求量❷

另一个重要分支是化工业，涉及矿产品和特殊的化工产品以及化学肥料的生产。其他分支由炼油工业、农业以及工业制造业构成。上图揭示了以OECD成员和非OECD成员分别表示的到2030年前的全球能源需求量。这些区域之间

---

❶ *总能源使用量的33%。*

❷ *资料来源：《世界经济报告》，2007；《英国石油公司全球资源统计报告》，2008。*

的能源需求量存在着巨大差异，对OECD成员来说，到2030年，能源需求量基本保持平稳，这与它们1980年以来的情况十分相似。在化工工业领域中，某些适度增长领域的能源需求量将会有所增加或减少，比如重工业制造业中就会有所下降。对于非OECD成员来讲，近年来则以每年1.9%的速率增长着。到2030年，所有OECD成员工业领域的能源需求量都将成倍增加，其主要增长源于制造业和化工业。从全球来看，工业领域的能源需求量将以每年1.2%的速率增长；在初次能源消耗量方面并无明显变化。工业部门的耗能量约为总耗能量的三分之一❶。在制造业，有许多耗能方式并且也有不同来源的能源。一种主要的能源利用方式是锅炉燃料（大约为25%），即用能源产生热量，然后通过锅炉设备再产生蒸汽或热水；另一种利用能源的方式是产生热量（大约为17.0%），即在制造业中，直接利用能源来升高产品的温度，石油炼制过程中的热加工，汽车制造业中的喷漆，以及食品工业中的包装工序等就是实例。

全球能源需求

虽然从广义上讲每种终端利用的能源需求代表着经济活动的水平❷，但就燃料替代而言，不同部门（领域）对能源最终利用的易受伤害程度存在着明显的区别。交通部门等一些领域的易受伤害程度就要低一些，因为与石油市场相比，它们对市场的垄断程度较高。然而，美国无疑是全球最大的石油消费用户，主要是其庞大的汽油消费所致（美国人消费了全球22%的能源）。中国也是世界耗能大户，主要用于该国庞大人口的交通运输、发电和热量生产。许多与能源相关而稳定的市场可以很容易就使燃料之间发生转化，尤其是天然气、煤炭和石油之间的转换。所以，它们的短期价格波动幅度极大。区域性能源需求可由部门与产品组合共同制约。

在部门的组合之间，存在着明显的区域性差异，所以在产品组合之间亦存在这种差别。OECD成员所拥有的成熟的经济体中已经为其他种类的燃料(具低燃料强度)开发出营销渠道，健全了基础结构（如运输、动力供给、通信、教育等设施），具备了服务导向经济体制，而且拥有可以支持较高的私人

---

❶ 总能源使用量的33%。

❷ 指经济部门和生产水平。

汽车拥有量的高标准生活质量。汽油、航空燃料和馏分油是能源需求量的主要部分，其余的油料份额仅占10%。在发展中国家，其他油料的份额依然是该水平的一倍以上。美国人对汽车的喜爱已达到无以复加的程度，美国汽车的体型庞大，加之美国能源市场上燃油的贬值，使得美国成为世界上最大的汽油需求者（美国的汽油需求量约占美国石油需求量和全球汽油需求量的43%）。取暖用油、丙烷和柴油是北半球重要的产热燃料，这就使得全球的燃油需求具有季节性，在冬季达到用油高峰。虽然常常会受到其他因素的影响，但燃油在每年第四季度用量较第二季度高350万桶/日左右，这就导致了全球燃油价格在秋冬季最高，在春季最低的走势。在美国，汽油是"老K"（大王），而且用油品加热使用得并不普遍，所以美国的石油需求高峰在夏季而不在冬季。

全球石油消费趋势

2007年，全球石油需求量大约为8520万桶/日，比2006年的日均需求量增加了150万桶，2008年比2007年的日均需求量增加了160万桶，约为8680万桶/日。2008年，中国的石油需求量占到了全球石油总消费量的25%以上，是美国同期增长量的一倍之多。2000年，全球石油的日均需求量为7540万桶/日，这是连续11年接连攀升后达到的高值，到2007年，则可能达到第12个高值。这种持续的增长与20世纪70年代的石油需求量呈平行状态，但却与20世纪80年代的状况呈尖锐的对比。在80年代开始之际，中东地区的持续动荡导致了全球油价的高攀。在此期间，发生了举世闻名的第二次石油价格动荡，受油价高攀和随后发生的经济衰退的影响，全球石油需求量发生突然下跌。到80年代，这种颓势得到了遏止，当时的石油需求量高于前期（1979年）的水准。对能源的需求量呈连续增长的趋势。化石燃料将继续在全球商业性能源需求量中占到90%的份额，到2030年所增加的能源需求量中，化石燃料将占到93%的份额。在过去的40年中，石油一直在全球能源需求量中独占鳌头，显然这种状态将一直持续下去。在当前的能源需求量中，石油占到了39%的份额，在未来的20年中，这一比例可能会略有下降，到2030年占到36.5%，如下表及直方图所示。

全球能源需求水平与所需能源类型[1]

年份	能源需求量（10亿吨油当量）				增长率（%）	各种能源类型分布（%）			
	2005	2010	2020	2030	2005—2030	2005	2010	2020	2030
石油	4.0	4.3	5.0	5.7	1.4	39.2	38.4	37.5	36.5
固体燃料	2.8	3.2	3.7	4.2	1.6	27.6	28.0	27.8	26.8
天然气	2.4	2.7	3.4	4.3	2.4	23.0	23.6	25.1	27.4
水力能/核能/可再生能源	1.1	1.2	1.3	1.4	1.3	10.2	9.9	9.6	9.2
总量	10.3	11.4	13.4	15.6	1.7	100.0	100.0*	100.0	100.0*

*译者注：数据相加后为99.9。

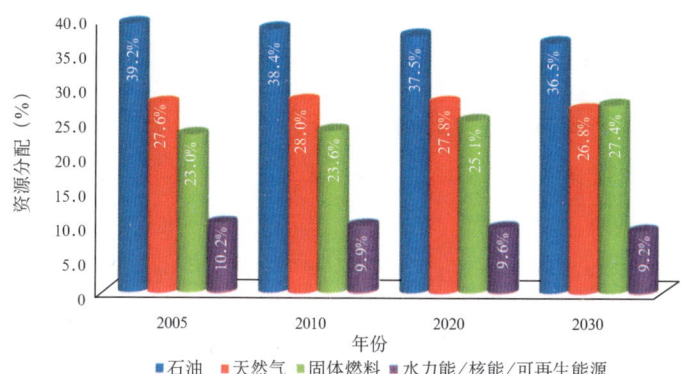

资源的分配[2]（按燃料类型分类）

　　天然气有望以更快的速度增加。虽然近年来煤炭的增加量令人震惊，但在能源结构中，天然气的重要性将持续逼近煤炭。即使一些可再生能源发生了异乎寻常的高增长，但水力能、核能和新的可再生能源的贡献可能会停止增长。可再生能源的起步晚，基础薄弱，使得它们的净增长率受到极大限制。在一些发展中国家，核能行业的某种增加应该与一些工业部门的合并趋势有关。对于一些发展中国家来说，它们的水力能增加的余地也可能受到限制。

---

❶ 资料来源：《IFR 2007》《经济家 2008》。

❷ 资料来源：《IFR 2007》；《国际能源组织的石油报告》，2008。

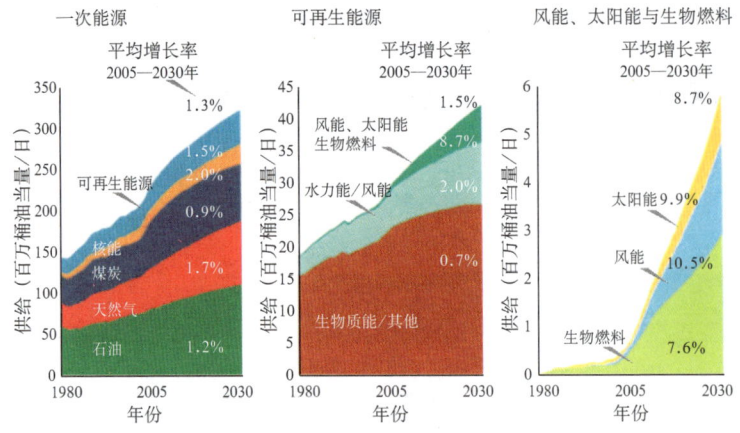

全球能源需求图示——初级能源供给❶

在上图中，重要的在于确认所有的初级能源预期的贡献。交通和工业部门石油的需求量将以每年1.2%的速度增加。天然气的消费将以每年1.7%的速度增加，主要是发电的需求量增加，因为天然气是高效燃料且具低碳强度。另一方面，由于煤炭的高碳强度，导致对煤炭的需求量很可能仅以每年约1.0%的速率增加。核能的需求量也将明显增加，尤其是2020年以后。可再生能源还将占有相当的份额，整体增加的速度将为每年1.5%。如上图的中图所示，此领域的绝大部分由传统的生物质构成——木材、木炭、牲畜粪肥，它们的需求量增加相对较慢。受自然环境（自然条件和地理位置等因素）的限制，水力发电和地热能预计将以每年2.0%的速度增加。相反，现代可再生能源——风能、太阳能和生物燃料在政府部门与行政法律的支持下，将快速增加。生物燃料主要由乙醇构成，它将以每年8.0%的速度增加，而风能与太阳能每年的增长速度将达10.0%。当然，这些增加将使此类燃料的地位比今天更加重要。即便如此，到2030年，风能和太阳能加在一起也仅占全球能源总需求量

> 从全球来看，因为世界的能源极为丰富和人类对石油的高效利用，石油需求量的增加已经落后于经济的发展。

---

❶ 资料来源：《世界经济回顾》，2007；《现有统计》，2008。

的1.0%。额外的生物燃料也将在能源总需求量中占到约2.0%的份额。到2030年，化石燃料将继续在全球能源中占到80%的份额，其中石油与天然气将占到55%～60%。比如，相比25年前，美国生产1美元GDP仅使用三分之二的能源和一半的油。对石油需求的增加已经向着更高的质量和更难以炼制的产品生产方向发展，比如汽油、石脑油、柴油、航空燃料、民用燃油和煤油等，这些油品已经占到全球石油需求量的三分之二。在最近的15年中，上述每种油品各自所占的市场份额至少达到渣油（residual oil）市场份额的一倍之多，后者已经从23%下降至15%。渣油在美国的市场中份额很低，仅为微不足道的4%，替代用品已几乎与石油无关且几乎完全丧失了其对市场的冲击作用。

经过20世纪70年代两次石油价格危机的冲击以后，人们害怕更大的冲击到来，渣油燃料油已将其市场份额让位于其他燃料。煤炭与核能以及天然气已经成为颇具经济吸引力的替代能源，因此可以成为新型的重要能源，并替代已有的锅炉和发电市场上所需的石油。这就导致了渣油型燃料油成为20世纪80年代和90年代间油品市场需求量唯一下滑的产品。汽油的需求量最大，已形成了独立的汽油交易市场，20世纪80年代美国的汽油交易陷入失控状态，不得已在1975年引入CAFE❶标准。汽油的需求量从1978年的峰值740万桶/日下降到1983年的660万桶/日。全球石油需求量呈现了下降趋势，但在随之而来的全球需求的竞争中，石油分馏的产物——汽油的需求量却进一步增加。

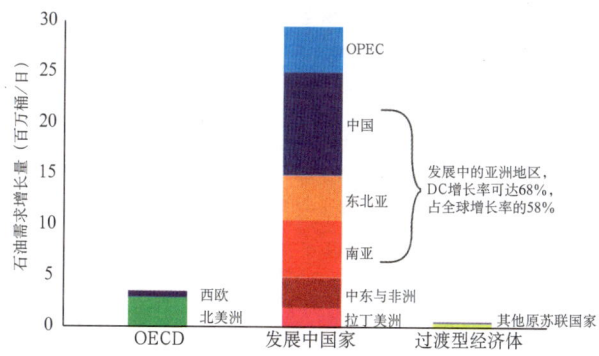

2005—2030年世界各国的年平均石油需求增长量❷

---

❶ *指平均燃料效率。*

❷ *资料来源：《IFR 2007》《经济学家2008》。*

从上图可以看出，中国、东北亚和南亚的能源需求量占到了发展中国家的68%，是全球能源需求总增长量的58%。近30年来，全球的石油生产始终像一个骑在过山车上的醉汉一样起伏。然而，达到峰值的时间与经济周期的低谷期并不总是对应出现。比如在1999年，全球的石油需求量持续增加，但在1997年与1998年间出现了存货积压的情况，当时的能源生产量远大于需求量，迫使生产者们不得不减产至1998年的水平之下。在20世纪80年代的后几年中，这种情况也曾出现过，1986年油气产量增加，其价格仅为第三次石油价格冲击时的一半左右。这些显然背离了正常的经济学规律，反映出在油气勘探与开发中的一种长期发展趋势——在绝大多数上游项目中的高投入与低操作费用趋势以及欧佩克（OPEC）❶的存在。

谁是石油的供给者？

目前，欧佩克每天的石油产量达3210万桶，占全球石油市场份额的38%左右。在所有的成员中，沙特阿拉伯独占鳌头，是世界上最大的产油国，也是全球最大的石油资源拥有国与出口国。其余的石油生产者分布在全球60多个国家和地区，其中每个国家的原油产量都不足全球石油总产量的5%。

欧佩克由12个成员组成：7个阿拉伯国家（沙特阿拉伯、伊拉克、阿拉伯联合酋长国、科威特、利比亚、卡塔尔和阿尔及利亚），1个非阿拉伯国家的中东国家（伊朗），2个南美洲国家（委内瑞拉和厄瓜多尔❷），1个位于撒哈拉南部的非洲国家（尼日利亚、安哥拉）。

---

❶ 即石油输出国组织。成立于1960年，发起国有伊拉克、委内瑞拉、沙特阿拉伯、科威特和伊朗。在开始阶段，该组织的主要目标在于调节石油生产国与石油公司之间的收入缺口，更侧重于前者。该组织成员的兴趣在于成为20世纪90年代以来全球石油价格的一种重要平衡角色并在今天依然起到此类作用。而且，毫无疑义，该组织早在成立之初就强调要在管理地球的油气资源方面充分发挥聪明才智。欧佩克的主要工作就是根据各自的油气储量向其各成员配给限额（限定最高产量）并以此对油气进行限产。根据产一供规律和一些特别协商，可以对上述配额进行调控，同时也将参考世界经济形势和全球对油气的需求情况。直到今天，至少当该组织的成员在进行配额调控时，这套体系会允许欧佩克为全世界油价指定一个浮动的范围，因此就可保持全球油价的稳定。当然，这种稳定有益于整个世界。但是，自2004年以来，欧佩克成员一直在致力于满负荷生产并力求进一步增加石油产量（即所谓的超产能力）的行为受到了限制。结果，欧佩克实质上已失去了控制油价的能力，导致2004年以后的油价暴涨。过往成员包括印度尼西亚和加蓬。

❷ 厄瓜多尔于1973年加入欧佩克，但1992年12月被暂缓其成员资格，2007年又重新加入。

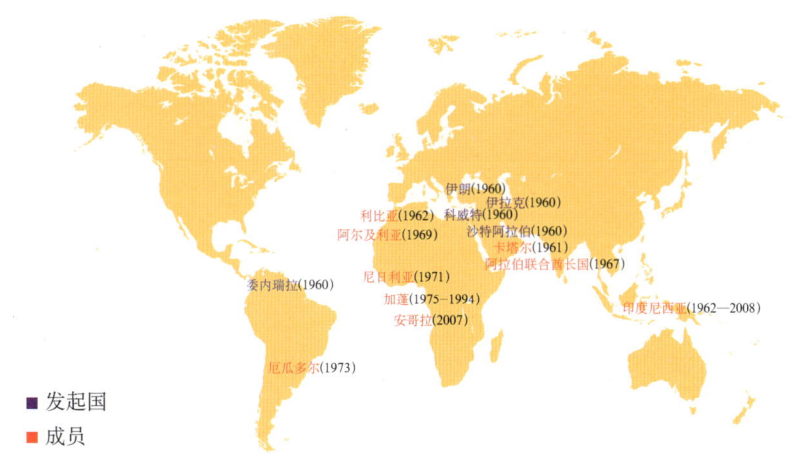

1975年以来OPEC成员

主要石油生产国

　　世界主要的石油生产国❶有：沙特阿拉伯、美国、俄罗斯、伊朗、伊拉克、科威特、委内瑞拉、阿尔及利亚、尼日利亚、厄瓜多尔、加蓬、印度尼西亚、利比亚、阿拉伯联合酋长国、卡塔尔、阿曼、中国、印度、马来西亚、澳大利亚、哈萨克斯坦、埃及、安哥拉、哥伦比亚、阿根廷、墨西哥、加拿大以及其他30个国家。从区域上看，中东地区❷是主要产油区❸，石油产量占全球总产量的30%以上。如果伊拉克能完全重返国际石油市场，而且中东地区的产油国以自己的最大产能投产的话，这个比重还会增加。然而，这些产油国通常都会将自己的生产能力限制在由欧佩克限定的配额体系内。全球有两个石油主产区，除中东地区之外，另一个是美洲，主要产油国是美国。其他产油区都较小，由多个产油区构成：非洲、北海和远东，这些产油区的产量各自占到全球总产量的9%~10%。世界各国政府都拥有并控制着自己的油气资源主权。最大一个例外是美国——在那里，私人土地拥有者们扮演着一个重要角色，只有向这些人支付了用于获得石油开采权必需的费用之后，政府和石油公司才能在其所拥有的土地上施工。

❶ 产量占全球石油产量的80%左右。
❷ 沙特阿拉伯、阿拉伯联合酋长国、卡塔尔、科威特、伊拉克、伊朗和阿曼。
❸ 资料来源：《欧佩克能源报告》，2008；《WER》，2008。

主要的产油国家与地区

单位：百万桶/日

主要产油国一览表[1]

国家	产量（百万桶/日）	近十年内产量变化（%）	达到最高产量的年份
美国	5.2	－18	1970
墨西哥	3.4	27	迄今依然在增产
加拿大	3.3	31	迄今依然在增产
委内瑞拉	2.4	－2.0	1997
巴西	2.2	30	迄今依然在增产
阿根廷	0.8	23	1998
挪威	2.5	20	2000
英国	1.7	9	1999
俄罗斯	9.4	25	迄今依然在增产
哈萨克斯坦	0.9	99	迄今依然在增产
沙特阿拉伯	9.2	15	迄今依然在增产
伊朗	4.1	9	迄今依然在增产
阿拉伯联合酋长国	2.5	15	2000
伊拉克	2.3	－55	1989
科威特	2.3	19	迄今依然在增产
阿曼	0.8	7	2000
卡塔尔	0.8	95	迄今依然在增产
尼日利亚	2.1	15	2001
利比亚	1.8	7	1997
阿尔及利亚	1.4	35	迄今依然在增产
安哥拉	1.4	55	迄今依然在增产
埃及	0.6	－25	1996
中国	3.8	23	迄今依然在增产
印度尼西亚	0.8	－21	1996
澳大利亚	0.6	5	2000

---

[1] 资料来源：《世界经济报告》《欧佩克能源报告》，2008。

未来的石油资源❶

我们来看看截至2008年各国的石油储量分布格局。下图的数据显示，以储采比❷表示，采用2008年的生产水平除以总储量而得出的2008年生产水平。本文仅讨论探明储量。中东地区已探明的石油储量是指已发现的且根据目前的价格、成本结构与技术手段等可以采出的具有经济价值的储量。在2008年底，全球探明石油储量为11953.18亿桶，其中欧佩克所拥有的探明储量占总储量的77.6%，即9271.46亿桶。探明储量的分布与全球石油聚集带的分布大致相似。下面就是一个例子：墨西哥湾与非洲西部深水海域所列出的探明储量都是相对数据，随着科技的发展，那里的资源将成为可采的油气。此外，那些对私人石油公司开放的国家也正出现一些力不从心的窘态，因为在商业刺激与鼓励下，石油公司仅仅拥有在一个合适的时间段内自己能够开采和输往油气交易市场上的有限的储量。同时，政治方面的刺激与利益驱动，也使得一些产油国将自己的资源量进行最大化报道。

谁控制着石油资源？

全球有3个主要产油国，它们的石油产量远远超过其他国家与地区的石油产量，这些主要产油国是：俄罗斯（940万桶/日），沙特阿拉伯（920万

---

❶ 石油储量是指在现有经济与技术条件下，可以采出的探明石油储量。许多石油生产国并不公开自己的油藏开采数据，仅提供未经证实的油气储量。在绝大多数情况下，各国开采的是常规石油和产自煤炭和油页岩的石油。根据其成因，在计算储量时可能不会考虑沥青质与超重油（油砂）。关于石油的储量的精确定义，各国之间的统计结果也不太具有可比性。出于政治的原因，由国家政府公开的数据也往往都是经过巧妙处理的。在一套储集层内，石油储量是原地保存的石油。然而，由于储集层特征和石油开采技术的限制，已发现的石油仅有一部分能够采出地表，因此只有这些可以采出的石油才被认为是可采储量。对于一个指定的油田而言，储量与原地产出的石油之比常常被称为采收率。一个油田的采收率在整个开发历程中可能会因技术和经济因素的改变而发生变化。如果在提高采收率技术（如注气或注水）方面的投资增加，则采收率就会提高。由于地下地质情况不能直接检验，因此必须使用特殊的检测技术去评价油藏的范围和采收率。当新技术将这些评估方法的精度提高以后，依然会存在一些不确定性。一般而言，对一个油田的资源量进行最早期的评价都是保守的而且将随时间的推移而增长（这种现象称为储量增加）。

❷ 指未来石油资源所能利用的年份。

桶/日），美国（520万桶/日）。全球主要国家和地区石油可采时间为：中东各产油国占明显优势，可达100年左右；俄罗斯为52年左右，美国仅为10年（但这并不意味着美国将在10年内耗尽自己的石油资源）；近几十年来，美国一直保持在10年左右，意味着在美国不断地有更多的石油被发现。

主要石油储量分布图

单位：10亿桶

按国家统计的全球主要的探明石油储量❶

国家	石油资源量（10亿桶）	可采时间（年）
美国	21.8	10
墨西哥	12.9	14
加拿大	5.2	6
委内瑞拉	87.0	82
巴西	12.2	16
厄瓜多尔	4.7	32
挪威	8.5	10
英国	3.8	6
俄罗斯	128.3	52
哈萨克斯坦	9.5	30
阿塞拜疆	7.7	62
沙特阿拉伯	264.3	94
伊朗	138.4	100
伊拉克	115.0	155
科威特	101.5	143
阿拉伯联合酋长国	97.8	129

---

❶ 资料来源：《世界能源报告》《欧佩克能源报告》，2008。

续表

国家	石油资源量（10亿桶）	可采时间（年）
卡塔尔	15.2	61
阿曼	5.6	17
利比亚	41.5	75
尼日利亚	36.2	32
阿尔及利亚	12.2	24
安哥拉	9.1	17
中国	16.3	15
印度	5.7	22
印度尼西亚	4.4	10

谁是石油的供给者？谁是石油的消费者？❶

无论是以价值、体积还是以吨—英里计算，石油交易都可称得上是全球最大的贸易❷。虽然区域性油气供给与需求格局有很大差异，但它们之间的石油贸易、进口与出口在全球石油市场中起着同等重要的作用。

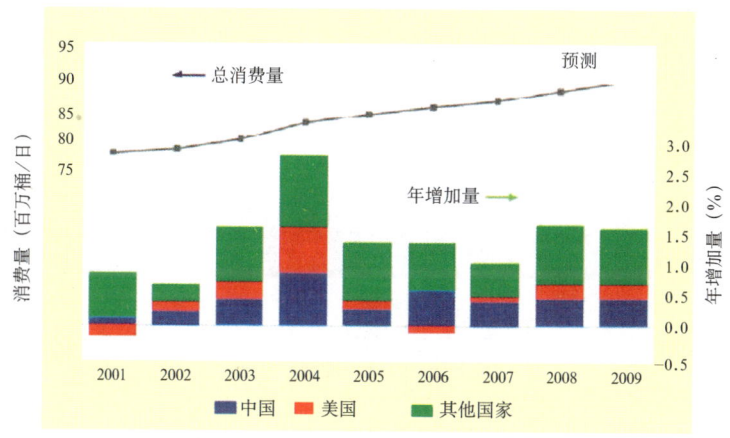

全球石油消费格局❸

全球3个巨大的石油消费区域是❹：北美洲、欧洲和亚太地区。上述消费区都是石油纯进口区域。美国是世界上最大的石油进口国，从纯量到毛重来讲都名列第一。然而，由于加拿大和墨西哥是美国最大的两个石油供应国，且美

❶ 资料来源：《IFR 2008》。
❷ 以价值和体积表示。
❸ 资料来源：《经济学家 2008》。
❹ 美国消费量最大而亚太地区进口量最大。

国也有大量石油产出,所以最大的石油进口区域应该属亚太地区而非北美洲。若比试石油出口量,毋庸讳言,最大的赢家当属中东地区。

谁消费的石油最多?

主要石油消费国家和地区❶

单位:百万桶/日

主要石油消费国家和地区

国家与地区	消费量（百万桶/日）	10年内消费量变化（%）	人均消费量（桶/年）
美国	25.5	16	27.6
加拿大	2.7	25	26.5
墨西哥	2.4	10	8.0
巴西	2.7	31	5.5
委内瑞拉	1.0	24	9.2
德国	3.5	−8	12.9
法国	2.7	10	15.5
意大利	2.5	−1	13.8
英国	2.4	−6	12.5
西班牙	2.1	46	16.1
荷兰	1.3	20	23.5
土耳其	1.2	15	4.5
比利时	0.8	25	23.8
俄罗斯	5.5	−29	7.7
沙特阿拉伯	1.9	41	26.0

❶ 资料来源:《世界能源报告》《欧佩克能源报告》,2008。

续表

国家与地区	消费量（百万桶/日）	10年内消费量变化（%）	人均消费量（桶/年）
伊朗	1.6	29	8.2
埃及	0.7	26	3.1
南非	0.5	20	4.5
日本	9.1	4	20.1
中国大陆	7.7	88	1.9
印度	4.1	77	1.1
韩国	2.6	29	18.8
印度尼西亚	1.4	51	2.7
中国台湾	1.1	48	16.2
澳大利亚	1.5	15	17.8
马来西亚	0.8	52	10.1

主要石油进口国家和地区

单位：百万桶/日

主要石油进口国家和地区[1]

国家与地区	进口量（百万桶/日）	1980—2008年间变化量（%）	消费趋势
美国	12.7	145	增长
加拿大	1.1	86	增长
巴西	0.5	46	增长
德国	2.6	9	增长
法国	1.9	−15	增长
意大利	2.0	22	增长

---

[1] 资料来源：《世界经济报告》《欧佩克能源报告》，2008。

续表

国家与地区	进口量（百万桶/日）	1980—2008年间变化量（%）	消费趋势
比利时	0.8	30	增长
希腊	0.5	35	增长
英国	1.7	91	增长
西班牙	1.4	42	增长
荷兰	1.3	41	增长
土耳其	0.5	159	增长
泰国	0.8	390	增长
新加坡	1.3	116	增长
日本	4.8	11	增长
印度	3.2	870	增长
韩国	2.8	454	增长
印度尼西亚	0.4	296	增长
中国台湾	0.9	154	增长
澳大利亚	0.5	134	增长

全球十大能源依赖最小的国家与地区[1]

排名	国家与地区	年均能源需求量（10万亿Btu）	所需能源
1	日本	2260	产生1美元GDP需4519 Btu
2	丹麦	830	产生1美元GDP需4845 Btu
3	瑞士	127	产生1美元GDP需4901 Btu
4	中国香港	104	产生1美元GDP需4911 Btu
5	爱尔兰	1066	产生1美元GDP需5315 Btu
6	英国	1000	产生1美元GDP需6145 Btu
7	以色列	0.85	产生1美元GDP需6719 Btu
8	意大利	808	产生1美元GDP需7118 Btu
9	德国	1450	产生1美元GDP需7369 Btu
10	奥地利	154	产生1美元GDP需7430 Btu

Btu为英制热量单位。

根据上表（对能源依赖最小的国家与地区），可以很容易发现，日本在石油与天然气的进口利用方面更胜一筹。在日本，能源（石油、天然气、煤炭和可再生能源）的混合使用是其成为全球顶级的对能源依赖程度最低的国家，该国产出1美元GDP所需的能源为4519Btu[2]，而世界平均能源自给率为产出1美元GDP需9555Btu的能源量。目前的研究表明，中国已经加大了在能源领域的投资力度，以提高能源自给的速度，否则就会在不久的将来面临巨大的能源挑战。

---

[1] 资料来源：《希望能源新闻》，2007年7月；《国际能源组织石油报告》，2008年1月。

[2] 世界平均能源自给比率为生产1美元GDP需9555Btu的能源量。

全球炼油能力

单位：百万桶/日

世界不同国家与地区炼油能力一览[1]

国家与地区	炼油能力（百万桶/日）	炼油能力发展趋势
美国	18.1	增长
加拿大	2.1	增长
墨西哥	1.6	增长
巴西	2.0	增长
委内瑞拉	1.1	增长
阿根廷	0.7	增长
德国	2.5	增长
法国	2.1	增长
意大利	2.5	增长
英国	2.0	增长
西班牙	1.3	增长
荷兰	1.3	增长
土耳其	1.2	增长
比利时	0.8	增长
俄罗斯	8.7	增长
伊朗	1.6	增长
伊拉克	0.7	增长
科威特	0.9	增长
卡塔尔	0.09	增长
沙特阿拉伯	2.2	增长

---

[1] 资料来源：《世界能源报告》《欧佩克能源报告》，2008。

续表

国家与地区	炼油能力（百万桶/日）	炼油能力发展趋势
阿拉伯联合酋长国	0.5	增长
埃及	0.8	增长
安哥拉	0.5	增长
尼日利亚	0.5	增长
新加坡	1.4	增长
日本	4.9	增长
中国大陆	7.4	增长
印度	3.1	增长
韩国	2.8	增长
印度尼西亚	1.1	增长
中国台湾	1.4	增长
马来西亚	0.6	增长
澳大利亚	0.7	增长

经济成熟度[1]与石油的使用

  石油供应与需求的分布存在很大的相似性，这主要是因为美国的存在。美国在不经意间就成为全球最大的石油纯进口国，消耗了全球近27%的能源。美国的能源消耗量是其最近的竞争对手日本的能源消耗量的3倍之多。从体积上讲，是世界第三大石油消费国——中国消耗石油的4倍。中国的高能源消耗原因在于其庞大的人口基数。中国的人均能源消费量与印度相似，也是世界最低值之一，即平均每年每人消费不足2.0桶石油。印度是世界上能耗量最小的国家[2]。美国[3]、加拿大与沙特阿拉伯则处在另一种极端——平均每年人均消耗26桶以上的石油。这种变化反映着经济的成熟度，高标准的生活与石油消费之间的正相关关系。这样，北美洲、欧洲和亚洲成为全球石油消费的最大区域就顺理成章了。拉丁美洲、非洲、中东地区以及原苏联地区加起来的石油需求量才仅占全球总需求量的21%。

---

[1] 经济增长即为一个经济体的产品价格与售后服务的增加。通常用真实的国民经济总产值（或称真实的GDP）来表示经济增长的百分率。经济的增长一般用一段实际时间进行计算，比如通货膨胀—调整期间，以便净算出通货膨胀给产品经济和售后服务等方面造成的影响。在经济学中，"经济增长"或"经济增长理论"的典型意义是指潜在的生产增长，比如在满员工作状态下的生产，这可以因加速的需求或可观察到的增长而引发。关于经济发展和更好的生活品质可参见石油、天然气和石化产品章节。

[2] 印度是世界第二人口大国（其人口占世界总人口的17.5%）。

[3] 约2.5亿人。

全球天然气消费量

近十年来，发电已成为全球天然气需求量猛增的驱动力，发电用天然气的需求量增长占到全球需求增加量中的50%之多。全球发电中，40%的燃料为煤炭，25%来自天然气，13%为核能，发电是一个极具竞争力的行业部门。近来，天然气价格的攀升是由它与石油的价格指数引发的，在煤炭价格保持相对稳定的状态下，天然气的价格未来亦会下降。从长期来看，到2030年，天然气有望取代煤炭，与石油一道成为能源界的双雄，可占全球能源总需求量的26%。6个国家的天然气使用量就占到了全球天然气消费总量的一半左右：美国（23%），俄罗斯（15%），其后依次为英国、加拿大、德国和伊朗，各占3.0%略多的份额。迄今，世界上并没有像石油那样的天然气交易市场，但有3个分市场：北美洲、西欧和亚洲，它们各自有着极为不同的增长率。美国与欧洲的天然气市场较为成熟，那里的天然气交易量占到初始能源量的25%，能够继续分别以1.0%和1.4%的速度增加。在非经合组织成员中，到2020年，天然气的需求量将以每年3.7%的速率增加。在这些国家中，天然气所占的市场份额远小于那些已经工业化的国家，所以，实现工业化就是天然气大发展的驱动力。一些亚洲国家，如印度与印度尼西亚等，这些国家中的尿素和氨水制造业所需的原料和天然气的需求量大增，所以预计它们的天然气消费量亦会大增。印度正在适应天然气需求量猛增的局面并开始设计大量天然气处理终端。在中东地区，天然气将越来越多地用于海水的淡化处理工厂，在绝大多数工业也将普遍替代石油作为燃料来源。非洲和拉丁美洲的天然气需求量增加并不太明显。许多国家都正在将自己的能源使用对象转为天然气，以满足其能源需求的多样化及应对全球气候变化。

天然气的另一个巨大优势：蕴藏量极其丰富

20世纪初期，石油勘探即已蓬勃展开，但天然气的勘探却是发生在距我们不远的当代。随着天然气跃上世界能源之巅的局面出现❶，人们对天然气勘探的兴趣大增。自1975年以来，新发现、重大科技突破以及深海区域的勘探加速

---

❶ 指所有可获得的能源（石油与天然气是经济发展的主要驱动力）。

等因素已经极大地增加了全球天然气储量，预计已达6000万亿立方英尺。

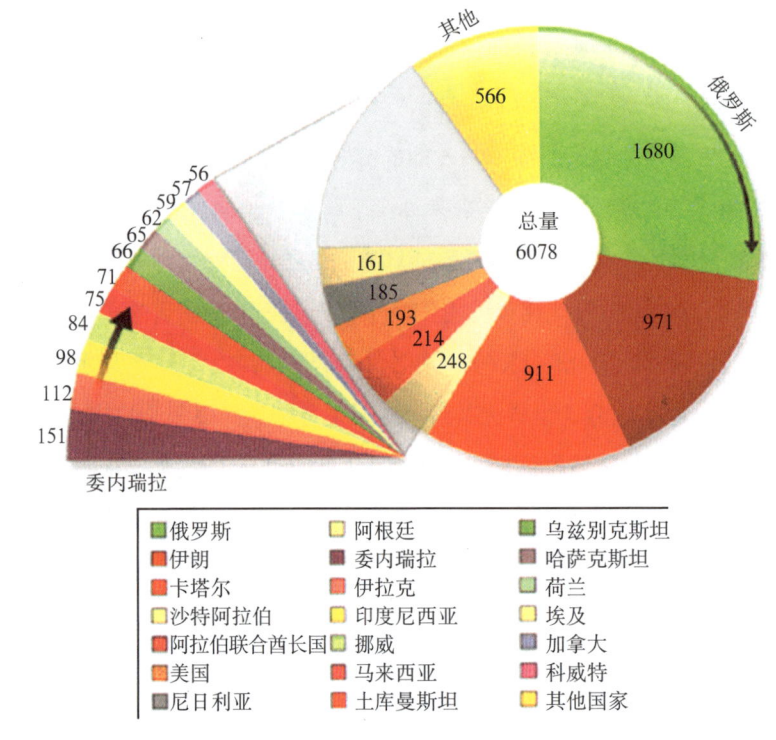

2008年全球天然气探明储量❶
单位：万亿立方英尺

2005年1月，全球天然气探明储量已达180万亿立方米，这意味着以2005年的消费水平计，这些储量可供全球人口使用65年。到2008年底，天然气探明储量为6078万亿立方英尺。石油探明储量❷主要集中分布在全球3个国家内，但天然气三巨头的分布却不同：俄罗斯（27%）、伊朗（15%）、卡塔尔（13%）。这些国家的天然气探明储量占到了全球天然气探明储量的一半以上。已发现的天然气储量中，约80%主要分布在20个国家内，而石油则仅分布在10个国家中。比如，虽然中东地区的产油量占到全球产量的30%，但那里的天然气产量却仅占全球天然气产量的10%左右。我们不应忽略这样一

---

❶ 资料来源：《世界经济报告》，2008。
❷ 资料来源：《欧佩克能源报告》，2007；《WER》，2008。

个事实：大量已经发现的天然气依然尚未得到开发。在俄罗斯、安哥拉、伊朗和沙特阿拉伯等国家，依然将大量天然气保存在自己的地下，以待需求量增加促使投资加大时再开发利用。国际能源署（International Energy Agency，缩写IEA）预计，从现在到2030年间，对全球天然气工业的基础设施将需要以平均每年1500亿美元进行投资。在这些投资中，相当大的比重将用在北美洲地区，那里的天然气工程造价都很高。在俄罗斯，关于天然气的投资存在着大量的不确定因素，那里一些早已投产的巨型天然气田还在向欧洲供气，但目前已经减产，而新发现的天然气却依然尚未投产。

全球主要天然气探明储量的分布

单位：万亿立方米

全球主要天然气探明储量在各国分布纵览❶

国家	天然气储量（万亿立方米）	可采时间（年）
美国	5.9	10
加拿大	1.7	6
委内瑞拉	4.7	82
玻利维亚	0.7	16
荷兰	1.3	32
挪威	2.9	10
英国	0.5	6

---

❶ 资料来源：《世界经济报告》，2008；《欧佩克能源报告》，2008。

续表

国家	天然气储量（万亿立方米）	可采时间（年）
俄罗斯	58.1	22
沙特阿拉伯	7.2	94
伊朗	26.8	100
伊拉克	3.2	155
科威特	1.6	143
阿拉伯联合酋长国	6.0	129
卡塔尔	25.6	61
阿曼	1.0	17
利比亚	1.4	75
尼日利亚	5.2	32
安哥拉	4.5	24
埃及	1.9	17
中国	2.5	15
印度	1.1	22
印度尼西亚	2.7	10
马来西亚	2.5	15
巴基斯坦	0.8	8
澳大利亚	2.6	9

关于能源的总结

在能源利用效率已经提高的情况下，经济发展，尤其是发展中国家的经济发展驱动着全球能源需求量的增加。到2030年，即使人类利用能源的效率已得到提高，但经济发展将依然会极大地促进能源的需求量增加。在可预见的未来，石油、天然气和煤炭将依然是满足人类能源需求的不可缺少的、可靠且可支付得起的能源。由于可再生能源的起点低、基数小，即使得到迅速发展，但在可预见的未来也不可能显著改变全球能源格局。到2030年，化石燃料仍将继续在人类所需的能源中占到80%的份额。发展经济和提高生活质量是全球亿万人民的宿望。为达此目的，就必须提供可靠且支付得起的能源。从整体上认识能源并理性地观察各种可以获得的能源的设想都是必需的。有证据表明，在历史的长河中，全球利用能源的类型与总量与经济发展密切相关。因此，就需要看到对未来能源使用的一种可靠评估：全球人口的增加将继续超前于经济的发展速度和人们寻求更佳生活品质的努力。

石油工业发展大事记

1859：世界上第一口油井在美国宾夕法尼亚州泰特斯维尔(Titusville)钻成。

1865：洛克菲勒(John D Rockefeller)以72500美元的价格收购其合伙人于1870年在美国宾夕法尼亚州建立的"标准石油公司"中最成功的炼油厂（1881年，标准石油公司已经控制80%的美国石油工业，所控制的石油产量占全美总产量的四分之一）。

1871—1872：诺贝尔(Nobel)兄弟在巴库钻成第一口油井，该地区位于现在的阿塞拜疆境内——这标志着沙皇俄国石油工业的起步。

1886：苏格兰商人们成立Burmah石油公司，其总部设在苏格兰西南部港口城市格拉斯哥(Glasgow)。主要从事缅甸（又称Maynmar）的石油开采与炼制。

1891：Marcus Samuel这位来自英国伦敦东部的家族企业的负责人与控制着俄罗斯石油工业的Rothschilds和Nobels签订合同，获得将巴库所产的柴油通过苏伊士运河向东运输的独家代理权。第一批输油船都是以海贝（Shell）命名的，以纪念Marcus以经营海贝起家的父亲（1897年10月，"Shell"运输与贸易公司成立）。

1885：东苏门答腊烟草公司的Aeilk Jns Zijlker于1890年在苏门答腊率先发现了石油，成立了Royal Dutch公司。

1885：东苏门答腊公司成立后不久Zijlker去世，由Jean Baptiste主管。

1885：Shell与Royal Dutch联手控制了俄罗斯50%以上和整个远东地区的石油勘探。

1901：墨西哥发现石油。

1907：经过多年谈判，Shell 与Royal Dutch 公司以60：40控股合并。公司合并后并没有像其他公司那样产生执行董事会，但由两个公司的董事会成员组成了管理指导委员会。

1908：Burmah Oil 公司在伊朗Persian发现石油。

1909：新成立的Anglo-Persian石油公司与Burmah石油公司联手开展勘探（到1912年，该公司陷入财务危机中）。

1911：美国最高法庭根据1890年颁布的谢尔曼法（Sherman Anti-Trust Act又称《保护贸易和商业不受非法限制与垄断之害法》）下令标准石油公司解散。该公司成立了7个新的企业：新泽西标准石油公司（Standard oil of

New Jersey) [后来成为埃克森石油公司（Exxon）], 纽约标准石油公司[后来的美孚石油公司（Mobil）], 加利福尼亚标准石油公司[后来的雪佛龙石油公司（Chevron）],俄亥俄标准石油公司（最终成为英国石油公司在美国的分公司），印第安纳标准石油公司[后来的阿莫科石油公司（Amoco）], 大陆石油公司（后来的Conoco石油公司）以及大西洋石油公司[后来成为Atlantic Richfield Company，即阿克（ARCO）石油公司]。

1913：在委内瑞拉发现石油。

1914：丘吉尔成为英国首相，英国政府大力发展以石油为燃料的战舰，购买了51%的Anglo-Persian石油公司的股份，出资1220万美元以保障为英国海军部提供燃料。

1922：英国政府在沙特阿拉伯与科威特之间划分出一条中立带，为流浪的贝都因（阿拉伯游牧部落，住在沙漠）提供生活带。

1927：伊拉克发现石油。

1938：新泽西标准石油公司（Exxon）联合Socony-Vaccum（Mobil）和加利福尼亚标准石油公司（Chevron）以及ARAMCO的德士古（Texaco）在沙特阿拉伯勘探石油。

1951：Mohammed Mossedegh将Anglo-Persian石油公司实施国有化。此后，英国发布官方封港令，有效地终止了伊朗人的石油出口(第二次世界大战后第一次石油危机)。

1954：Anglo-Persian石油公司重新命名：英国石油公司（BP）。

1956：苏伊士运河危机爆发：纳赛尔（Nasser）从法国和英国人手中夺回了对苏伊士运河的控制权，暂时切断了石油供应线（战后第二次石油危机）。

1956：在安哥拉和尼日利亚发现石油。

1957：英国石油公司迅速削减了其对中东石油的依赖，与Sinclair石油公司联手在阿拉斯加开展石油勘探。1967年，阿克石油公司在普拉德霍（Prudhoe）湾首次发现油藏。

1959：在荷兰发现格罗宁根(Groningen)天然气田。

1960：欧佩克在沙特阿拉伯、伊拉克的巴格达、伊朗、委内瑞拉、科威特发现油田，迅速使苏联和新泽西标准石油公司垄断的石油价格下跌。发现油田的5个欧佩克成员垄断了全球80%的石油出口量。欧佩克同意所有成员共同维持石油价格。

1965：欧佩克将其总部从瑞士日内瓦（Geneva）移至奥地利的维也纳。

1967：六日战争爆发，苏伊士运河被封闭（第二次世界大战后第三次石油危机）。

1969：在北海发现石油。

1973：第一次石油价格冲击发生。阿拉伯石油危机触发了20世纪第一次重大的、实质性的石油价格上涨，破坏了石油消费国石油供应的安全和低价状态（石油价格从当年9月的2.90美元/桶上涨到12月的11.65美元/桶）。

1974：Burmah石油公司宣告破产，英国政府实施紧急财政援助，以1.78亿美元买下Burmah公司的25%股权，使其并入BP公司。

1979：伊朗革命爆发。石油价格飙升至35美元/桶。伊朗的Shah被废黜，霍梅尼（Ayatollah Khomeni）执政。

1979—1981：第二次石油价格冲击发生。伊朗—伊拉克战争爆发，导致石油价格猛涨（石油价格从13美元/桶上涨至34美元/桶：第二次世界大战后第五次石油危机）。

1982：欧佩克首次颁布定额。欧佩克曾在1979年达到了每天310万桶的产量，1982年，欧佩克为自己的成员设定了限产额度，要求除沙特阿拉伯之外的每个成员的石油产量不得超过180万桶的配置额度，而沙特阿拉伯则将调整自己的产量，以保证该体系的正常运转。

1983：欧佩克将自己的石油价格降低15%，降至29美元/桶，以应对全球石油产量增加（尤其是北海油田的投产）的形势。

1985—1986：第三次石油价格冲击；沙特阿拉伯放弃了自己产油大户角色，采取了基准价格的政策，引发石油价格陡降。欧佩克引入"基准价格"机制，以求获得市场份额；这些资金将会使炼油厂的购买者们得到回报，这样，销售商们就会求助于他们，以激发市场活力（欧佩克可以操纵石油的增产，但石油价格和石油利润却发生陡降）。

1990：伊拉克入侵科威特；欧佩克成员增加石油产量，以稳定石油短缺的形势。

1990—1991：海湾战争爆发（第二次世界大战后第六次石油危机）。

1997：欧佩克根据在印度尼西亚雅加达召开的会议决定将石油产量提高10%。

1998：亚洲经济衰退发生，加上暖冬使石油库存量增加，石油价格降至10美元/桶，当年3月和6月，欧佩克同意减产。非欧佩克成员墨西哥于3月份第一次提出加入欧佩克的申请并于6月获得批准，同年加入欧佩克的还有阿曼。

1999：欧佩克承诺于3月减产。英国布伦特原油价格从2月的仅一位数迅速上升至20美元/桶。

2000：欧佩克分别在4月、7月、9月和10月间将限额连续4次提高，使油价飙升至30美元/桶以上。

2006：委内瑞拉政府将本国境内的外国石油公司的作业权收归国有。

2006—2007：在亚洲，印度、中国、日本和韩国的经济持续增长，其GDP以每年10.5%~13.3%的速度增加。

2008：油价一路攀升至石油工业发展史中最高点。石油价格一再破纪录飙升至一个又一个高峰，最高达145美元/桶，美元贬值导致美国原油库存增加（美元出现了12年来与欧元比值新低纪录，且创下汇率跌破1美元对100日元的历史新低）。

国家石油和天然气公司

许多主要石油和天然气产出国都拥有自己的国家公司，负责本国的石油勘探与开发。在许多情况下，尤其在欧佩克成员中，国有公司拥有在其国内从事石油生产的专有权或实际控制权。

欧佩克成员	油公司名称	国家对油公司的控制额度（%）
安哥拉	Sonatrach	100
沙特阿拉伯	Aramco	100
阿拉伯联合酋长国	ADCO/DPC	60~100
印度尼西亚	Pertamina	100
伊朗	NIOC	100
伊拉克	INOC	100
科威特	KPC	100
利比亚	NOC	100
尼日利亚	NNPC	100
卡塔尔	QGPC	100
委内瑞拉	PDVSA	100

国际能源署[1]

欧佩克是一个石油生产国组织。另一方面，国际能源署则是一个石油消费国组织（该组织现拥有28个成员，全为工业化的发达国家和世界主要石油消费国）。这是一个制定能源政策的政府间组织，目标在于确切保障能源供应安全、经济增长和环境保护。

此外，该组织成员的政府承担着处理与石油供应危机相关的紧急状态的责任，它们还负责提供油气藏方面的信息。国际能源署密切而敏锐地关注着石油市场的变化，而且在环境保护方面也扮演着越来越重要的角色。在一个全新和不可预知的形势下，国际能源署于2005年4月28日公开宣布，它的成员将限制自己的石油消费量。这些国家控油措施的发展趋势为：降低公共交通工具的使用费用；在一些特定的时间段对交通工具实施按时限行；减少工作时间；鼓励在家办公（利用电子通信手段），以便限制因公出行。

国际能源署是一个在OECD内的自治性组织，由美国发起，成立于1974年，是1973年底石油价格飙升时为应对欧佩克的攻势以及阿拉伯国家用石油作为经济武器时应运而生的组织。随着《京都议定书》的签订，国际能源署试图在议定书的签约国与非签约国（如美国和澳大利亚等）之间取得共同点和谅解。

---

[1] 石油消费国政府间的经济联合组织。

第 2 章　烃类物质

油、石油、烃类物质——这些都已成为现代生活中的流行词，但它们对我们的真正含义是什么呢？

什么是烃类物质？

故事还要从头讲起，在大约几千万年前，那时我们今天看到的陆地还被水体覆盖着。当时，地球上的海洋、湖泊和沼泽等，是无数植物和动物生活的家园。当它们死去以后，这些生物的遗体就会腐烂——这些都发生在它们曾经生活过的环境里，小甲虫、鱼儿或其他动物大都腐败分解成细小的生物碎片，其中有大多数经过再循环又变成了一些动物的食物。当然，并不是所有动物的食物。

> 烃类物质是怎样形成的？它们是由很久以前的生物（鱼、鸟、其他动物和植物）形成的。

动物大多是多细胞生物，多为氨基酸构成的真核细胞生物体。对于生物来说，虽然在它们的生命中会经历一些形状的变化，但随着发育，它们的身体最终会基本定型。绝大多数动物都是会运动的，这意味着它们可以独立而自由地活动。动物还是异养型的，即它们依靠其他生物（如植物）而生存。根据保存下来的生物化石可知，早在约5.42亿年前的寒武纪生命大爆发时，就出现了极为丰富的动物门类。当时生物群落中的极少部分——大约0.1%，没有被当时的其他生物吞食，并沉淀进入了海洋或湖底的淤泥中。在那里，有机质与矿物质沉积，与砂岩的细小颗粒、石灰岩或其他沉积的矿物混合。通常，那也就是我们的故事开始之处——在泥岩的内部将会发生一系列往往可以生成烃类物质的复杂的过程——生成石油和天然气。当然，我们并不是在讨论什么"神奇的魔杖"和"阿布拉卡达布拉"（西方人在表演魔术时所念的咒语）。我们拥有石油……我们正在谈论千百万年前的事情——那时，含有有机质废物的第一套沉积层正在逐渐被其他矿物层覆盖。一层又一层，不断增加的重量使得那套母岩层越来越向下沉……终于进入地下深处。

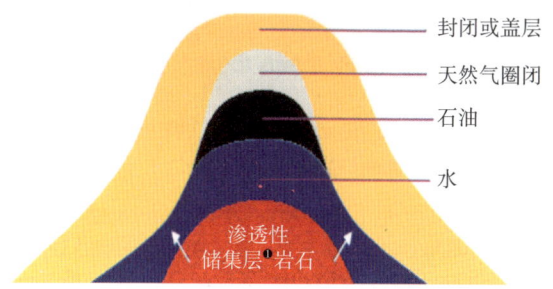

在海洋下面石油和天然气及水形成的示意图

当然，越向下深入，温度就越高，最终母岩在极高的压力下发生变化。在这些极端条件下，包含在有机残渣内的水分被压榨出去，转变成干酪根。这种干酪根会慢慢地转变为烃类物质。在地下3千米深处，温度达到了100℃左右，首先形成的是石油，如果在更大深处发生转化作用，就会生成甲烷。

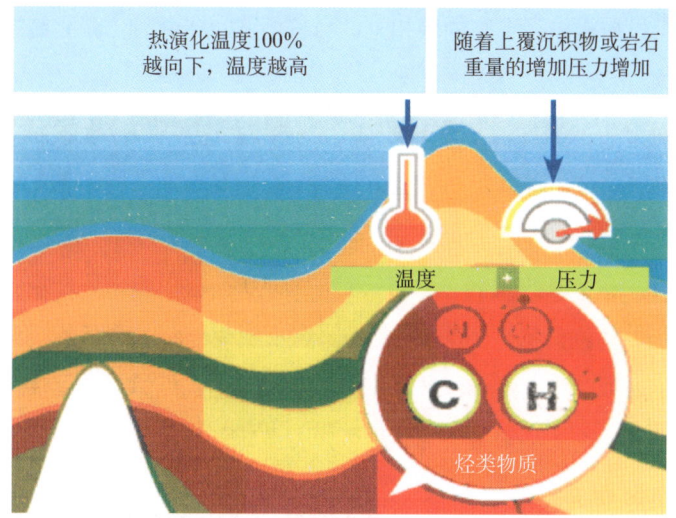

烃类物质是完全由氢和碳构成的。基本上它们的分子由氢原子和碳原子组成，故名"碳氢化合物（烃）"，其中含有石化了的生物质

化石燃料就是这些由以前的生物体残余物形成的资源，包括石油、天然气和煤炭，以及从油页岩和油砂中提炼出来的燃料。各种化石燃料之间的物理

---

❶ 一种含油构造。

性质的差别会因其原始母质的不同而增加，生物死亡并被埋入岩层内之后，就会在那里发生改变，形成化石燃料。石油的含义是"石头—油"，来源于拉丁语"Petra"——岩石或石头的意思，而"Oleun"则是油的意思。液体石油由各种液态烃类物质构成，这些烃组成是由不同比例的碳、氢原子结合而成。自然界中还有一些气态烃（天然气），在天然气中，甲烷是最常见的组分。烃类混合物中也往往会含有少量氮、氧和硫等杂质。从本质上讲，烃类是一种由氢原子和碳原子构成的有机质，故名"碳氢化合物"。

烃类物质的种类

在自然界中，烃类以三种状态存在，按相对分子质量从最轻到最重的组分依次为：气态——天然气（液化石油气）、液态——石油（天然气凝析气）、固态——沥青（煤炭）。自然界中，绝大部分烃类物质存在于石油内，分解了的有机质提供了丰富的碳和氢，当它们彼此结合时，就能链接成结构复杂的链状物。

烃类可分为很多种，常见的有如下几种：（1）饱和烃（烷烃）。是最简单的烃类物质，全为单链烃，呈氢饱和状（它们是石油燃料的基本物质，为无限制碳数的链状物或分支状物）。（2）不饱和烃。在碳原子之间含有双键或三键，含有双键的称为烯烃，含有三键的称为炔烃。（3）环烷烃。含有一个或多个饱和碳环的烃类。（4）芳香烃。至少拥有一个芳香环的烃类。烃类可以是气体（如甲烷和乙烷）、液体（如己烷和苯）、低熔点的固体（如石蜡和萘）或高分子的物质（如聚乙烯、聚丙烯和聚苯乙烯）。

气态：
甲烷　1个碳原子　　　CH_4
乙烷　2个碳原子　　　C_2H_6
丙烷　3个碳原子　　　C_3H_8
丁烷　4个碳原子　　　C_4H_{10}

液态：
戊烷（新戊烷除外）
　　　5个碳原子　　　C_5H_{12}
己烷　6个碳原子　　　C_6H_{14}
庚烷　7个碳原子　　　C_7H_{16}
辛烷　8个碳原子　　　C_8H_{18}

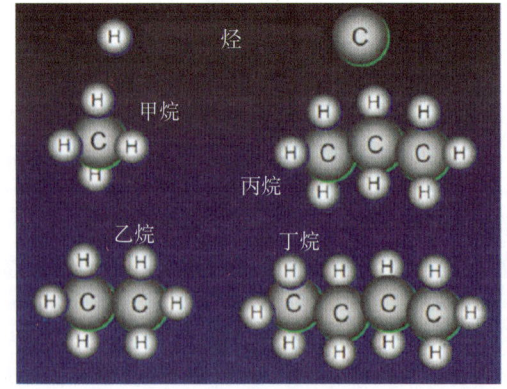

烷烃中拥有许多次级分类单元，燃料的性能随着它们所含成分的比例而发生改变。比如，汽油的抗爆震性能由其辛烷值确定，柴油的易燃性由其十六烷值确定。

烃类物质来自何处？

烃类的组分表明，它们是由很久以前死去的生物构成的有机质转变而来的，当一种植物或动物在地面上死去时，其他生物往往会将其再循环利用，或被其他捕食动物（如秃鹫或细菌）吃掉，它们会被氧化成为二氧化碳和水，这些二氧化碳会供给新生的植物吸收，促进其生长。其中仅有极少部分，大约1.0%左右的有机质能逃脱这种再循环的命运，在某些特殊的情况下，这些死去的生物遗骸会沉入海底或湖底。那是一种非常安静的、氧化作用十分微弱的环境，有机质与矿物颗粒（黏土颗粒和非常细小的沙粒）混合在一起，形成暗色的、放出令人恶心气味的淤泥。这些气味是厌氧细菌（它们的生存不需要氧气）作用的特征，它们没有自己在地球表层生活的表亲们那样贪食。这样，一部分有机质就可以保存下来。生成有机质的动物是微小的，主要是海洋微体浮游生物。地表的河流将植物碎屑带入海洋，这种有机质也可以与含矿物质的沉积物混合，并一点点地聚集。日后生成大量的石油和天然气，就必须有足够量的有机质，也就是说，生成石油的烃源岩内的有机质含量至少应达1.0%~2.0%（其实，这种程度含量也并不算多，但这是起码的比例，即大量的浮游生物和植物碎屑和并不太多的矿物质混合）。温暖的气候有利于浮游生物的繁殖，山脉的缺乏限制了矿物质沉积物的发育，大型河流的河口或三角洲以及所有上述条件都可以促进烃源岩的形成。但是，如果这种岩石保留在海底的表层，不能形成石油。

烃类物质是怎样形成的？

任何含有化石燃料的庞大沉积物的形成都需要大量富含碳和氢的有机质的原始聚集。另外一个必要条件就是这些有机质碎屑应迅速埋藏，使其与空气完全隔绝，这样就不会因生物化学反应或氧化而被分解破坏。在地球上的绝大部分海域中，微生物极为丰富，它们死亡之后，遗体就会沉到海底。在海岸线附近存在着一些水下区域，比如大陆架，来自大陆的风化冲刷物会在那里快速堆积，这就是形成石油的有利区域。在大陆架上，大量的有机质迅速被沉积物掩埋。人们认为，这些聚集起来的海洋微生物体可以形成石油和大部分天然气。一些产出天然气的沉积岩层与生油层并不相关，这类天然气可能是由被掩埋在岩石层内的植物体内物质生成的。随着埋藏深度的增加，有机质开始发生变化。

随着上覆沉积物或岩石重量的增加，地层压力增加，温度也会随着埋藏深度的增加而升高。渐渐地，在漫长的地质历史时期里，一系列化学反应发生了。这些反应将大型而复杂的有机分子分解成为简单且小的烃类分子。在石油形成的早期阶段，岩石内主要为较大（较重）的烃类分子，它们可能是厚重、近乎由沥青构成的固体。随着石油的成熟，大分子不断分解，一系列烃类物质终于形成。浓稠的液体让位于较为稀而"清淡"的液体，这样就形成了润滑的石油、高温的石油和气态烃。在石油形成的最后阶段，绝大部分石油被进一步裂解为极其简单而轻质的天然气分子。有机质热演化的绝大部分过程发生在50~100℃（大约为122~212°F）温度区间内。在这个温度区间之上，剩余的烃类几乎全为甲烷（天然气）；随着温度升高，甲烷也会被裂解并被破坏殆尽。

简单地说，千百万年前，古代海洋的表层水体内生活着难以计数的微体植物和动物——浮游植物和浮游动物。它们死亡之后，就会以碎屑的形式沉到海底，与那里的淤泥和粉砂等混合在一起，形成了富含有机质的沉积层。不断有更新的沉积物加入，沉积层厚度已达数千米，随着埋藏深度的增加，它们被压成了岩石，温度也不断升高。这种条件如果长期保持，岩石层内的原始有机质就会发生转变，分解成为一些较为简单的烃类物质，它们是氢和碳的化合物……最终，石油和天然气形成了。

煤炭——一种不同类型的烃类物质

传统观念认为，煤炭通常也被归类于烃类，虽然有些化学家因其固态性状而将其归类于固体烃类物质，但人们根据煤炭与石油的不同开采技术而将其与石油区别分类。绝大多数石油是通过钻井开采的。煤炭主要由陆生植物形成,石油和天然气则多源于海洋生物。

什么是烃类和生物质?

自然界中存在着一套完整的生物链,其中许多组分实际上也并不叫烃类,但它们也主要由氢原子和碳原子构成。这些物质包括植物纤维素、果糖和在谷类植物体内发现的淀粉,它们往往被称为"糖类"。上述的化学反应揭示出烃类物质本身起源于生物质。人们认为,烃类是太阳能浓缩的一种形式,正是太阳能使植物和浮游生物获得了能量。不幸的是,烃类物质的形成需要数百万年的时间,所以按人类的时间观念来看,它们是不可再生的。在未来,人类也能获得一些技术进步,将生物质进行再生处理,使其成为石油。然而,从不利的一面来看,在地质历史时期内形成的生物质能量浓度实在太低了。

什么是烃类混合物?

原油与天然气一样,可以被认为是烃类的混合物,且可以根据其所含的碳原子进行大致的分类。标准的天然气含有烃类的混合物主要是甲烷、乙烷、丙烷和丁烷,还有少量的含有5~6个碳原子的凝析油(戊烷和己烷)。原油中所含的烃类物质变化极大,从含有3个碳原子的分子(丙烷)到含有数百个碳原子的大分子。

石油烃类的组成

每个油田和气田都有其本身所含的低分子烃类组分,它们扮演着"指纹"作用。这意味着我们可以通过分析烃类的构成来确定石油或天然气样品的来源。石油产品可以被认为是"半混合物",它们主要是原油构成的烃类混合物的分馏产物。我们不难理解,构成石油产品的分子中所含

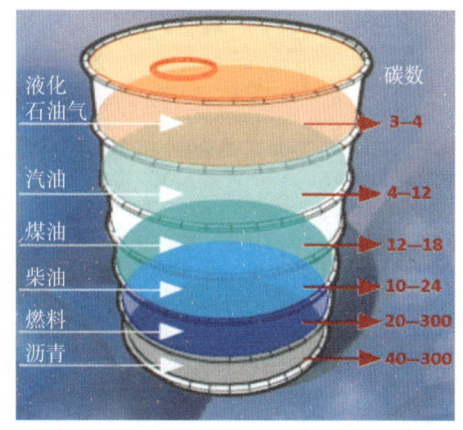

的碳原子数越多，则烃类物质内所含的碳原子比重越大，这类烃的挥发性也就越低且沸点越高。可以看出，从最轻的天然气（尤其是甲烷）到最重的沥青，甚至煤炭，烃类和石油产品的性质随着碳原子数而改变。

石油生成所需的各个条件

石油和天然气的聚集——油气田可以在全球各地的地下找到。但是尽管如此，石油与天然气的聚集和进一步形成油气田是需要一些必要条件的。石油的形成必须具备7个基本条件，每一个条件都是下一步发展的基础，且所有这些进程都发展得十分缓慢。

第一，需要能够转化为石油的足够量的有机质，这就是烃源岩。第二，存在适合这种转化的所有适宜条件，即必须存在这些有可能使石油和天然气成熟的地质条件。第三，新生成的石油和天然气开始向地表运移。第四，在这种运移过程中，烃类物质遇到能够将它们大量聚集的岩石层，即储集层。第五，这种储集层必须是非渗透性的，因此就需要一种屏障（封闭或盖层），即一套非渗透性岩石，把石油和天然气向上逃逸的路径阻断，这种岩石就是封闭或盖层岩石。第六，能够聚集起可供勘探的足够量的石油和天然气，必须有范围足够大且具备了封闭地质条件的地层——这就是聚集了足够量的含油圈闭。第七，内部的石油和天然气的平衡状态必须不能受到外来的干扰，即必须存在烃类良好的保存条件。当石油科技人员在研究一套地层时，他们主要的目标之一就是确定上述7个条件是否真的存在，是否具备各自发育的机会。这种具备了7个条件的石油系统称为一套石油生成体系。

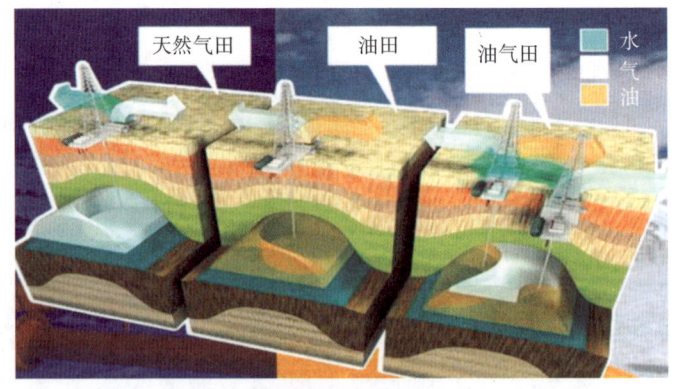

油气田示意图

石油生成体系分析

条件1：烃源岩[1]。

石油与天然气由烃类组成，这是一种由碳和氢构成的分子。众所周知，由于烃类会受到我们四周存在于空气中的细菌（喜氧细菌）的分解和氧化作用的破坏，所以这些烃类物质不可能在地球表面长期存在，它们会非常迅速地转化为二氧化碳（CO_2）和水。

在自然状态下，烃类不会存在于地球深部的岩石层内，因为在超过某一特定的深度（大约10千米）处，由于温度过高（越往深处去，温度就越高），它们就会被破坏。

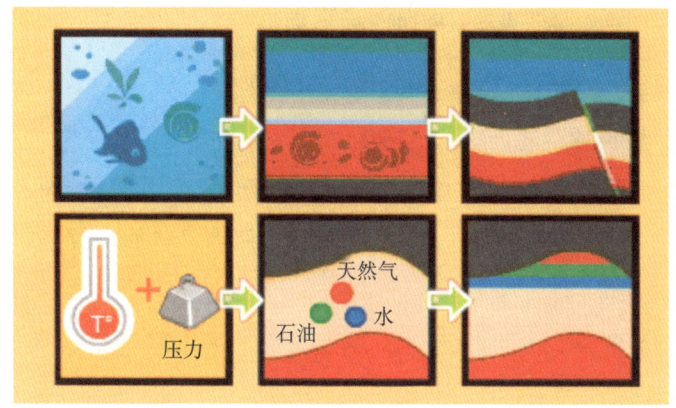

含有大量碳水化合物的生物体构成的有机质的转化过程

条件2：沉积作用[2]。

在海底聚集的沉积物渐渐地变厚（这是一个极其缓慢的过程），每百万年的沉积厚度可以从几米到几百米，在上覆沉积物不断增加的情况下，烃源岩

---

[1] 在石油地质学中，烃源岩是指那些能够生成烃类或正在生成烃类的岩石。在一套有效生油体系中，烃源岩是必须具备的因素之一。它们是可以在各种环境中沉积形成的富含有机质的沉积岩，这些环境包括深海、湖泊和三角洲地带。油页岩也可以被认为是一种未成熟的烃源岩，从中可以排出少量石油，或没有石油排出。

[2] 沉积作用描述了在外力（如重力、离心力或电子力）作用下悬浮状态的颗粒或溶剂分子的运动。沉积作用可以涉及各种规模的目标体，从尘埃和孢子花粉颗粒的沉降到单个分子（如蛋白质和多肽），从溶解到沉降的过程。即使是极小的分子也能被沉积，虽然它可能难以作为产生大型沉积物的主要成分。

会渐渐下沉。所幸的是，它们的质量促进了进一步的沉积，这样就可以为沉积物的进一步聚集提供了空间。这种现象称为沉降，是沉积盆地的一种特征。而且是一种规模宏大的现象，随着连续沉降，沉积物的厚度可达数千米，有时在盆地的中心部位可达8000米。

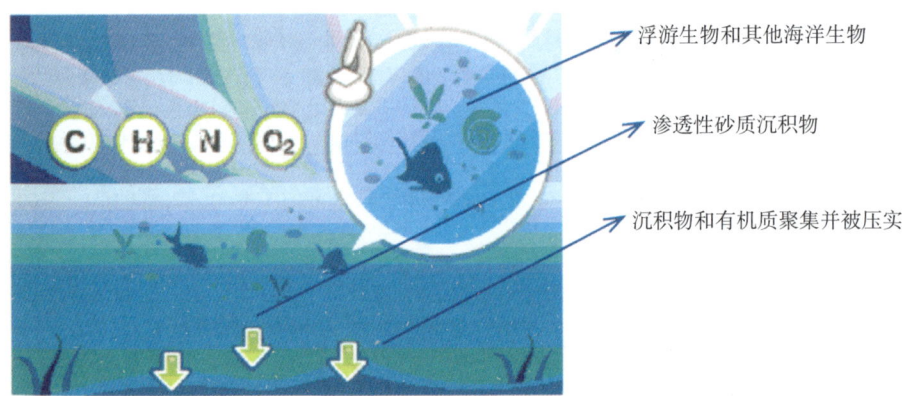

浮游生物和其他海洋生物

渗透性砂质沉积物

沉积物和有机质聚集并被压实

随着埋藏深度的逐渐增加，温度逐渐升高，在大型盆地内，一般大约每下沉100米，被掩埋的岩层的温度就会上升3℃。随着沉积物重量的增加，其中的有机质就会不断被压缩，每向下100米，压力会增加2.5兆帕。接下来，在1000米的深度处，温度已达50℃，压力达到25兆帕，其中的碳原子和氢原子被重新排列到一起。同时发生变化的还有氮、硫和磷原子，以及其他生命的必需元素，这些元素被渐渐地清除掉，有机质就会转化为干酪根。干酪根开始生成液态烃——石油和天然气的温度为100℃左右。与这一温度区间相对应的埋藏深度区域在2200~3800米之间。随着进一步埋深，液态烃的生成达到最大值，即生油高峰，所生成的液态烃变轻而且会有越来越多的天然气生成。在3800~5000米的深度区间，干酪根开始产生最轻的烃类——甲烷。这样，渐渐地，烃源岩产生液态烃，并以产出天然气结束，如此发展下去，直至生烃潜力耗尽。烃源岩产生液态烃的深度区间称为生油窗。生成液态烃和气体的相对比例取决于烃源岩的性质，比如，如果有机质碎屑主要由动物体组织构成，就可以产生更多的液态烃。反之，如果有机质中以植物碎屑为主，则可能以产气为主，不可能产出大量液态烃。实际上，如果我们认为石油在3000米的深度处生成且推测平均沉积速度为50米/百万年，则那些死去的生物所转化成液态烃所需的时间就必须长达6000万年。

条件3: 石油向上的运移❶。

新生成的烃类是小分子,而且它们在烃源岩内所占居的空间远远大于原始干酪根所占的,因此,它们就会在渗透的作用下被挤入包裹在烃源岩四周的岩石中去。天然气和不断生成的油比水密度小(在基岩层内,地层水将岩石完全浸泡着),然后,石油就开始缓慢地向地表运移,这就是运移的开始。如果可能,它们会沿着岩石内矿物之间的缝隙向上移动。它们的运移速度取决于岩石允许液体通过的能力,这种能力被称为渗透率。如果有非渗透性岩石层遮蔽,石油就会沿着这种岩石作侧向的移动,直到遇到裂隙或薄弱处而再次转为向上运移。天然气的分子更小,可以更快、更容易地进入那些渗透率极差的岩石。一些烃类(主要是天然气)能够溶解在地层水中而通过岩层,其他烃类则被岩石的颗粒所吸附。这些烃类在上升途中可能会被阻拦,即所谓的运移损失。这种损失可能极为显著,在石油和天然气经过最长的向上运移路径的情况下尤甚。

烃源岩的埋藏压力和温度促进了烃类的生成与运移。

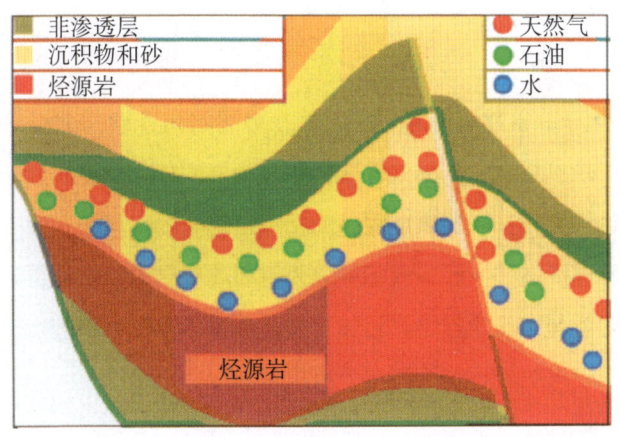

如果没有遇到阻碍,烃类就会到达地表,最轻的组分(气体和挥发性液体)就会在被破坏殆尽之前扩散进入大气,最重的烃类被氧化或被细菌分解。唯一能够继续存在一段时间的是极重的组分,它们大多以固体的焦油沥青形式

---

❶ 指石油向地表的运移。

被埋藏在地表之下几米至几十米的深处。

条件4：储集层❶。

石油和天然气在一个盆地内生成，然后在沉积岩内运移。这些岩石拥有一个共同的特点：都在水体（大洋、大海、沼泽、湖泊）内以颗粒的形式沉积形成。这些颗粒可能极大（如砾石），也可能极小（砂粒）或呈微粒状，或为淤泥，它们层层相叠，但其间保存有空隙和通道——称为岩石的孔隙。岩石的孔隙度是按照孔隙体积占岩石的总体积的百分比测定的。问题是石油工作者们为什么对岩石的孔隙度和渗透率如此感兴趣？原因非常简单，由于岩石内含有大量的石油和天然气，所以岩石必须具有良好的孔隙度（有效空间，其中的烃类可以驱替水）和良好的渗透率（开采石油和天然气时，在泵压作用下，石油和天然气就能迅速运动）。同时具有良好的孔隙度和渗透率的岩石层就是储集层。岩石的这两种物性越好，储集层的性能就越好。岩石如果发生破裂，它的储集性能就可提高。在绝大多数情况下，构成一套良好储集层的岩石是砂岩或碳酸盐岩（钙质的和白云质的）。在黏土岩内，构成它的颗粒之间存在大量空间，但这些颗粒往往呈扁平状，它们会彼此非常紧密地结合在一起，导致它们的垂向渗透率可以认为是零。

条件5：盖层❷——非渗透性遮挡层。

烃类一旦开始通过储集层运移，即在地层水内连续向上移动，就需要有一套阻碍它们的遮挡层，如果缺乏遮挡，储集层内就会空空如也，或者只有水存在，烃类也不会在其中聚集成藏。为了阻止烃类的运移，在油气藏的上方，就需要有一套非渗透性岩石，我们称之为封闭或盖层岩石。盖层岩石往往是黏土，有时也可能是结晶的盐层，比如一些被极度压实的碳酸盐岩也可能成为盖层，但渗透率较大的岩石是不能成为盖层的。

---

❶ 一套石油储集层或石油与天然气储集层（或系统），由一些含孔隙岩石地层构成，位于地表之下，内含油气。自然界中，烃类会被上覆渗透性较低的岩石层圈闭住。从最广义上讲，一套储集层是一种允许某些物质（通常是液体）得以保存供以后利用的地方。

❷ 非渗透性岩石会阻止石油和天然气沿它们的通道向上运移。

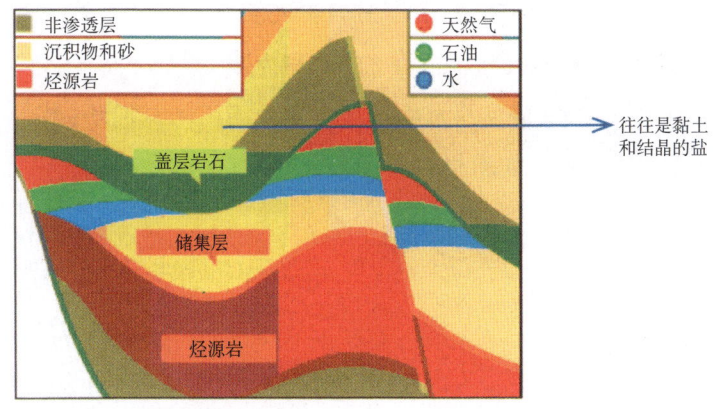

条件6：油气圈闭❶。

储集层具有聚集烃类的能力，盖层阻止了这些烃类向上至地表的运移。但这些对于油气的聚集并形成有规模的油田或气田依然是不够的。实际上，油气一旦到达盖层岩石之下，就会进入它们可能继续上升的空间，充斥所有的逃逸点，因此就需要具有大型而密封的体积，这样烃类才能聚集起足够的量以供勘探。这种密封的体积称为圈闭，是岩石层的变形而形成的。圈闭从逃逸点到最高点的距离越长，圈闭的体积就越大。

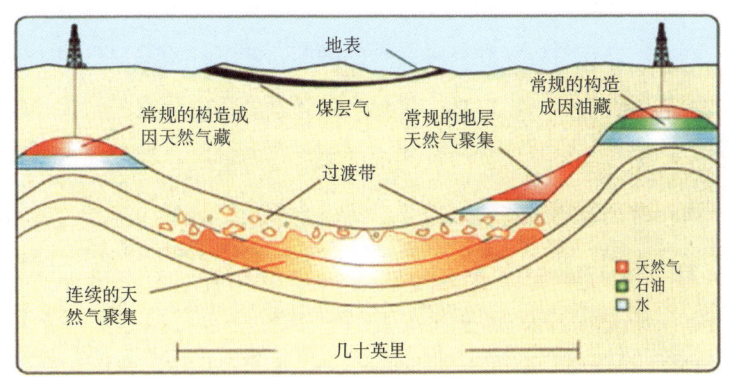

圈闭内烃类的充注取决于多种条件——它可以充填石油或天然气，或两者兼而有之，如果充填的是石油和天然气，则由于天然气较轻，会集中在圈闭的顶部，呈天然气在上、油在下的状态分布。值得注意的是，即使在圈闭内仅含石油时，也会有大量的天然气，因为天然气易溶解在石油内。同样，当圈闭

---

❶ 可以聚集足够的石油与天然气，以供勘探。

内仅有天然气时,也会存在相当数量的轻质液态烃——凝析油❶。此外,在储集层内的岩石颗粒之间还会吸附少量的水,称为残留水。自然界中存在着不同类型的圈闭,我们将其分为两大类:(1)构造圈闭,占绝大多数;(2)地层圈闭。

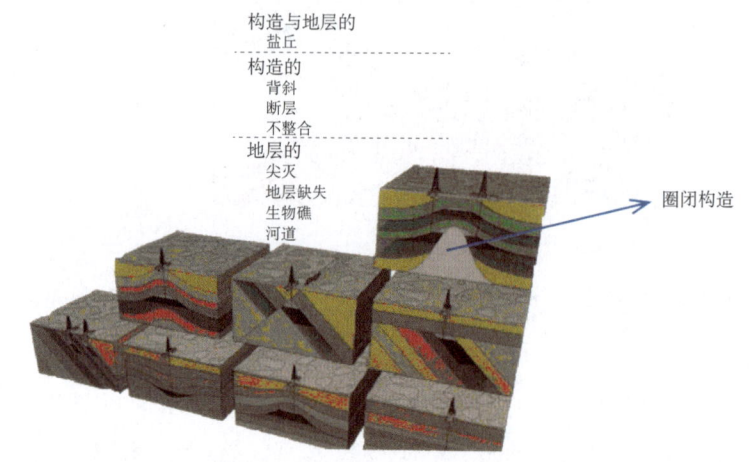

条件7: 石油与天然气的保存❷。

烃类一旦进入圈闭,就会受到各方面的影响,正如我们所知的那样——烃类不喜欢氧气和细菌。然而,当一个油藏距离地表太近时,雨水也会下渗进入油藏,这种水携带着氧气和各种贪食的细菌,它们开始侵蚀石油,使得石油内的轻质组分被大量分解、破坏、释放出气体。之后,所有的剩余物都是难以开采的重质而黏稠的烃类。如果圈闭内的物质没有逃逸,勘探家们对所剩的物质没有兴趣,就不会顾及那里的资源了。这些剩余物将经历十分严重的蜕变,只会剩下垃圾废物!在50~55℃的温度区间,能够导致上述转变的细菌无法存活。因此,在55℃之上,石油能够得以长期保存。广义地讲,我们可以认为在小于1000米的埋藏深度处发现油藏时,就是令人焦虑之时——它们很可能已经被破坏了。然而,在更深处发现的油藏也不能完全幸免于因地壳抬升所造成的破坏作用。在这种情况下,勘探家们的顾虑在于岩石的运动。如果构造运动发生,就会破坏油气圈闭,使圈闭的密闭性降低,甚至完全被摧毁,更常见

---

❶ 凝析油是一种物质的聚合体从气态到液态的物理形态的改变。当从气态直接变为固态的转变发生时,其副产品的液态相改变就称为沉淀,反之则称为蒸发(或升华)。
❷ 为了保持石油圈闭的安全,就必须使其与氧气、细菌隔绝,以保障以后的勘探。

的现象是岩石运动产生的裂隙与破裂会破坏圈闭的密闭性，导致圈闭内烃类物质逃逸。圈闭的生命和使命就此完结：空了。

在何处能够找到油气？

固态的有机质一旦转变为液体或气体，烃类就会从生成它们的烃源岩内运移出去，可形成商业性聚集。绝大多数石油的烃源岩是细粒沉积岩（如黏土）❶，烃源岩难以快速吸附大量的石油和天然气。然而，石油和天然气能够从它们生成的烃源岩内排出，在漫长的地质时期内慢慢地进入烃源岩上覆的具较大渗透性的岩石层中。很多人会错误地认为，石油会像湖泊一样存在于地下。石油工作者会告诉我们：自然界中的石油是保存在固体岩石内微小的孔隙中的，这些小孔或小洞内充满了水、天然气或石油。但是，如果这些小洞彼此之间不相连通，石油就不会流出岩石。液体流过岩石内孔隙的能力称为渗透率。所以，岩石内具有高孔隙度就可以聚集大量的石油，岩石还必须拥有良好的渗透率，这样就可以使石油迅速地流出岩石，拥有良好孔隙度和渗透率的岩石就可以成为良好的储集层。绝大多数石油和天然气的密度比水小，因此它们具有向上运移的趋势，而且会穿过被水充斥的具渗透性的岩石做侧向运移。在没有受到非渗透性的盖层阻挡时，石油和天然气会一直向上运移到达地表。石油和天然气会从地下逃逸，进入大气和海洋里，或者运移至地表形成油苗或气苗。这种存在于自然界的油苗和气苗是自然界自身的污染源之一，与我们目前所使用的抽提法相比，它们并不能够成为有效的烃类燃料。从商业角度讲，最有价值的油气藏是那些大量聚集的石油和天然气藏以及地质圈闭内的油气资源，比如被褶皱和断层圈闭住的油气。如果自然形成的储集层岩石的渗透性不好，就需要人为地使岩石产生破裂，通常采用爆炸或高压注水注气的作业方式，以便提高渗透率，使石油或天然气从岩石层内流出。

怎样找到油气？

在任何开采作业展开之前，首先要找到石油和天然气，出于此目的，石

---

❶ 沉积岩是三大主要岩石类型之一(其他两种为火成岩和变质岩)。沉积岩形成于覆盖地球表面陆地的75%~80%区域内，常见的沉积岩类型有白垩、碳酸盐岩、砂岩、砾岩和页岩。

油工业在勘探领域投入极大，这是在严谨的科学研究中所必需的投入，当然也有碰运气的成分。从事此项工作的地质科学家们成功发现新油田并在增加油气处理方面发挥着重要作用，寻找地下石油和天然气资源是一项颇具风险的任务。实际上，这种工作相当于一种赌博：要对勘探的"野猫井"（风险井）投入大量资金，因为在对地球的分析与研究中，人类面临着太多的未知因素。石油与天然气藏的形成与演化有许多必备条件：必须有油气生成且它们必须运移至有圈闭存在的合适位置。地质科学家利用许多科技手段去推测（通过对勘探区块的详细分析）在何处这些必备条件能够组合在一起形成石油和天然气藏，但这种推测结果根本无法确定勘探是否可以获得成功。

> 并不是所有的勘探井都能发现石油和天然气。钻井的成功率为：钻5～10口井，其中有1口井可见到油气❶；很可能钻50～100口探井才能发现一个油气田。

在新的钻井工程中，高投资使得风险进一步增加。2002年，美国钻一口深度为5000英尺（这是标准的陆上油井的深度）新井的平均费用为100万美元。今天，同样深度的钻井费用约为80万美元。发现新的油气田的高额投资就需要在钻井全面铺开之前做好前期的勘探工作。发现石油和天然气的勘探技术始于约150年前，当时，美国人Edwin Drake在美国宾夕法尼亚州成功地钻成了第一口油井。

早期的石油勘探者采用的方法是沿着被河谷切割的低地和附近的峭壁观察，寻找油苗。水井中偶然也会有油气显示，可以提供地下存在石油的线索。在早期的勘探活动中，人们第一次使用了"野猫井"这个词，当时宾夕法尼亚州的丛林中活跃着大量的野猫和山狮。入夜以后，当石油工人们在钻井台上工作时，他们常常会听到丛林中传来的野猫叫声，这样，在这一地区早期完成的

---

❶ 1口井是一种术语，表示为发现和采出石油或天然气而设计的能穿透地球表层的钻孔。目前已知世界上最早的油井是公元347年中国人钻成的。那些油井的深度可达800英尺（244米），是用绑在竹竿上的钻头完成的。古代中国人用采出的石油燃烧使卤水蒸发，生产食盐。到公元10世纪，人们用大量的竹管将油井与盐井相连。有记录证明，古代中国人和日本人有许多关于天然气的典故，他们用天然气照明和产生热量。公元7世纪，日本人认为石油是"燃烧的水"。

石油探井就取名为"野猫井"。总结起来，一支勘探队最初阶段的任务就是确定在哪里可能隐藏着石油和天然气，他们开始非常仔细地在地表进行观察。在勘探的最初期，地质学家利用卫星照片进行方圆几百平方千米区域的评价。利用这种大尺度的照片，圈出需要详细勘察的区域——哪里有肉眼可见的断层或穹隆，那里就具有进一步详查的价值，那里就是将要开展工作的地方。他们整理好行装，带好野外用的地质锤和罗盘等，准备采集各种岩石标本。这些岩石样品可以提供无价的信息，包括岩石的性质、岩石的各种年龄和地下褶皱与断层的资料。然后，科学家用这些数据绘制地质图，再将其他数据如构造板块位置等结合起来，得出关于当地地下情况的初步认识。

如下图所示，这是一款外形令人震撼的工具车：（1）装备着特殊设备。（2）能够在其下方的地下产生震动（这些震动向下进入地表，可以穿过各种沉积物和岩层）。地下的沉积物和岩层会产生震动的反射波。（3）它们可由高度灵敏的检波器检测到。（4）随着反射波以不同速度运动（这取决于它们所穿过岩层的性质），对这些反射波进行记录并分析，就可以揭示大量的关于地下岩层的信息。在海洋中实施的地震接收信息有助于指定勘探开发方案，但海上作业使用的是勘探船，而不是像陆地使用的卡车。（5）它们利用空气枪产生声波并用一组检波器来记录反射波……

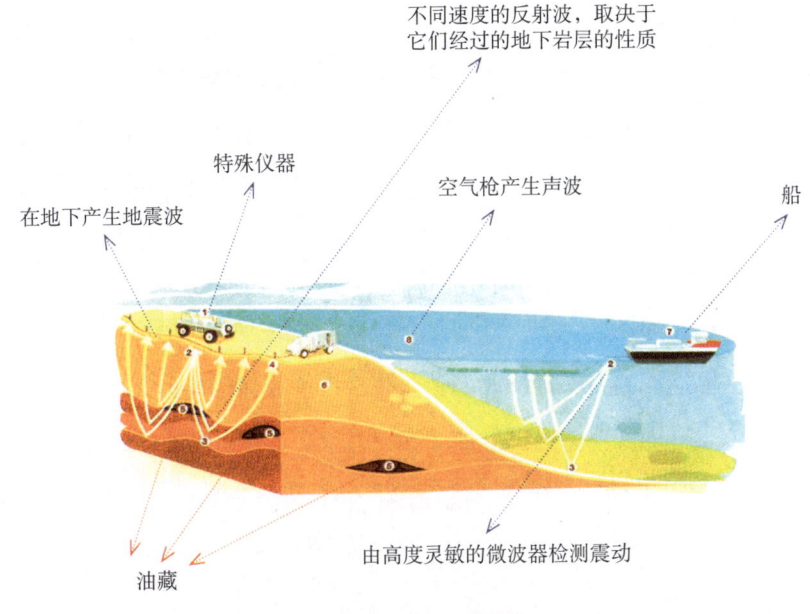

工具车工作示意图

什么是油砂？

油砂是沥青、砂、水和黏土的混合物。目前，由于传统模式油田的日趋减产和高油价的冲击，人们将勘探目标转向了非常规石油资源，比如蕴藏量极大的石油砂。石油砂的勘探活动在加拿大尤为活跃，那里的重油油砂沉积极其丰富，人们利用大型挖掘机从地表以下较浅处开采到蕴藏量极大的油砂。然而，油砂的开采必须用热水将沥青与砂质分离开来。施工中用流速极快的细小黏土颗粒和水将油砂内含的沥青清洗出来，黏稠的沥青很容易就用石脑油分馏并沉淀下来。这种混合物通过管线被输往精炼设施处，在那里用溶剂回收并再输往抽提加工区。用氢转化处理法将沥青深加工成具商业价值的原油，其原理是用氢将重烃的大分子打断成为较小的分子，这种深加工后获得的原油就适合送至炼油厂加工了。在一些加工过程中，将沥青在炉具内加热，并加入焦炭作为催化剂，然后将焦炭除去。从焦炭塔产生的氢蒸气可以将沥青分馏成石脑油、柴油和汽化油，然后再进入标准的炼油厂加氢原料的处理车间进行深加工。

油气为什么如此重要？

发现并生产油气看上去是一个相当复杂的过程。这就引出一个疑问：为什么它如此重要？

石油在现代工业中扮演着一个重要的甚至是关键性的角色，石油产品和石油化工产品影响着我们每个人的日常生活和生活品质，包括交通运输、食品、服装、居住和娱乐生活。石油的供给、生产和消费影响着国民经济和国家的安全，甚至涉及全球政治与国家之间的关系。

为石油而战的国家

石油工业达到目前重要而特殊的地位是一个相对较短时期内的事情。比如，在美国，石油工业的历史仅可上溯到第一口油井钻成的1859年。从那时开始，科学技术的发展，伴随着翻天覆地的社会变革，催生了石油工业并使其获得空前的大发展，即使石油工业的发展时间相对较短，但人类利用石油的历史却相当悠久。人类对石油的认识和利用可以追溯到几个世纪以前，可能在人类开始记录历史之前就已开始了。当今世界，石油已经成为我们日常生活和国家经济的一个重要组成部分。在日常生活中，美国人所使用的石油产品多达3000余种：汽油、航空燃料和其他燃料，阿司匹林、化妆用品、合成纤维以及化学肥料等。据保守估计，全球平均每天的石油消费量高达8700万桶，同时，石油工业也在快速发展，以满足我们这个世界对石油的需求。所以，我们必须关注全球的能源在一个相当长的时期内的供应与需求情况，因为油气是地球上最重要的资源之一。油气最重要的应用在于它是一种可燃性资源。挥发性烃类物质的混合物目前已被用于生产氯氟化碳，它是一种烟雾剂喷枪的用料，但它对地球的臭氧层会产生较大的影响。

油气是否正在被耗尽？

人类对石油和天然气形成的精确时间尚不得而知，因为在地质年龄小于200万年的岩层中还没有发现石油和天然气。地质学家认为，石油的生成过程相当缓慢（以人类的眼光来看）。即使这一过程仅仅需要几万年时间（在地质历史中，这只是一瞬间），全球的石油与天然气资源被人类消耗的速度也远远大于地质过程中形成它们所需的速度。可以认为，石油与天然气是一种不可再生的资源。从全世界来看，人类已经消耗了5000亿桶石油，预计所剩的石油还有10000亿桶。只有当你认识到最近25年的石油消费竟高达2500亿桶时，才会意识到关于石油将被耗尽的话题并不是危言耸听。而且，全球的石油需求量仍在增加，虽然许多国家在寻找油气方面投入了大量的新技术，但是，全球的石油供求并不平衡。全球三分之二的石油资源分布在中东地区，反之，美国的石油资源量仅占全球资源量的很少一部分，但美国人的石油消费量却占到全球总消费量的25%之多！自20世纪70年代中期以来，美国开始发力使用本国产的石油。在许多年中，美国人大量消费石油，结果导致美国的石油储量下降。这样，美国人花费了多年时间才深刻地认识到进口石油在满足自己能源需求方面的重要性。目前，美国人所消费的石油中约一半以上是从别国进口的——主要来自沙特阿拉伯、委内瑞拉、加拿大和墨西哥。简单的算术就可认识到，与预计总的可采储量相比，全球石油的消费率是相当高的，而且有些油气资源虽然已经找到，但真正开采供人类使用还需时间。

石油储量与石油峰值

随着时间的推移，采出的石油量不断增加，关于石油峰值的问题终于引起人们的关注，可采出的石油资源量标志着未来可以获得的石油总量，因此就显得十分重要。常规的石油资源量包括利用自己掌握的技术（常规采油、二次采油技术、提高采收率技术）可以通过井口获得的石油总量。这并不包括从固体沥青矿或气体（石油砂、油页岩、天然气的液化加工❶或煤的液化❷技术中获得的资源量）所获得的液态烃量。石油资源量可以分为探明储量、预测储量和地质储量。探明储量一般可达预测储量的90%~95%。预测储量的可能采出量为50%，地质储量的可能采储量为5.0%或10.0%。目前的技术可以从绝大多数油井中采出大约40%的石油。一些推测认为，未来的技术有可能采出更多的石油，但即便如此，未来的技术已经将这些预测储量和探明储量纳入人类拥有的资源"账下"了。在许多主要产油国中，关于本国的资源量并没有对外公布，也没有经过核实。绝大部分易开采的石油已被人们找到了。当下的石油价格高涨已迫使人们在那些投资极高的区域开展油气勘探，比如钻探超深井，进行极端温度下的施工作业以及在环境恶劣的区域展开勘探。勘探作业的低发现率导致探井工具的短缺，这样又会造成钢铁价格上涨。这种盘根错节的关系，导致整体价格上扬。

全球油田发现的高峰出现在1965年，主要原因在于当时世界人口的增加远大于石油产量的增加速度，而年均产油高峰出现在1979年（其引发原因是1973—1979年的阿拉伯半岛战争）。20世纪60年代，每年所发现的石油量都连攀高峰，约为550亿桶/年。1980年，石油储量达到效率峰值，当时的石油

---

❶ 天然气液化或称GTL是一种将天然气或其他气态烃转化为较长链烃类的炼制过程。富含甲烷的气体转化为液体燃料就是一种。它们或者直接转化，或者通过中间介质转化，比如Fischer Tropsch（费托合成技术）或Mobile Process 技术的应用。利用这些加工技术，炼制炉可以将其中的气体废料产品转化为有价值的燃料油，可供市场或仅仅作为与柴油混合的燃料使用。

❷ 将煤炭转化为液体的加工处理。

产量首次超过发现量，虽然人们利用一些新的方法对石油储量进行了重新计算，但依然难以准确地获得储量额。

非常规资源——非常规石油[1]

非常规资源，即超重油、油砂和油页岩等，并未被归入石油的资源量。然而，许多石油公司在露天开采技术或热采技术成熟以后，已能将它们列为探明的资源量。一些石油工业信息源，比如Rigzone网站就申明，这些非常规资源不能有效地开采出来，炼制它们需要额外的能量，这就导致了高昂的生产投资，而且每桶（或当量桶）此类能源所释放的温室气体将是常规石油排放量的3倍之多。权威人士指出，全球的非常规石油资源量将是常规石油资源量的数倍之多，而且可以使石油公司从容地应对21世纪高油价的局面。

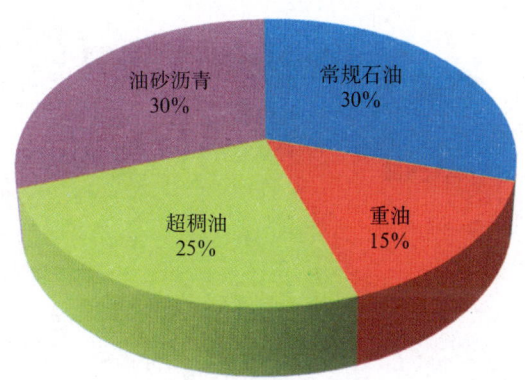

全球石油资源

---

[1] 非常规石油是指用非传统的油井技术手段生产或提取的石油。目前，非常规石油的生产效率较低，而且在一些典型的实例中，与常规石油相比，它们的开采对环境的危害更大。非常规石油开采的对象包括：油砂、油页岩、有机燃料等。在常规的石油因匮乏而导致的"经济上亏损"发生时，这些非常规石油资源就可大量应用于汽车等交通工具，人们目前对常规石油的偏爱原因就在于它们开采后经过炼制的损失量极小（即极高的开采/炼制比）。像用热蒸汽注入油砂体后抽取石油等烃类物质的技术正在不断地被用于非常规石油的开采，旨在提高生产效率。资料来源：《WER》《BP报告》，2007；维基百科，2008。

虽然非常规油气资源极为丰富，但开采的局限性使它们难以成为像常规石油那样的有效能源。非常规能源也是高强度的能源，与其他能源相比，它们从来没有被有效利用。此外，从这些非常规资源中提取的石油往往都含有硫、重金属等污染物，它们在被人类利用时，因其自身的能源性质等原因，会释放出大量有毒物质。在中东地区尚未开发的常规石油资源中，存在着大量的铀、黏性物质和被硫及重金属污染了的石油，此类石油资源是不能利用的。然而，近期的高油价使得此类石油资源已经具备了开采的经济意义，且在15年内，全世界新增的石油供应可能都来源于这些非常规石油资源。2003年，世界著名杂志《发现》(*Discover*)载文指出，热解聚可以用于通过垃圾、下水道污物和农业废料无限地转化为燃油。该文还指出，这种加工的费用为每桶15美元。相比之下，2006年的石油价格已达每桶80美元。

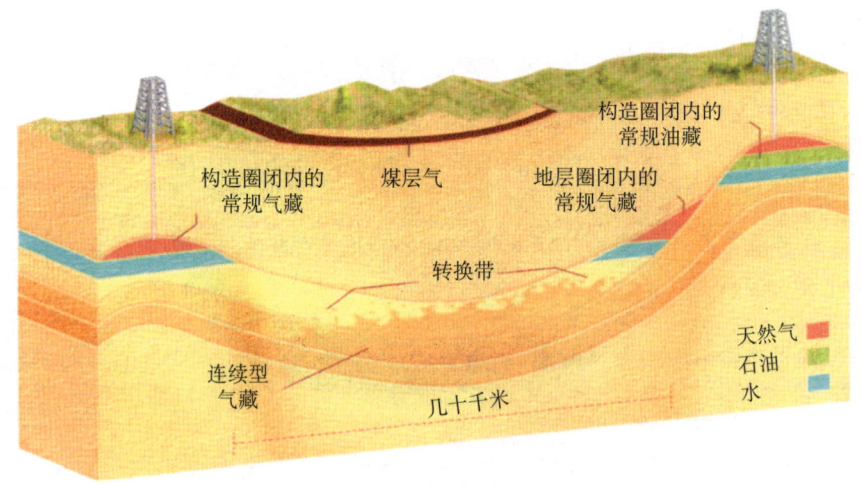

致密的天然气藏可以各种类型存在于自然界中，
在一个盆地内的常规油气藏：构造与地层圈闭或连续型油气藏

虽然致密气藏广布于全球各地，且它们常常与常规天然气资源相伴，但它们往往不会成为油气勘探的首选目标。在美国，常规资源量下降之前是不会对非常规天然气进行开采的，只有当常规资源量感到不能满足需求量时才会转向致密气的开发。目前，美国是世界上唯一大规模开采致密气资源的国家，在美国开采的天然气总量中有37%产自非常规天然气，其中30%来自致密气藏。

此外，巨大储量的天然气结合开发技术的进步，已经使致密天然气藏具备了经济上的开采可行性，这样就可以获得更多的天然气资源，进而可以应对天然气市场需求迅速增加的局面。

> **非常规天然气资源量是常规天然气资源量的数倍之多！**

未来几十年人类对能源的需求都将强烈依赖世界范围内的石油资源（石油和天然气）。石油资源通常被认为是有限的，因为它们生成的速度远远赶不上人类消耗的速度。由于石油可以成为经济发展的动力，因此人们认为应该扩大未来本土的资源基地，而且大量投产也是可行的。资源评价是能源政策分析的关键因素，也可为工业和民众提供关于陆上区域油气资源潜力的可靠信息，资源评价就是指可以获得的、能够供给人们能源的石油和天然气的资源量。

石油工业有价值的产物包括原油、凝析油，以及存在于常规储集层内，可用标准的传统开采技术获得的天然气。在这一领域，天然气和气体的术语可以互换。石油资源的预测体积代表着原油加凝析油的体积。在开发这些预测资源量时，需要制定一些可适用于未来技术和经济条件的基础性预测。这些预测和未来发展也会使资源评价中增加一些额外的不确定因素。虽然人们尚未认识到这些因素，但许多技术的发展和开发区边缘地带正在连续扩张，使得人们可以部分地对剩余资源基础（较小型的油气藏、低浓度的油气藏以及更加偏远地区的油气田等）进行评价，也可以对经济优势尚不明显的油气田进行评价。

资源评估就是进行评价工作。对于评价，现有技术条件获得的油气资源潜力的方法就是定量化，即在资源量接近枯竭之前才能可靠地认识到的资源量的各种评价工作。因此，应该认识到，任何评价的不确定性都是必然存在的。各种评估都具不确定性，它们的计算（预算）都是未知的或不确定的。这样一来，资源评价就应被认为是一种一般性指数，而不能作为绝对体积的预测数据。所有资源评价的目的都在于对未发现的资源进行连续的修订，并将其转化为资源量和将要投产的资源量。资源评价也会提供不断校正的数据资料和新的评价方法。资源评价的结果并不能提供油气的发现率或者发现的可能性以及在一个特定时间段内的油气开采情况。然而，与这种评价密切相关的不确定性会在整个评价工作中随着评价的深入进行而降低。

  资源评价应该从某一时间点切入，即评价工作是以在那一时间所获得的数据、信息和可用的评价方法为基础展开的。

  通常，在一个勘探程度低或尚未展开勘探工作的区域，未发现的石油与天然气资源评价中的风险性与不确定性最大。资源评价高度依赖于当时所掌握的技术，在未经政府或最高领导人批准的情况下，对一些特定区域的评价结果是无法更新的。对那些已经充分勘探的和已进入成熟开发阶段的区域，资源评价中的许多风险就会下降或消失，而且在可能获得的结果中的不确定性就会相对减小。这样，油气资源潜力评价的可信度就会极高。

第3章　石油的研究、勘探、钻井及开采

在常温或略加热的条件下，石油呈一种黏稠的液体状（"油状"），它具有憎水（不溶于水，water fearing）和亲油（fat loving）两个特点。这一普通定义寓意着它的成分、化学结构、性质和用途。石油是非极性物质。

石油的种类

矿物油：所有种类的石油都富含碳和氢组分，据此可以追索出它们的生物起源或相关性。在地下多孔岩层中发现的矿物油也不例外，它们起源于有机质，如死去的浮游生物——它们在地质历史中曾在海底大量分布。经过多种复杂的地球化学过程，这些有机质转化为矿物油，或称"石油"和它的组分，如煤油、石蜡、汽油、柴油等。它们被归类为矿物油，因为在人类的时间框架下，它们不属于有机质，它们来自地下的地质体，从地下岩层到地下的圈闭，再到地下的砂层。一些油状物质也可以在一些自然环境中找到，广为人知的就是沥青。在自然界中，沥青往往以焦油斑的形式存在于地下裂缝中。石油和其他矿物油已经成为现代人类社会极为重要的资源，它们常常以人们四周无处不在的"油"来冠名。

有机油：由植物、动物和其他有机质通过有机过程而形成，这些油类以其多样性为显著特征。从化学观点来看，这是一个模糊的术语，而油类真正的科学术语应该是脂肪、蜡、胆固醇在活着的生物体内发现的油类物质及它们的分泌物、脂类。从蜡到类固醇都可归类为脂类，有时它很难定义。通常，人们几乎仅仅根据它们都排斥水或不溶于水的特征将其归为一大类。脂类可以完全溶解于其他液态脂类中。它们中碳和氢的含量很高，与其他有机组分和矿物质相比，脂类内部几乎不含氧。

石油开采需要什么样的研究工作？资源评价的重要性何在？

石油勘探就是寻找地下几千米深处的石油。石油工业的历史是一个真正

成功的故事,而且也是一个令人倍感兴奋的故事,讲述一直在地球深处蕴藏了数百万年的、完全自然发生的流体过去、现在与未来的故

> **我们在哪里可以找到石油?**
> **我们怎样找到石油?**

事。这个美好而真实的故事从19世纪开始,当时的人们开始对石油和天然气产生了浓厚的兴趣,试图利用它们来提高自己的生活质量并为自己的子孙后代提供生活保障。同时,世界各国都在不断努力寻找可以利用的可再生能源,一些学识显赫的科学家正在勤奋地工作,努力使新能源更多地为人类所利用。为了寻找石油并获得石油产品,我们这个世界就开始了勘探与开发工作。勘探工作的着眼点在于发现隐藏在地下深处的石油和天然气田,因为石油在地下的沉积岩内形成,并通过沉积盆地的流体系统运移。石油最终会被圈闭在各种地质环境内,石油勘探队的工作就是要确定这些圈闭的位置。勘探队由地质学家和地球物理学家组成,他们通过研究岩石、矿物和古生物化石,确定有可能在哪里找到油气藏。他们还了解全球的板块构造运动,以及全球盆地在地质历史中的演化情况。他们常常会利用地震学方法,研究地球内部的声波特征。一旦确定了一个油田的位置,开发工作将随即展开。开发工作需要研究油气藏以便准确地确定地下的石油和天然气储量,并确定如何才能准确地把它们安全而有效地开采或生产出来。开发中应用的技术与勘探工作中所采用的相似,但往往会更加细致地展开,并贯穿于油田的整个生命周期。科学家们所有的研究工作都是在实验室中完成,即使所获得的否定性结论,也同样出自实验室。勘探过程中未能发现石油或天然气的井被称为干井,但它们也能使勘探家们获得极有价值的地下数千米处沉积岩的信息。

如何发现石油?

这种勘探工作可能经历数年,所以系统地开展勘探工作并保存良好的记录都是极为重要的。在20世纪,石油勘探的科学就已相当成熟,当前的制图工作已成为非常综合性的科学,需要用到计算机。科学家们利用功能强大的计

算机参与勘探工作，并用计算机对收集到的每种地下储层数据进行分析并编绘地质图。一些重要的科学家是钻井专家和油藏工程师。钻井专家们负责所有勘探和开发井的钻井作业，而一经发现油气田，在早期的开发工作中，油藏工程师们就开始投入工作。他们主要负责油藏的管理工作。这些专家与完成高精度的三维（3D）储层模型❶的工程师们合作，然后将这些模型输入一些精密的油气储层计算机模拟程序中去，用于预测油气藏现在和未来的生产状况。发现具有经济性的油气藏是成功勘探的目标，因为一个油气田的标准开发时间可达20年到50年，而从发现一个油气田到投入开发则仅需3年到7年的时间。

石油勘探的经济意义与重要性何在？最关键的经济因素是什么？

经济规律控制着每个油气田的生命，因此，油气田的开发计划❷必须与该油气田生命周期的预测及当时涉及的经济大环境进行对比。当勘探的费用仅占到工程支出额的一小部分时，在一个油气田开发的早期阶段，油气的产量往往就会达到最高峰。然而，若在一个接近成熟的油田，由于产量的下降和维持产量的费用增加等原因，每开采出一桶额外的石油，费用就会增加。在一个油田开发的最后20年中，由于投入的连续追加和科技的发展，人们可以利用新技术从该油田采出更多的石油和天然气，这样，开发作业就会发生重大变化。在一些实例中，这种情况可以导致需要投入比原来预测更多的开发工作，人们尤其需要注意油田的管理工作中的安全性和环境保护工作。人们对勘探与开发的投入可以源源不断地找到石油和天然气资源。人们已将油气勘探引入更深的领域，采用更佳的勘探工具，在地球的一些极端地域展开勘探，在这些方面投入的资金和专业技能使石油工业找到并开发更多的新资源。然而，石油科技人员必须通过对已有的和正在趋于成熟的生产区域实施提高采收率作业，才能获得更多的石油。

---

❶ 三维模型可用于发现含石油和天然气的圈闭和油气藏。

❷ 运行与经济分析的整体结构。

石油和天然气勘探过程

石油存在于地下深处，达数百万年之久。所以，我们需花大力气才能找到它们，找到石油和天然气唯一的途径就是：一直向地下钻进，直到找到油气藏。这些油气藏深埋于地下，深度常常可达几千米。石油是不可能靠盲目下钻自己冒出来的！我们用的是钻井技术❶。从地表，可以试着猜猜这些油气藏在何处并可以提出各种假设。但是，在用钻井触及油气藏之前是根本无法确定他们是否存在的。找到油气藏，假设才能被证实。勘探钻井的费用极为昂贵，因此最好不要做出错误的决定。可以采用多种方法去了解具体的钻井位置，一些技术甚至可以使我们看到地下的情况。通过汇集整个团队的研究与工作成果，就拥有了获得成功的最大机遇。通过勘探钻井，根据所获得的资料，可以做出在某一区域继续还是停止勘探的决定。

在哪里可以找到油田？

油气是在一些沉积盆地内形成的。因此，我们的兴趣就是那些过去数百万年前形成的相互叠加的不同岩层。在地球的表面，存在着大量的沉积盆地。当然，既可以在陆地也可以在海洋里发现这些盆地，而现存于陆上的沉积盆地过去也可能曾是被海水覆盖的区域。在石油勘探的初期，钻探工作尚未展开，整个盆地还没有被任何勘探工作所触及。当今，这种未开发盆地已非常稀少了。只有少数地域因气候或地理条件极为恶劣，或出于生态保护等原因才得以保留下来，如南极大陆。所以，我们了解了那些富含石油或天然气（或两者皆有）的地带——它们就是有远景的盆地。其他一些则是贫油气的或根本不含油气的盆地。而且，许多沉积盆地都已进行了程度不等的勘探工作。对这些盆地的了解已成为勘探人员长期的工作目标，而且可以在揭示新的、大型沉积盆地甚至超大型盆地的了解过程中大大降低工作的风险性。之所以这样讲，是因为油气勘探已经是相当成熟的技术，比如北海就是一个实例。在北海海域勘探程度很低的区域，从事目的性极强的勘探工作的石油公司能够发现丰富的油气

---

❶ 钻井是用钻头在一些固态物质（如木材或金属）上钻出一个圆柱形孔的过程，需钻物的材料、钻孔大小、钻孔数量和钻进时间决定着钻具和钻进方法的选择。

资源。然而，即使在一些成熟的区带，依然有待投入勘探工作，以寻找较小且不易察觉的沉积体，因为它们更加难以看清或难以获得它们的地下图像。

油气田勘探中的国际关系

石油公司有权在自己所需的任何时间和任何地点进行钻探吗？答案是否定的。因为任何地下的区域也属于拥有其地表土地的国家所有，海域亦然。一个国家拥有距其海岸线向外延伸200海里的海域和整个大陆架上矿产资源的所有权。对海域边界的定义往往会引发激烈争论，在这些海域发现石油之后尤甚。所有的石油公司都会对那些可能蕴藏石油和天然气的区域产生浓厚的兴趣。而那些国家、那些土地和海域的拥有者们也深知这一点。

为了更好地评价本国的地下财富，这些国家就会让各石油公司展开竞争，以拍卖的方式向出价最高的石油公司提供勘探区块❶，这些都以国际投标的方式进行。

> 有兴趣的石油公司提交它们的提案：在一个限定的时间段（一般为2年到5年）内完成所有勘探工作量。
> 这些石油公司常常会由2个到3个石油公司共同组成一个集团开展勘探作业，一旦它们的提案获得许可，就可使它们共同分担所需费用（极为昂贵）和极高的勘探风险。

在这种国际投标工作的截止日期之前，招标国家会检验所有的申请并着手选择石油公司或者由石油公司组成的集团，它们都是要在招标区域负责钻探的公司。某个公司一旦获得了勘探特许证（或授权），即可展开工作。获此授权的石油公司也可以在任何时间就自己所获得的区域中任何感兴趣的全部或部分区块的出售进行谈判。出于此因，在这些区块中就可能出现用于勘探的永久性出售与购买的市场性关系。对于这样的区域，勘探工作刚刚开始，而对于钻井来说，则早已进行了，在前期的勘探钻井基础

---

❶ 指石油公司可以开展勘探工作的国际性区域。

上，人们根据所获得的正面的或负面的结论来判断股权区带在交易中的升值或贬值。在所有的石油公司内部，都有一支专家队伍，他们一直在跟踪全球范围内有可能发现石油和天然气股权的销售提案。这种股权的出售或交换往往就是那些拥有高科技手段和受过高级培训的人展开激烈谈判的最终目标，而这些参与谈判的也正是促进能源勘探的科技人员。

当勘探具备了极好的发现石油与天然气的机遇时，就必须立即展开钻井作业。那些有远景的圈闭深埋于地下，而那些从地表就可以看到油气露头的区域并不一定具有成功率。为了确定潜在的圈闭，勘探家们将采用地震勘探的反射波装置，其原理是地震反射。地震学方法可以为我们提供地下岩层的图像，但这种图像相当模糊且可信度并不太高。这样，就需要依靠一些区域地质的知识研究——包括地表地质学研究，对已经完成的钻井所获得的信息进行研究。最终，必须对所有这些数据进行综合研究，研究人员也必须努力工作，不能漏掉任何可以得出结论的线索——在发现石油和天然气机遇极大的地点开钻。在一个新油田勘查的早期阶段，勘探家们必须构建起整个盆地的认识框架，以便评价石油系统的潜力并为其划分等级。

在全球范围内，我们利用连续和高效的方式去分析这些含油气系统，而对这些系统中每个区带所采取的勘探技术手段也都不尽相同。

什么是地震勘探法❶？

在早期的石油勘探中，勘探人员只能对可以从地表看到的地质构造进行钻探，一般是背斜和地层上拱形成的凸起等。但人们很快就认识到这种做法效果不佳，因为许多构造被沉积岩层覆盖，在其下面才是由地壳运动形成的圈闭。此外，若这些圈闭恰好位于海底，则人们也完全无法用肉眼看到。勘探人员研发出地震反射方法，而它的原理就是由爆炸或用一个重物向下撞击地面而产生的非常简单的地震波。

---

❶ 对地震和穿过地球的波的传播特征的科学研究。在野外还包括地震效果的研究，比如海啸、各种不同的地震源，例如火山、构造运动、海洋的和大气圈的以及人造地震（如爆炸引起的地震）等。

地震勘探法示意图

  这些震动从各个方向向地层深处传送地震波。当这些波遇到一个地质层系时，就会被反射回地表（就像光射到镜面发生反射一样），而其他声波则会继续向下传播直到更深处的岩层，如此反复多次发生。人们在距这种波发生的一定距离处安置极为灵敏的接收器（地质检波器），就可以接收并记录下一系列复杂的地震反射波。最先到达的是那些沿着地表运动的波，然后是被第一套地质层系反射的波，接着是第二套地质层系反射的波，以此类推。在这种方式中，可以记录从发射器发出后经地质层系反射后到达接收器的时间。

  通过对比改变发射器与接收器的位置，就可以描绘出一幅按时间和二维（2D）空间构成的基底地质层系图像，然后，再计算出不同地质层系的波的传播速度，这样就可以得到一幅地层深部的岩石层系图像，而这正是地质学家和钻井工程师最为感兴趣的。根据这些图像，绘制出更加详细的地层剖面图。利用这种以时间和深度表示的一系列完整的二维图像，绘制出地下岩层的地质图并用于评价油气圈闭。为了获得更为精确和更加可靠的地下岩层图像，人们应用三维地震技术，它比二维地震的投资更为昂贵，但却更加精确有效。通常，人们可以从三维地震图上直接识别出地质层系中的油气层。为了获得地层体积（三维空间）的图像，需将接收器成排安置。不久将会出现的四维（4D）地震技术，可以使勘探工作进入四维空间——包含了时间的范畴。在油气勘探开发的实践中，三维地震技术采用规律的时间间隔，屡获建树。通过对比这些三维地震记录，人们可以对一个油田的生产阶段进行跟踪评价。在海上勘探中，三维地震记录是由轮船拖曳的一系列接收器（检波器）完成的。海上地震勘探要比陆地上的容易，因为，那里没有会使发射器和地震波接收器发生位移的自然障碍物。

如果石油在地下像巨大的湖泊一样存在，那么开采就是一件十分简单的事情。但是，实际情况却要复杂得多。油气隐藏在多孔的岩石内，就像水吸附在海绵中一样，它们在岩石内呈分散状，并可迅速流过较大的区域，致使它们难以被发现且难以开采。地震勘探已成为了解地下情况最强有力的技术手段。地震勘探最早于20世纪20年代投入使用，这项技术利用地下岩层反射到地表的声波可以看清地下的特征。用多个检波器收集反射到地表的声波，所记录的数据有助于建立简单的二维地质图像。现在，综合测量技术与强大的计算机结合起来，可以创立高精度的三维图像，并且用来更详细地揭示地下储层的特征。先进的成像软件可以帮助地球物理学家控制地震数据的质量，并过滤掉由地下盐岩和火山岩等层系构成的阻碍物引起的干扰。这些阻碍物影响根据反射声波的方向和速度而对地下油层的精确确定。很不幸，地震成像还不很成熟，而且从未达到100%的可信度，在数据记录阶段可能出现错误。在山区或热带森林内（在这些地区的工作进度会减慢）就很难获得地震数据。此外，具有致密与松软差异表层的陆地区域也会导致地震反射波发生改变，而且往往难以对折返时间进行校正。在深部剖面上，也可能获得地震图像，但它们并不能反映真实的地下情况（呈"伪像"），就像海市蜃楼一样。

钻井费用评估

勘探钻井作业的费用极高，在陆地上，钻一口井的投资至少需要500万欧元到1500万欧元，而在海上钻一口井的投资则可高达2000万欧元到6000万欧元。若钻超深井或在困难条件下进行钻井，一口井所需的投资可达1亿欧元。

如果钻井获得成功且可以尽快投入油气生产，则投资就可通过石油的开采而得到回报。但若钻井失败，石油公司就会遭受损失。这是石油公司在决定钻井之前反复论证的原因所在。在一个区域的研究工作接近尾声时，地质学家和地球物理学家就可确定一些勘探对象。对于每个勘探对象，他们计算了石油和天然气可能的分布范围。油田工程师也会计算可能的资源量。资源量代表着能够通过勘探手段获得的石油量。

> 为什么资源量是一个范围而不是一个精确的数据？因为在开钻之前，人们并不能准确地知道用于油藏和资源量计算的所有参数。

一个石油公司可以向全球任何地点提出自己的勘探申请。但勘探的预算却会受到限制，而且也不可能在同一年里"全面开花"地实施所有的钻井作业。因此，石油公司还有一支专门负责运作所有预算的队伍。这支队伍中有技术人员和经验丰富的经济学家，他们负责决定不同的子公司之间的勘探预算的划拨工作，批准或否决由技术人员或子公司提出的钻井申请。石油钻井是一项极为复杂的作业，它们可以在海上（远离海岸线的海域）和陆上进行，而且常常会在人迹罕至的偏远地区或环境极为艰苦的地方进行。如果找到了一个油田且具有可开发的经济效益，这个油田就将进行开发并投产。钻井是确定地下构造内所含物质的性质，是确定一口井是否产油或产天然气，或者两者兼而有之的唯一途径。钻井还能提供一些额外的信息，人们据此可以决定下一步的制图活动并制订未来的油田开发规划。在一个具有良好地质远景的地区钻成的第一口井称为勘探井。如果这口探井成功并发现了石油或天然气（或两者皆有），接着就会再钻一口或更多的评价井，以便更好地帮助我们决定是否应该进一步开发。

钻井费用与钻井设备

勘探钻井是所有勘探过程中投资最高的阶段，其费用是地质和地球物理勘探的数倍之多。钻井的结果将直接反映地球科学家们的研究工作是否"命中"靶区。勘探钻井费用的变化幅度很大，它取决于地理条件（陆地或海洋，接近的难易程度或极端环境的地域等），同时也取决于钻井的深度。一些裸眼钻井仅仅向地下钻进几百米，几天就可完成，其费用不足100万美元。然而，一些井则需要向下钻进5000米到6000米甚至7000米，整个钻进过程需要1年左右才能完成，所需费用就会约达1亿美元。下图为钻井设备示意图。

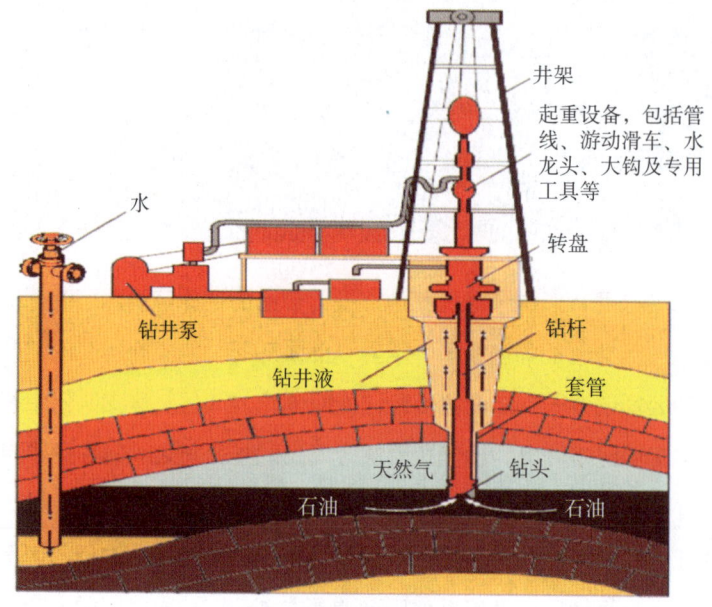

钻井设备示意图

旋转钻井原理❶

旋转钻井是石油钻井所使用的技术。钻头被固定在一根钻杆的终端。裸眼钻井常使用带三个牙轮的钻头。需要钻穿的岩层越硬，钻头牙轮的齿就越短，也更加坚硬。对于一些超硬的岩层或用于取心的井，人们就会使用镶有金刚石的钻头。钻头所需的动力一般由地面设备提供，一部分来自安装在钻塔顶部的动力钻具，另一部分来自安置在钻具底部的转盘。在少数情况下，钻头也可以由安置在钻头上方一个孔内的涡轮直接旋转带动钻进，这项技术叫做涡轮钻井。为了减少钻杆的摩擦及给钻头润滑并冷却，人们采用高压泵将钻井液从钻杆内输往钻头。这种钻井液也起到平衡钻头穿过的地层内所含液体产生的压力的作用，这样就可以避免钻井中失控发生井喷的危险性。钻井液携带着岩屑（被钻头破碎的岩石碎屑）从钻杆外部与井壁之间的空间返到地面。

---

❶ 钻头的动力来自钻塔顶部的钻井泵或钻机上的旋转台，也可能来自钻具的底部。

一支钻井队需要几十位不同领域的专家组成。钻井工程师❶负责设计钻井工程并对钻井工程实施连续检测和评估。他们确定套管（这是一种支撑钻井井壁的钢管）的直径、使用的工具和钻井液的类型等。司钻要保证钻井尽可能平稳地进行，他们肩负着许多责任，比如决定施加在钻井工具上的压力，以及钻井液返回地面的效率，找到最佳钻井速度，当发生磨损时更换钻头等。

钻井队还有司钻、钻井液工、钻井技术员和其他工程师如专门负责为钻杆增加或减少设备，负责钻进方向、接口作业、应对钻孔事故和处理地下岩层断裂等故障。他们一起工作，尽可能安全、高效，以较低成本完成钻进任务。

> 油气目的层——勘探钻井的目标深埋于地下，预计这些油气藏的埋藏深度为2000米到4000米，有时可达6000米（相当于25个埃菲尔铁塔的高度）。

一旦选定了勘探区域，就必须踏勘，以确定它的边界，还应进行环境保护方面的研究。租借合同，包括合同的标题和关于土地的可通行进入权等必须得到法律授权与合理的评估。对海域来讲，必须得到法律的授权，表明管辖范围。一旦法律条款得以落实，钻井队就可以开始土地的准备工作：（1）清理、平整土地，可能还会铺设进入工地所需的铁路；（2）由于钻井时需要水，所以必须找到就近的水源（如果没有水源，可以钻一口水井）；（3）工程人员要挖一个储存大坑，用于存放钻井过程中产生的钻井液和岩屑，用塑料绳等明显标识拦起来，以免造成环境污染（如果钻井的区域属于生态敏感区，则所产生的岩屑和钻井液就必须运走——用卡车运输取代那种储存大坑）。

土地准备好以后，就须挖几个孔以备安装钻机和定位主井眼。在真正实施钻井的位置四周需要挖一个长方形的孔，我们称它为"井口圆井（或方井）"。方井可以在钻孔四周为工人们和钻井所需配件的存储提供一个工作区。接下来，钻井工人就开始钻一个主井眼，常常先用一个较小的钻井车而不

---

❶ *操作或掌管钻井进程的专家。*

用主钻井设备。首先钻的钻孔要比钻孔的主要井段直径大些，也浅一些，并用一个直径较大的导管实施固定。随后，还会挖一些坑以便暂时存放设备，完成这些工作之后，就可以将钻井设备运至工地着手安装。根据钻井地点和附近的道路情况，可以采用卡车、直升机或驳船将钻具运至目的地。在内陆水域，由于没有支撑钻机的基础（如在沼泽或湖泊中钻井作业），可以将钻井设备安装在驳船或轮船上。在船底开一个孔用于钻井施工。井架（或桅杆式井架）是钻井系统的支撑。那是一种高达30米甚至更高的金属塔，它可以把钻井设备垂直立起来。在第一根钻杆的末端处，安装的就是钻井工具，一般是上面镶有坚硬钢粒或齿状三牙轮（大直径钻头）的钻头。

这种大直径钻头"啃食"岩石，它只能提供较小的压力，但它的旋转速度很快，可以将岩石破碎成小碎屑。随着钻头深入地层，就再接上一根9米左右长的钻杆。它以螺纹的方式与前一根相连接，如此以往，一根接一根地向地下钻进。带有大直径钻头的钻杆装置称为钻具。对付那些极为坚硬的岩石，大直径钻头上的齿就显得力不从心。对此，就要换上镶有金刚石颗粒的单块式钻头；用这种钻头就会所向披靡，攻无不克。为了避免井壁坍塌，需沿井壁插入一套空心的钢制圆形筒，而且会从地表直插井底（与钻杆一样，它们也像无线电收音机的拉杆天线那样节节相套，以螺纹相互连接），这就是套管作业。一旦完成了下套管作业，钻进就可重新开始，但套管之下的孔径会略小一些：套管会占据一些先前钻好的钻孔空间，使原来的孔径缩小。因此，开始钻进时的一个50厘米直径的孔径在几次下套管之后孔径就会减少至20厘米左右。钻井设备的形状和大小多种多样，它们将根据所钻井的深度和安装地点而定。所钻的井越深，钻井设备的功率就应越大，当然，费用也就越高。在海上钻井，钻机可以固定的方式站立在海底（自升式钻井平台），也可以漂浮方式（半潜式钻井平台）进行固定，钻井设备的选择取决于作业水域的深度、大气环流和海洋的地理条件，比如风速、海浪和潮汐等。在过去的20年中，钻井技术有了长足的进步。现在，人们已经能在水深3000米以上的海域进行钻探作业，水平钻井和定向钻井技术等都代表着主要技术潮流。

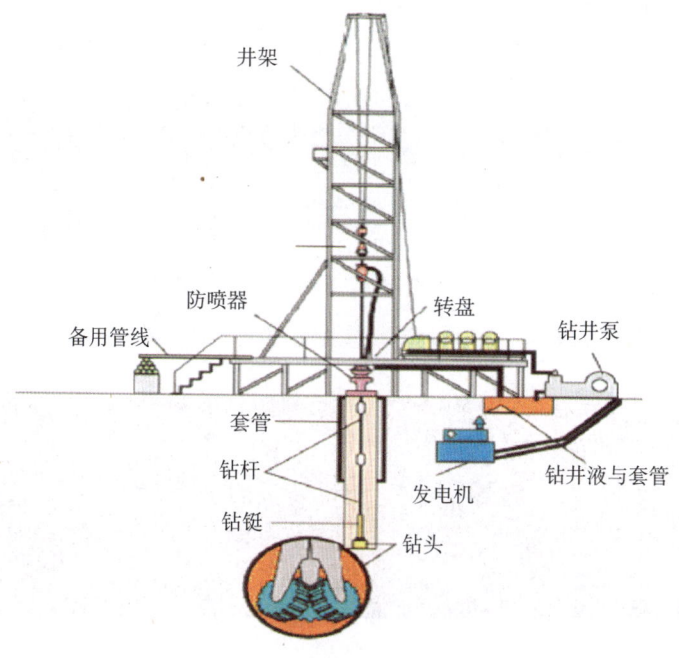

钻井设备原理示意图

钻机[1]

（1）陆地过渡带（坐底式钻井装置）、浅水区（自升式钻井平台）。钻井装置包括了钻井所需的所有设备。钻井过程中，有一些辅助设备（如钻头、套管）和产物（如钻井液），这些都是在钻进过程中所使用的。在钻进过程中，还需要大量的服务工作，比如与储层相关的知识以及完井的工艺与技术。

（2）钻井的形式多样化，它们不再仅仅是垂直状的。人们用水平井和定向钻井来提高油气藏的开发速度及多套含油气层的开采。高水平的钻井是复杂而智慧的技术。在这类钻井的完井作业中，将一些仪器安置在井孔的不同深度处，可以测量那里的液体和气体含量，并且可以遥控终止井孔内某一特定井段的生产（当某一井段的产水量过多时采用此方法处理）。

---

[1] 钻机由钻孔的钻头和地面设备组成。钻机可以是能用于钻水井、油井和天然气井的大型机械设备，也可以是由一个人就可移动的小型设备。它们可以采集地下矿物样品，检测岩石、土壤和地下水的物理性质，还可以安装一些地下装置，如地下水设备、仪器、管子或井等。

钻井平台的类型

陆上钻井平台

陆上平台是指所有在陆地钻井和生产中所使用的设备。如今，无论低压还是30000磅力/平方英寸的高压井，都有可用于开采石油和天然气的成熟成套设备。陆上部分包括地面井口装置、地面采油（气）设备、完井装置等。陆地钻井的典型代表就是用一套可移动的钻机向下垂直钻一个延伸到开采深度的孔[1]，用套管加固。井口装置可以支撑套管并调控套管之间环形空间的压力。

> "钻井的深度可以相当浅，仅需几根套管和小型钻机；如果钻井深度大于20000英尺，就需要多根套管和较大的钻井设备，需适应的压力和温度也就越高。"

在完井时，需要将钢制套管下至采收油气的深度，同时，这种套管还能以悬挂器（吊卡）对井口装置起到支撑作用。油气产层是孤立存在的，而且用多孔的套管进行分隔。在套管悬挂器之上有一套阀门，看上去就像树一样，它可以控制采出的油或气流。近年来，连续油管（挠性油管）钻井蒸汽辅助生产（Coil Tubing Drilling Steam Assist）和多井完井技术已广泛应用。这种大型钻探设备被称为井架或钻塔，钻井工人们用钻塔来连接钻杆。钻机由一种名为绞车的旋转头带动，钻杆用来钻一个孔。这个孔的起始直径大于100厘米，向下会逐渐减小至20厘米。钻杆的顶端是钻头，由3个旋转的钢制圆锥体构成，可以用来破碎岩石。这种钻头可以在一小时内向下钻进几十米的深度。到完井之后，钻杆的长度可达10千米。但钻井工人绝不仅仅是一种"发令员"的角色，他们是经验丰富的工程师。油气储层的地质学家对从井下返上来的钻井液进行分析，钻井液的作用是喷射到井下，用以冷却钻头，同时也可以防止井下的石油或天然气在失控状态下发生"井喷"。随钻头向下钻进，地质学家还要采集土壤和岩石样品（称为岩心取样），并测量石油的自然流量。这些资料可

---

[1] 勘探到最深处的石油与天然气。

以告诉钻井队钻遇的沉积物是否具有商业价值——实践中，这种情况也并不多见，地质家们据此对未来的油气生产进行精确的评估。在海上钻井时，常常使用精确的采样工序❶。

海上钻井平台

海上钻井装置包括在水面进行钻井和开采的所有设备，由于水深和油气田的特征所致，海上钻井设备的形式很多。当今在固定式钻井平台上使用的钻井装置已经完整系列化了，包括钻机、悬浮式钻机、TLP/船用圆材和浮式生产储存卸货装置等。海上钻井装置包括供钻井平台使用的水下井口装置和地面生产设备。海上钻井和生产系统的变化极大，它们取决于所选择的钻井平台和钻井地点的水深。目前，海上钻井作业已在全球范围内全面展开，钻探的水深从300英尺（自升式钻井平台）到10000英尺以上（钻井船式钻井平台）。海上钻井可在水面和水下进行。水面钻井与陆地钻井有很多相似之处。在海上钻井过程中，钻井平台的作用就是一座人工岛。钻进过程中依然使用传统的陆地型井口装置和油气采集设施。然而，水下钻井是在海底进行的，需采用特殊的钻井和采集设备。

种类之一：自升式钻井平台。这种海上钻井平台装置有钢制的桩腿，矗立在钻井场，桩腿下降，直到牢靠地固定在海底。这种平台站立在最高海浪面之上。自升式钻井平台的适用海水深度小于200米。

种类之二：固定式钻井平台❷。这种钻井平台的适宜水深小于500米。钻机安装在一个钢制塔的钻台上，平台的桩腿就像一根根插入海底的柱子。一台起重机用于吊装钻杆（它们一般安放在附近的驳船上）。

种类之三：半潜式钻井平台❸。这是一种悬浮式装置，适用于水深小于1500米的海域。这种钻井平台可用它下部压舱的几个船体稳定，形成链状锚

---

❶ 具代表性的海上钻井作业是开采海岸线附近的海水下的地下油气资源。最重要的是产油区为大陆架的沿岸区；水上钻井也可以在湖泊和内陆海上进行。

❷ 固定式平台是一种用于石油或天然气开采的海上平台。这种平台有钢制的桩腿，可以直接在海底固定，可以支撑钻机设备、生产装置和工人休息处。

❸ 半潜式平台，或是一种用于在海洋环境下钻探石油和天然气的可移动装置。它们的上部结构可以由下部压舱器或水面下的浮船或浮筒上的柱子支撑。它们在风大浪高的深水环境中稳定性极强。

系装置。海上油气勘探开发正在向更深水域进军，随着压力和温度增加，所遇到的挑战也就越大，因此就需要更加先进的技术以保障海上钻井的可靠性、灵活性，并提高钻进速度和质量。水下油气开采装置是安装在海底的，这也增加了许多困难，比如压力的保持、作业水域的深度、远程控制、设备维护、流量控制以及石油开采的配套设施。目前，绝大多数大型油田的开发已经包括带有开采树的多井精密操作装置和相应的管线系统[1]。

带有动力定位装置的轮船

带有动力定位装置的轮船看上去就像一艘顶部装备着钻机的船，但它的结构要比一般的船只复杂得多。这种带自动推进装置的轮船可以在水深大于2000米的海域钻探各种类型的井。人们将声呐浮标放在海底，连续发射信号波可以沿垂直方向探测整个井筒。这种船装备有多向推力装置，以保证井位固定，其装备的定位系统可与卫星导航系统配合使用。

由于储层内压力下降可能导致一个油田的产量自然递减，人们采用回注法来提高石油的采收率，这样就使石油的生产恢复到所期望的水平，并可采出更多的石油。通过使用这种技术，一个油田可以增产20%左右。用于回注的气体通常是从石油中分离的天然气，它们多以快闪式或稳定相态存在，而其他气体如CO_2或N_2也可用于回注技术。这些气体被回注进入专用的注水井内的储层中，就会压迫石油向着生产井的井孔移动。最近，所采用的先进技术可以用含有高比例的H_2S和（或）CO_2的酸性气体不必经过处理就直接回注。根据油田的埋藏深度和物性，回注作业可能需要极高的压力，在这种施工过程中一般应使用高压桶式压缩机，而在适度的气流状态下，则可以选择往复式压缩机。还有采用注水法来提高采收率，用过滤法将采出的水和原油分离开来，经处理后用高压离心泵将水再回注到油藏中去。

油井的原理

"采油"这个术语是指所有穿过地表，旨在发现并采集地下石油和天然气的施工作业。一口钻井的完钻和寿命可以分为5个部分，即设计、钻探、完

---

[1] *输送石油和天然气的系统和机械。*

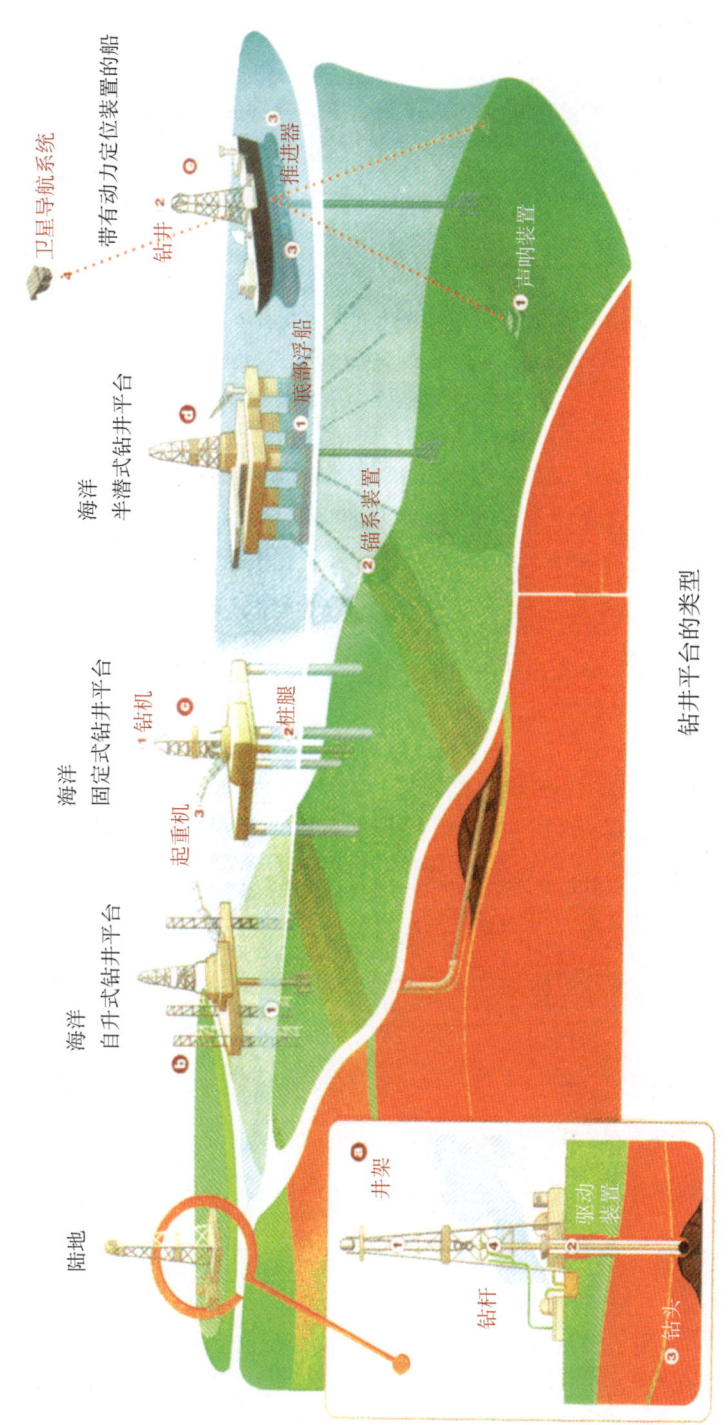

井、开采和枯竭。钻井口的直径为30英寸，可供带有钻头的旋转着的钻杆插入。在一口井完成以后，会用一套直径略小于井径的钢管（套管）从地表插入井孔内，在井壁与套管之间用水泥固定。下套管的目的就在于给新钻成的井壁提供支撑力和保护，以防来自地表和井孔内的高压可能造成的对井孔的伤害。有了套管的隔离，井孔内的地层就可以得到保护，这样一来就可用直径较小的钻具向更深处钻进（可以钻入更加不稳定和剧烈变化的地层）。越深入地下，所采用的套管直径也会相应地越小。现代钻井常常进行2次到5次下套管作业，每一次的套管直径都比前一次的直径略小一些，每一次都用水泥胶结。在钻井过程中，钻机的设备可以进行钻井液的循环，提升并旋转钻杆，控制井孔内的压力，将岩屑从钻井液中清除，并为这些操作提供实时动力支持。

　　当钻进和下套管完成以后，就必须完井了。完井❶就是使钻井能够采出石油或天然气的作业。在一项下套管的完整作业中，那些下了套管的井段穿过了油气开采带，可以为石油从四周的岩层流向井孔提供通道，这些石油可以流向井孔内的采油管。裸眼井完井时，在最后钻进时常常会在没有下套管的井底油气储集层段放置一些砂子或砾石。在缺少套管的情况下，这种做法也会对井孔起到保护作用，同时，这样的措施也可以使石油和天然气从储层流向井孔。这种过滤物也可以控制地层中的砂粒向开采石油的管子和地面设施流动，这些流动的砂子可能造成井口设备的损坏并引起一些问题，尤其在海上油田遇到那些未固结的砂质地层时，它们带来的问题可能会很严重。在这种通道形成以后，可以将酸和压裂液用泵压到井孔内，使井壁的岩层产生裂隙。清洗（或采取其他措施）之后，就可以使储层岩石内达到最佳产出状态。最后，将井口内储集层段之上的岩层段进行封闭，用一根直径较小的油管从产油气层段直通地表。这种布局可以产生一种附加的障碍，以防止油气漏失，也可以代替受损的产层。在采油过程中，多用直径较小的油管采集油气，这样可以提高液体的流速，从而冲破如水之类较重的流体所形成的静压力的影响。在许多井中，地下油气储层的自然压力高得足以使石油或天然气流至地表。然而，实际情况并不总是如此，尤其在那些已近枯竭的油气田，由于多井开采，地下的自然压力已

---

❶ 钻井工作完成后石油和天然气开始投产。

大大降低。在低渗透油气田中，也会出现这种压力下降的情况。使用直径较小的油管可能足以帮助生产，但也可能需要采用人工举升的方法。常用的方式有井下泵、气举或地面泵抽提（泵传动装置）。

在石油工业中，油气田开发中采用的人工举升技术的常用术语是"二次采油"。近10年来，这项技术广泛应用于完井作业中。用射孔或带孔短节构成的多组封隔器就可以大大降低钻井费用并可提高产量。在钻水平井时，这种优点更为明显。这种新的钻井工艺可以使套管带着适当的封隔器定位插入侧向的岩层内并精确射孔，以提高油气的采收率。

对于一个生产井来说，可以分类为：（1）连续采出液态烃的采油井，但绝大多数会有伴生气。（2）几乎全为气态烃的天然气井。（3）将水注入地层中的注水井，用以保持油气储集层的压力。在经过井下作业处理后，简单地用水将油气替换上来。这种地下水往往太油或太咸，无法将其直接用泵加入油井内。在陆地注水作业中，要选用淡水。通常，这种注入水具有地层水的性质。（4）专门采出储集层水的水井，用于回注地下以控制地下压力，而且这种做法可以使储层内无用的水引至更加需要水的部位（这些井往往仅起到当采油井或采气井需要时为其提供水的作用，目的还是在于储集层控制。用来自水井的水实施注水作业，而不用海水，原因就在于化学性质）。（5）当从注水井内向储集层注入气体时，就会使后来的生产发生改观，有可能产层被封死，但也可以保持储集层压力。

下表是我们对一些平均钻井费用进行的比较。这些费用包括检测（比如井内流量的检测），所依据的是1998年3月的费用。从那以后，所需费用都已经翻番了。

一口井标准的钻井费用

钻井位置	标准费用（百万美元）
浅水区	5~15
高温和高压区	35~50
深水区	80~110
极为困难的环境下钻井	90~140

海上钻井所需费用与井位离岸的距离有着非常密切的关系。因此，与那些使用远离海岸线的深水钻井设备的项目相比，那些距岸较近的浅水区的钻井

费用就要少得多。比如2007年，在北海中部，一口高压和高温井的钻井费用约为350万美元到500万美元，而在墨西哥湾深水区的钻井费用就超过1亿美元。陆上钻井相对要便宜一些，尤其在油气田埋藏深度较浅时，这种情况下的钻井费用低于500万美元，若埋藏较深且钻井难度大，则费用可达1500万美元。

试油

钻井是连续进行的，钻井完成后下套管，用水泥胶结。当人们从井底返上来的钻井液中发现了来自储层的油砂时，就意味着这口井已经钻至完井深度。在这一点处，钻井工人将钻具从井口移开，并进行多项检测以确定是否发现油气：测井（将电子和气体感应器下到井口中，对井内岩层进行检测）、钻杆测井（将一个仪器下到井内，检测井下压力，这可以揭示是否钻及储集层）、取岩心（采集岩石样品，以观察储集层岩石特征）。

一旦钻至最终深度，钻井人员就会实施完井作业，让石油在人为控制下流入套管内。首先，技术人员将一只作业枪下至油气层的深度处。这种射孔枪可用爆炸的方式在套管上形成孔洞，石油可以通过它们流动。在套管射孔作业完成之后，工人们将一根直径较小的油管下至油井内（即下油管作业），引导石油和天然气流入油管。在油管外面要安置一种叫封隔器的设备，当封隔器被安置在生产层段处时，它就会膨胀，在油管的外部形成一种封闭环。最后，石油工人们在油管的顶部安装一种叫作"采油树"的多阀门装置，用水泥封闭套管的顶部。这个"采油树"就可以控制从地下流出的石油流。一旦完成完井作业，石油就会流入井筒。对于碳酸盐岩储层，可用泵将酸压入井下，实施酸化处理。酸会在碳酸盐岩内溶解产生一些通道，这样可使石油进入井筒。对砂岩储层来说，会将一些特殊的、含有支撑剂混合物的液体（砂、胡桃壳、贝壳、铝渣等）用泵压入井内，并实施压裂作业。由这种混合流体产生的压力可以在砂层内形成小裂隙，从而使石油进入井筒，注入的支撑剂使这些裂隙保持张开状态。石油一旦开始流动，就可将钻机从井场移走并在井口安装开采装备，从这时起，采油开始了。

在开始钻勘探井时，一切都是未知的。在过去，7口探井中仅有1口最终可能钻到含油气层。今天，地质评价方法已大为改进，人们对地下一无所知的情况已经很少见了。所以，钻井的成功率可以达到1/3或1/4（即3口或4口钻井中有1口发现井）。在这些成功井中，肯定会有1口井获得高产油气。但是，这并不是那些很快就可投产的油田的情况。即使已经排除了一些不确定因素（即可确定存在石油和天然气，存在储层等），依然需要钻多口辅助井才能更好地确定油气藏，并使那些不确定因素进一步减少。这些辅助井，可以更好地了解油气藏，人们称之为评价井。一旦完成勘探作业，就需要进行远景评价研究，目前把这类井叫作开发井，开始正常的油气生产，并建立起评价系统。

油气田的寿命[1]

事情总会出乎人们的意料。在进行油气田的寿命预测时，人们往往会出现疑惑。

> **令人高兴的意外**：一个油田的连续生产已经超过了人们的预期开采时间，比人们的预想多采出了10%或20%的石油，这也是一件令人疑惑的事！

> **令人沮丧的意外**：一口井的生命会短于人们的预测。每天采出的石油量也大大低于人们的预计，整个作业最终的获利处于一种风险状态。真正可怕的是当我们被迫早早停止生产：我们的大量投资几乎血本无归！

上述种种意外清楚地表明，即使已进行了大量的努力试图减少这些不确定性，但人类对地下岩层的认识总是模糊的。这就是在油气田的整个生命周期中，对根据储层所含的能够采出的剩余油需要进行重新评价的原因，这种重新

---

[1] 油气田的寿命对于钻井决策来说非常重要，工程师需要知道什么时候该停止操作（油气田寿命约15年到30年，达到50年到60年的都是特大油田）。

评价既可能是乐观的也可能是悲观的。这种重新评价的结果是确定是否终止油气开采的基础。一个油田的寿命是多变的：一般为15年到30年。真正的大油田的寿命相当长，一个超级巨型油田的寿命可达50年甚至更长，而一个海上油田的寿命则较短（5年到10年），因为后者的开采投资费用极高。油田的整个生命周期可以分为三个阶段：初始期（2年到3年），随着一口接一口井的投产，此阶段的油气开采量会迅速增加；接着是一个较长时间的平稳期，此期间的油气开采产量相当稳定；最后，是减产期，关于最后枯竭的时间各油田不尽相同。地层内所含的石油和天然气不可能被全部采出，地下的剩余油气还很多。根据地下的储层类型，不同油田的采收率变化范围可以从10%到50%以上。若是一个纯天然气田，采收率可达60%到80%。所以，即使油田开发到了尾声，地下岩层内依然存有大量的石油。

石油工业所面临的重大挑战之一就是怎样提高采收率。对于一个大型油田来说，采收率若能提高几个百分点，就可以多采出大量的油气。若能将全球所有油田的采收率提高1%，按照目前全球的石油消费水平，就可供全球人消费2.5年到3年！答案是简单的：一旦油气的开采费用要比它们的销售费用高时，就会停止开发工作。一般而言，由于地层压力下降，使得油田的产量减小，就会出现上述情况。当然，当采出液体中的水含量迅速增加时，或者当油井中采出的天然气不再具有商业价值时，或当天然气的产量发生陡降时(即当压力降至热动力学泡点之下时)，上述情况也可能发生。更为罕见的是（不幸的事），一口井可能会按照一种悲观的预测提前接近枯竭，比如，一口井的产量明显低于先前的预测。一个油田的寿命也取决于石油和天然气的价格。

显然，一桶石油的价格从80美元到120美元或140美元，则全世界所有油田的开发寿命都会比先前设计的要长得多。反之，如果油价长期下跌，油田当然也会比先前设计的开发寿命缩短许多。

全球油田纵览

这里提供的油田名录，包括过去的和目前开发的全球主要油田。由于全球已发现40000多个大小不等的油田和天然气田，所以这份名单是不完整的。然而，已发现石油的油气田中，94%的储量集中分布于全球1500个巨型和大型油田中。这里列出的名单中，许多油田是以其所在的盆地名称来表示的（如Campos盆地）。已发现的最大的常规油田是Ghawar油田（750亿桶到830亿桶）；而一些非常规油田，如委内瑞拉的Orinoco油砂和加拿大的Athabasca油砂的石油储量甚至会更大。下表中所列出的总量是估算的以桶计的最终可采储量（探明可采储量加上累计产量）。非常规石油，如油页岩的资源量未在表中列出。

筛选出的油田

国家	区域	油田	最终可采储量（10亿桶）
中东地区			
阿拉伯联合酋长国	Rub Al Khali 盆地	Umm Shaif 油田	无数据
巴林		Zakum 油田	20
	Greater Ghawar隆起	Awali	1
伊拉克	Mesopotamian 深水盆地	East Baghdad 油田	11
		Kirkuk 油田	16
		Majnoon 油田	11~20
		Rumaila 油田	20.5
		West Qurna 油田	11~15
伊朗		Abouzar 油田	无数据
		Aghajari 油田	14
		Ahwaz 油田	17
		Azadegan 油田	3~6
		Balal 油田	无数据
伊朗		Darkhovin 油田	无数据
		Dehluran 油田	无数据
		Dorood 油田	无数据
		Esfandiar 油田	无数据
		Fereidoon 油田	无数据
		Gachsaran 油田	15
		Marun 油田	16
		Naftshahr 油田	无数据
		Nowrouz 油田	无数据
		Salman 油田	无数据
		Sirri 油田	无数据
		Yadavaran 油田	6

续表

国家	区域	油田	最终可采储量（10亿桶）
科威特	Mesopotamian 深水盆地	Burgan 油田	66~72
		Minagish	2
		Raudhatain	6
		Sabriya	3.8~4
阿曼	Fahud-Huqf	Yibal	1
卡塔尔	Qatar 隆起	Maydan Mahzam	0.550
		Bui Hanine 油田	0.690
沙特阿拉伯	Greater Ghawar 隆起	Dukhan 油田	2.2
	RubAl Khali	Shaybah 油田	15
		Abu Hadriya 油田	无数据
	Greater Ghawar 隆起	Abu-Sa'fah 油田	6.1
		Abqaiq 油田	12
		Berri 油田	12
		Dammam 油田	无数据
		Fadhili 油田	无数据
		Foroozan-Marjan 油田	无数据
		Ghawar 油田	71
		Harmaliya 油田	无数据
		Khursaniyah 油田	无数据
		Manifa 油田	11
		Marjan 油田	无数据
		Qatif 油田	无数据
		Zuluf 油田	无数据
中立带	Mesopotamian Foredeep 盆地	Safaniya-Khafji 油田	无数据
也门	Marib al Jawf	Alif 油田	0.5
		As'sad Al Kamil	0.14
	Masila	Camaal	无数据
		Tawilah	无数据
		Sunah	无数据
非洲			
阿尔及利亚	Ghadames	Bir Rebaa	
	Ouargla	Hassi Messaoud	9
	Illizi	Djanet	无数据

续表

国家	区域	油田	最终可采储量（10亿桶）
阿尔及利亚	Berkine	Ourhound	无数据
		Hassi Berkine	无数据
安哥拉	Lower Congo冲积扇	Kizomba Complex	2
		Dalia 油田	1
		Cobo/Pambi	无数据
		Dikanza	无数据
		Girassol	无数据
		Kissanje	无数据
		Nemba	无数据
		Pacassa	无数据
		Takula	无数据
		Xikomba	无数据
喀麦隆	Rio del Rey 盆地	?	无数据
刚果	African interior-rift 盆地	M'Boundi油田	无数据
中非共和国	Ubangi river vally	Boise 1	约0.001
		Boise 2	约0.0005
埃及	红海断陷/苏伊士湾	Badri	无数据
		Belayim	>1
		Belayim Marine	约0.5
		July 油田	约0.5
		Ramadan 油田	约0.5
		Ras Budran	无数据
		Morgan 油田	无数据
		October 油田	无数据
赤道几内亚	Niger 三角洲 toe-Thrust	Alba 油田	无数据
		Zafiro	约1
	Rio Muni 盆地	Ceiba 油田	无数据
加蓬	Oggoue 三角洲	Eta me	无数据
		Rabi-Kounga	0.8
利比亚	Sirte 盆地	Serir 油田	12.6
	Sirte 盆地	Zelten 油田	2.5
	Sirte 盆地	Waha 油田	无数据
	Sirte 盆地	Raguba 油田	无数据
	Murzuq 盆地	Elephant 油田	0.7

续表

国家	区域	油田	最终可采储量（10亿桶）
尼日利亚	Niger 三角洲	250个油田合计	约36
		Agbami 油田	0.8~1.2
		Johnston 油田	无数据
		Bonga 油田	1.4
毛里塔尼亚	Mauritanian 海岸	Chinguetti 油田	约1.2
		Toif 油田	无数据
		Banda 油田	无数据
		Omar 油田	无数据
		Abdul 油田	无数据
马里	Gao Graben 盆地	?	无数据
乌干达	Lake Albert 盆地	?	无数据
欧洲与原苏联地区			
阿塞拜疆	South Caspian 盆地	Azeri-Chirag-Guneshli	5.4
		Shah Deniz	2.5
哈萨克斯坦	Pre-Caspian 盆地	Tengiz 油田	6~9
		Karachaganak 油田	2.5
		Kashagan 油田	13
		Kurmangazy 油田	6~7
		Darkhan 油田	9.5
		Zhanazhol 油田	3
	South Torgay 盆地	Kumkol 油田	0.1
	South Mangyshlak 盆地	Uzen 油田	7
		Kalamkas 油田	3.2
		Zhetybay 油田	2.1
		Nursultan 油田	4.5
挪威	Viking Graben (北海)	Ekofisk 油田	3.3
		Troll Vest	1.4
		Statfjord	3.4
		Gullfaks	2.1
		Oseberg	2.2
		Snorre	1.5
	West of Helgeland (挪威海)	Nome	无数据
		Draugen	无数据

第4章　石油炼制

通过电影和电视节目，我们看到在美国俄克拉荷马州、哈米吉多顿（《圣经》中所称的世界末日之时善恶决战的最终战场）、比弗利山庄（美国加利福尼亚州西南部小城，好莱坞明星集居地）这些地方出现了这样的景象：大量浓稠厚重的黑色石油从地表或海上钻井平台上喷涌而出。但是，当你为自己的爱车加油时，可能会发现它是多么的清亮，而且石油的产品竟然会如此之多：蜡笔、塑料、民用油料、航空燃油、柴油、合成纤维和轮胎等。

人们怎样才能从石油中获得汽油和其他产品？

继续我们的故事吧，我们将讲述在石油炼制时获得所有这些不同产品的过程中所需的化学原理与科学技术，我们加入自己轿车油箱中的汽油或柴油，以及我们在冬季用来取暖的民用燃油，能为我们提供鲜美可口食物的炉具中所需的天然气和所有的化学产品，它们都在我们的日常生活中发挥着重要的作用，它们都来自石油。

我们能直接利用石油吗？为什么汽车发动机不能直接使用石油行驶？原因非常简单：石油是由多种烃类组成的不稳定混合物。根据密度不同，其质量变化范围极大，而且地球上远不止一种石油——石油的种类很多。实际上，每个油田都有自己的演化发展史和自己与众不同的烃类组合。一些石油呈黑色且黏稠，含有许多重分子，而一些石油则为褐色，易挥发，密度小。石油或多或少地都溶解有天然气，所有的石油都含有比例不等的硫化物或酸性物质，它们对金属极具腐蚀性。当然，让所有的发动机都能使用的某一种燃料也是不存在的，对锅炉来说也是如此。使用不同的燃料对锅炉的抗腐蚀性的要求相当高。一座炼油厂就是一个工业加工处理工厂，在那里可以将石油进行加工处理，生产出更多的石油产品，例如汽油、煤油、沥青、民用油品、柴油和液化天然气。标准的炼油厂就是占地较大的大型工业组合体，整个厂区遍布管线，可以在一些大型化学加工处理车间之间输送热蒸汽。炼油厂是大型工厂，它的工作效率极高，每天可以加工100万桶到700万桶原油，许多加工车间都是24小时连续运行（分批次进行加工），运行处在长期（数月或数年）平稳状态或近乎平稳的状态下进行。这种高效率可以使炼油厂以最优化运行，而且目前的加工可以获得非常令人满意的控制效果。

炼油厂是怎样工作的？

炼油厂采用合适的提取方式和化学反应将原油转化为具有商业价值的产品，可以制成各种有价值的燃料和润滑油，还可生产许多下游的化工原料。一座炼油厂的基本功能主要就是配料处理，在此过程中，原油被蒸馏处理后转化为多种多样的馏分，从最轻的石油气到不同密度的石脑油，直到最重的馏分沥青和渣油。来自蒸馏加工后的各种馏分被进一步加工升级成为极具商业价值的石油产品，如采用加氢和脱硫处理来生产硫含量极少的燃料，采用裂解技术生产较轻的汽油、柴油和煤油。在石油产品中，这一部分所占的比重较大，可采用改良技术来增加汽油中辛烷的含量等。一座炼油厂的格局取决于它所加工原油的密度值范围以及所设计的最终产品的配置。环境保护的法令严禁工厂向外排放有害物质，燃料的成分改进促使工厂升级换代，并为新建的炼油厂制定了新的标准。

虽然"轻、甜"（低黏度、低含硫量）的石油可以直接用作加热蒸汽锅炉的燃料，但整体来讲，从地下开采出来的未经加工处理的原油是没什么用的。较轻的组分能在燃料箱内形成易爆的蒸气，所以它是非常危险的。出于其他用途的要求，就需要将石油分成不同的组分，例如燃料油和润滑油。在获得燃料油和润滑油之外，还可得到一些副产品，比如塑料、燃料、溶剂、人造橡胶、尼龙和聚酯纤维（涤纶）之类的化学纤维制品。石油作为化石燃料可用于轮船、汽车和航空发动机。不同的烃类物质具有不同的沸点，这意味着它们可用蒸馏法进行分离。由于可用于内燃机的较轻的液体组分的需求量极大，所以现代化的炼油厂可以将重质烃类和较重的气体组分通过复杂的加工技术转化为较轻的更有价值的产品。

下图是标准的炼油厂的流程示意图，图中所示为原油输入与最终产品之间的转化流程示意。该图仅仅抽象地表示了成百上千座炼油厂中的某一种类型，并未包括炼油厂的辅助设备，如蒸汽的生产、冷却水、电力保障系统、原油配料的储存罐以及中间产品和终端产品等。实际的炼油厂组成远不止此图所示的内容，如减压蒸馏装置生产的馏分油经处理可制得润滑油，如用于纺织工业中的锭子油、轻质机械油、发动机油和蒸汽汽缸油等；在焦炭塔内，可以将残渣加工生成石油焦。

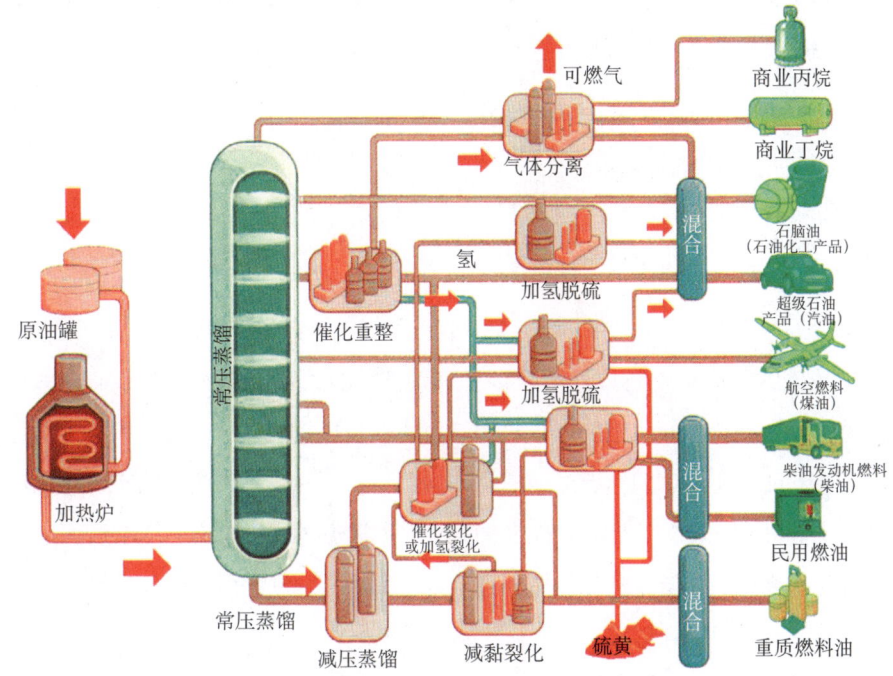

标准的炼油厂流程图❶

石油的炼制从蒸馏开始，将石油分成不同的烃类组分（原油中约84%为碳元素）。

> **炼油是一个神奇的过程。** 炼制好的石油化工产品在输往天然气站、飞机场和化工厂之前一直在炼油厂原地储存。此外，为了原地生产与石油有关的产品，炼油厂还必须以最小的空气和水污染代价处理好炼油加工过程中所产生的废料。

---

❶ 整个炼制过程的图例——从原油的注入开始，以最终产品结束。资料来源：壳牌公司、道达尔公司，2008。

> **从整体来看，原油由以下元素或化学组分构成**❶
>
> 碳：84%
>
> 氢：14%
>
> 硫（硫的氢化物、硫酸盐、二硫化物、单质硫）：1%~3%
>
> 氮：＜1%
>
> 氧（在有机组成中发现，如二氧化碳、苯酚、酮、羧酸）：＜1%
>
> 金属（镍、铁、钒、铜）：＜1%
>
> 盐类（氯化钠、氯化镁、氯化钙）：＜1%

炼油的最终产物与原油组分特征有着直接的关系。绝大多数蒸馏产品以裂化、改性和其他转化措施进行深加工，使其烃类物质分子的大小和结构发生改变，从而转化为可用性更强的产物。然后，将这些已被转化了的产物经过各种加工处理和分离处理❷，例如抽提、加氢和脱硫处理，以除去不希望保留的成分并提高产品质量。然而，与分馏相结合的综合炼制、转化、加工和调制处理等也是石油化工处理技术。

石油的炼制过程

石油炼制有三种类型：

（1）分离❸，目的是获得从最重到最轻的各种组分。

（2）转化（或转变）❹，将各种产品的自然性质进行改变，以适应消费的需求。

（3）升级❺，目的在于减少不需要的成分并提高某些产品的性质，以便使它们的适用性更广泛。

---

❶ 原始的原油组成。资料来源：道达尔公司、壳牌公司，2008。

❷ 从最轻到最重不同类型的分离。

❸ 炼制的第一阶段就是馏分的蒸馏分离。

❹ 石油产品自然性质的改良。

❺ 使石油产品更加适用于人们的需要。

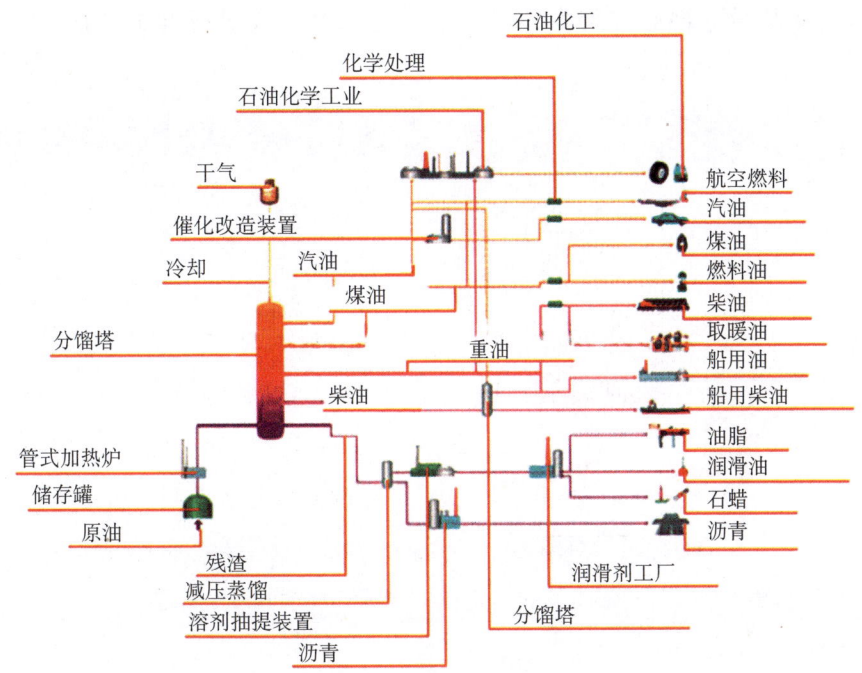

石油产品的生产与原油的炼制流程

如前所述,原油内含有各种烃类,石油炼制正是要将所有成分分离成有用的产品,以下是炼油的步骤:(1)最古老的也是最常用的将烃类分离成各种组分(也称为成分)的方法就是利用了沸点差别原理将原油加热,使其汽化,然后凝析;(2)较新的技术是采用化学处理法,把一些组分转化成另一种成分,这些过程称为改性(如化学处理可以将较长链的分子分解成较短链的分子,出于对汽油的需求量大,可用这种加工技术使柴油转变为汽油);(3)通过炼制将馏分中的各种杂质除去;(4)通过炼制将各种馏分(处理过的和未处理的)结合起来,形成混合物,变成人们所需要的产品(如不同结构烃的混合物能够形成具不同辛烷值的汽油)。

运抵炼油厂的原油经过一系列的加工处理以后成为我们日常生活或工业用户需要的各种终端产品。

对含有从最轻到最重烃类分子混合物的石油怎样进行加工处理？

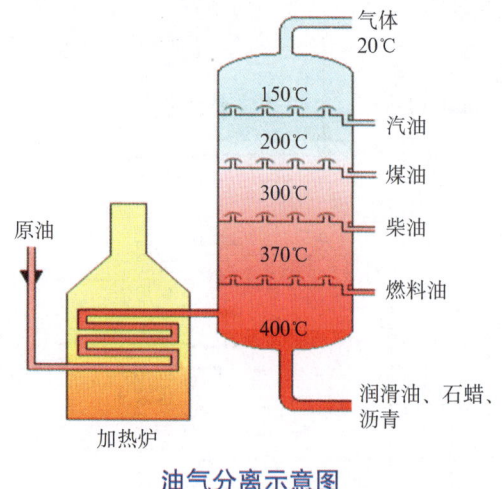

油气分离示意图

首先，我们将对它进行加热，使石油逐渐蒸发。如同加热锅内的水，在温度达到100℃之前，水中会出现一些小气泡：这就是溶解在水中的空气发生逃逸的现象。接着，到了100℃，水开始剧烈地沸腾，如果持续加热，水就会被完全蒸发。在锅的底部，可以看到一些白色残余物，如果要将它蒸发掉，就需加热至极高温度。对于石油来说，炼制的原理和水的蒸发过程是相同的。

石油的炼制始于分馏处理

分离是靠馏分的蒸发作用完成的。将原油加热至350~400℃，注入一座大约60米高的蒸馏塔的底部，绝大部分物质开始蒸发并向塔的上部移动。那些留在塔底部的都是较重的物质，即残余物。随着蒸气的上升，温度逐渐下降。这些蒸气中最重的馏分就会凝结成液体，可以在塔内不同高度适当的位置被回收。如此运行，直到蒸气到达温度为150℃的塔顶部。在那里，我们可以回收最后无法凝结的产物——石油气。利用这种原理，可以获得10种截然不同的产品：从沥青到气体，称其为石油馏分，或者直接称为"馏分"。但实际上最后经过蒸馏加工，就总产品的比例而言，剩余的重质残留物的量依然很大。所以，还需对这些剩余物在真空状态下进行更进一步的蒸馏处理。在减压蒸馏塔的顶部，可以得到柴油，在底部得到燃料油。在利用沸点差异特征将混合物分离开来的处理中，蒸馏是十分有用的方式，而且是炼油加工中最重要的阶段。在蒸馏塔内，并不能获得所有可供市场销售的组分。许多剩余物必须用化学方式进行加工处理，以制取其他组分。比如，经过蒸馏后，仅有40%的石油可以转化为汽油，但汽油却是炼油厂的主要产品之一。除了采用连续蒸馏方式处理大量原油之外，炼油厂还会用化学加工方式对蒸馏塔里的其他组分进行处理，以求生产更多的汽油。这种加工处理可以从每桶原油中获得更多的汽油。在接下来的章节中，将关注把一种组分转化为另一种组分的化学处理方法。

从重质产品向轻质产品的转化

炼油过程还需要一些设备，以便将重质产品转化（转变）为轻质产品。人们似乎用多种炼制技术来从事此项工作，这就是重质原油❶的价格要比轻质原油❷低的原因。重质原油的转化还需要对炼油厂进行调整，使它适应石油产品的消费市场，这样就可以解释全世界各地炼油厂地理布局的原因。如果你看看炼油厂的位置，就会发现它们绝大多数都建在发达国家——它们是世界上最大的石油消费者，即使有些发达国家本身并不出产石油，但通过在本国境内建造炼油厂，可以保证自己独立的炼油方针与政策的实施，并转化为组分固定的石油产品，以满足自己的用户需求。当今世界，公路与航空运输已经加速，人们对轻质石油产品的需求更为高涨。与此同时，还以大量较轻质的石油产品为燃料供发电或加热使用。在全球的石油产品需求量中，约40%为轻质产品（汽车燃料），40%为中质产品（锅炉燃料、柴油等），20%为重质产品。符合这种需求比例的有来源于安哥拉和撒哈拉沙漠的轻质原油，全球绝大部分原油的主要组分为重质的。炼油厂内大多使用性能相当的独立的蒸馏塔，所以以往的炼油厂效率并不高。为了将重质产品转化（转换）为轻质产品，就需要多个多种炼油工艺。

从原油到石油产品

原油是含有数百种不同类型物质的混合物。所幸的是，人们可以采取一

---

❶ 重质原油或超重质原油是指不易流动的原油。由于它们的相对密度要比轻质原油大，故名"重质原油"。重质原油的定义为API密度小于20°的液体石油，即它的相对密度大于0.933。与轻质原油相比，重质原油的生产运输和炼制的难度更大。世界上最大的重质原油资源分布在委内瑞拉的Orinoco河流北部，可与沙特阿拉伯的常规石油资源量媲美，已知全球有30多个国家拥有重油资源。

❷ 轻质原油是一种低蜡石油。"轻"与"重"不易准确而清晰的区分，原因很简单，这种分类主要来自实践而不是理论定义。石油中蜡含量较少的称为"轻质油"，而蜡含量较多的被称为"重质油"。

种简易的方式将这些烃类物质分离开来，使它们成为有用的组分。这就是石油炼制的意义和目的。不同链长的烃类物质的沸点温度不同，它们都可以用蒸馏作用进行分离，这就是炼油厂内所做的事情。在加工过程中，原油中不同的链在升温过程中断开。也许你会注意到，所有这些产品都具有不同的沸点范围。在炼油过程中，化学家们能够改善这些组分的性质吗？每种链长的烃类物质

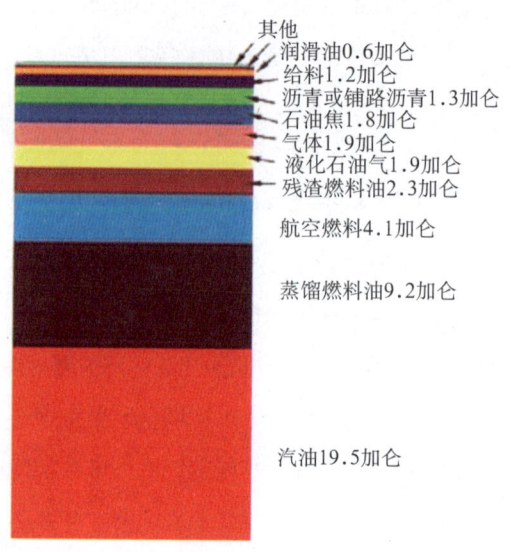

一桶石油的物质组成

都具有不同的作用，为了认识原油内所含的不同物质，并看清原油的炼制在我们社会中的重要性，可以看看以下产品名录，它们有不同等级（含有或不含添加剂）的汽油，各种等级和密度的润滑油，各种等级的煤油、航空燃料、柴油燃料、民用油，以及用于塑料和制造其他化工产品的各种化工原料。

炼制产品的特性

汽油。炼油加工最重要的产品就是汽油。汽油是一种具有从常温到约400°F沸点范围的烃类物质。汽油的重要特征是它的辛烷值（抗爆性能）、挥发度（开始变为蒸气的能力）和蒸气压力（环境的控制因素）。人们常常用添加剂来提高产品的性能，并增加其抗氧化能力和防锈能力。

煤油。煤油是一种中等密度的石油产品，它们可用于航空燃油，而且全世界都用煤油做厨房燃油和房间加热油品。当用作航空燃油时，关键的性质是凝固点、闪点和发烟点。商用航空燃油的沸点范围为375~525°F。那些品质稍次的煤油主要用于照明、取暖、做溶剂，还可以加入柴油作为混合剂使用。

液化石油气（LPG）。液化石油气主要由丙烷和丁烷构成，主要用作

燃料，也是制造石油化工产品的主要原料。

柴油。柴油的沸点范围为400~700°F，所需的性质包括可控制的闪点和倾点、燃烧无污染，在储存罐内无沉淀物形成以及良好的燃烧性等级。

残渣燃料油。许多船只、发电厂、商用建筑物和工厂都用残渣燃料油或将残渣燃料油与柴油混合使用，用于产生热量。残渣燃料油的两个最重要的关键特性是黏度和硫含量。

焦炭与沥青。焦炭几乎为纯碳质，可用作电极辅料、活性炭原料等。沥青可用于铺路和房屋顶部的防水施工，它必须具有化学惰性和抵抗风化侵蚀的性能。

溶剂。从石油中可提炼出用作溶剂的产品，如苯、甲苯和二甲苯。

石油化工产品。许多产品来自原油的提炼产物，如乙烯、丙烯、丁烯、异丁烯，它们主要用作石油化工产品生产的原料，可用于生产塑料、合成纤维、合成橡胶和其他石化产品。

润滑油。特殊的炼制加工可以生产润滑油。将一些添加剂，比如抗乳化剂、抗氧化剂、增黏剂加入基础油中，以保证汽车润滑油、工业润滑剂和切削油所需的特性。润滑油基础油的最关键性质是高黏度指数，使它可以在各种温度条件下保持更大的持久性。

石油产品的利用

对于绝大多数人来讲，石油产品的最大消费行为就是为自己的爱车油箱加满汽油。但驾驶员们仅仅是石油产品的部分使用者，石油产品还广泛应用于许多领域。

（1）在交通行业：各种燃料，不仅可以供给私人小轿车（汽油或液化天然气），而且可以供给交通公司的大卡车、飞机使用。

（2）在家庭里：民用油品、液化天然气或城市天然气可以用气瓶、罐运输，也可以用天然气管线输送，用于提供热量和做饭之类的日常生活所需。

（3）在工业中：工业锅炉、热电厂中所使用的天然气或燃料油、供工业用的来自炼油厂的非燃料特性的石油产品。

（4）在石油化工工业中：石油化工加工和塑料、化学纤维等原材料所需的石脑油和天然气。

（5）**在公共设施领域**：所用的主要产品是沥青，可供路面铺设，从区域性公路到高速公路，以及机场跑道等。

（6）**在农业中**：用于拖拉机或其他农用机械，以及温室的加热与干燥。

石油产品怎样送达用户手中？上述所有石油产品都必须送达用户手中。怎样输送？为此，人们架设了高密度的输送网。主要的使用者是工厂，多采用铁路（罐装）、船运，甚至飞机将石油化工成品直接送往那里。对其他使用者来说，就可利用管线网作为中转站，比如，石油产品的库房，在那里安置有大型储存器，可以存放大量的汽油、柴油或民用油品。从这些库房满载出发的大型油罐车源源不断地将燃料注满各加油站，并将民用油品和天然气送往个人用户和商业用户。每个石油公司都会尽力保证其用户的安全用油并不断寻求忠实的新用户，公司为自己的用户不仅提供基本的石油产品，而且还提供高水平的服务。

石油炼制经济学

炼油是需要大量投资、购买大量生产设备的重工业，它需要与原油输送之间有良好的对接。炼油厂也消耗大量的电力和水。炼油厂的寿命较长，一般可以使用50年以上。尽管投资惊人，但与原油价格和出厂以后的产品售价相比，建炼油厂的费用还是适中的。炼油厂的收益（详见第9章）取决于一些关键因素：设备使用率、价格水准以及生产效率。资本集约型企业的盈利性高度依赖于设备的使用效率，所以炼油厂常常会尽力使自己的产量达到峰值，即使在市场达到饱和，遭遇油价下降的风险也在所不惜。炼油工业的经济学与石油开采的经济学的不同之处就在于它们的经济利益的基本逻辑。

第5章 天然气和液化天然气

石油与天然气是驱动全球经济增长的两个重要因素。近年来，天然气在全球能源框架中的作用已经日趋显著。

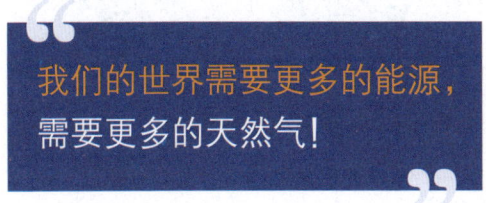

天然气（主要成分为甲烷）无色、无味。作为燃料时，它比任何传统的化石燃料都更为清洁，是我们日常生活中最清洁、最安全、最有用的能源形式之一。天然气是全球第三大初级能源，而且目前全球天然气资源量几乎已与石油资源量相等❶。天然气常常与石油一同产出，当钻机钻入地壳以后会遇到那里已被圈闭了数百万年的天然气。天然气一旦采集到地面，人们将其精制，除去杂质，比如水和其他气体和砂。然后，通过跨越不同大陆的大型管网输送，工厂和发电厂再从输气管线直接获得天然气的供给。居民和小型的商业用户一般可以通过当地的配气公司或市政部门购买天然气。天然气的配送商还常常会在所出售的天然气内添加一些气味，供天然气使用时的安全检测，因此人们就可以比较容易地得知是否发生漏气。从历史发展来看，绝大多数天然气是在进行石油勘探的过程中偶然发现的。但在近10年中，天然气资源量已经增长了近30%。

什么是天然气？

"天然气"这个词是由扬·巴普蒂斯塔·范·海尔蒙特（Jan Baptist van Helmont，1577年1月12日—1644年12月30日，比利时化学家、生物学家、医生）提出的，这是他根据希腊语中"Chaos"的荷兰语发音而写出的词，继1538年帕拉切尔苏斯（Paracelsus）提出的"空气"一词之后开始使用的。

众所周知，气态是物质的四种相态之一，由没有确定形状和体积的自由运动的原子或分子构成。与物质的固态与液态相比，气体的密度较低且黏度也较低。如理想气体方程所表示的那样，气体的体积将随温度和压力的变化而变化。

---

❶ 天然气资源量约4402万亿立方英尺，石油资源量约为11950亿桶。

气体还有两种特征：它们可发生扩散，可以无拘无束地充满任何容器的空间。

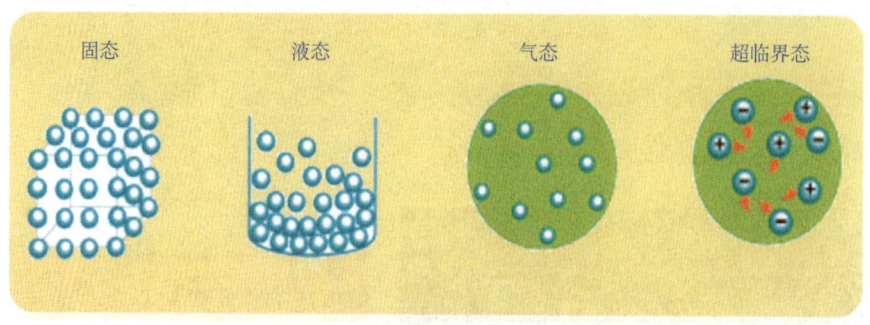

物质的四种相态

> 上图所示物质的四种相态：固态、液态、气态和超临界态。如果你将水作为一种物质实例的话，就可得出它的三种相态：冰（固态）、水（液态）、蒸汽（气态）。对水而言，等离子体由氢的核与电子构成。

天然气是一种气态化石燃料，主要由甲烷构成，但也含有大量的乙烷、丙烷、丁烷和较重的戊烷等烃类。在油气田可发现天然气（伴生气❶），也可发现未溶解的天然气（非伴生气❷），还可在煤层内发现天然气（煤层气）。厌氧细菌对尚未石化的有机质分解而产生富含甲烷的天然气，称为生物气。天然气通常被认为是一种简单的气体能源，尤其当与电力之类的其他能源比较时。在天然气能够被用作燃料之前，必须经过加工处理，以除去甲烷之外的所有杂质。这一处理过程的副产品中有乙烷、丙烷和戊烷，以及质量更大的重烃物质、单质硫，常常还会有氮气。

天然气的化学组成

天然气的主要成分甲烷（CH_4）是链最短的和最轻的烃类分子。天然

---

❶ 石油、天然气和水的混合物（伴生气含量较高，可达6%~12%）。
❷ 纯的天然气和水（全球天然气资源量中约78%的为非伴生气）。

气还含有一些较重的烃类气体，如乙烷（C_2H_6）、丙烷（C_3H_8）和丁烷（C_4H_{10}），以及其他含硫的气体，其含量变化较大。

成分	占比［%（质量分数）］
甲烷	70~90
乙烷	5~15
丙烷和丁烷	小于5
CO_2、N_2、H_2S等	少量

天然气中可能含有氮气、氦气、二氧化碳、微量的硫化氢、水。天然气中的氦也是重要的商业性气体。有些油田的天然气中含有少量的汞。不同气田所产天然气的成分会有不同。

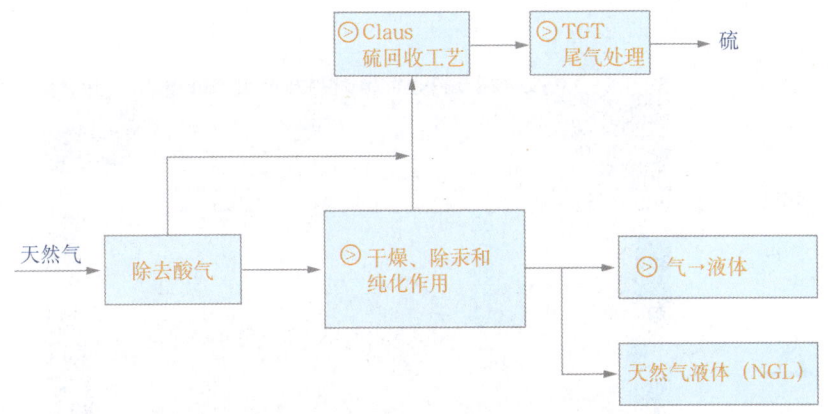

天然气加工流程图

有机硫和硫化氢[1]是常见的污染物，在利用天然气之前，必须将它们从中除去。加工后的能够供给终端用户的天然气是无味的。然而，在天然气输往终端用户之前，常常会加入少量的添味剂做加味处理，以帮助人们检测是否有泄漏发生。就其本身而言，经过加工的天然气对人体无害，但是天然气是一种简单的窒息性的气体，它一旦取代氧气充斥空间时，就会置人于死地。天然气也会对生命造成危害，它易燃易爆[2]，很容易逃逸进入大气层。然而，当天然气的扩散受到限制时，比如在一间密闭的屋子里，天然气含量有可能达到爆炸的

---

[1] 硫化氢（氢的硫化物），其化学成分可用分子式H_2S表示。它是无色、有毒、易燃气体，具有刺鼻的臭鸡蛋气味。

[2] 与空气混合后，在空气中浓度达到5%~15%时，遇到火源即发生爆炸。

浓度量，如果这种情况被忽视，所发生的爆炸足可摧毁建筑物。甲烷在空气中爆炸的极限值较低，为5%，爆炸的高限值为15%。供交通工具使用的压缩天然气是人们所关注的，它的爆炸因素是不存在的。

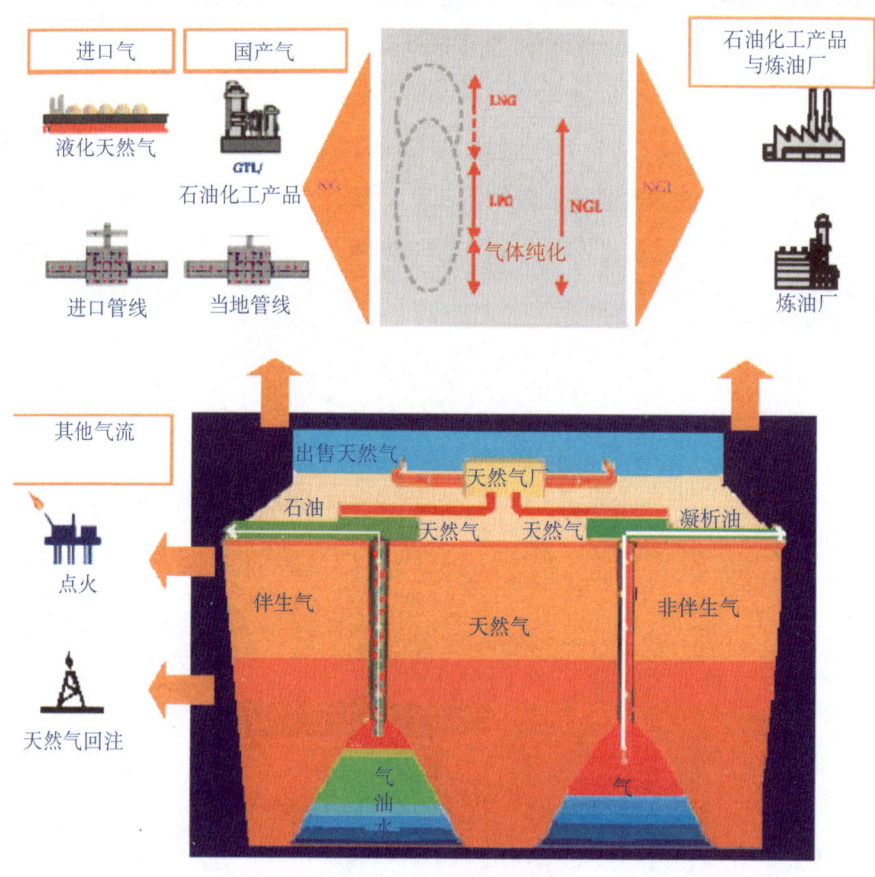

天然气的应用全景图

伴生气与非伴生气

非伴生气（NAG）：

全球天然气资源量中的78%为非伴生气；
非伴生气乙烷的含量为3%~5%（体积分数）；
非伴生气的开采费用更高。

伴生气（AG）：

伴生气中乙烷的含量较高，可达6%~12%（体积分数）；

伴生气的开采费用较低（乙烷的抽提可含于非伴生气内）；

伴生气的产量随着石油的减少而下降；

回注的天然气主要来源于伴生气；

在偏远地区开采出的伴生气都被烧掉了。

天然气的形成

天然气[1]。天然气的商业化开采主要在油田和天然气田进行（采自油井的天然气称为套管井口气或伴生气）。天然气工业正在不断地从一些更具挑战性的资源类型中开采更多的天然气，如酸性气、致密气、页岩气和煤层气。

城市煤气[2]。城市煤气是一种甲烷与其他气体的混合气，主要是高毒性的一氧化碳，可与天然气一样地使用，也可以通过化学处理的方式从煤井中制取。城市煤气是产自煤的可燃性气体，通过管线供给各种用户。这是一种古老的技术。虽然在当今的煤炭价格系统下，煤的气化作用并不具经济上的优势，但人们依然把这项技术作为在一些地区解决供气的最佳方式。根据基础建设的考虑，城市煤气依然具有光明的前景。

生物气[3]。生物气通常产自农业废料，比如植物和粪肥的不可用部分，也可以通过分解废料中有机质而产生（这些废料都将进入废料填坑）。利用那些不能产生经济效益的，甚至需要经费才能销毁处理的废物就是生物气生产的优势所在，它可以提供更多的能源。未来的甲烷资源（它是天然气的主

---

[1] 天然气是一种气态化石燃料，主要由甲烷构成，但也含有大量的乙烷、丙烷、丁烷和戊烷。在用作消费者使用的燃料之前，需将其中的较重烃类以及二氧化碳、氮和硫化氢等杂质除去。

[2] 城市煤气的更为常用术语是人造气体燃料，为向消费者和工厂企业出售而生产。它们也被称为人造气、合成气（SNG）、再生气，在一些国家中，也称为发生炉煤气。

[3] 生物气是在缺氧的环境里有机质分解而产生的一种气体。生物气来源于生物质，是一种生物燃料。一种类型的生物气由厌氧细菌分解或发酵有机质（如生物质、人粪便或下水道污物、复合型废料、能源作物）而产生。这种生物气主要由甲烷和二氧化碳构成。另一种类型的生物气为木煤气，由木材或其他生物质气化而得，这种气主要成分是氮气、氢气和一氧化碳，还有微量的甲烷（详见第11章）。

> 甲烷在大气中的半衰期为7年，这意味着每过7年，大气层内一半的甲烷就会转变为二氧化碳和水。

要成分），包括生物气和甲烷水合物。生物气，尤其是沼气已在一些地区得以利用，但它的应用范围可以大大扩展。沼气是一种生物气，但生物气往往产自与其他废料混合在一起的有机质。沼气不能成为可供管线输送的天然气，除非将其净化至一定程度。就地作为燃料或用专用管线进行短途输送对沼气是较为经济的。即便是就地利用，也须将其中的水蒸气除去。如果低温条件下可以将天然气从水中凝析出来，则废料填坑气的用途将会大大增加。为了达到排放标准，还可将其他非甲烷类气体除去，这主要出自环保的考虑，也可以防止设备的腐蚀。与天然气一起共同燃烧沼气可以提高燃烧能力，并可降低排放量。

水合物❶。一种极为丰富的甲烷资源，来源于甲烷水合物，它们存在于海洋沉积物内。然而，截至2007年，人们尚未掌握水合物商业化开采的技术手段。

天然气——具有光明未来的能源

在过去30年的时间里，天然气曾经仅有极少数的工业用户，而近年来，已成为一种广泛利用的能源，包括发电业和民用领域。OECD成员内天然气资源量的逐渐减少，人们对更加环境友好型能源的需求量增长，以及关键技术的突破普及等因素已经极大地增加了天然气的运输量和销售点。在20世纪90年代末期，工业观察家们预测，人类对天然气的需求量将以每年3.0%的速率增加，而最新的预测则认为，到2020年，天然气需求量的增加率将为2.0%，而同时期的石油需求量增长率则为1.3%。

然而，天然气有望在整个能源体系中获得最快的增长。在过去的10年间，发电业已经成为全球天然气需求量增加的主要驱动力，在新增加的需求量

---

❶ 水合物是无机化学和有机化学中都使用的一个名词，指一种含水的物质。水与水合物之间的相态变化很大，有些水合物在其化学结构被认识之前就以此命名。

中，约一半来自发电业。在发电业中，40%以煤炭为燃料，25%以天然气为燃料，13%使用核能，天然气在发电业中极具竞争力。当前天然气价格的上涨与它们和石油的价格指数有关，当煤炭价格相对稳定时，就可能会降

> 到2030年，天然气有望取代煤炭，成为与石油并驾齐驱的两种初级能源，可占全球能源需求量中的23%。

低发电行业中对天然气的利用程度。世界上6个国家的天然气消费就达到了全球天然气消费量的一半，它们是美国（23%）、俄罗斯（15%）、英国、加拿大、德国和伊朗，后4国的天然气消费量各占全球消费量的3.0%。迄今为止，全世界依然没有像石油那样的全球性天然气市场，但有3个分市场——北美、西欧和亚洲——它们各有不同的增长率。在成熟的北美与欧洲天然气市场，交易的天然气在能源中占到了25%的份额，目前依然分别以每年1%和1.4%的速度增长。在非OECD成员中，到2020年，预计天然气的需求量增加速度将达每年3.7%。在这些国家中，天然气的市场份额要比工业化国家中的小。由此可见，工业化就是天然气需求量增长的驱动力。

据预测，亚洲国家，如印度和印度尼西亚的天然气消费量都将大幅度增长，主要是用作燃料和化肥的生产原料。印度正在努力满足自己日益增长的天然气需求，已经设计了许多再气化的终端装置[1]。在中东，天然气将越来越多地用于海水淡化，在工厂以及目前正以石油作为能源的工业部门中也将更为广泛地使用。非洲与拉丁美洲由于历史的原因，每年天然气的需求量增加速度可达近4.7%。许多国家正在将越来越多的天然气作为自己的能源，实现从油向气的转变，并以此应对气候变化。

天然气的突出优势：储量极其丰富。人们对天然气的需求并没有随着近年来的大发现而齐头并进，这在很大程度上是由于开发新的天然气市场所需的投资要远比开发新的石油市场昂贵，因为基础建设需要的费用太高，在考虑到液化天然气时尤甚。这会产生大量的所谓罐储气，由于这种天然气不具备立竿

---

[1] *是一条LNG输送管线的末端，详见第6章。*

见影的市场效益,所以价值很低,甚至一文不值。因此,天然气的 R/P 值[1]在62年里增长率高于石油的 R/P 值50%。一个原因就在于近年来政局不稳定的中东地区所发现的天然气仅为全球天然气资源量的1/3,而那里的石油资源量却占到了全球资源量的2/3,但中东地区天然气的发现量与消费量同时增加。此外,欧洲与俄罗斯有天然气管线相连接,这两个地区拥有全球最大的天然气市场份额(38%),而北美正在享受着自己天然气产量增加的喜悦——那里的天然气可以自给自足10年以上。

因此,美国的能源政策长期以来就是以允许天然气高度安全供给为基础制定的。人们突然发现,天然气的高价格出现在冬季。这是天然气的一个传奇故事,从第二次世界大战一直到今天,它依然在全球能源框架中扮演着重要角色。这是一个天然气占领西方能源市场的故事,虽然现在还是煤炭和石油统治着市场。勘探家们曾在发现天然气而不是石油时发出过诅咒和抱怨。当时没有人知道如何利用天然气,欧洲与中东地区都对天然气不感兴趣,因为那里缺少基础建设和天然气市场。1973年第一次石油危机爆发,当时所发现的天然气中约13%被烧掉了,这主要是在欧佩克成员内发生的。当时,天然气的故事正在发生着。即使在第二次世界大战之前,美国就已开始大规模利用天然气了,而意大利也已意识到自己巨大的天然气资源量的潜力。1939年7月,位于法国南部的油气研究中心(CRPM)在法国西南部的Saint-Marcet发现丰富的天然气资源,那里的气田成为天然气开发利用的摇篮。但直到20世纪50年代,气态烃才开始真正大规模得到利用,也使得用船运输甲烷的产业得到了极大的发展。

在1973年世界能源市场预测时就应该真正意识到天然气的增长形势,当时,经济增长与能源消费之间存在着密切的关系。20世纪50年代,随着水力发电能力的提高,煤炭的用量下降,当时核能发电尚不具备竞争力。这就引发了石油用量的历史性增加,在较小的范围内,天然气终于登上了能源的历史舞台。当时,人们还不了解全球天然气的资源量,预测其储量可达8.5万亿立方米。随着荷兰、苏联、法国(1951年在法国的Lacq再次发现天然气田),尤其是在阿尔及利亚的撒哈拉地区[2]丰富的天然气资源的发现,人们对全球天然

---

[1] 资源量/生产量。资料来源:《欧佩克能源报告》,2007。

[2] 这归因于1956年在Hassi R'Mel巨型天然气田的发现。

气资源量的预测也增加了。1956年，在阿尔及利亚发现了巨型天然气田，这座位于Hassi R'Mel的天然气田的储量可达1000万亿立方英尺。然而，仅在10年间，全球探明的天然气资源量就已翻番，而且以相同的速度继续增加。

天然气的历史性增长也归因于它具有比城市煤气更大的优势，天然气中富含的甲烷使其具有远高于煤气的发热值。但是，在天然气能够成为主力资源之前，工业界必须修建一些以前使用煤气时并不需要的新型输运与配气设施。而且，这种新型能源不像电力和石油那样拥有可靠的用户，它必须发挥优势，展开竞争，以获得市场份额。然而，从别的能源逐渐转向甲烷的市场变迁在各国不尽相同。天然气的市场份额取决于天然气田的距离、其他类型能源的供应情况以及消费者以前所需能源的类型等因素。所以，对不同地区、不同的国家和不同的用途而言，甲烷的市场份额波动极大。具竞争力的价格意味着天然气在工业部门、海水淡化、石油化工和电力市场，以及用作燃料的民用与服务业领域都受到青睐。然而，即使许多行业部门都尝到了使用天然气的甜头，但在运输业中，天然气却从来没有真正取得替代其他燃料的主导地位。

在20世纪60年代，实际上直到第一次石油危机爆发，天然气输送通常都是以管线方式完成的，尤其是国家之间的输送。但在国际市场上，天然气的液化与海上运输渐渐成为主要的输送方式。随着液化天然气链的发展，妨碍天然气用量增加的主要技术瓶颈如长距离的运输等困难逐渐被突破或克服。人们整整花了半个世纪才完善了天然气的液化技术。美国人于1917年完成此项技术的应用，为世界第一。随后是苏联，他们希望将来自亚速海的天然气用作燃料。20世纪30年代末期，液化天然气的储存再次被提到议事日程上，美国人很精明，他们用液化天然气来缓解当时的能源需求紧张问题。在美国南卡罗来纳州，天然气公司成为建造先导天然气液化工厂的基础。同时，越过大西洋到英国伦敦，Alfred Egerton爵士正在从事世界上第一台使用液化天然气的小轿车的研发工作。不久，第二次世界大战爆发，石油的短缺促使发明家们在这一领域投入大量精力：使用压缩气体的汽车[1]在法国西南部地区开始行驶，而伦敦的公交车也用上了液化天然气。但是，这些关于天然气应用的早期实验受

---

[1] 以液化天然气为燃料，1970年打破了世界陆地行驶速度记录。

到了供给限制的牵制。在美国俄亥俄州克利夫兰市（Cleveland）建起一座液化天然气工厂，1944年，该厂发生了一系列事故，3个储存球形罐中的一个报废，新生的液化天然气工业前景暗淡下来。20世纪50年代，人们实现了液化天然气的海上运输，液化天然气海上运输的首航是在英国天然气协会的协助下由几家美国公司完成的。接下来的关键性突破出现在1959年。当年，"甲烷先锋（Methane Pioneer）"号液化天然气运输船[1]携带着5000立方米液化天然气横渡了大西洋。然而至此，液化天然气仅仅是停留在人们印象中的一个缩略词而已。

在随后的年代中，法国公司在开发这种新技术方面起到了重要作用。即使1956年发现了阿尔及利亚的Hassi R'Mel 大气田，法国人依然不知道怎样把它运往欧洲市场。1961年，法国人决定向更有经验的美国人和英国人求助，在阿尔及利亚的Arzcw建成了世界上第一座大型天然气液化工厂。一个新公司Compagnie Algerienne du Methane Liquefie（CAMEL）成立，其目的在于实现天然气液化加工的商业化。不久，第一座商业化液化天然气工厂建成，开始从阿尔及利亚向英国运输液化天然气。首次海运从1964年开始。1964年，在北非与西欧之间建起了液化天然气的输送链，由两艘货轮担任运输任务。1965年，法国人拥有了自己的液化天然气运输船儒勒·凡尔纳（Jules Verne）号。在20世纪的前10年间，市场上对法国人的液化天然气运输技术十分欢迎，由Technip和Air Liquide开发的Teal液化加工技术被应用于阿尔及利亚的Skikda 液化天然气工厂，设在圣纳泽尔（Saint-Nazaire）、敦刻尔克（Dunkirk）和拉西约塔（La Ciotat）的修船厂也开始利用由法国公司Gaz-Transport 和Gazocean- Technigaz 开发的技术建造一些多功能的油罐车。不久，这种竞争就催生了体积增加4倍的油罐车（容积从2.6万立方米增至12万立方米），储存设施也随后跟上。

在太平洋遥远的另一端，日本的火力发电厂也将自己的燃料系统转变为燃气系统，以减少空气污染。在此时期，是美国带动了对天然气需求量的增长，并促进了远程运输天然气工业的长足发展。早在20世纪70年代初期，天

---

[1] 世界第一艘甲烷运输船，于1959年用一艘驳船将液化天然气从美国运往英国。

然气就坐上了美国人能源消耗量中的第三把交椅，美国即便是重要的油气生产国，却也依然需要进口。因此，美国的El Paso公司与阿尔及利亚签订了一个重要的供应合同，新的液化天然气规划方案虽然昂贵但可由长期供货合同提供保障，不久这种新型燃料就风靡全球。世界各地纷纷修建起一条又一条液化天然气输送链：从委内瑞拉通往美国，从尼日利亚通往南美，从中东通往俄罗斯和日本，从北海、特立尼达和多巴哥甚至厄瓜多尔通往世界各地。然而，这种新型能源即使有这些优势，在天然气能够成为20世纪70年代国际能源大局中主角之前还必须克服许多障碍，它的地位至今仍在变化，角色越发重要。

天然气资源足够丰富，谁是天然气的供应者？活跃的石油勘探始于20世纪初期，但天然气的勘探却是近些年的事情。然而，随着天然气登上世界能源舞台，人们对天然气的勘探力度也大大增加。从1975年以来，一些新的发现、重大技术突破以及深海区域勘探的加速等促使全球天然气储量稳步增加，当年的预算储量为60万亿立方

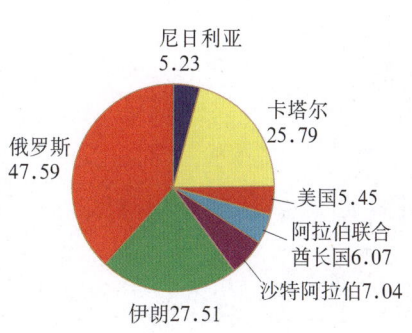

部分国家天然气储量图
单位：万亿立方米

米。2008年，全球天然气资源量已达177.4万亿立方米，这意味着按2007年到2008年的消费水平，这些天然气可供人类使用65年（即平均储量寿命）。石油和天然气储量主要集中在全球3个国家内，但天然气储量在3个国家中的分布却不同：俄罗斯❶（27%）、伊朗❷（15%）和卡塔尔❸（13%）。这些国家所拥有的天然气储量占全球总量的一半以上。全球已发现的天然气中约80%分布在20个国家中，而80%的石油储量则分布在10个国家内。比如中东地区的产油量虽然占到全球总产量的30%，但天然气产量却仅为全球总产量的10%。而实际情况正是这样，大量已发现的天然气储量依然在地下等待开发。俄罗

---

❶ 约47.59万亿立方米。

❷ 约27.51万亿立方米。

❸ 约25.79万亿立方米。

斯、阿尔及利亚、伊朗和沙特阿拉伯❶拥有丰富的天然气资源，但只有当需求量进一步增加，促使人们加强投资力度时才可能开采。国际能源组织指出，从现在起到2030年，全球天然气工业需要以平均每年1500亿美元的投资力度来进行完善，尤其以北美的投资费用需要量最大，因为那里的天然气需求量不断增加而建设费用却很高。在俄罗斯，投资的不确定性因素更多，那里一些已经向欧洲供气多年的大型气田的产量已经下滑，而新的气田却尚未正式投产。

从卡塔尔的地图中可以看出，它的北部气田❷与伊朗的海岸线非常接近。

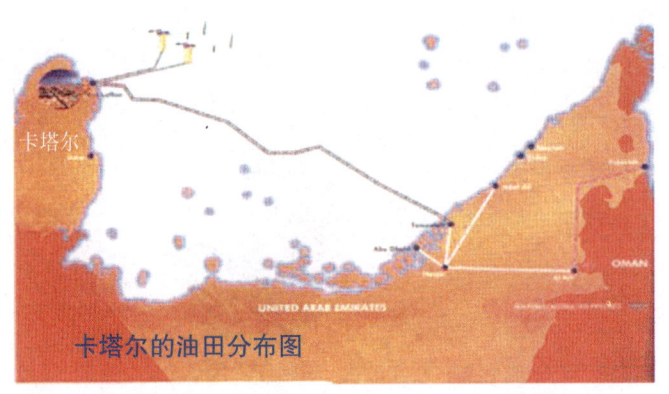

卡塔尔的油田分布图

目前世界上最大的天然气田是卡塔尔海上的北部气田，预计天然气储量可达25.79万亿立方米，足以用最佳的开发方式供气200年。第二大天然气田位于波斯湾伊朗水域的南帕斯（South Pars）气田。该气田与卡塔尔的北部气田相连，预计天然气储量为8万亿～14万亿立方米（280万亿～500万亿立方英尺）。

天然气勘探开展较晚，这意味着待发现的天然气储量将多于待发现的石油储量，若加上深层气和非常规天然气储量，这一特点将会更加突出。观察家们预测，未来还可能找到50万亿～700万亿立方米的天然气储量。海域将更具发现潜

---

❶ 约7.04万亿立方米探明储量。

❷ 卡塔尔的北部气田（North Field）吸引了包括世界上最大的综合性石油企业在内的所有发达国家的关注。该气田位于波斯湾的卡塔尔水域。研究表明，目前确定的天然气储量大于900万亿立方英尺，这使得该气田一跃成为世界上最大的整装非伴生气田。虽然早在1971年就发现了，但直到1991年，当卡塔尔石油部门在首次向当地输送天然气时，才真正了解它的规模——它具有每天产出8亿立方英尺天然气的产能。在随后两年中，新的液化天然气项目开始实施，即Qatargas项目和Rasgas项目。目前这两个项目均已完成，每年的产量可达2600万吨。随着投资规模的扩大，该气田的开发也在加强。到2010年，卡塔尔的液化天然气产量有望达到年产7700万吨的能力。为了实现这一目标，卡塔尔已与多个国家签署了提供产自北部气田的天然气合同，以液化天然气或以管线进行运输，卡塔尔还与几家国际石油公司签订了风险投资天然气利用项目的协议。

力，尤其是深海区和极地区，那里的勘探开发作业已经从石油勘探开发技术中获益。然而，某些国家，如埃及，就在该领域获得了较快的发展。非常规天然气资源包括煤层气、致密气（产于渗透性极低的砂岩储集层内的天然气）和页岩气。

美国在这些领域已经进行了大量的工作，在美国国产天然气中，近三分之一为非常规天然气。从全球来看，煤层气的资源量预计可达100万亿～260万亿立方米，但是这种天然气的开发会造成对环境的重大冲击，因为在开发过程中会采用向深层注CO_2提高采收率作业方式，因此会导致碳的溶解。此外，煤层气的开发还将面临两个主要障碍：煤层气的储集层特征以及大量需要处理的生产用水。致密砂岩气是一个相当模糊的术语，用于具有极低渗透率（小于0.1毫达西）的砂岩气藏，然而，低渗透率意味着天然气在岩石层内的运移难度很大，使用常规天然气的开采技术开发这种天然气就不具经济价值。据预测，致密天然气的资源量约为400万亿立方米。页岩储集层也是一种低渗透性岩石，这种岩石内的天然气为游离态或被有机质颗粒吸附（如煤层内的情况）。据预测，页岩气的资源量约为40万亿立方米。在未来的10年到20年内，北美洲约一半开发项目的目标就是这种非常规天然气。美国在达到其天然气产量高峰后不久就开始对煤层气、致密砂岩气和页岩气的勘探与开发，并成为该领域的领军者。虽然石油工业界知道怎样去开采煤层气和蕴藏于页岩、砂岩内的天然气，但用于开采天然气水合物的技术仍在探索中，这些资源依然未能投入工业化开采。

这种天然气资源常常稳定地存在于海域，它可以使某些目前还在进口天然气的国家一跃成为主要天然气生产国（如日本和印度尼西亚）。一些国家，如加拿大、美国、澳大利亚和法国等已对天然气水合物表示出极大的兴趣，投入大量的研究力量。最终，可以经济性地开采的甲烷体积还难以预计，而且关于它的争议也依然很多。

> 地球上大约有20000万亿立方米天然气水合物资源等待我们去开发（它的储量是目前已探明天然气储量的70倍到130倍）。

天然气——全球经济发展的动力能源，也是石油可能的替代物。液化天然气在天然气运输领域已经得到了极大发展，因为液化天然气工业已经开发了可以降低液化加工成本的高效技术。另一个有利之处是液化天然气运输船的运载能力明显增加，这可以使液化天然气的价格下降，从经济上分析更加划算。现代液化天然气运输船的运载能力可达14万立方米，最大运输量可达25万立方米。再气化已经开发出最新的加工处理技术，可以将气化加工厂从陆地移到液化天然气运输船上，以避免引起周边国家的抱怨。人们还将一些小型液化加工厂建在驳船上，对那些采自远离消费区的资源量较少的遥远海上天然气田的天然气进行加工，这是一种特别有利的方式（全球天然气约10%的储量分布在那里）。人们已经找到了500千米到1000千米范围内短途运输天然气的方法。比如人们正在开展天然气压缩的研究，用此技术就可以将天然气从中东运往印度。将天然气转化为石油产品[天然气制油（GTL）]，有望开辟一个新的天然气开发领域，进而扩大发动机燃料的市场（尤其是柴油燃料市场）。据预测，到2030年，全球石油产量将会下降；到2015年，每辆汽车的公路燃料消耗量将会下降15%~20%；在2015年到2035年期间，天然气可以弥补石油短缺；2050年以后，天然气水合物可以成为石油的替代品。据此观点，天然气的开采量可能依然达每年4000万亿立方英尺以上。

天然气是全球第三大一次能源[1]。在全球的天然气产量中，约85%为当地消费，其余的或以管线或以液化天然气的形式供国际市场交易。如日本是一个能源短缺的国家，是世界上最大的液化天然气进口国，其进口的液化天然气已达全球液化天然气需求量的一半以上。虽然液化天然气对全球能源的贡献相对较小，但日本和韩国都已把其作为天然气供应的唯一来源。对一些国家来说，如法国、西班牙、比利时，液化天然气在它们的天然气供应量中所占的比重已相当高。天然气有望在世界初级能源市场中扮演一个更加重要的角色，尤其是出于缓解环境压力且相应的技术已经发展成熟的形势下。而且在发电业中，天然气的地位更加突出。随着本地资源量的下降，国际天然气交易规模将会扩大。如今，液化天然气已经占到了全球天然气消费量中的4.5%。

---

[1] 初级能源一般指一次能源，是指自然界中以原有形式存在的、未经加工转换的能量资源。又称天然能源。

液化天然气是世界天然气市场的桥梁❶

　　液化天然气正在成为世界天然气市场的驱动力。据预测，到2020年，它在国际天然气交易中的份额将达到40%以上。世界天然气市场主要集中在三个区域：北美洲、欧洲和亚洲。每个区域的情况不尽相同，彼此之间从来不发生任何联系。美国、加拿大和墨西哥主要利用本地产的天然气。欧洲由于北海油田产量的下降，越来越多地依赖进口天然气，其中绝大部分通过管线从俄罗斯和阿尔及利亚进口。亚洲天然气市场上的消费大户是日本、韩国和中国台湾省，它们大量进口液化天然气。但这三个市场目前的关系正在趋于密切，这在很大程度上与主要消费国的天然气资源正在被耗尽有关，而这些进口国与地区正在寻找自己的未来供气气田。与此同时，天然气需求量持续增加。一个重要增加区域就是亚洲，那里的天然气需求增长量不低于每年6.0%的速度，尤其在中国与印度市场开放的形势下。欧洲的天然气消费量也会以每年2.0%的速度增加，北美洲的年增加率为1.0%左右。然而，在各种情况下，这些消费国都将进口更多的天然气，而且只能来源于那些拥有丰富资源量且具强大开采能力的国家。俄罗斯是个例外，它的天然气将继续通过管线出口，而其他所有天然气的主产国❷目前都已将自己的重点转向了液化天然气。

　　与上述三大天然气交易市场的增加相呼应，许多大型液化天然气建造项目都在落实或正在设计中。从地理分布来看，主要集中在资源量极高的中东地区。中东目前已经开始出口液化天然气，因为关键的液化天然气开发者们更加关注那些与消费中心区更近的产气国，如阿尔及利亚向欧洲供气，文莱和印度尼西亚向日本供气。设在阿布扎比（Abu Dhabi）的天然气液化公司（Adgus）则是一个例外，该厂于20世纪90年代后期开始在中东（阿曼和卡塔尔）进行液化天然气的生产。在这

> "目前的预测表明，在一个相当长的时期内，液化天然气市场将以每年约10%的速度增加。"

---

❶ 能够以液态形式从生产者输往消费者的天然气。
❷ 卡塔尔、沙特阿拉伯、伊朗。

一阶段，液化天然气的主要市场在亚洲（日本、韩国和中国台湾省）。这些液化天然气项目，包括液化处理等，都与亚洲的消费国签订了长期合同。然而，由于大西洋区域对液化天然气的需求量增加，这种情况正在改变，所谓的大西洋区域（Atlantic Basin）是由北美和欧洲构成的（主要是西班牙、英国，但最终还会包括整个欧洲大陆的所有沿岸国家）。大西洋区域预计需求量的增加可能会导致中东地区成为全球液化天然气生产的领跑者，到2015年，中东地区的液化天然气生产可达约100亿立方米（卡塔尔是世界上较大的液化天然气生产国）。印度尼西亚、马来西亚和澳大利亚的液化天然气生产量将达130万亿立方英尺左右，而世界其他产区主要是非洲国家，如尼日利亚和阿尔及利亚（产量约140万亿立方英尺）。此外，由中东地区生产的液化天然气中的三分之二输往大西洋区域，其中绝大部分输往非管制性市场，在那里，可以用合适的市场价格购买。这意味着在不同的大西洋沿岸国之间的竞争将会为液化天然气市场带来更大的驱动力。

> "天然气液化处理后可将自己的体积压缩为1/600，使液化天然气用罐装远程运输。"

液化天然气来自哪里？液化天然气主要来自有大量天然气发现和产出的地区，如阿尔及利亚、特立尼达、委内瑞拉、尼日利亚、挪威、卡塔尔、阿曼和澳大利亚。美国阿拉斯加也生产液化天然气。这些地区的典型特征就是它们都较偏远，对天然气的需求量也不太高，生产液化天然气的经济效益相当可观。

液化天然气生产工厂是怎么工作的？无论何时，只要天然气的开采区远离潜在的用户且管线输送也无济于事时，天然气的液化就可能成为一种经济的选择。新的液化天然气生产工厂不断诞生，以保证全球不断增加的天然气需求。为了减少单位生产价格，液化生产线和生产能力也逐年增加，目前卡塔尔拥有多条世界上最大的液化天然气生产线，每条生产线的生产能力可达约800万吨/年。技术创新与经济效益已成为天然气工业进步的两个关键因素。采自油气田的天然气送往天然气加工厂后，首先要除掉所含的分子较大的重烃类物质、硫化物和水。然后，将天然气进行液化加工，具体操作取决于所用的流程，经过两到三个分级循环冷却后，将液化温度降至-160℃（-256℉）。制冷后的液化天然气被输往厚重的隔热储存罐（罐内为正常大气压），从那里转入液化天然气罐后外运。在每个制冷循环中，都需要一个由汽轮机驱动的极高压舱。

液化天然气的加工流程

将天然气加工成液化天然气需要三个主要阶段：首先是净化处理，将杂质、二氧化碳和硫除去；其次是除去较重的烃类分子，

液化天然气价值链

仅剩甲烷和乙烷；最后对净化后的天然气进行连续制冷处理直到温度下降至-160℃，此刻，天然气会成为大气压下的液体（天然气成为液体时体积会缩小为1/600）。在这一加工过程中所包含的各种储存装置称为收集罐❶。所有已建成的液化天然气工厂都拥有一个以上的收集罐，以供生产过程中维修替换使用，每个罐的价格高达17亿~25亿美元（这仅是罐的费用，还不包括运输船的费用）。在装入低温罐起运之前，液化天然气将被储存在隔热罐内，所以在使用之前，将会在由液化天然气购买者拥有的各种接收终端对液化天然气进行再气化处理。用一些简单的术语来说，天然气生产者将天然气交给从事液化的公司，经液化处理后再转售给液化天然气交易公司。

---

❶ 液化天然气罐是一个天然气液化加工厂内将天然气进行纯化和液化加工处理的场所。为了使从一国向另一国的天然气输送更为可行且更具经济价值，可将其体积大大缩小。为了使体积尽量缩小，就需要适当的制冷技术将天然气进行液化处理，可将天然气降温至-160℃。这种加工过程需要极其严格的安全措施，在所有的液化阶段要采取预防措施，以便对高度易燃的天然气进行加工。由于在低温下未经加工的天然气中含有大量杂质，因此此类加工厂的低温处理车间就需在天然气冷却到常温之前进行纯化处理。每座液化天然气加工厂都由一个或多个加工液化天然气的压缩区、丙烷凝析区、甲烷和乙烷加工区构成。

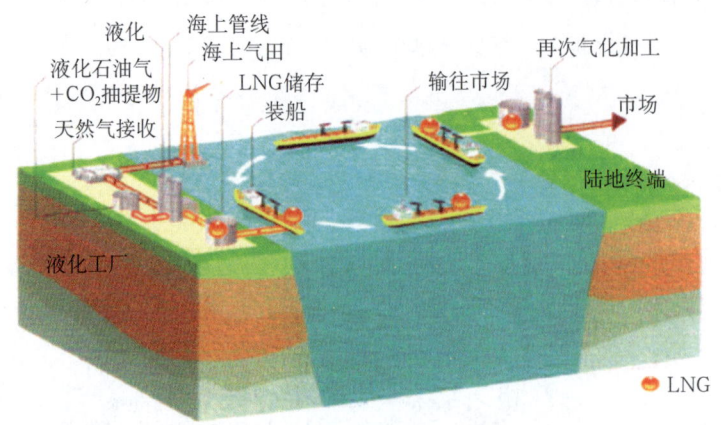

天然气液化加工厂

液化天然气建设是需要高投入的项目。一座液化天然气工厂的建设和投产一般需4年左右,而且它通常需要获得至少20年的供应合同才可动工,这样才能减少投资风险,且才可判定建立天然气生产工厂、液化加工厂、一系列液化天然气储存罐、一个接收终端和一座再气化工厂❶的经济可行性。

液化天然气的价格链❷表明,这种处理从开始到结束的总投资为40亿~80亿美元。它始于从地下天然气藏开采出天然气,经管线输往液化工厂。在液化工厂,将天然气内的杂质除去,然后经过三个冷却处理系统,最终温度可降至−160℃。

被冷却的天然气(即液化天然气)接着就会被装入一些特殊设计的油轮,在4~30天的航程中,液化天然气一直处在制冷状态下,航程远近取决于用户的接收港口位置。一旦运输船到达再气化终端处,液化天然气就被卸入大型储存罐。这种全封闭式系统可以保证液化天然气处于制冷状态,直到它被还原为气态。当液化天然气被升温还原为它的自然状态时,天然气就可通过管线输往家庭用户、发电厂和工业用户。

❶ 将液体转化为气体的加工厂。
❷ 液化天然气链的费用极高,而且主要取决于其内部结构的生产能力(最低投资费用为30亿~40亿美元,最高投资费用可达70亿~100亿美元)。

什么是液化天然气接收终端？

一个液化天然气接收终端❶就是液化天然气罐送达天然气使用区域时的一个接收站。在那里，人们将液化天然气卸下来，还以液态储存，然后进行再气化处理，使其按需进入天然气输送管线。用冷却罐的泵将液化天然气从罐内转移至大型而厚重的隔热罐储存。在运输过程中，罐内产生的蒸发气体可用压缩机回收并进行再液化处理。用多个高压多阶制冷泵将液化天然气在管线压力下泵出，然后用一种开放式挂架蒸发器的热交换机将其与海水一起进行加热再生气化处理。

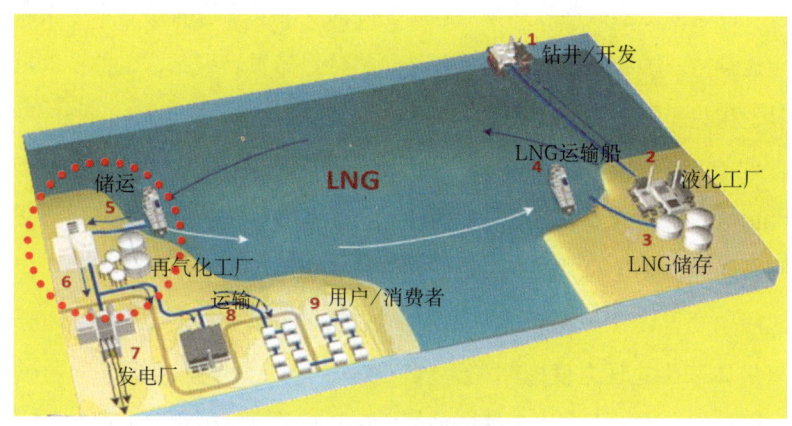

从地下天然气藏到终端用户

液化天然气进口终端加工厂什么样？

一个液化天然气进口终端由运输液化天然气船停泊的船坞、液化天然气储存罐、蒸发器和一些将液体转化为天然气的设备构成。一套蒸发系统可将液体转化为气体，其加工能力为每天10亿立方英尺。

吸收处理——什么是天然气液体？

在世界一些地区天然气极为丰富，但由于价格等原因无法送至交易市场。石油可以相对容易地从遥远的地区输往市场，而天然气则难以做到这一

---

❶ 拥有港口和储存液化天然气的加工厂。

点。对此，一些石油公司正在开发一些将天然气转化为液体使其易于输送的技术。这种液体生产的一种特殊优点就在于它们极具环保方面的吸引力（没有硫或芳香烃类）。在天然气内加入氧气可以生成一种复合气体——二氧化碳和氢气的混合气体（称为合成气）。然后，在极高压和催化剂（通常使用钴）环境下进行加热处理，然后再加入蜡和轻质烃（这就是以20世纪20年代发明家费托命名的加工技术——费托反应技术，其结果可以使碳链延长）。加热的合成气被送至反应器的底部与液体蜡的悬浮液和催化剂混合。气泡向上运移穿过悬浮液，就会扩散进入悬浮液，形成更多的蜡（此时称为悬浮相态）。通过这三个阶段可以有效地生成中等蒸馏燃料，主要为柴油。在现有技术水平层面上来看，用这种方式加工而成的高质量柴油价格依然昂贵。因此，这种技术只能用于因其他用途受限而价格低廉的天然气的加工处理。

吸收加工中的基本阶段就是通过吸收油的接触从天然气中除去天然气液体（natural gas liquid），85%的丙烷和几乎所有较重的天然气液体成分都可被吸附于油内。较轻的成分（甲烷、乙烷和一些丙烷）不会被吸附油所俘获，可通过吸附塔加工后成为天然气。用加热混合物的方法从所吸附油内分馏出天然气液体来（处理温度控制在天然气液体的沸点之上，但低于吸附油的沸点）。近年来，作为石油化工的一种原料，乙烷的需求量也明显增加，结果催生了许多回收乙烷的工厂，其加工过程要求温度降低至$-150°F$。通过对含有液体的气体制冷至一个极低的温度，90%~95%的乙烷、所有的丙烷和其他较重的液滴就会从气体中析出。这种加工可以将湿气分成两种组分——可供市场销售的甲烷和液体混合物。这种混合的液体就需要被分馏成不同的液体组分。分馏系统可能成为天然气加工厂的一部分，这种液体可能需要被输送至中央分馏厂。混合的天然气液体通过控制分馏器内的蒸气温度而被分馏成不同组分，其原理在于利用不同的分离产品的沸点差异。分馏器常用高架产品或顶部产品命名（比如脱乙烷塔就意味着顶部产品是乙烷）。

天然气和天然气液体在进行液体抽提之前或之后，可能需要一些额外的加工处理。最常用的天然气加工方式是除去额外的水蒸气，以阻止其在管线系统内的结冰。天然气和天然气液体的额外处理通常需要除去其中所含的硫化氢

（它极具腐蚀性）和二氧化碳（它对人的呼吸具有伤害性）。根据天然气的成分和其他因素，天然气的加工原理可能包括一些额外的加工：（1）将二氧化碳除去以后可用于提高石油采收率；（2）将其中的氦分离后可供市场出售；（3）天然气的液化可以产生液化天然气。

天然气液体

1标准桶的天然气液体内含有天然汽油（17%）、异丁烷（8%）、丙烷（33%）、丁烷（10%）和乙烷（32%）。仅在极高压力或极低温度条件下，乙烷才以液态存在。乙烷既可以液态也可以气态存在，主要用作生产乙烯的原料，这是当今最重要的基本石油化工生产原料。丙烷可以被回收或加工处理为液体，它的主要用途是作为乙烯和丙烯生产的原料（如塑料袋的生产），或生产民用和商用的液化石油气（LPG）。丙烷可用作民用和商用，如加热、制冷以及烧烤时的燃料等。

此外，液化石油气可用于汽车燃料和灌溉泵。这是一种戊烷和较重烃类物质的混合物，其中含有少量的丁烷和异丁烷，它被回收为液体，主要用作汽油的添加物。液化石油气体燃料可以是纯丙烷也可以是丙烷的混合物；也可作为乙烯和丁烯制造的原料，是合成纤维的关键要素。丁烷还可以经异构化处理后用于生产异丁烷。异丁烷也是将"气田级"丁烷分馏后的产物，或者是由正构丁烷异构化处理后所获得的一种分离产物。它主要用于烷基化物的制造，这是一种高辛烷汽油的重要添加剂。它已成为甲基叔丁基醚（MTBE）生产中的重要产物，主要用作汽油改性中所需的高辛烷值添加剂。目前全球所生产的约85%的天然气液体主要供三个领域使用：（1）石油化工原料；（2）汽油；（3）民用和商用取暖燃料。它还有着十分广泛的用途：发动机燃料、工业燃料、公用事业中补偿高峰需求时从储存罐中抽取的液态天然气、农作物的烘干以及其他农业和制造业的燃料等。目前在乙烯生产中，约70%的原料来自天然气液体，这是最重要的基本石油化工生产。此外，美国的汽车用汽油中，约10%由天然气液体提供。对天然气加工者们来说，理想的天然气市场是低价的天然气和高价的原油，而这正可使天然气液体的应用范围最大化。因此，如果石油价格上涨，天然气液体也将随之上扬，这是一种有代表性的现象。天然气液体以桶为单位销售，目前的平均售价约为WTI原油价格的70%。

天然气制油的过程

天然气制油是一种迅速发展的技术，它可以使产自遥远地区的天然气或气态烃类货币化，这种加工可以将天然气转化为无硫的合成石油，从而可以很容易地用油罐出口。天然气制油产品可以用作柴油的添加剂，成为交通工具和发电厂的燃料，而且对环境的影响也较小。在天然气制油工厂里，原料气体通过蒸气和部分氧化处理首先被转化为合成气。为达此目的，加工中需要大量的氧气或空气。

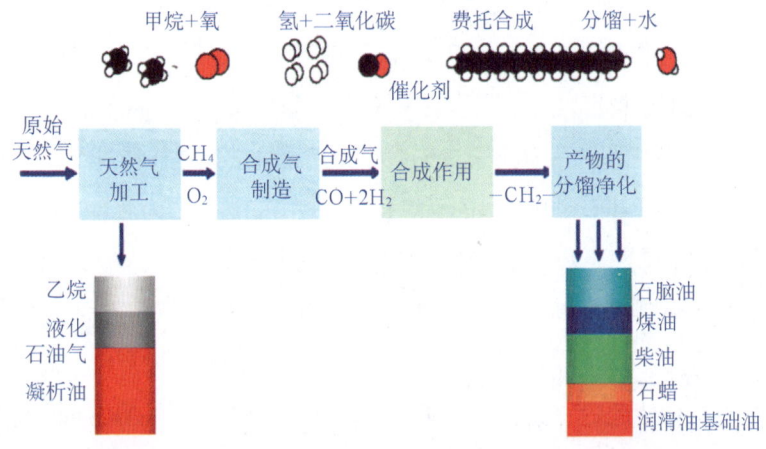

天然气制油技术的应用

将天然气转化为液体烃类使得它更易于成为有价值的燃料产品，进而供给遥远的石油市场，而且此举也可以使那些拥有庞大天然气储量的国家减少它们对进口石油的依赖。天然气是清洁而多用途的燃料，但它的运输难度大。当天然气田与市场较近时，能源公司就能够通过管线将天然气输送给用户。然而，一旦当地的需求量不大时，就必须将天然气转化为液化天然气或转化为其他产品，比如化肥，以供运输。这种转化就是利用化学加工技术将天然气转化为液化烃。1993年，人类第一次将这种气到液的转化投入工业化生产。天然气制油产品分三个阶段。首先，将天然气在高温和高压下进行部分氧化，转化为合成气，这是一种氢气和二氧化碳的混合物，它更易与催化剂反应。然后，用化学加工方法将这种合成气转化为液体。这种液体被精炼成一系列产品，如石脑油、柴油、石蜡以及润滑油基础油。公路交通是最大的二氧化碳排放源，而且也是城市内产生烟雾污染的主要原因。在公路上跑的汽车越多，就越需要对燃料使用给以严格的法律限制，以鼓励使用有害物质排放量较少的燃料。天然气制油技术可以从天然气生产出清洁的液体燃料，因此可以扩大全球天然气资源量并增加能源保障的安全性。天然气制油不含硫，它的纯度可以保证燃料喷嘴比使用柴油时更为清洁。

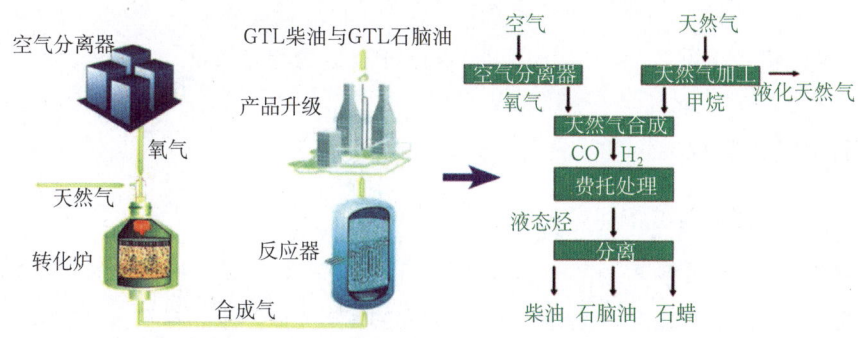

用费托合成方法进行的天然气制油加工[1]

　　天然气制油技术用三种化学方式将天然气或相似的气态烃转化为液体燃料和相关的石化产品。天然气制油的技术核心是利用费托法合成术将合成气转化为蜡质合成原油（一种合成原油的形式）。

天然气的储存

　　天然气一旦运抵市场，也不可能立即完成交易。因此，天然气配气公司就需要将天然气储存起来以备将来季节性需求量变化时出售（这称为基本负荷

---

[1] 资料来源：《Oryx GTL 报告》，2008。

储备），或者作为战略储备（即高峰负荷储备），以备不可预知的供气中断或短缺时保障供给。这种储存一般将天然气注入地下储存库中，这种储存库大多用距天然气消费地点不远处的已经枯竭的石油或天然气藏、水或盐洞充当。

储存天然气有两个必备的地方：

（1）基本负荷储存库的特点是长期充注和季节性抽取，所以常常每年更换一次库存。

（2）高峰负荷储存库的设计具备在天然气短缺时大量输送的能力，并保证满足突发性和短期性天然气需求量猛增（这种储存库的规模较小，并要具备比基本负荷更快被重新装满的能力）。高峰负荷储存库的更新速度可缩短至几天或几周。

用于天然气储存的压缩机类型取决于工作条件。人们经常选用由汽轮机或电动机驱动的离心式压缩机或汽轮机驱动的往复式压缩机。

天然气的利用

电力是所有城市和工业部门的基本必需品。电由初级能源（如核能、化石燃料——石油或天然气）以及可再生能源（如水力能、地热、风能和太阳能、生物质能及城市工业废料等）为燃料的发电系统产生。在石油与天然气的应用中，天然气是发电的主要能源，主要用于燃气轮机和蒸汽轮机。通过燃气轮机与蒸汽轮机的组合循环，可以获得极高的工作效率。天然气的燃烧远比其他化石燃料（如煤炭和石油）清洁，而且每释放单位能量所产生的二氧化碳也较少，比如对产生一个当量的热量来说，燃烧天然气要比燃烧石油所产生的二氧化碳减少30%左右，比燃烧煤炭减少45%。使用天然气组合循环发电被称为化石燃料利用中最为清洁的发电方式，而这一技术已广泛地应用于可以合理价格获得天然气的任何地区。燃料电池技术最终可以为天然气转化为电力提供更为清洁的技术手段，但目前它还不具备价格竞争优势。此外，到2030年，天然气的供应可达峰值，比石油的供应峰值推迟了20年。据预测，全球的天然气供应到2085年左右可能会枯竭。

天然气价格——需求与供给要素

天然气价格，与其他商品价格一样，受控于供需关系。

天然气需求主要由以下因素控制：

天气：天然气需求的高峰通常出现在一年中较冷的月份（11月—来年4月）里，在较暖的月份里，需求量会急剧下降。在最热的夏季，由于天然气火力发电厂发电量增加而引起天然气需求量增加。然而，任何极端天气也都会使天然气的需求增加。冬季的气候越冷，则冬季的天然气需求量越大。另一方面，较暖的冬季往往会导致冬季用气高峰的减弱。对夏季而言，情况则相反，如果夏季极热，则对制冷的要求就会增加，这也会促使夏季天然气需求量的增加。

人口统计数据：人口统计数据的变化也会影响天然气的需求量，尤其是城市中心地带的居民数量的改变。如在美国，目前的人口统计表明居民有向南和西部的州迁移的趋势，那些地区的气候较为温暖。因此，可以预计，冬季取暖对天然气的需求量会下降，但是夏季制冷所需的天然气会增加。由于制冷所需的能源中绝大部分为电力，而天然气又是取暖所需的重要能源之一，所以人口的迁移可能会使天然气消费量下降。然而，由于越来越多的发电厂以天然气为燃料，所以天然气的需求量实际会增加。

经济发展：经济状态对短期内天然气的需求量会产生显著的影响，这种影响在工业和商业领域尤甚。一方面，当经济繁荣时，工业部门的产出一般也会增加。另一方面，当经济衰退发生时，工业部门的产出会减少。然而，这些与经济形势有关的工业产出的波动也会影响这些工业用户对天然气的需求，如在2001年的经济衰退中，工业部门的天然气消费量下降了6.0%。

燃料竞争：如前所述，市场上供应与需求关系决定着天然气的短期价格。然而，这种情况也会完全颠倒过来，对于某些消费者来说，天然气的价格也会影响人们对它的需求。对于那些能将自己消费的能源转换的消费者们来说，这一特征更加明显。一般地，主要的消费者（民用与商用）并不具备这种能力，然而，大量工业和发电业的消费者则有选择多种能源的能力。如当天然气价格极端走高时，发电厂就可将自己所用的能源类型从天然气转为较为便宜的煤炭或燃料油。这种燃料转换既可导致天然气需求量的下降，也会促使天然气降价。

储存：天然气的储存水平已对天然气的交易价格产生显著影响，当天然气储存量较低时，就会对市场发出一种信号：天然气的供应量会减少且价格将会上涨。当储量较大时，发送给市场的信号就是供应量增加且价格将会下跌。

天然气供给的主要受控因素有以下几个。

管线输送能力：从开采地的井口向消费地域输送天然气的能力影响着市场的供应能力。地区内和地区间的管线建设限制了输送能力，使之仅能在某一时间段内提供一定量的天然气。天然气管线公司应该继续扩张管线建设，以便适应未来日益增加的天然气需求量。

液化天然气船运输能力：目前全球有130艘[1]液化天然气运输船投入使用，还有50艘船正在建造中。

天然气的钻井速度：产自伴生气和非伴生气的天然气在某种程度上受控于天然气的生产者。钻井速度和天然气价格形成了一种反馈的循环圈，当供应量较低时，需求量和价格就高；这反馈给市场一种信号——天然气生产者应该增加天然气钻井的数量。这种增加反过来又促使天然气价格下跌。

自然灾害：自然灾害能够对天然气的生产和价格产生重要影响，如飓风，它会对海上天然气生产和开发造成重大影响，出于安全的考虑人们会暂停海上钻井平台的生产。龙卷风也会对陆上天然气生产造成相似的影响。

技术因素：一方面机械故障虽然并不经常发生，但也能使输往重要市场的天然气流量大幅度下降，导致该市场供气量的明显减少。另一方面，工程技术方法的发展有助于提供更多的天然气。

世界液化天然气市场结构

世界液化天然气市场的结构影响着当前与未来液化天然气的交易，其关

---

[1] *目前液化天然气运输船造船业繁荣昌盛，总计约50多艘正在全球各地建造着。目前全球正在建造的液化天然气船的运载能力为12万~14万立方米，但也有新建造船的能力可达26万立方米。*

键要素包括大西洋区域和太平洋区域之间的价格差异。当今的市场变化趋势[1]是液化天然气交易中的灵活性增加，在整个价格链上，液化天然气的价值有下降的趋势，液化天然气市场不断有新的参与者进入。大西洋区域与太平洋区域的液化天然气交易量不同，这将继续影响液化天然气的进口量、价格体系以及合同的款项。太平洋区域的能源进口国几乎全部依赖液化天然气，而大西洋区域的消费国则利用本国生产的液化天然气和管线进口的液化天然气，以满足自

---

[1] 液化天然气可在全球范围内用船运输，尤其是海运船运输。液化天然气的交易以一个供应者和接收终端之间的供销合同（SPA）为标志，也可由一个接收终端与一些最终使用者之间的销售合同（GSA）来完成。绝大多数合同条款为目的地船上交货或工厂交货合同，这意味着销售者负有运输的责任。但由于造船价格低廉，购买方也会选择可靠而稳定的供应方式，越来越多的合同条款为离岸价格，在此条款的约束下，购买方负责运输，购买方可以自己的运输船或与独立的航运公司签署长期合同来完成液化天然气的运输。

　　用于长期交易的液化天然气合同在价格与体积方面都相对灵活。如果每年的合同供应量固定不变，则买方必须购买产品，即使在自己不需要时，也必须为产品付费。液化天然气的合同中，价格限定为亨利枢纽现货价格，而亚洲地区的绝大多数液化天然气进口合同中，是由一种名为"日本原油鸡尾酒（Japan Crude Cocktail，JCC）"指数公式换算出的原油价格来定价的。在亚洲液化天然气的SPA中广泛应用的价格结构为 $P_{液化天然气}=A+B×P_{原油}$，式中A为代表各种非石油的因素，但通常是通过谈判而获得的，在这一水准上可以防止液化天然气的价格下跌到某一数值以下。因此，它的变化与石油价格的波动无关。船上交货合同的典型价格为0.7~0.9美元。B为油价指数的一种等级；典型的值为0.1485或0.1558，原油通常以JCC来标注。$P_{液化天然气}$和$P_{原油}$的单位为美元每百万英热单位。有许多公式，如一种S-曲线所划分的某一特定石油价格上半区与下半区，据此可以推测抑制高油价对买方的冲击以及低油价对卖方的冲击。随着中国、印度和美国对石油需求量的急剧增加，石油价格一路飙升，液化天然气价格随之跟进上扬。

　　20世纪90年代中期，液化天然气是买方市场。在买方的要求下，SPA开始在体积和价格方面表现出某些灵活性，买方拥有对合同供应量上扬与下降的灵活性，短期SPA的影响时效不足15年。与此同时，对货船与套汇交易的转换重点确定也是允许的。进入21世纪，市场偏向卖方。然而，卖方已经更加老于世故且复杂化，目前也正提出分享套汇机遇，而且正在远离S曲线的价格体系。然而，虽然人们已经围绕着油气输出国组织的创立进行了大量的研讨与分析，但是，天然气的欧佩克当量与俄罗斯和卡塔尔这两个世界第一和第三的天然气拥有者似乎相悖。如果确定了某一点，市场将依然在买方与卖方之间来回摇摆，至2008年，市场似乎向卖方倾斜，2009年，这种倾斜就偏向了买方一侧，由于与需求量增加相应的液化天然气供给的增加使得2010年将完全成为买方市场。到2003年之前，液化天然气的价格紧随石油价格。从那时开始，输送到欧洲和日本的液化天然气价格低于石油的价格，虽然在合同中，液化天然气与石油价格之间的连接依然十分紧密，但目前在美国和英国市场的价格先是飙升，随后由于供给与储存的变化而又下跌。然而，从长远来看，分析数据表明，在美国、亚洲北部和欧洲的天然气价格正趋于一致。所以，虽然当前在北亚、欧洲和美国之间的天然气价格的差异较高，但价格的套汇将会使全球市场上的液化天然气价格趋同存在。然而，当下液化天然气是卖方市场（对此，净价是价格的一种最佳估计）。买方与卖方之间的市场风险平衡关系正在发生改变。

己的天然气需求。目前的液化天然气市场的变化已经朝着增强灵活性的方向发展。合同中对价格与体积的要求也十分宽松，而且可以对短期需求进行谈判，此外，液化天然气船运中的灵活性也使得短期输送合同量呈增长的趋势。

液化加工、船运和再气化的费用已经下降，生产者的投资费用也下降了。由于液化天然气市场主要由长期合同驱动，这种合同具有与石油产品相关的价格机制因素，然而，较低的加工操作费用并不能促使液化天然气的价格下降，至少短期内如此。在20世纪80年代和90年代初期，大西洋区域绝大多数国家的本地产天然气供应充分，管线输送十分便利，但对于液化天然气的运输就比较困难，结果，进口到大西洋区域的液化天然气就增加得十分缓慢。与国产的天然气供应和管线进口量相比，液化天然气在美国与欧洲市场上的份额依然很小。而在太平洋区域——日本、韩国和中国台湾省（这些国家和地区，自产的天然气量极少甚至不产，而且没有管线天然气的进口）的情况完全相反。由于在太平洋区域当前的液化天然气进口者们依然没有自产的或管线进口天然气，所以在20世纪80年代和90年代初期，这些国家和地区把购买力转向石油时，它们的液化天然气进口量也迅速增加。在太平洋区域，与价格相比，人们更加注重能源供应的安全性。

液化天然气市场如何运作及液化天然气合同的签订

尽管美国与欧洲天然气市场的竞争由来已久，但其他大多数国家还和不久前的整个欧洲大陆的情况相似——进口垄断。在这些国家中，通过管线或液化天然气罐进口的天然气销售一般由长期供销合同控制，因为实际上，仅有一个可能的进口者。这方面的一个实例就是购买条款，无论是否将天然气交付，用户都必须为此付费。另一个就是将天然气按照燃料油（根据欧洲或亚洲的燃料油）价格进行定价。然而，在那些拥有多个进口商的国家里，竞争将会导致出现零售市场。这种情况在美国和英国已经发生，而且在欧洲大陆已经成为市场运行的规范（标准），这主要是欧洲人直接开放市场所造成的。所以，在美国（亨利枢纽，美国得克萨斯州的主要天然气定价点）和英国（估计的国家平衡点，或NBP），发行了液化天然气配给券。因此，在所有液化天然气进口国中，液化天然气在天然气市场上所占的份额似乎在大幅度增加。

然而，与管线天然气不同，这种约束已对液化天然气的价格制定产生了影响，即使液化天然气的加工不像石油那样灵活，但液化天然气依然可以很容易地改变到货的目的地。这种市场开放政策可能使不同市场之间保持一种公平交易的状态，当两个进口国之间发生价格差异时，液化天然气运输船就可能驶向出最高价的购买者，这就要求根据供应与需求来确定价格体系。如果一个市场上的价格下跌幅度过大，该市场的液化天然气的销量就会大增，导致该市场的液化天然气短缺及价格上扬。如果过多的液化天然气涌向出价高的市场，同样也会引起价格下滑。

根据总部位于法国巴黎的国际液化天然气进口国家组织（Groupe International des Importateurs de Gaz Natural Liqueefie，GIIGNL）的要求，在未来10年中，每年输往亚洲的近3000万吨液化天然气的销售合同将会续签。传统的液化天然气合同注重为买方供应的安全性。这些合同长效（常为20~25年）而严格。到货付款条款倾向于买方的体积风险。液化天然气通常为船运，即液化天然气用特殊设计的油轮运输。这些合同还包括一些定义明确的条款，不允许买方将船运的液化天然气转卖给第三方。自从20世纪90年代中期以来，这些情况发生了改变。液化天然气的供应者们提出了更为合适的条款，包括为印度和中国的液化天然气进口给以实质性降价，这使得那些传统的液化天然气购买者在进行谈判时也提出了降价的要求。

短期市场的增长。这种环境变化的一个重要结果就是短期液化天然气市场的出现。然而，所有长期合同未能交易的货物据此可被定义为短期交易。这包括在一年合同中交易的货物和已被销售和购买的单批的液化天然气。继续驱动这种短期市场的因素有：（1）未能实现的生产力，因为一些新建厂仍在建设中，尚未达到满负荷生产能力；（2）市场需求更多的液化天然气，尤其在西班牙和美国，这些国家的接收终端正在超负荷运行，而韩国在冬季液化天然气需求量增加；（3）船运能力未能满负荷；（4）更具灵活性的交易合同。

> 虽然液化天然气的长期合同不可能完全消失，但进口公司正在探寻更加灵活和更好的合同项目。

全球液化天然气价格。液化天然气的价格多是以每百万英制热量单位的美元数表示的，而价格可以离岸价格（FOB）或目的港船上交货（DES）为基础进行核算。当今绝大多数合同为离岸价格，因为买方认为用这种价格可以使自己对到岸价有更多的控制力并允许他们拥有额外的液化天然气交易。包括了液化天然气和管线天然气的天然气市场正在比利时、英国和美国出现。这为价格套利和价格的最终趋同提供了机遇。从历史上看，太平洋区域的液化天然气价格要高于大西洋区域的，过去的10年中，前者平均为5美元/百万英热单位，而后者则为4美元/百万英热单位。中东地区液化天然气供应迅速增加可能促使大西洋区域与太平洋区域之间的液化天然气价格趋同。目前，从中东地区输往大西洋区域的液化天然气相对较少，但在中东正在实施的几项工程的目标就在于向欧洲和北美市场供应液化天然气。此外，如果在北美西海岸建立多个液化天然气进口接收终端，则太平洋区域的供应者们就将会在美国市场上获得更大的份额。

大西洋与太平洋区域液化天然气的定价。液化天然气的价格是具有竞争性燃料的基准点。液化天然气有三个明确而相对独立的市场，每个都有各自的价格体系。虽然在市场之间的风险程度有所不同，但在每种价格系统内部都会有价格风险。在美国，具竞争能力的能源是管线天然气，水准基点价格既可用于长期合同中的特殊市场，也可用于短期合同和亨利枢纽现货价。

在美国，从事液化天然气交易的进口商和出口商们将面临美国天然气市场上价格大幅度波动所产生的高风险。

问题在于美国天然气存货与液化天然气进口之间的关系。在此，需要记住的关键点在于与石油的不同。天然气并没有传统意义上的全球交易市场，因

> 在欧洲，液化天然气与竞争的燃料价格有关，比如低等民用燃料油。然而，液化天然气的价格开始与天然气零售市场和未来市场价格相联系，二者必居其一。LNG价格与进口油相关。标准的价格公式包括针对原油价格的基本价格指数，一个常数，以及可能的公式评价/审核的机制。

为从历史来看,天然气是用管线输送的,所以它们只能是区域性交易市场。如,北美就是一个由管线与欧洲其他市场相连接的。液化天然气的情况正在发生改变,因为人们可以用船将天然气运至世界任何价格最合适的地方。如果天然气价格在欧洲高于在美国的价格,则就会有更多的液化天然气被运往欧洲。然而,此时的液化天然气液化和再气化处理能力就不能有效地满足所有需求。由于这种局限性,世界不同区域的天然气价格依然差别极大,目前尚无足够的液化天然气供应能够明显减弱这种差异。

美国纽约的天然气价格(NYMEX)以美元每百万英热单位结算。在英国伦敦,天然气则是以便士每撒姆(英国用以计量煤气的热量单位)的概念(1/100英镑)结算,一个撒姆为100000Btu(可以简单地将英国合同转化为它的1美元/百万英热单位)。换言之,当这一比值大于1.0时,美国的天然气价格更高一些,而当这一比值小于1.0时,则欧洲的价格要高一些。2007年初期,这一比值的高值大大超过1.0。这种情况出现的原因在于伦敦交易的天然气价格剧烈下跌,而美国的天然气价格则呈现平稳向略高的变化。任何近10年内到欧洲旅行的人(或生活在那里的人)都会发现欧洲相对较暖和了。同时,2007年2月到4月美国的气候却极为寒冷。因此,当时美国的天然气价格是英国同样当量的天然气价格的2.2倍。现在,如果你拥有已经储存进一个大罐内的液化天然气能源,你将会做什么?答案是很明确的——将这些天然气运往美国!注意一下2007年春季所发生的事情——液化天然气进口到美国市场,迅速使那里高昂的天然气价格得以回落。如果你为美国天然气价格在那时下跌原因感到不解的话,这就是主要原因之一,大量涌入的液化天然气使当地的库存迅速增加。

液化天然气的增产。液化天然气的专家称,全球液化天然气的供应至少在未来4年依然紧缺。2006年底,全球液化加工能力为18000万吨/年,而全球再气化的加工能力则约为34800万吨/年,这样,再气化能力就比液化能力多出了16800万吨/年。到2010年,这种差额可达27100万吨/年,而届时的天然气液化能力可达26100万吨/年。2010年亚洲的液化天然气需求量达1.26亿吨,比2006年以来增加了2300万吨(略高于20%)。根据瑞士联合银行集团的报告(2007年12月),到2015年之前,全球液化天然气产量将低于预算值,原因

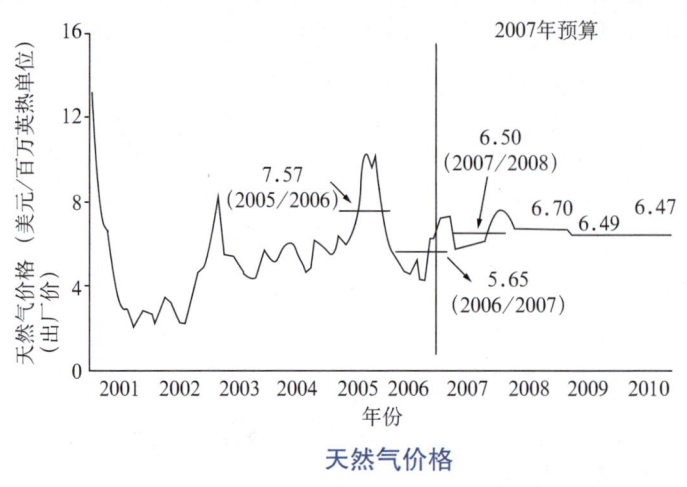

天然气价格

在于项目投资过高、天然气量不足以及液化天然气价格上涨等。

到2015年，液化天然气每年的产量可能以9.0%的速率增加，而已经达成共识的预计增加量则高达10.0%。瑞士联合银行集团预计项目每延期一年就会对发展造成影响，从而会导致2010—2015年期间可能会出现约1000万吨/年的短缺，或使全球的液化天然气消费量下降3.0%。在更悲观的情况下，新项目将会推迟两年完成，则供应短缺量将会加倍达到7.0%。2007年，由于建设费用大涨，液化天然气的投资商们推迟了对新建液化天然气供应项目的投资决定。劳动力和设备的短缺也使各种费用持续上涨并导致建设项目被延期。

由于新的液化加工项目加工工程不断地被推迟，供需平衡的紧张状态不断增加。到2008年底，有8个新项目得到批准，以前的预测过于乐观了。英国天然气（BG）集团和伍德赛德（Woodside）石油公司成为两家最为看好液化天然气市场前景的公司。中国石油（PetroChina）与Gorgon、Browse液化天然气项目签订了购买液化天然气的初步协议书，这可能成为市场的一个"转折点"，因为该协议书标志着中国目前希望签订与石油价格部分相关的价格合同。

即使目前天然气价格面临着上涨的压力，但增加供给，尤其是来自非常规天然气的供应，增加液化天然气进口能力以及对天然气储备投资的增加等措施，将可能使天然气市场长期处于平衡状态。北美洲继续保持充足的天然气供应，预计减少的常规天然气供应正因其他非常规天然气供应而迅速补充。目前的价格也促使大量的投资拥向天然气勘探与开发领域，并且增加了区域天然气的供应量。在这种形势下，非常规天然气，如页岩气、煤层气等目前的经济价值也大增了。

在满足消费者的能源需求方面，天然气将继续起到重要的作用。2009年，全球液化天然气的产量可能增加14%，这将归功于卡塔尔和印度尼西亚等国家，正是它们的液化天然气产量，占到了全球液化天然气供应中的四分之一之多。2009年，液化天然气的产量，或将天然气制冷成可供油罐运输的液体量可能会增加0.25亿吨至2.08亿吨。这一增加可能会满足世界第二大液化天然气购买者韩国的年需求增加量。根据2008年6月英国石油公司发布的《全球能源统计》显示，全球2007年的液化天然气交易量增加了7.3%（1.653亿吨）。到2015年，人类对更加清洁的燃料能源的每年需求量的增加速率将达10%，为对石油需求量增加的5倍之多。2008年液化天然气的消费量从2007年的1.73亿吨增加到1.83亿吨。

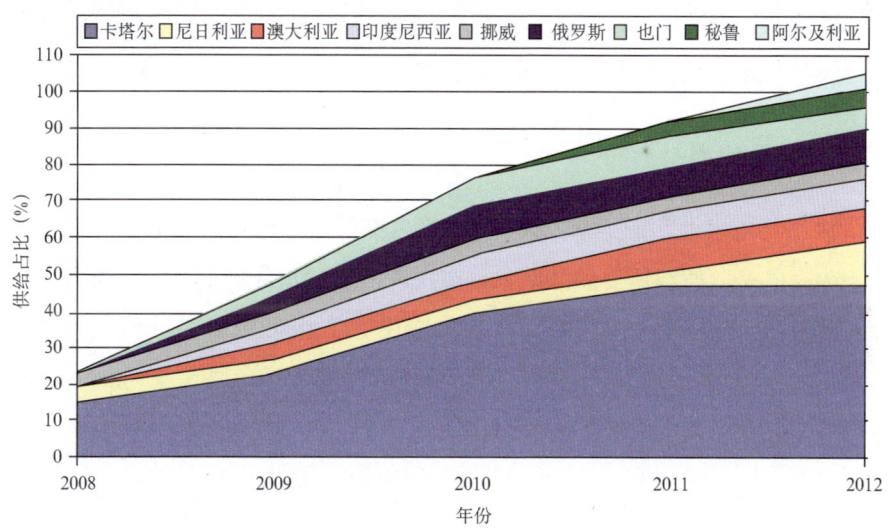

2008—2012年的新增液化天然气供给

新的液化天然气项目已经在卡塔尔、印度尼西亚、也门、澳大利亚和俄罗斯等国家开始实施。从澳大利亚通往尼日利亚的项目在2008年的前6个月中可能会生产0.88亿吨液化天然气。然而，液化天然气的产量依然低于人们的预期值，因为许多国家都已转向国产天然气的利用，而另一些国家的管线建设却进展得不顺利且设施不足。在2008年的前6个月中，埃及的液化天然气产量约为0.052亿吨，它具有生产0.061亿吨的潜力，可以满足本国的需求。尼日利亚提供了0.08亿吨，即将其前6个月一半产量中的72%用于出口。液化天然气的供应可能非常紧缺，这会导致其价格飙升。在北半球的冬季，天然气的价格可能会涨至每百万英热单位25美元。由于日本和韩国展开与欧洲的液化天然气争夺，因此亚洲的天然气价格受英国未来天然气价格的影响。

亚洲的液化天然气价格在未来5年中的增长率将达75%以上。在欧洲大陆，天然气的价格与石油价格相关，而且它们的波动后滞于原油价格波动的3到6个月时间，预计液化天然气价格将会下降。根据彭博通讯社的预计，未来英国冬季的天然气交易价格约为每百万英热单位17.30美元。液化天然气大发展的一个原因就在于供应与需求之间的地理失衡：天然气的生产区多集中在俄罗斯、中亚和中东地区，而消费市场则主要集中在亚洲（日本与韩国）、欧洲（法国和西班牙）和北美洲。第二个决定性因素是从事天然气液化加工的国家，能将液化天然气送往那些常规天然气管线无法送达的区域，而且可以大量运输❶。

全球天然气田总览

天然气田统计❷包括了过去与现在的主要天然气田。下表中所列的天然气田中有的是以气田所处的盆地名称或由许多气田构成的项目名称表示的，比如俄罗斯萨哈林岛（库页岛）就有3个气田：Chayvo气田、Odoptu气田和Arkutun-Dagi气田，下表中圆括号内的数字为以万亿立方英尺（TCF）和10^9立方米（m^3）为单位的预计天然气储量。

---

❶ *1立方米的LNG相当于580立方米天然气。*

❷ *资料来源：《WER》，2006；维基百科，2007。*

全球天然气田总览

国家或地区	天然气储量
阿尔及利亚	Hassi R'mel（96TCF，$2549\times10^9m^3$）
澳大利亚	Bass Strait
	Jansz（20TCF，$570\times10^9m^3$）
	Greater Gorgon（40TCF，$1100\times10^9m^3$）
	Scott reef（6.5TCF，$180\times10^9m^3$）
	North West Shelf Venture（33TCF，$875\times10^9m^3$）
阿塞拜疆	Shah Deniz气田（44TCF，$1200\times10^9m^3$）
巴林	Avali（20TCF，$530\times10^9m^3$）
玻利维亚	Margarita
	Sabalo
	San Alberto
	Itau
巴西	Albakora气田（5.7TCF，$150\times10^9m^3$）
	Jupiter气田（37~60TCF，1000×10^9~$1600\times10^9m^3$）
	Marlin气田（3.8TCF，$100\times10^9m^3$）
	Tupi油田（不详）
加拿大	Sable Offshore Energy Project
	Elsuort（53TCF，大于$1400\times10^9m^3$）
	Kopanoar（12.5TCF，$331\times10^9m^3$）
	King Kristian（12.5TCF，$330\times10^9m^3$）
	Greater Sierra
	Hekla气田（7.5TCF，$198\times10^9m^3$）
	Drake Point（5.4TCF，$142\times10^9m^3$）
中国	残雪气田
	春晓气田（0.17TCF，大于$4.7\times10^9m^3$）
	Dazhou（23~132TCF，600×10^9~$3500\times10^9m^3$）
	断桥气田
	克拉玛依油田（1.1TCF，$30\times10^9m^3$）
	Shiyugou Dunxi（7.5TCF，$198\times10^9m^3$）
	苏里格气田（20TCF，$534\times10^9m^3$）
	天外天气田
埃及	Nile Delta 盆地（50TCF，$1300\times10^9m^3$）
	Port Fuad（3TCF，$80\times10^9m^3$）
	Wakar（1.5TCF，$40\times10^9m^3$）
	Temsah（1.5TCF，$80\times10^9m^3$）
	Ras El Barr（4TCF，$106\times10^9m^3$）
	Halawa（1TCF，$27\times10^9m^3$）
	Kafr Al Shaikh（2TCF，$53\times10^9m^3$）

续表

国家或地区	天然气储量
厄瓜多尔	Amistad气田（9.8TCF，163×10^{9}m^3）
埃塞俄比亚	Ogaden盆地（2.4BCF，68×10^{6}m^3）
法国	Lacq（9TCF，250×10^{9}m^3）
保加利亚	Mako气田（22~55TCF，610×10^9~1550×10^{9}m^3）
印度尼西亚	Mahakam气田（31TCF，822×10^{9}m^3）
	Tangguh气田（14TCF，500×10^{9}m^3）
	Peciko气田（6.1TCF，162×10^{9}m^3）
	Arun气田（5TCF，125×10^{9}m^3）
伊朗	South Pars（500TCF，13250×10^{9}m^3）
	North Pars（59TCF，1565×10^{9}m^3）
	Kish气田（58TCF，1560×10^{9}m^3）
	Golshan气田（45~55TCF，1325×10^{9}m^3）
	Tabnak（21.2TCF，562×10^{9}m^3）
	Kangan（20.1TCF，533×10^{9}m^3）
	Farsi（11~22TCF，425×10^{9}m^3）
	Nar(13TCF，345×10^{9}m^3）
	Aghar（11.6TCF，307×10^{9}m^3）
	Khangiran（11TCF，300×10^{9}m^3）
	Ahwaz气田（11TCF，300×10^{9}m^3）
	Ferdowsi气田（10TCF，297×10^{9}m^3）
	Aghajari气田（10TCF，263×10^{9}m^3）
	Gachsaran气田（6TCF，162×10^{9}m^3）
伊拉克	Kirkuk气田（3TCF，80×10^{9}m^3）
	Akkas气田（46TCF，1250×10^{9}m^3）
爱尔兰	Corrib天然气项目（1TCF，27×10^{9}m^3）
	Kinsale Head气田（1.4TCF，37×10^{9}m^3）
意大利	Malossa气田
	San Salvo气田
	San Giorgio气田
	Angelli气田
	Cassiopea气田
日本	Minami Kanto气田（375×10^{9}m^3）
哈萨克斯坦	Karachaganak气田（63TCF，1800×10^{9}m^3）
	Kisimbay气田（11.7TCF，310×10^{9}m^3）
	Kyzyloi气田（53.6TCF，1420×10^{9}m^3）
利比亚	Khateyba（11TCF，300×10^{9}m^3）
墨西哥	Reinosa气田
	Chicontepec气田（42TCF，1100×10^{9}m^3）

续表

国家或地区	天然气储量
墨西哥塔瓦斯科州	Noxal油田（0.25TCF，$6.5\times10^9m^3$）
毛里塔尼亚	Chinguetti气田
纳米比亚	Kudu gas气田（1.3~9TCF，34×10^9~$239\times10^9m^3$）
荷兰	Groningen（100TCF，$2850\times10^9m^3$）
	Slochteren（57TCF，$1500\times10^9m^3$）
新西兰	Maui气田（>3TCF，$>80\times10^9m^3$）
	Kupe气田
尼日利亚	Akpo
	Bonga气田
北海	Asgard气田（挪威）（8.5TCF，$226\times10^6m^3$）
	Amethyst气田
	Brent油田
	Dan气田
	Easington Catchment Area
	Ekofisk油田（挪威）（7TCF，$185\times10^6m^3$）
	Everest气田
	Frigg气田（7TCF，$200\times10^6m^3$）
	Gullfaks油田（1TCF，$25\times10^6m^3$）
	Gullfaks Sor气田（1.5TCF，$39\times10^6m^3$）
	Heidrun油田（1.5TCF，$41\times10^6m^3$）
	Heimdal气田（1.6TCF，$42\times10^6m^3$）
	Indefatigable气田（12.6TCF，$333\times10^9m^3$）
	Kristin气田（1.2TCF，$33\times10^9m^3$）
	Kvitebjon气田（2TCF，$52\times10^9m^3$）
	Lemen Bank（17TCF，$460\times10^9m^3$）
	Mikkel气田（1TCF，$24\times10^9m^3$）
	Eldfisk气田（2TCF，$51\times10^9m^3$）
	Ormen Lange（挪威）（11.1TCF，$397\times10^9m^3$）
	Oseberg油田（挪威）（3.8TCF，$102\times10^9m^3$）
	Rhum气田（0.9TCF，$23\times10^9m^3$）
	Sleipner气田（6.5TCF，$174\times10^6m^3$）
	Snorre油田（0.24TCF，$6.5\times10^6m^3$）
	Statfjord油田（3TCF，$79.4\times10^6m^3$）
	Troll（挪威）
	Valhall油田（1TCF，$29\times10^6m^3$）
	Viking气田（3.2TCF，$90\times10^6m^3$）
	Visund气田（2TCF，$52\times10^6m^3$）

续表

国家或地区	天然气储量
挪威海与巴伦支海	Snohvit（挪威）（3.9TCF，140×10^{9}m^3）
	Troll（挪威）（46.8TCF，1325×10^{9}m^3）
巴基斯坦	Adkhi
	Badim
	Bkhit气田
	Khasan气田
	Kandavari油田
	Kandkhot油田（13TCF，347×10^{9}m^3）
	Khan油田
	Mari油田
	Miano气田
	Mizra油田
	Savon气田
	Sui气田（2TCF，54×10^{9}m^3）
	Toot气田
	UlHaq油田（1TCF，27×10^{9}m^3）
	Zamzama油田
秘鲁	Camisea天然气项目
卡塔尔	北部气田（超过900TCF，占全球总探明天然气储量的14%）
乌兹别克斯坦	Shurtan（24TCF，634×10^{9}m^3）
	Gazli（18TCF，477×10^{9}m^3，已近枯竭）
	Zevardi（8.3TCF，220×10^{9}m^3）
	Alan气田（68TCF，179×10^{9}m^3）
	Dengizkul-Khauzak（6.3TCF，167×10^{9}m^3）
	Kandym（5.8TCF，153×10^{9}m^3）
	Kokdamulak（5.4TCF，144×10^{9}m^3）
	Urtabulak（3.9TCF，103×10^{9}m^3）
	Urga/Kuanysh/Akchalak（44TCF，1200×10^{9}m^3）
委内瑞拉	Deltana Platform（6TCF，159×10^{9}m^3）
越南	Baovang（11TCF，300×10^{9}m^3）
俄罗斯	Urengoy气田（385TCF，10200×10^{9}m^3）
	Yamburg气田（198TCF，5242×10^{9}m^3）
	Bovanenkovskoe油田（166TCF，4400×10^{9}m^3）
	Zapolyarnoye气田（132TCF，3500×10^{9}m^3）
	Shtokman油田（113TCF，3000×10^{9}m^3）
	Arctic油田（104TCF，2762×10^{9}m^3）
	Astrakhanskoye油田（102TCF，2711×10^{9}m^3）

续表

国家或地区	天然气储量
俄罗斯	Medvezhye油田（83TCF，2200×10^{9}m^3）
	Yurubchen（73.7TCF，2100×10^{9}m^3）
	Kharasoveiskoye油田（62.5TCF，1900×10^{9}m^3）
	Orenburgskoe油田（62.5TCF，1900×10^{9}m^3）
	Kovykta油田（62.5TCF，1900×10^{9}m^3）
	Kyrtael油田（60TCF，1600×10^{9}m^3）
	Sakhalin-III（49TCF，1300×10^{9}m^3）
	Chayandinskoye油田（46.8TCF，1240×10^{9}m^3）
	Angaro-Lenskoye油田（46TCF，1220×10^{9}m^3）
	Central-Astrakhan油田（45TCF，1200×10^{9}m^3）
	Leningradskoye油田（40TCF，1050×10^{9}m^3）
	Yuzhno-Russkoye油田（35TCF，1000×10^{9}m^3）
	South-Tambey油田（35TCF，1000×10^{9}m^3）
	Krusenstern油田（34TCF，960×10^{9}m^3）
	North-Tambey油田（35TCF，929×10^{9}m^3）
	Kharampurskoye油田（32TCF，825×10^{9}m^3）
	Pestsovoe油田（30TCF，800×10^{9}m^3）
	Rusanovskoye油田（30TCF，779×10^{9}m^3）
	Utrenneye油田（28TCF，747×10^{9}m^3）
	Malyginskoye油田（28TCF，745×10^{9}m^3）
	Yurkharovskoye油田（26TCF，740×10^{9}m^3）
	Harvutinskoye油田（26TCF，700×10^{9}m^3）
	North-Urengoy油田（21TCF，600×10^{9}m^3）
	Ledovoe油田（19TCF，500×10^{9}m^3）
	Samburg油田（19TCF，500×10^{9}m^3）
	Sakhalin-II（18.8TCF，500×10^{9}m^3）
	Kamennomysskoye油田（19TCF，500×10^{9}m^3）
	Sakhalin-1（17.1TCF，484×10^{9}m^3）
	Tasiyskoye油田（16.6TCF，440×10^{9}m^3）
	Yamsoveiskoye气田（15TCF，436×10^{9}m^3）
	East-Ta rkosalinskoye油田（15TCF，400×10^{9}m^3）
	Aneryahinskoye油田（15TCF，400×10^{9}m^3）
	Gubkinskoye油田（15TCF，400×10^{9}m^3）
	Vuktyl（14.7TCF，390×10^{9}m^3）
	Beregovoe油田（12.2TCF，324×10^{9}m^3）
	Yubileynoye油田（12.2TCF，323×10^{9}m^3）
	Hvalynskoye油田（12.2TCF，322×10^{9}m^3）
	Tarkosalinskoye（12.2TCF，321.5×10^{9}m^3）
	North-Kamennomysskoye油田（12TCF，310×10^{9}m^3）

续表

国家或地区	天然气储量
俄罗斯	Ety-Purovskoye油田（11TCF，300×10^{9}m^3）
	Vyngapurovskoye油田（11TCF，290×10^{9}m^3）
	Nahodkinskoe油田（10TCF，275×10^{9}m^3）
	Pelyadkinskoe油田（9.5TCF，255×10^{9}m^3）
	Lyantorskoye油田（9.4TCF，250×10^{9}m^3）
	West-Astrakhan油田（9.4TCF，250×10^{9}m^3）
	Severo-Stavropolskoye油田（8.6TCF，229×10^{9}m^3）
	Nurminskoye油田（8.4TCF，223×10^{9}m^3）
	Ludlovskoye油田（8TCF，220×10^{9}m^3）
	Geophisicheskoye油田（7.9TCF，210×10^{9}m^3）
	Verhneviluchanskoye油田（7.9TCF，209×10^{9}m^3）
	Minkhovskoye油田（7.8TCF，208×10^{9}m^3）
	Novo Portovskoye油田（7.5TCF，200×10^{9}m^3）
	Yen-Yahinskoye油田（7.5TCF，200×10^{9}m^3）
	West-Siyakhinskoye油田（7.2TCF，190×10^{9}m^3）
	North-Komsomolskoye油田（7.1TCF，186×10^{9}m^3）
	Sredne-Tyugskoye油田（6.2TCF，165×10^{9}m^3）
	Soletsko-Khanaveyskoye油田（5.8TCF，155×10^{9}m^3）
	Layavozhskoye油田（5.3TCF，140×10^{9}m^3）
	Gydanskoye油田（4.4TCF，116×10^{9}m^3）
	Tas-Yuryakhskoye油田（4.2TCF，112×10^{9}m^3）
	Hancheiskoye油田（4.2TCF，111×10^{9}m^3）
	Verhnetiuteyskoye油田（4.2TCF，110×10^{9}m^3）
	Vyngayahinskoye油田（4.0TCF，107×10^{9}m^3）
	Myldzhinskoye油田（3.8TCF，100×10^{9}m^3）
	Messoyakha气田（3.8TCF，100×10^{9}m^3）
中国台湾省	Nushan
沙特阿拉伯	Ghawar油田（57TCF，1500×10^{9}m^3）
沙特阿拉伯—伊拉克中立带	Dorra（35TCF，1000×10^{9}m^3）
沙特阿拉伯—科威特中立带	Safaniya-Khafji油田（12.3TCF，327×10^{9}m^3）
韩国	Donghae-1
塔吉克斯坦	Komsomolsk气田（11.2TCF，296×10^{9}m^3）
土库曼斯坦	Iolotan气田（264TCF，7000×10^{9}m^3）
	Dauletabad气田（60TCF，1602×10^{9}m^3）
	Shatlyk气田（44TCF，1200×10^{9}m^3）
	Achak气田（5.7TCF，150×10^{9}m^3）
	South Gutliyak气田
乌克兰	Efremovske油田（4TCF，110×10^{9}m^3）
	Shebeli油田（25TCF，650×10^{9}m^3）
	West-Khrestish油田（13TCF，335×10^{9}m^3）

续表

国家或地区	天然气储量
美国	Anadarko 盆地（100TCF，2650×10^{9}m^3）
	Barnett Shale（2.1TCF，预计可高达30TCF）
	Cisco Springs油田（13~15TCF，370×10^{9}m^3）
	Gomez 气田（11TCF，283×10^{9}m^3）
	Haynesville Shale（250TCF，7079×10^{9}m^3）
	Hugoton气田 [27TCF（1927—1996年），目前仍在生产，77TCF，2039×10^{9}m^3]
	Jonah油田（10.5TCF，297×10^{9}m^3）
	Kamrik（13.6TCF，360×10^{9}m^3）
	Katie油田（13.7TCF，362×10^{9}m^3）
	Kettleman North Dome油田（13.7TCF，362×10^{9}m^3）
	Kenai（5.7TCF，152×10^{9}m^3）
	Midway油田
	Mokane Lavern（5.3TCF，140×10^{9}m^3）
	Prudhoe Bay（28TCF，736×10^{9}m^3）
	Berbank
	Seminol
	Marcellus Shale（168~516TCF，4452×10^9~13674.×10^{9}m^3）
	Monroe油田
	South Pass油田
	Wermillion
	Umiat

第 6 章　石油与天然气的运输

石油与天然气的生产地区往往远离那些能源需求量最大的国家，因此，就需要用长距离的管线和特制的油管将石油和天然气输送到消费者的所在地。

> 石油的流速可达每秒1.8~2.0米，可以进行几百到数千千米的输送。

石油是一种液体[1]，所以将其输送至炼油厂的一种简便方式就是通过管线。还可以用油管将石油和天然气输送到陆上泵站，这些泵沿着输送管线约每60~100千米一座。海上石油与天然气运输可用油轮进行，在海上运输途中，驳船或油轮可以随时改变最终目的地。超级油轮的运载能力常常可达20万吨以上，这足以供一座一般规模的炼油厂一到两周的正常生产。

> 石油与天然气的生产区域往往远离对能源需求量最大的国家。

那些发现石油与天然气最多的地区往往远离油气主要消费国。绝大多数油气生产国很容易满足本国的需求，并将其绝大部分油气用于出口。另一方面，那些主要的消费国家并不能实现石油与天然气的自给自足，所以需要进口。即使在一些重要的油气生产国（如美国）内，其油气生产区也往往远离需要石油和天然气的消费区。结果，几十年来，全世界石油和天然气的海运和陆地运输从未间断过，而输送量极大。

石油输送

向炼油厂输送原油，重要的在于运输中的安全性、可靠性和环境保护措

---

[1] 在常温或略高的温度下，石油是一种黏稠状的液态物质（油状物）。

施。在海上，所有措施都要严格避免发生污染，不仅要防止原油外泄的事故，还要在卸油过程中严防漏油事故，比如不慎造成的清洗油管和船舱残留物时外溢在陆地上。输油管必须置于严密的监管之下，暂时没有大量输送时要对陈旧的设备进行及时更换。这也同样适用于炼油厂的情况，即在停产时须对破损的设备进行更换，储备设施必须保证整体的安全性，同时也应按保证石油产品的安全性要求进行设计。每年通过海上运输的石油量极大，在海上航行的油轮约达38000艘，运载着这种传奇般的液体能源从它的生产地源源不断地驶向分布在全球各地的消费点。

大量的油气被运抵目的地，如根据"国际油轮船东防污染联合会"（International Tanker Owner Pollution Federation，ITOPF）在2000—2007年间关于事故的调查统计，约99%的石油与天然气被安全地运抵目的地。石油的海上运输组织十分复杂，航运中涉及许多公司和多种技能（如建造并维护船只、进行常规检查、挑选船员、确定航线等）。许多国家为保证安全运输和航行，制定相关的法律等，这当中有许多规定都以条约形式得以确定，各国共同遵守，以确保石油和天然气的安全运输和每个人的安全。

> **海上运输是最便宜的石油运输方式。**

用船运输石油与天然气的原因有很多。然而，在许多情况下，船运几乎是唯一可行的，尤其在需要用船将石油和天然气送过深海区或辽阔的大洋时。在进行长途运输时，即使与大口径石油或天然气管线相比，船运也是最便宜的方式。海运还可以避免许多因管线穿越国境而遇到的问题，如过多的责任和由于政治等原因或人为事故破坏而导致的管线被切断等风险。

油轮❶是全球石油与天然气交易中的基本要素。根据统计，油轮的运输量达到了全部海运量的三分之一到二分之一。随着石油消费量的增加和原油生产地与消费地之间距离的增加，油轮的吨位也大幅增加。

---

❶ 油轮的大小和运载能力的变化范围可达数万吨，既有供小型港口和社区服务的小型船只，也有供远程运输的万吨级巨轮。除了远洋或海上运输的油轮外，还有一些可供内陆水系使用的油轮，它们的运载量为几千吨，可在河流和运河内航行，也可用驳船拖行。油轮可以运输的产品种类包括：石油产品（如各种油品）、液化石油气和液化天然气、化工产品（如氨水、氯、苯乙烯）、淡水、酒和糖蜜等。

全球油轮运输能力变化

年份	全球油轮船队运输能力的增加（百万吨）	全球油轮载货吨（吨位运输）的增加（百万吨）
1935	18	110
1960	63	550
1980	309	1785
2000	285	1690
2008	351	2775

全球油轮概况

级别	长度（米）	船宽（米）	吃水线（米）	标准最小载重吨（吨）	标准最大载重吨（吨）
Seallbymax	226	24	7.92	10000	60000
Panamax	294.1	32.3	12	60000	80000
Aframax				80000	120000
Suezmax			16	120000	200000
VLCC（Malaccamax）	470	60	20	200000	315000
ULCC				320000	550000

全球约有380艘载重吨为279000~320000吨的船，目前，这些船最常见的载重吨为较大的ULCC型，只有7艘船的载重吨大一些。约90艘介于20万~27.9万吨之间。

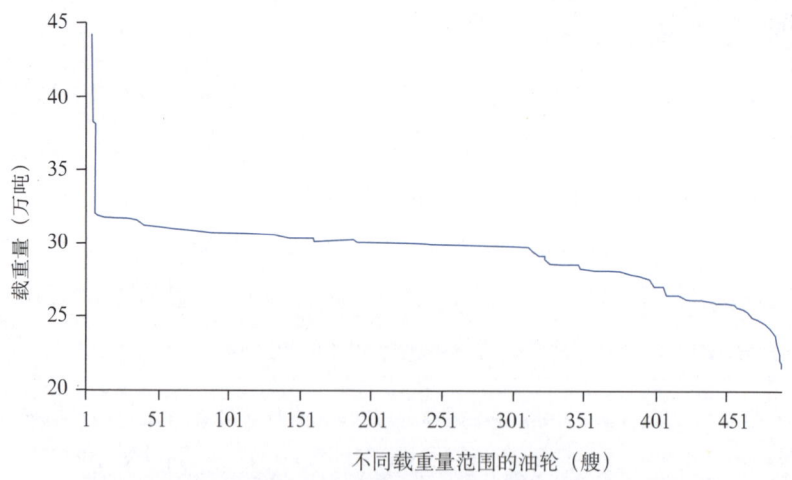

最大型油轮的载重吨位分布（据Visser的统计，2007）

> 油轮的拥有者们可以减缓自己船队的发展速度，减少供应并向雇佣其船队的石油生产者和炼油厂抬高价格。当这些船主们要求船长们进一步减少航速时，雇佣金就会更高。从全球来看，一艘船的航线可达320000条以上。

全球的油轮船队

船旗国：2007年，据美国海运管理局（United States Maritime Administration）的统计，全球共计有4224艘油轮载重吨达10000吨以上，其中2782艘油轮是双层船体结构的。巴拿马充当着油轮船队中的船旗角色，它名下注册的油轮就有592艘之多。其他5个船旗国都拥有200艘以上的注册油轮：利比亚（520艘）、马绍尔群岛（323艘）、希腊（233艘）、新加坡（274艘）和巴哈马（215艘）。这些船旗国还拥有世界上最大的6艘油轮，即最大载重吨位的油轮。

最大的船队：希腊、日本和美国是世界上拥有最多油轮的三大巨头，它们旗下的油轮分别为733艘、394艘和311艘，占到了全球油轮数量的36%以上。

油轮的建造者：亚洲公司成为世界油轮建造业中的佼佼者，全球有70%以上的油轮是在韩国、日本或中国建造的。

石油工业已经为自己的产品选择了自己所喜欢的海运方式，其很大原因在于这种方式具有更大的灵活性。然而，陆上的管线输送在像俄罗斯这种幅员辽阔的大国中依然发挥着重要作用，但仍需要用船将石油和天然气运至港口，再输往目的地。

管线运输与构成

在工业化国家里，已经建好了将原油输往内陆合适地点的炼油厂的主要管线网，同时也利用管网将石油产品从炼油厂输往各消费中心区。石油管线是大口径的管子，可以输送大量石油，每年的输送量可达数千万吨，在管线的沿途，每隔60~100千米处建有泵站，以保持石油在输送途中的压力。管线内石油的输送[1]速率为2米/秒。管线输送意味着一般情况下不会出现严重的漏油事故，实际上，一旦因事故或人为破坏造成管线受损，泵即可停止，可有效地限制污染。但是，如果管线的拥有国家对管线没有实施有效的监管，事情可能就会变得格外严重。石油内含有酸性气体（CO_2和H_2S），或多或少都会有腐蚀性，所以管线会从内部出现破损，而且如果未能得到及时更换的话，管线就会发生泄漏。

基本上讲，管线的建设需要根据地缘政治进行谈判[2]。跨越多个国家的主要管线的建设需要经过激烈的谈判，这些谈判之后是能源需求的地缘政治[3]和政治学问题。如，我们看看中亚新的石油资源的问题吧——看看在那里都发生了什么，在里海四周都发生了什么吧：这里的石油大量被运往东方，运到中国，为那些能源需求量不断增加的用户们提供可靠的供给，或者运往东南方，越过阿富汗和巴基斯坦；往西南方向，越过伊朗，那里是最具经济意义的通道；或者往西北方向，到达俄罗斯[4]。这样就能够保证控制所有的最终目的地。管网[5]由多种设施构成，它们统一操作，将石油产品从一处输往另一处。

石油与天然气路线的控制——地缘政治的纠纷梳理。输往西方的格鲁吉亚管线并没有遭到破坏，但它依然是易受伤害的。它并不仅仅是俄罗斯和格鲁吉亚之间的争斗[6]，该管线的路线于2008年制定，这是一条向西部延伸的、出口条件十分恶劣的石油管线。2008年8月5日，在土耳其东部的1100英里（1760千米）处的巴库—第比利斯—杰伊汉（BTC）管线上的一座泵站被

---

[1] 从生产工厂到炼油厂的路线。

[2] 管线穿越国家之间的对话，产生一种合作协议，以求解决争端。

[3] 以政治学为依据，在不同规模上进行地理的、历史的和社会科学等方面的综合分析（范围可以从一个国家到国际性分析）。它分析研究地理位置的、政治的、经济的和战略方面的意义，此处地理学的含义为地理位置、范围、功能和地域与储量之间的关系。

[4] 俄罗斯拥有对欧洲天然气管线输送的控制能力。

[5] 波罗的海管线系统（BPS）是由石油管线公司Transnent运营的俄罗斯运输系统。BPS将石油从Tiaman-Pechora地区、西西伯利亚地区和乌拉尔—伏尔加河地区运往设在芬兰湾东部的普里莫尔斯克（Primorsk）石油终端。

[6] 资料来源：《经济学家》，2008年8月。

放火烧毁。土耳其库尔德分离派宣布对此负责。这条管线每天向西方市场输送了850000桶产自里海的原油，它的关闭导致一度下跌的油价再度上扬，英国石油公司为BTC管线投资440亿美元，而且依然掌控着这条管线，英国石油公司勇敢地面对一切，认为这条管线的关闭仅仅是暂时的。但两天之后，格鲁吉亚与俄罗斯爆发战争，那座泵站大火熊熊燃烧数日。

英国石油公司的另一条管线巴库—苏普萨（Baku-Supsa），曾经将原油输往格鲁吉亚的黑海海岸（现在已经被俄罗斯的军舰封锁），那里已经重新开放，但又被迫关闭。2008年8月12日，即使战争已经结束，英国石油公司依然停止向巴库—埃尔祖鲁姆（Baku-Erzurum）天然气管线输送天然气。唯一一条来自阿塞拜疆的管线在近期已经满负荷运行，该管线穿过俄罗斯抵达新罗西斯克（俄罗斯北高加索港口城市）的港口。在过去10年中，格鲁吉亚一直是可以穿过多条新管线的可靠国家，可以由西方几个石油公司安全有效地掌控着，该管线可以经过俄罗斯和伊朗。实际上，过去几周内，这条管线已经成为人们嘲笑的对象，但事情并没有完结。格鲁吉亚指出它的能源结构在战火中依然得以保存：它的管线没有被炸。俄罗斯愿意与阿塞拜疆、土耳其保持良好关系，它谨慎地认为，这不是石油战争。然而，危机——包括亚美尼亚和阿塞拜疆之间关于亚美尼亚的危机争端，已经日趋扩大。南高加索地区被认为是所谓的"第四走廊（Fourth Corridor）"项目的接替点，即西方战略学家们梦寐以求的可以终结欧洲对俄罗斯天然气的依赖，并将里海的天然气输往欧洲市场的重要战略地点。在这一"蓝图"中，点睛之笔就是拿布果（Nabucco）

> **"** 第四走廊项目将减少欧洲对俄罗斯天然气的依赖，并可将产自里海的天然气输往欧洲。**"**

管线，按照设计，将于2013年用船将产自里海的天然气输往欧洲，这一项目由于得不到欧洲的支持而遇到了麻烦，竞争对手俄罗斯的计划称为"第四流动（Fourth Stream）"，实际上，在土库曼斯坦，并没有大型西方能源公司从事作业❶。

管线的运行。当铺设管线时，施工项目不仅包括政府铺设管线的工作，而且还须建设泵站和压缩站，这也包括许多野外设备安装的相关工作，这些设备可以进行远程遥控操作。野外装置是仪表化的，由数据采集单元和通信系统构成。野外仪表包括流量、压力、温度计和发射器，同时还需要一些测量相关数据的设备。这些仪表沿着管线在一些特殊地点安装，如输送站、泵站（流体管线）或压缩机站（气体管线），以及控制阀门站等。由于这些野外仪器测得的信息在一个区域性遥控终端部门（RTU）进行汇集，在那里，利用通信系统实时将野外数据输往中央控制区，这些通信系统可以是卫星频道、微波通信或者是便携式电话等。由中央控制室发出指令对管线进行远程控制与操作。在这个控制中心，所有与野外测量相关的数据被统一输往一个中央数据库。这些数据是从管线沿途的多个RTU接收器收到的。人们常常可以看到沿管线每个工作站安装的RTU。

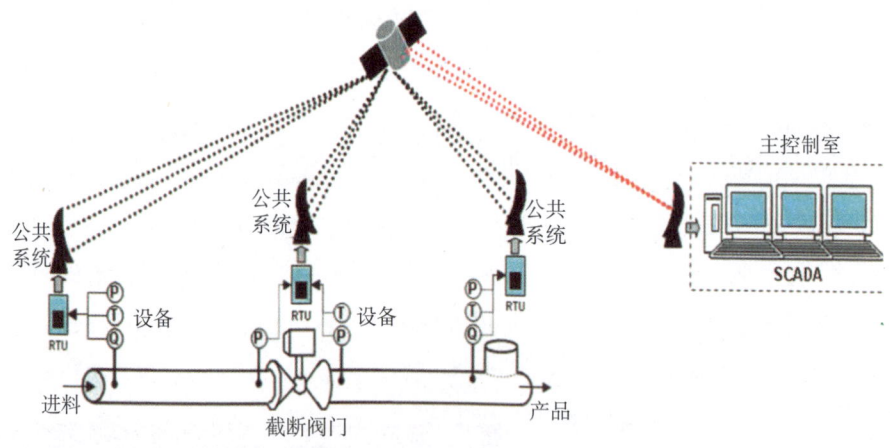

在主控室的数据采集与监视控制系统（SCADA）接收所有野外信息并通

---

❶ 由时任俄罗斯总统德米特里·梅德韦杰夫（Dmitry Medvedev）签署的关于对外政策的立法提案之一，被提交给阿塞拜疆和土库曼斯坦，要求那里的领导人把天然气卖给俄罗斯。

过一套屏幕或SCADA人机交互界面将其输送给管线操作人员，可以显示管线的运行状态。操作员可以遥控管线的水动力条件，并通过SCADA向野外输送操作指令（打开或关闭阀门，打开或关闭压缩机或泵，改变设定点等）。为了使这些主管人员的操作最佳化且安全，一些管线公司正在使用一种名为"先进的管线应用（Advanced Pipeline Applications）"的软件工具，它被安装在SCADA的顶部，可以增加泄漏检测、泄漏定位、测量跟踪、清管器跟踪、成分跟踪、校正建模、预先建模、操作人员培训等功能。

管线系统的组成

初始注入站是供应或进入站，从根本上讲，是该系统的起始之处，这就是产品被注入管线之处。储存装置，如油罐终端，以及其他能够把产品送入管线的设备，如泵或压缩机通常会安装在这些部位。

区域性输送站是一种中间转运站，这些设施可以使管线操作人员输送部分产品。

压缩机站/泵站用于液体管线和天然气管线的压缩机沿管线安装，可以帮助产品流过管线。这些泵站的位置取决于地形地貌、所输送产品的类型或者管网的操作条件。

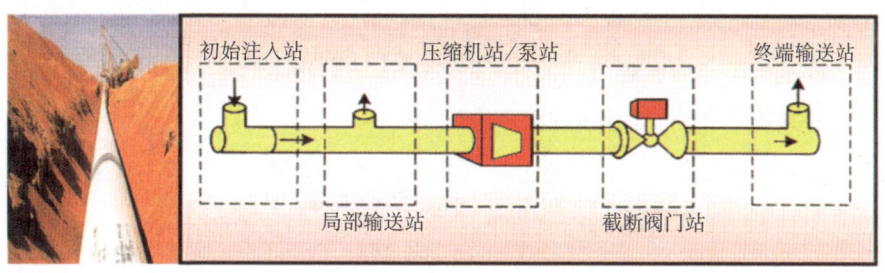

石油管线用于从生产区向出口装载终端输送石油，或者将石油输往加工厂，如炼油厂。石油增压站在管线沿途以不同间距安置，为管线补偿损失的压力并保证石油流动的畅通。在石油增压站可以安装一个或多个大功率的离心泵，它们可以由燃气轮机或柴油机驱动，也可用功率约30兆瓦的电动机带动。不论多远或何种地理条件，人们都会将天然气从生产地通过管网输往消费

地。沿天然气管线，在不同间距（100~250千米）处建设一些增压站[1]，并保证足够量的天然气送至管线的终端站。大口径的管线可以远距离地（跨省或跨地区）输送大量天然气，管线内压力保持在60~100巴，而小口径或中等口径的管线可以短途使用输送天然气。这种输送量较小，管线内的压力也较低。增压站包括插入式分离装置（可以将存在于天然气内的液滴除去）、压缩机组（可以为天然气增加压力）、制冷系统、泵站的辅助设备和控制系统。增压站的核心是压力系统，在绝大多数情况下，它由燃气轮机驱动具有低压比率和大量气流的离心式压缩机。这种燃气轮机用经过压缩的天然气作为燃料。当然，这种天然气仅占管线输送天然气中的很少一部分，所以，电动机的压缩机常常用在人口稠密地区或高度工业化的区域，以遵守那里关于排放物限制的规定。然而，这种解决方式并不消耗各种压缩气体，还需要可靠的电力保障。此外，往复式压缩机既可由往复式天然气发动机驱动也可由电动机驱动，它可用于小型控制阀门站，这是管线的第一道防线。利用这些阀门，操作人员可以将管线做任意分隔，可以将管线上的破裂或泄漏处分隔开，以便进行特殊的维修工作。通常，沿管线每隔20~30英里（32~48千米）建造一座控制阀门站，这种间距取决于管线的类型，即使它的设计并无规律可言，但这种间距在液体管线中应用得极为普遍。整体来看，这些站的位置在很大程度上取决于管线内输送产品的性质、管线的铺设轨迹和管线的操作条件。

调节阀站是阀门站的一种特殊类型。在这些站，操作人员可以向管线内施加压力，这种站通常建设在山峰的下坡一侧。

最终输送站是出站或终端站，是将产品输送给最终消费者的地方，它既可以是液体管线的油管终端，也可以与天然气管线的分配管线相连接。根据管线的使用目的，可以将其分为三大类：

采集管线[2]：由较小的、相互连接的一套管线组成，形成了复杂的管网，其主要目的在于将附近几口井产出的石油或天然气收集起来送至加工厂处理。在这种组合中，所用的管线往往较短，仅为数百米长，口径也较小。从深水油田开采平台处采集油气的海底管线被认为是收集系统。

---

[1] 安装天然气增压站的目的在于补偿管线内天然气压力的损耗。
[2] 从油井向加工厂输送原油以供进一步加工。

输送管线❶：主要由长途、大口径管线组成，在城市、国家甚至大陆之间输送产品（石油、天然气、石油炼制产品），这些输送管线包括了在天然气管线上的多个压缩机站或石油和多种产品管线沿途的泵站。

配气管线❷：几种小口径的、相互连接的管线组合，用于将产品输送至终端用户。将最终产品输送给油管和储存设施的管线属于此类。

天然气管线的输送与储存

如果你对天然气如何从遥远的产地送至你家中感到好奇的话，那么其实它们很可能是通过管线送来的——这种输送方式的可能性可达95%，而且这是最常用的天然气输送方式。人们已经铺设了水下管线，如连接挪威天然气田与欧洲终端用户的管线，北非与意大利西西里岛或卡塔尔的Ras Laffan之间的管线，卡塔尔到迪拜的管线（Dolphin项目，每天可以通过海上管线将20亿立方英尺的天然气输往阿拉伯联合酋长国）。当然，在陆地上也有这类管线，通过它们可以把产自俄罗斯的天然气输往欧洲。出于安全和保密的考虑，这些管线埋藏在地下，从地表是看不到的。在天然气管线内，压缩的天然气被高速输送，管线沿途有规律地安置了一些压力站，负责为管线内的天然气流加压。最大的国际天然气管网在西欧，天然气管线从意大利的南端通往挪威，从西西伯利亚跨越乌拉尔山脉抵达大西洋。

全球天然气输送示意图（天然气管线与液化天然气管线）

---

❶ *国家之间的石油与天然气输送（长管线）。*
❷ *向终端用户输送天然气（小型管线）。*

根据海洋条件、海水的深度和交易情况，海洋管线可以直接铺设在海底，也可以铺设在事先埋好的壕沟内。在陆地的遥远地区，管线偶而也会直接铺设在地表，但所有的主要设施都是埋藏在地下的。陆地管线的铺设路线需要经过仔细踏勘，并与土地所有者和当地政府部门反复谈判才能确定。在许多实例中，铺设管线还须考虑到环境的因素，不仅要考虑对环境的影响，还要考虑对野生动物和植物的影响。这包括确定任何潜在的危险，并确定将对环境的破坏降至最小。在管线的铺设过程中，会在地表挖出一条壕沟（一般宽10~30米），这种沟必须足够深，以确保管线铺设好以后不会受损。大口径的管线是用焊接的钢管制成以后（区域性低压管线目前可以用塑料制成）被送往铺设地。在从西伯利亚到欧洲的施工中，管线长度可达5000千米，直径达55英寸。在绝大多数情况下，管线的直径为24~47英寸。管线在高压状态下运行，压力范围为40~100巴。

在一年中，天然气的消耗量并不均等。如在法国，季节变化对天然气消耗的影响十分明显：冬季的耗气量是夏季的8倍之多。因此天然气就应储备起来，以保障供需平衡。最常用的方式是以液体形式储存在大型油管内。但是，还有比这更好的就是将天然气储存在地下储气库中——这种储气库可以是人造的，储存能力极大，往往可达10亿立方米，而且也不需要将它们冷冻成液体。合适的地质位置必须是性能良好的地下储集层，也需良好的盖层条件，且埋藏要浅（约500米左右），所以天然气的注入费用并不昂贵。当然，自然界中这种理想的场所并不多。

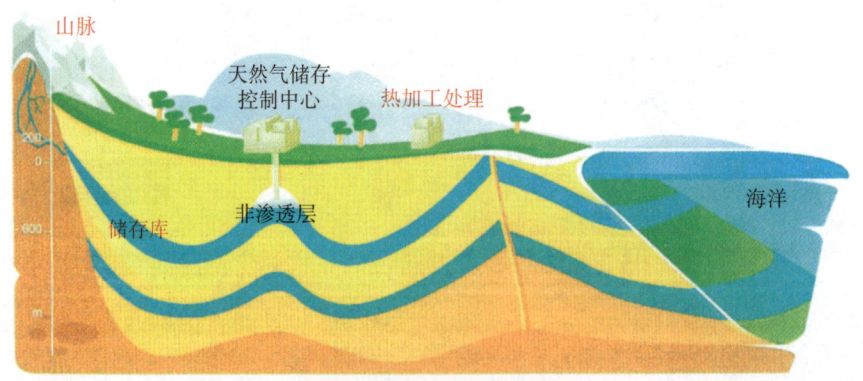

天然气储存类型示意图

天然气储存的最重要类型就是地下储气库，有三种地下储气库：枯竭了的天然气藏、地下蓄水层和盐穴储层。每种类型都有自己独特的物理和经济特点，有着不同的用途。

油气储存与储备保障

到达目的地的原油总是立即被送往炼油厂进行加工处理。一些发达国家通常会为自己储备相当于三个月进口量的石油产品（石油和石油化工产品），自1968年以来，这种储备已成为欧洲共同体的必备。各国所采用的战略储备方式不尽相同，既有国家层面的，也有民间组织层面的，也有两者兼而有之进行储备的。比如在法国，民间组织的石油储备责任是确保各地区10天的石油消费量和15天的柴油和民用燃料用量。石油产品储存在大小不等的罐内，它们大多深埋地下。石油储备中心的管理者们的主要关注点就是安全和保密。防火自然是首要因素；但是也要严防土地和水域石油泄漏的危险，对这些储存罐应进行有规律的监测并注意防腐。

液化天然气的储存与输送。在过去的40年中，人们已经成功而安全地跨越辽阔的海域输送了大量液化天然气，这些双壳结构的船都是专门为液化天然气的输送而设计建造的。在陆地，液化天然气在特别设计建造的双层储存罐内在常压❶条件下储存，绝大多数储存罐的混凝土外壁可厚达3英尺，罐内壁是用镍合金钢制成，这种特殊设计制造都是为确保液化天然气的低温保存。一旦在内壁出现破裂，则内壁与外壁之间的空间都会被液化天然气充填，人们用精密的监测系统对任何内部裂隙进行不间断的监测。用泵将液体从储存罐中抽出，并加热使其气化，液化天然气就可以转为天然气，然后，通过天然气管线把这些气体输往民用和商业用户。但在一些情况下，在技术上难以完成天然气管线的铺设，或者投资过于巨大，比如从尼日利亚向欧洲送气，或从卡塔尔向日本送气。为了解决这类问题，人们采用了在海上运输液化天然气的方法。天然气会占据大量空间，在

---

❶ 大气压力是地球大气层内任何一个给定点的压力。在绝大多数情况下，大气压力与测量点之上的空气重量产生的水静压力值非常接近。低压区域的位置上方压力低于大气压，而高压区则在其上方出现了高于大气压力。同样，随着高度增加，上覆的大气变薄，所以气压将随高度增加而减小。在横剖面上，1平方英寸的空气柱是从海平面到大气层顶部测定的，其重量约为14.61磅力。1平方米（11平方英尺）的空气柱约为110千牛（相当于海平面处的10.2吨质量）。

它装船运输之前就必须进行浓缩处理。两个基本的方式为：（1）将天然气转变为液态化工产物，如氨水或甲苯，或者复合型液态烃类物质；（2）将其低温冷却液化（在-160℃状态下），并用液化天然气罐进行运输。由于已经新建了大量的液化加工厂，所以液化天然气罐的数量也相应地迅速增加。液化天然气罐的制造使用了先进技术，但也要极其昂贵的材料（如特种钢材）来制造，这些材料需要耐极低的温度，这些罐还需要极佳的保温性能，这意味着液化天然气罐的运输费用是同样体积石油运输费用的4~5倍之多。

然而，即使这么高的投资，液化天然气工业出色的经济灵活性和地缘政治优点使其在当今世界大获成功。一个需要进口液化天然气的国家必须修建一些特殊的港口，称为液化天然气终端站❶，在那里从船上卸下液化天然气罐。这些终端站有三种设备：（1）液化天然气卸载设备（尤其是液化天然气罐的喷射加防冻保暖层，可以用泵压通过管线将液化天然气从罐内抽提到陆上的装置）；（2）液化天然气储存罐；（3）液化天然气的再气化装置，将气化后的液化天然气通过管线输往进口国的天然气管线配送系统或直接输往主要的消费处（比如发电厂）。在气化加工过程中，1立方米的液化天然气在大气压力下可以气化为600立方米的天然气。与石油不同，天然气在常温常压下为气态，这意味着，就相同质量的能量而言，它所占的体积是石油体积的600倍。所以，毫无疑问，输送气态天然气租用交通工具的费用将是石油的600倍之多。

液化天然气是怎样运输的？ 液化天然气的运输需要大型的、特殊设计的船，这些船是双壳的，装载能力为138000立方米或更大。这种船上固定着一套特殊的罐装储存系统，可以在里面以大气压和-160℃状态储存天然气。全球目前有130艘液化天然气运输船，还有50多艘的购船订单。

液化天然气罐的类型。 造船者们可以选择两种技术方式：具独立分隔舱的液化天然气罐，更常见的是球形罐，可以安装在船壳内。在船壳内的液化天然气罐具有特殊的内层，它由镍或特种钢制成，用特殊钢材将船舱分隔开来，以保证它们彼此不渗漏，并能耐受-160℃的低温，确保船壳内部的保

---

❶ *液化天然气被用于天然气的远程运输，通常是跨海运输。在绝大多数情况下，液化天然气终端是为液化天然气的进口或出口专门建造的港口。*

温。一艘标准的液化天然气油罐船❶（135000立方米）的运载能力仅仅是运输相当能量的油轮体积的一半，但前者的造价却是后者的3倍之多。在过去的40年中，人们已经跨海6000万英里安全地输送大量液化天然气。这些双壳船体的罐装船是为运输液化天然气专门设计建造的。在陆地，液化天然气储存在大气压条件下特殊施工建造的双层壁的储存罐内。

绝大多数这种运输船的外壁厚达3英尺，内壁用镍合金钢特殊设计建造，可以保证液化天然气的低温状态。一旦内壁出现裂隙，所有的液化天然气都会灌入内壁与外壁之间的空间。精确的监测系统可以对内部裂隙实施全天候监控。可以用泵将液化天然气从储存罐抽出，然后加热使液体气化。这些天然气就可以通过管线输往民用与商业用户。

球形液化天然气罐运输船的照片

天然气输送的安全保障。在陆地施工中，安全设计包括甲烷检测器、紫外线或红外线（UV/IR）火焰监测器，以及闭路电视系统。其他安全设计有厂区外监测、人员的专业培训以及终端性能升级。此外，对液化天然气进口终端的严格设计要素还包括对施工地点进行精确测量，不允许出现任何微小裂隙或设备缺陷。

---

❶ 卡塔尔拥有迄今世界上最大的液化天然气船。第一艘Q-Max（266000立方米）的船名为"Mozah"。

液化天然气不具爆炸性、毒害性或致癌性。蒸发了的液化天然气比空气轻。如果出现微小的裂隙，液化天然气的蒸气就会上升并扩散，在空气中消失得无影无踪。虽然，一定含量的液化天然气蒸气团可能易燃，但是仅有的蒸气云会因其运移速度慢而不会发生爆炸。相反，汽油和燃料油都极具可燃性，它们的液体状态是有毒的。如果这些烃类泄漏，会对环境造成破坏。液化天然气由于本身不含氧而不会燃烧。天然气可在5%~15%这样小的天然气—空气混合比例区间内发生燃烧。如果混合气体内燃料浓度低于5%，则会因缺乏足够燃料而不会发生燃烧。如果燃料浓度大于15%，会因缺乏足够的氧气也无法燃烧。LNG的燃烧条件是必须被释放、气化、与空气按可燃比例混合，以及有点燃源。

液化天然气运输船都有哪些安保设计？ 运输船的安全系统分别由操作系统和装载系统控制。船的操作安全性包括灵敏雷达和精确的定位系统，它可以使船员们在航行中免受四周其他船的危害。而且，一旦船只遇到困难，船上的海难报警系统和无线电发射台就自动发出报警信号。装载系统的安全设计为一个功能强大的仪器程序包，当船的载货量超出了事先设计的参数时，它就会安全地关闭该系统。船上还装备有天然气和火焰探测系统。

看看下面的照片，你就会知道典型的液化天然气罐装船可能会面临什么样的危险……

"首先，我们看看这个足球场"

"想象一下，一艘液化天然气罐装船可以占据整个足球场"

"实际上，一艘标准的液化天然气罐装船的长度足有3个足球场那么大"

液化天然气运输船的装载能力：一艘标准的液化天然气罐装船装载量可以超过3300万加仑液化天然气，它相当于200亿加仑的天然气。一艘液化天然气罐装船释放出来的天然气将是1944年把美国俄亥俄州东北部港口城市克利夫兰1平方英里面积烧成灰烬的燃料量的20倍！

> 一艘标准的液化天然气罐装船（12.5万立方米）所装载天然气爆炸释放出的能量相当于70万吨TNT当量，或者相当于55颗投在日本广岛的原子弹的爆炸能量。

第 7 章　石油产品的市场营销与物流

石油与天然气工业可以从其所获得的基本烃类物质衍生出极为丰富的高附加值产品❶，这些产品是特殊消费者与工业部门所需要的。接下来的挑战就是要确保将这些产品尽可能高效地送达使用者和消费者。对于大多数人来说，情况其实十分简单，因为许多石油公司都在生产并销售汽车燃料，还生产并销售涉及范围十分广泛的特殊产品，之所以这么说，是因为这些产品应用了先进技术。这些产品包括润滑油、特种液体、石蜡、沥青，也有液化石油气（LPG）以及航空燃料。但是，石油公司的服务站并不是完全错了，因为这些相似的服务项目是某石油公司的"公众秀"，或者说这就是石油公司的一种复杂的且常常被遮盖了的物流链的最引人注目的部分。

> 服务站……是石油公司与消费者之间牢固的纽带。

石油产品的市场营销

石油与天然气公司的最大消费者是工厂、航空公司、建筑公司等，它们常常可以通过管线、水上驳船或铁路油罐车直接从炼油厂获得石油产品。为消费者炼制好的产品通过遍布在各营销点处的中转站（库房）派送。最后派送的是汽车油料、民用燃油或液化石油气，它们用油罐车运送。服务站（加油站）是这一链条的最后一环，多建在交通便利、流动人口大的地点，是连接石油公司与消费者之间的纽带。所以，所有的大型石油公司都有自己庞大的分支服务网，不仅为消费者提供汽车燃料，还提供各类项目的服务：出售当地生产的时装（铺面不大，多为妇女服饰）、提供快餐或咖啡服务、汽车清洗房和备用零件更换等。这也是一些石油和天然气公司发展的方式——将自己的市场营销政策着眼于产品质量保障与服务方面。服务站是石油链上的最后一环，也是石油

---

❶ 高附加值是指一种商品具有了高于其本身（先期生产阶段）价值的增加值，加油站的汽油价格就高于其本身的价值。

与天然气公司十分关注的一环。当然，并不是所有国家的市场都相同，比如一些特别的销售渠道已成为超级市场链上的重要组成部分，它常常以极其便宜的价格出售汽车燃油，以吸引更多的消费者前去停车、消费。这些商店可以计量零售汽油和柴油（气体燃料），尤其可以最小量销售，而且在所销售油品中绝对不加任何添加剂，以保证燃油品质。除了发动机用品和民用油之外，炼油厂还生产许多基本产品，通过混合调配和其他加工处理使产品增值。这些所谓的特殊产品需要特别研制和物流体系，可供全球各种市场的需求。

石油产品的物流

今天，每个人都在使用石油产品。炼油厂生产民用油、柴油、汽油和天然气，在炼油厂与终端使用者之间有配气管网相连接，负责将这些产品送达消费终端，使每个人都能在约定的时间和地点，以最低价格和最安全可靠的方式获得自己确实所需的产品，这就是石油物流的目标。

所有国家的物流运作都由相同的阶段构成，其目标是确保所有产品都能连续不断地满足使用者的需求，包括私人用户、交通工具、工业部门、公共服务行业等。石油产品的供给、储存和运输，都必须在尽可能最佳的安全、可靠、环保的条件下进行。

任何国家都不会建造过多的炼油厂，一些国家甚至根本没有炼油厂。在许多情况下，将石油产品从炼油厂直接输送给消费者的做法过于复杂，因为此举需要大量的公路油罐车进行长途运输。

所以，设在火车站附近的储存中心可以为当地提供石油产品，那就是石油的中转站，在供应链可能发生中断时（如在输往炼油厂的原油被中断时，或在最终产品的产量降至最少时），它就会派上用场。实际上，在许多国家，石油管网的操作人员都负责保存3个月的消费量，这就是所谓的战略储备。炼油厂的产品通过管线、油罐车、驳船等大批输往中转站。中转站的库存能力不等，平均为1万~30万吨，所储存的主要产品是民用油、汽油和柴油、农业和渔业使用的特种柴油以及航空燃料。石油中转库由10~30多个钢制罐组成，每只罐的体积可达6万立方米。每个中转站有3~12个卸货舱，油罐车可以在那里将石油产品送给不同的消费者。

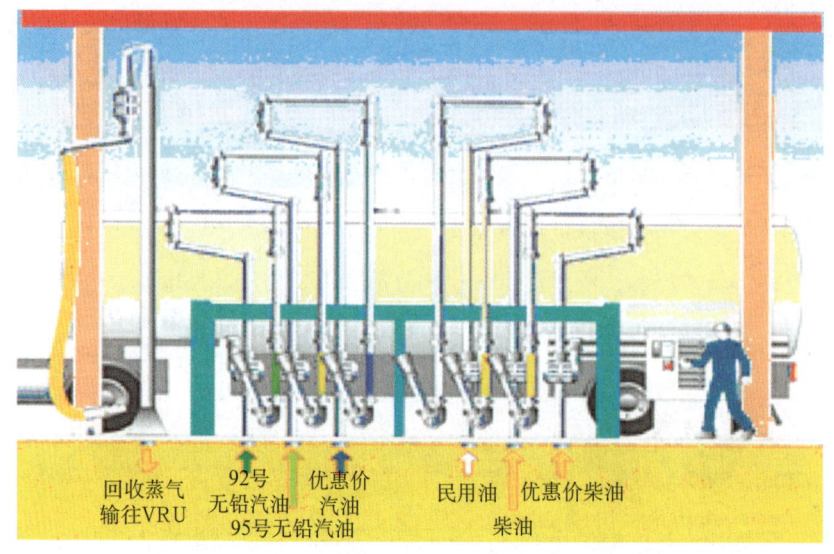

中转站的燃料加注与储存罐内有害气体的回收

整个产品配置链上的产品输入都是有规律的——从炼油厂输往终端用户，以确保产品的质量且没有污染物混入。石油产品是危险的，易燃易爆且易污染。因此，要绝对保证中转站和配置链的安全。所有中转站都配备有大量的安全监测系统，尤其是针对每个储存罐都有安全系统：（1）安全阀门，这些罐内的产品具有易挥发性，罐内设有浮动的屏幕，可以起到限制烃类雾气蔓延的作用；（2）安装在储存罐内的烃类监测器和报警器，以监测泄漏；（3）两种灭火装置，一种是固定式的（自动喷水系统，可以产生水帘），一种是移动式的（水炮），两种都配有足够的水和泡沫产品（乳化剂），可以扑灭任何可能的着火点。

对石油产品供应者服务质量评价的最佳地点就是加油站[1]（实际上也常常称为服务站），那里是所有小轿车使用者常去的地方。一些服务站常常以石油公司、大型超市和汽车站冠名，那里出售的产品更加昂贵，但会一天24小时提供服务，且常常可以按照消费者的要求提供特殊服务。

---

[1] 加油站、燃油站、服务站、汽油站或加油酒吧等都是为交通工具出售燃料和润滑油的设施。最常出售的是汽油或柴油。一些服务站还有一些特殊燃料，如液化石油气、氢、生物柴油、乙醇或煤油。目前，一些加油站已开始出售丁烷并增加了一些零售业务，销售便宜的商品现在已经成为加油站的一种标志。

多年来，隶属于石油公司的一些服务站一直面临着来自大型超市加油站的竞争。这是不公平竞争吗？无论如何，这种竞争不是合法的，但对超市来说，出售汽油并不是它们的主业，在自己的营业额中往往微不足道。这些超市允许自己用此措施获得一些小利润，甚至无利可图。相反，对于一个标准的加油站来说，出售燃油是主业，是它最主要的经营行为。任何一家石油公司都不会将自己的油品价格降至加油站不再获利的最低值之下，也就是说，石油公司不可能资助服务站的设施，也不会为服务站的工作人员发工资。所以，石油公司会将自己的所有精力投入到其他方面去：燃料质量、添加剂、产品、提高燃料的性能等。每家石油公司都有自己和他人关于添加剂的商业机密，而且都会很严格地保密。因为这些添加剂可以更好地保持发动机的清洁，提高燃油效率，延长发动机寿命，减少有害物质的排放，在使用汽油时更为放心。在公路旁设立的加油站，会以优质的服务极力吸引消费者的注意。在那里，你可以买到各种小汽车的零部件、洗车与真空清洁装置，以及食品与饮料等。在服务站内，公司的重中之重就是保证绝对安全。如，将汽油加入你的小汽车的泵口处就有一套系统装置，它可以抽出汽油或柴油内的有害物质，然后把它们回注到燃料储存罐中去❶。

加油站油品价格与油品实际价值的关系

原油的价格波动极大，为什么？政局动荡和石油贸易的地缘政治❷已使得石油价格变得极为敏感，几乎所有的新闻都会报道它的波动，消息或好或坏，常常没有任何规律可循。石油价格的这种敏感性在从炼油厂出产的最终产品方面显得尤为明显，如汽油和柴油的价格波动。但是，你在加油站的支出要远高于这些产品的真实价值。为什么两者不同？

这是消费者所在国财务政策调控的结果。就拿三个重要的欧洲国家——德国、法国、英国来说吧，它们的石油产品平均税收就达产品销售价格的四分之三之多。

---

❶ 加油站储存设施。
❷ 如委内瑞拉与西班牙现在的情况（石油交换协议）。

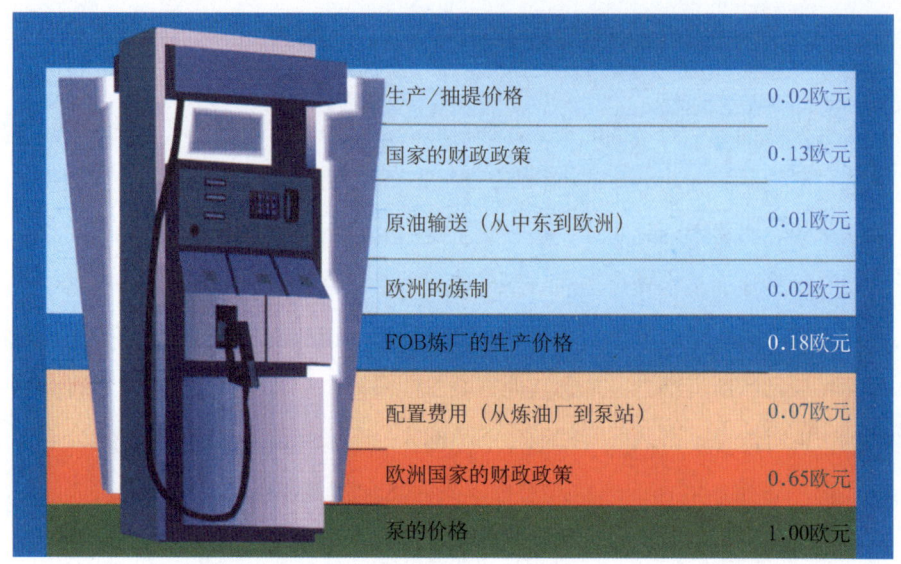

生产/抽提价格	0.02欧元
国家的财政政策	0.13欧元
原油输送（从中东到欧洲）	0.01欧元
欧洲的炼制	0.02欧元
FOB炼厂的生产价格	0.18欧元
配置费用（从炼油厂到泵站）	0.07欧元
欧洲国家的财政政策	0.65欧元
泵的价格	1.00欧元

在美国，石油产品的税收仅仅是其售价的四分之一。这就是美国的汽油比欧洲的要便宜得多的原因。不幸的是，廉价的汽油没有起到鼓励消费者节约能源的作用。石油产品的税收已在三个主要欧洲国家财政收入中占到10%~20%的份额。

第 8 章　石油化工产品

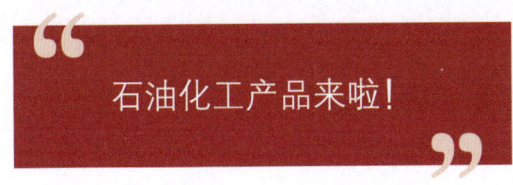

石油化工产品来啦！

所有的石油化工产品都源自石油和天然气。石油和天然气储存于地壳之内，它们形成于数百万年前，是死亡了的动物和植物被深埋于地下后在高温高压条件下发生缓慢而漫长的变化而形成的。人们用在陆地和海洋中钻成的油井将石油和天然气从地下开采出来。然后，通过船或管线输往炼油厂。

炼油厂的作用

炼油厂的任务就是通过特殊设计的生产流程的加工处理，使石油和天然气发生一系列物理和化学的改变。在这些加工处理中，其中一种就是蒸馏，即把较重的石油分离成各种烃类组分（称为馏分）。在众多的馏分中，有两种最为消费者所熟悉：一种是燃油，用于驱动汽车发动机；另一种是石脑油，用于调和汽油，而且也是石油化工产品的主要原料。当人们讨论石油化工产品时，炼油是石油工业任务的终点，接下来的任务就该转交给石油化工工业。

石油化工工业从炼油厂获得自己的原料——石脑油，天然气的各种组分，如丁烷，以及石油炼制过程中的一些副产品，如乙醇和丙烷。然后，采用裂解的方式对这些原料进行加工处理。顾名思义，裂解就是简单地把较重的石油分子分解为较轻的分子，使其成为更有价值的馏分（在裂解过程中使用了高温处理工艺），完成这种加工处理的设施叫作裂解炉。一旦完成这些加工，就可以获得新产品，这是石油化工工业的基础材料，如烯烃（主要是乙烯和丙烯）和丁烷衍生物（包括丁二烯和芳香烃）。

最后，石油化工工业将提供我们都熟悉的产品：塑料、肥皂、清洁剂、药品，如阿司匹林、制衣和制作家具用的合成纤维、合成橡胶、油漆、绝缘胶带……可以用一幅流程图❶来表述这一复杂的过程。如果你对石油化工产品令人眼花缭乱的用途感到吃惊时,就看看石油化工产品加工过程吧。

石油化工厂的产品

在石油化工厂里,天然气或石油液体原料被转化为化学肥料、洗涤剂、人造橡胶、薄膜和纤维、聚合物与合成树脂。石油化工厂的格局无固定模式,取决于产品的性质与类型。主要的石油化工厂类型有:(1)乙烯厂❷。乙烯是用天然气或轻质液体烃类蒸气裂解而生成的,乙烯是反应的主要产物之一,而且经反复压缩和蒸馏净化。(2)化肥厂。将原料转化为合成气,然后进行纯化,压缩后再送入高压反应器产生氨气。在绝大多数情况下,氨气合成工厂与尿素合成厂结合在一起。在化肥厂,氨气与CO_2(从原料合成气分离出来后被压缩)在高压下反应生成尿素。(3)甲醇和乙醇工厂。高温蒸气甲烷改性生成一种合成气,然后在中压条件下与合适的催化剂反应,生成甲醇。(4)塑料生产厂。用乙烯、丙烯和其他单体物质可以生成不同等级(档次)的塑料,即在合适的催化剂存在的条件下聚合作用可以形成大量不同的物质。(5)其他石油化工厂。主要产品有乙炔、丁二烯、硫酸、硝酸、对苯二甲酸、氯以及环氧乙烷/乙二醇。

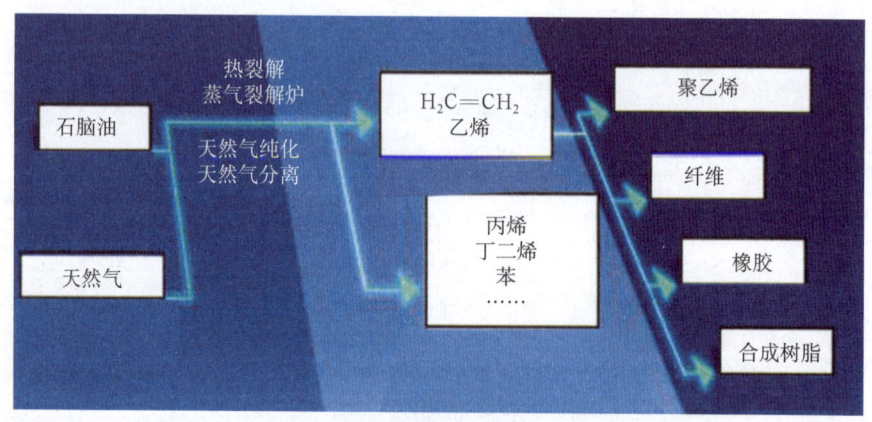

❶ 资料来源:道达尔公司,2008;《WER》,2007;《WPR》,2008。
❷ 乙烯是石油化工中用天然气或轻质液体烃类蒸气裂解生产的。在这一加工过程中,将气体或液体烃类加热到750~950℃,可以触发裂解反应,之后会立即发生一系列化学反应。这一加工过程将大量烃类转化为较小的不饱和烃类分子。

石油化工产品是用石油和天然气制成的。天然气液体的衍生物包括乙烷、丙烷和丁烷。石油化工产品的显著特征是含有碳原子，它来源于烃类（石油和天然气）。主要的基础材料是乙烯，占到了所有石油化工产品体积的55%，由烃链裂解或分离而形成，基础材料还包括丙烯和丁二烯。

这些基本的石油化工产品的比例主要取决于乙烯裂解炉所使用的原料，不同的加工方法也会有一定的影响。用乙烷为原料生产的石油化工产品包括乙烯、乙二醇、聚氯乙烯、苯乙烯、聚醚塑料、合成橡胶等。

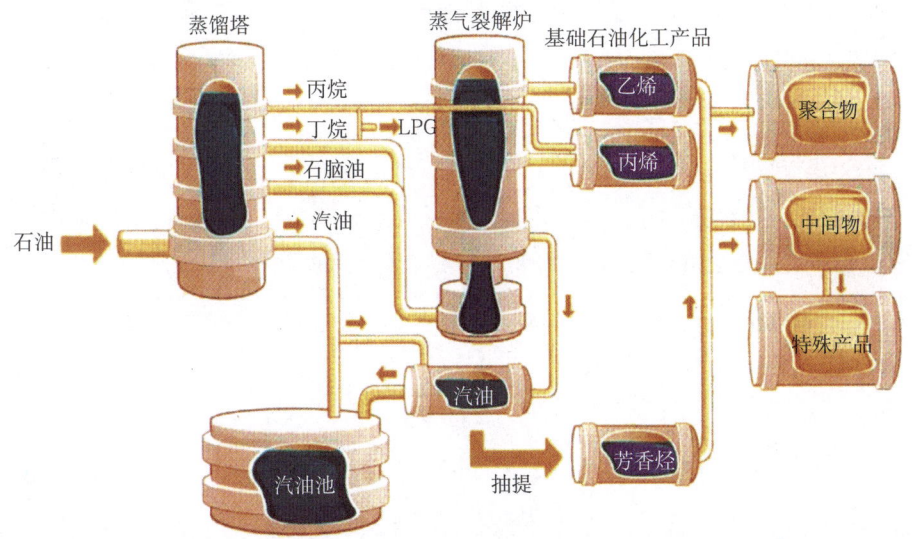

石脑油裂解生产石油化工产品

以丙烷为原料生产的石油化工产品包括丙烯、聚丙烯，最终产品包括汽车配件、器具与玩具。以丁烷为原料的石油化工产品包括异丁烯、丁醇，终端产品为甲基叔丁基醚（MTBE）、合成橡胶、合成纤维、塑料、醋酸。石油化工原材料的两个主要大类是烯烃（包括乙烯和丙烯）和芳香烃（包括苯和二甲苯异构体），二者都可大量生产。在炼油厂，主要用化学裂解法（如蒸气裂解）和催化剂改良法从烃类物质生产烯烃，而芳香烃主要采用催化剂改良或相似的加工处理技术获得。利用这些基本材料可以产生种类繁多的石油化工产品和在工业中应用的其他物质——单体、溶剂、清洁剂和黏合剂等。单体、聚合物或低聚体可以生产合成树脂、合成纤维、弹性体、某些润滑剂和胶水。

重要的石油化工产品和它们的衍生物包括：（1）乙烯——最简单的烯

烃，可以用作水果催熟剂，是一种单体和化工原料；（2）丙烯，可以用作单体和化工原料；（3）苯——最简单的芳香烃。

聚乙烯的制取

把许多乙烯分子连接起来，就是聚乙烯！这种过程称为聚合作用——把单体（许多个含有不饱和碳原子的低相对分子质量化合物）的分子连接起来就产生了聚合物。

这种聚合物实际上是一系列复杂的组分。它由数千个碳原子构成，每个碳原子周围都被其他原子所包围着。改变一下生产过程，就可以获得不同的塑料产品。把它压缩并滚动一下，就能做成塑料片或者是一个塑料瓶。同样，用化学方式替换氯、氧或氮原子，你就可以获得聚酯纤维，还可以获得许多不同类型的产品。塑料技术也可以用作其他处理，而且可以获得低密度聚乙烯（LDPE）和高密度聚乙烯（HDPE），它们各有不同的性质和用途。

如果改变方式，将这些基本材料（单体）连接起来，结果就会不同。我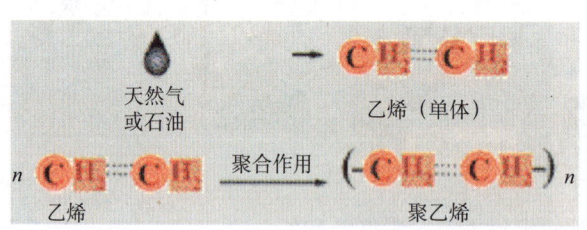们所做的就是将乙烯单体分子相连接，可以获得聚乙烯（一种石油化工材料），用它可以生产衣物箱子（行李箱）。这些都是具有出色特质的材料，没有可以替代的产品。

塑料

塑料已经成为一种使人着魔而陶醉的产品。自然界中并没有塑料这种物质，只有通过石油化工魔术般的技术与聚合作用等特殊化学反应才可获得。聚合作用是一种化学反应，化学家用它可以使小分子或单体形成名为聚合物的长分子链。简而言之，这些单体是链状的，而聚合物则是它们形成的链，比如，乙烯单体连接成为聚乙烯，而丙烯单体连接可以形成聚丙烯。为了生产像苯乙烯那种更加复杂的石油化工产品，就需要增加一个加工工艺。如需将所有的乙烯与苯发生反应，生成苯乙烯，使它聚合成为聚苯乙烯。

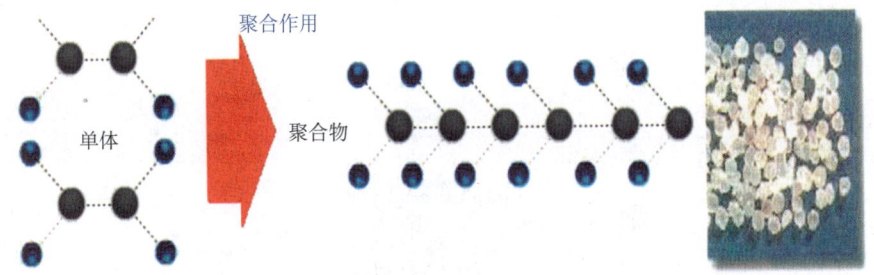

聚合作用反应❶的流程图，在催化剂存在的条件下，通过将单体分子连接成为聚合物的长链分子而改变组分的化学性质

当这些聚合物刚从石油化工厂生产出来时，看上去并不像我们日常生活中所使用的塑料，它们呈粉末状或颗粒状。在成为我们所熟悉的塑料玩具或其他生活用具之前，还要经过一系列加工处理，使其具备人们应用所需的精确形状和色彩。它们经过混炼、加热和熔化，加入添加剂，最后再次冷却成形，被制成各种塑料管材、板材，各种固体或空心状的产品，这取决于所应用的加工处理技术。

塑料及其标准用途
低密度聚乙烯（LDPE）：塑料袋
高密度聚乙烯（HDPE）：装货箱子
聚丙烯（PP）：饮料包装袋
聚酯（PET）：软饮料包装和矿泉水瓶
聚苯乙烯（PS）：非食品类包装袋，可以降解的用具和泡沫塑料
聚氯乙烯（PVC）：铜电线的包皮，防雨用具
丙烯腈—丁二烯—苯乙烯（ABS）：汽车部件

蒸气裂解——石油化工的基本生产流程

绝大多数基本的石油化工产品是由蒸气裂解装置生产出来的，这是一种将烃类置于高温（850℃）下发生反应的特殊装置。这些装置一般建在炼油厂内或附近，因为它们所使用的原料往往直接产自炼油厂。其优点在于它们所使用的是与炼油厂转化车间内相似的技术；另一个优点在于炼油厂也可以使用来自蒸气裂解装置的产品。

蒸气裂解工艺中所使用的原料来自炼油厂（石脑油、LPG），或从天然气的乙烷提炼而来。裂解过程中使用蒸气将石脑油（未经处理的汽油）分子链

---

❶ 在聚合物化学中，聚合作用是一种在化学反应中将单体分子聚合形成无定形网状或链状聚合物的过程。

裂解或将其他原料分解成单体❶。这种反应会受到多种因素的影响，最重要的是加工中的温度、压力和反应时间。

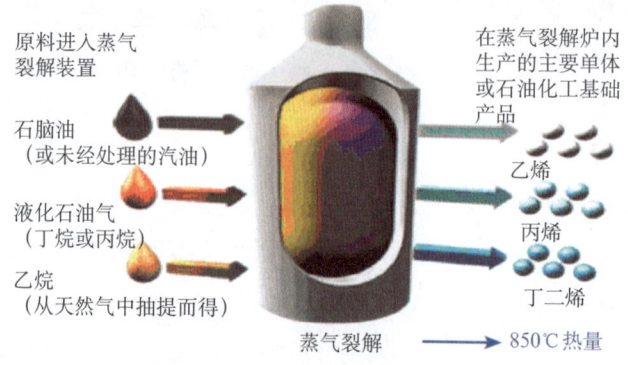

蒸气裂解过程示意图

这些参数变化决定了主要产品的性质，如乙烯、丙烯、丁二烯，以及蒸气裂解的副产品，包括氢以及富含芳香烃和残余物的汽油。一座蒸气裂解装置会消耗大量能量，它需要功率强大的炉具来产生热量和高效冷却设备来控制化学反应（化学家用蒸气裂解炉生成纯单体）。

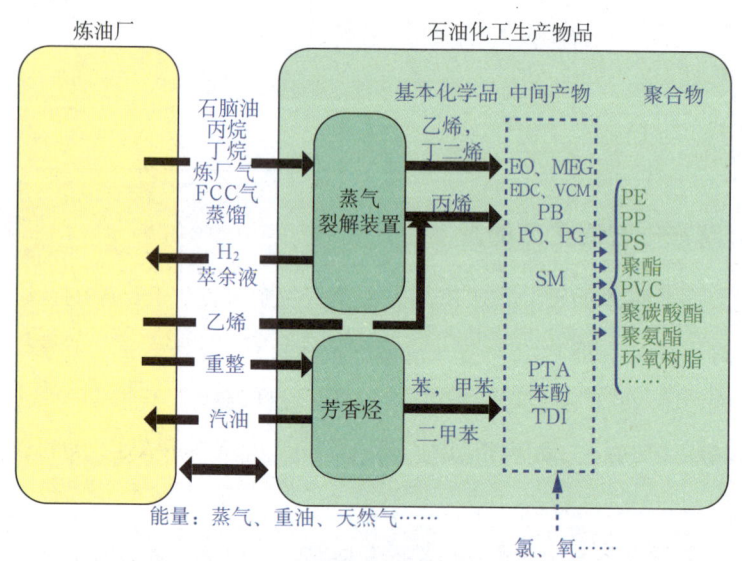

从炼油厂到聚合物……

---

❶ 此词源于希腊语"mono"（一）和"meros"（部分），是一种小分子，它可以用化学键与其他单体相连，形成聚合物。

> 石脑油是一种液体。但乙烯也可用天然气、乙烷和少量的液化天然气（丙烷和丁烷）生产。根据当地的天然气价格，这种处理方式会选择更为便宜的天然气而不是石脑油，但这存在潜在的缺点——灵活性不足，无法提供丙烯加入物的衍生聚合体。

石脑油的主要特征是：（1）产量优势，但体积、质量有所不同；（2）其聚合体具有大量用途；（3）所有的凝析油、石脑油都含有石蜡和芳香族组分；（4）石蜡是最佳乙烯裂解材料；（5）芳香族组分用于苯化工、汽油和添加剂。

中东地区的石油化工工业

中东地区的石油化工工业虽然已经建成了具有全球竞争潜力的产能，但那里的生产却是近期才开展的。基本上讲，沙特阿拉伯的石油化工工业从一开始就定位于通过本国上游石油生产使较为便宜的伴生天然气增值，这种石油化工产品的定价明显地低于亚洲、欧洲和美国的价格。虽然全世界各地的商业天然气价格较为便宜，但都没有获得商用补贴。根据需要，人们将一部分被点火烧掉的天然气转化为石油化工产品，在这一价格水平下已经成为天然气增值的一种表征。

> 海湾合作委员会成员的石油化工生产者们始终处在全球竞争的状态，今天，它们也受控于石油与天然气价格。

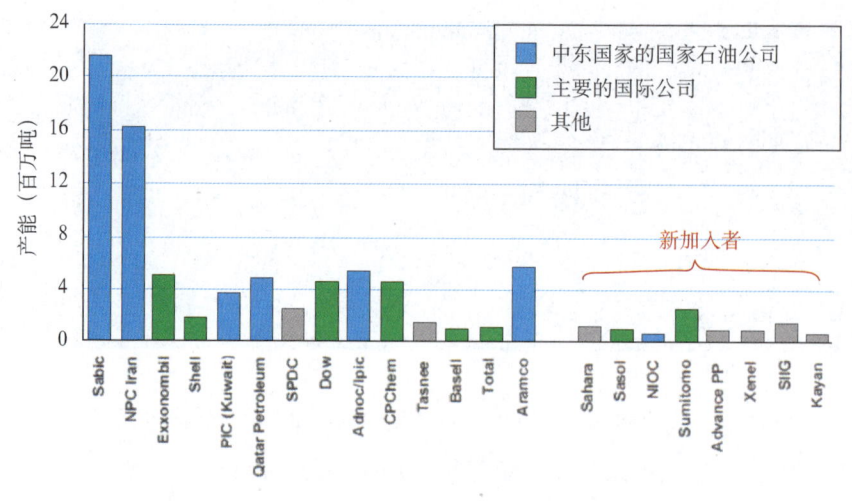

2015年的石油化工生产能力（预测）

到1995年，随着伊朗、卡塔尔和沙特阿拉伯一批新厂的建成投产，中东地区的乙烯生产能力以每年450万吨的数量增加。在过去的10年中，该地区的生产能力复合年增长率达到了19%，比全球乙烯需求量的增长速率快了3倍。

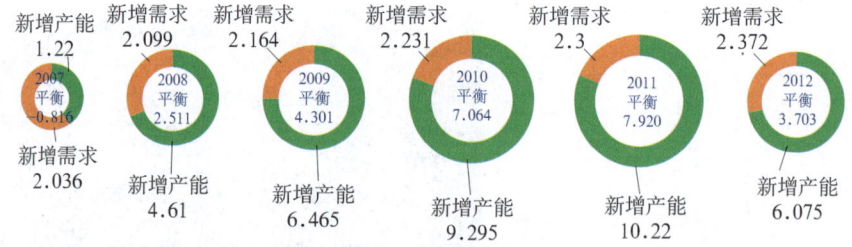

2007—2012年中东地区新建项目生产及需求能力（百万吨/年）❶

这种增加对美国和西欧等地的石油化工生产的冲击日趋明显，并且已在全球乙烯生产份额中争得一席之地。中东地区这种高增长率得益于它的竞争优势，包括本区最低价格的生产原材料❷、大规模的石油化工厂（占有规模经济❸优势）、地理位置❹以及邻近的消费大户（中国与印度）以及世界级的基础建设设施❺。

❶ 资料来源：《Lyonodedell Basell分析》，2007；《MEED》，2008。
❷ 海湾合作委员会成员的石油化工公司拥有最低价格的生产原料和长期供应合同。
❸ 大规模的石油化工厂将从其规模的经济性获益。
❹ 与主要消费者的距离能够影响运输费用与保险费用。
❺ 硬件与软件的基本建设，高科技能够减少操作费用并提高产品质量。

全球石油化工工业具竞争优势的关键构成

生产原料价格：合适且固定的原材料价格能够缓解石油石化产品价格变化无常的冲击[海湾阿拉伯国家合作委员会（简称海湾合作委员会，GCC）成员的石油化工产品的生产者们总是具有全球范围内的竞争力，目前，它们也受控于石油和天然气价格]。

供应的安全保障：长效生产原料供应合同与零售输送石油化工产品原材料的间接供货都可以。

工业规模：大规模的生产可以起到降低生产原材料价格的平衡杠杆作用。目前，石油化工生产者与供应者应该提供适应性更强的技术手段，更加优良的生产原料，最新的催化剂（更具可操作性和更强的生产能力），占领全球市场，获得竞争资金与运营资金，尽量满足消费者的需要并取得财政优势。工厂的规模对资本运作和固定价格都具有重大的影响。

> '营销—经济—体化'是一个专有名词的概念，用以描述如何将不同营销活动结合起来以减少生产与操作费用并提高石油、天然气和石油化工工业的经济效益。

规模生产的经济学主要由工厂的规模与场地结合的水平等因素构成。中东地区每个生产地的平均乙烯生产能力从1993年以来已经翻了4倍，而且已经高于西欧的平均产值。截至2010年，一些新的世界级的裂化装置正在安装，它们的产能达每年140万吨（2001—2005年间，新建厂的产能为80万吨/年；1993—1997年间，新建厂的产能为40万~50万吨/年）。这有助于减少能源与工作人员的费用、每吨产量的成本和减价所造成的损失。但是，从潜在的意义上讲，这种规模要比以前所看到的新产能的循环更加混乱。

烯烃利润分析：

烯烃（乙烯）利润：**价格－（原料成本＋效用成本＋营业成本）。**

价格：每百万吨的乙烯市场销售价；

生产原料成本：天然气（每百万英制热量单位）的价格或石脑油（每百万吨）的价格；

效用成本：其他石油化工产品添加剂的价格；

营业成本：其他可变的和固定的成本。

聚烯烃利润：**聚烯烃价格－（烯烃成本＋效用成本＋营业成本）。**

聚烯烃价格：每百万吨的聚烯烃市场销售价格；

烯烃成本：原料烯炔（每百万吨）价格；

效用成本：石油化工产品添加剂的价格；

营业成本：其他可变的或固定成本。

为了评估所有这些对石油化工产品利润的影响，我们开发了一种价格曲线图，以供全世界的关键性裂解设施使用，它可用于计算当重要的假设成立时的生产成本，代表着从一个工业先导者❶的，以石脑油为原料的蒸气裂解装置所能获得的每吨乙烯的利润，而这是已扣除了所有现金成本（生产原材料、实用的和其他操作费用，包括扣除了管理性开支等）之后的。

在一个标准的蒸气裂解装置内，用3吨多石脑油可以生产1吨乙烯。
在乙烯（丙烯、丁二烯、苯和汽油组分）的生产过程中，一些副产品是换算为乙烯的利润进行计算，而这些也是以它们的市场价格来确定的。在这种计算中的价格因素具有时效性，它们可以在一定时间段内反映工业生产力的变化和操作标准。聚合物的现金利润可以用相似的方式进行计算，包括单体原料（乙烯或丙烯）的成本和从聚合物产品的市场价值中扣除的现金生产成本。各种聚乙烯的利润一般分级，但是，这些聚乙烯偶然也会与其他主要的聚合物的利润相差很大。欧洲在相同的工厂内，绝大多数聚合物的生产与单体的生产结合进

---

❶ *市场份额大于5%的石油化工公司。*

行，所以对这些工厂所拨的专款就着眼于单体与聚合物的利润，它是以所生产的每吨聚合物的利润作为获利标志的。

价格走势真的能够指导生产吗？ 虽然价格最终将会由边缘性生产者的供应价格来确定，这种供应价格往往会分解成为各自独立的成分：（1）多变的生产（原材料、能源的运费、人员工资和其他项目）成本；（2）生产的固定现金成本（劳动力、储存、维护费用）；（3）生产的非现金成本（贬值）；（4）利润。从理论上讲，边缘性（marginal）供应者在自己不再获利时就会停止生产，实际上，石油化工的生产者即使在每生产一吨额外的产品已经赔钱的情况下依然会坚持生产。这是由于工业的高资本强度促使边缘性生产者继续将他们的现金向固定的贬值成本进行补贴，这个代价是非常高的。即使工厂只是暂时亏损，但这些现金成本的一些关键因素依然是固定的，人员工资、维护与储存的费用在工厂被关闭之前都是需要认真考虑的。这一决定本身就与成本有关，特别是环境的清理、雇用合同等因素。在过去，这些都会促使生产者们继续生产，直到他们能够在生产的现金成本之上获得利润为止。

输入中东地区裂解装置的天然气价格是变化的，但依然明显低于其他地区竞争对手的价格，但也有一些特殊的合同，如北海地区的一些合同——它们代表着一定的供应体积。海湾合作委员会成员（如卡塔尔、沙特阿拉伯、科威特）生产1吨乙烯的平均价格约为157美元，而这些国家的天然气原料价格却不高，约为1美元/百万英热单位，与东亚、西欧和北美洲的价格差距巨大。从下图可以看出，西欧与北美洲的乙烯成本分别为557美元/吨（7.05美元/百万英热单位）和655美元/吨（8.50美元/百万英热单位）。在石油化工原料中，天然气的份额约占50%。

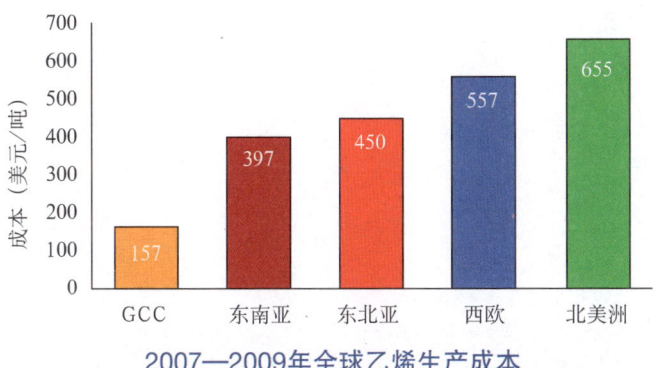

2007—2009年全球乙烯生产成本

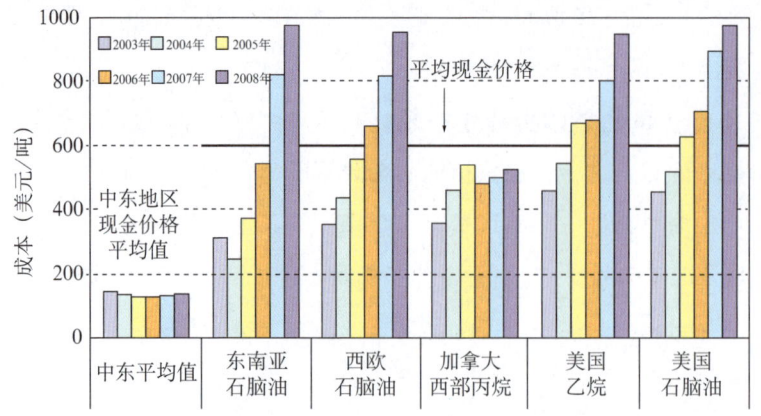

2003—2008年间乙烯的生产成本与石油价格增长带来的中东优势的对比❶

乙烯的成本

由于石脑油为全球乙烯生产提供了大量的原材料，因此乙烯的成本有可能反映中长期的石油价格。这具有重要的暗示意义，它可以增加生产成本的变量，即使在生产能力过剩时期，也会尽可能地压低乙烯的成本。对于那些以石脑油价格购买生产原料的生产者来说，即使乙烯成本要高于在前面的生产过程中所见到的成本，但这种低效益不能满足它们可变的现金成本。对于以固定的天然气价格购买生产原材料的生产者来说，这种差异就会使他们直接获得边缘性利润。

这种操作过程是以供给中国的高密度聚乙烯的总费用为代表的工业数据来表述的，这不仅包括相对于中东的生产价格优势，而且还有货运、关税等其他方面的优势。据此可以确定全球生产能力中各种因素的有效现金成本。这也表明，虽然典型的中东生产者可以最便宜的价格供货，但本身要成为当地的乙烯生产大户依然任重道远。边缘性生产者并不是进口者。但是，能力较弱的生产者的原材料供应量会时刻处于岌岌可危的窘境，而那些具有高附加值生产能力的生产者则可以成为举足轻重的分子，并掌握着定价权。

❶ 聚资料来源：《WPR》，2007；道达尔公司，2008；《MEED》，2008。

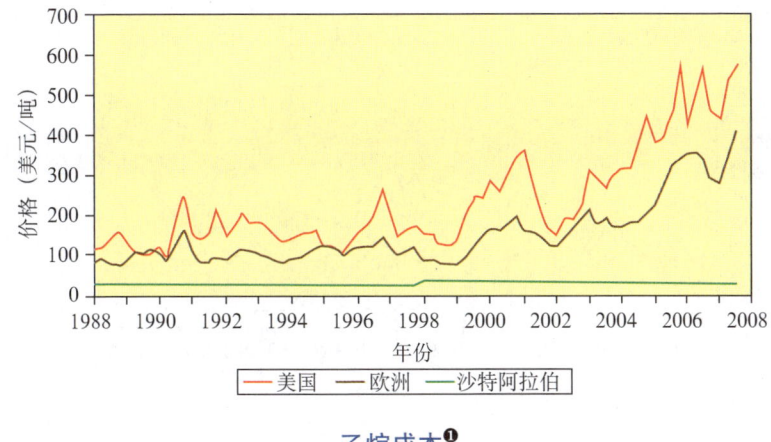

乙烷成本[1]

在中东，天然气原料价格低于消费市场的价格。乙烷成本与那些拥有发达市场区域的燃料价格相关——取决于中东地区液化石油气价格的石油化工产品可以具有价格优势。

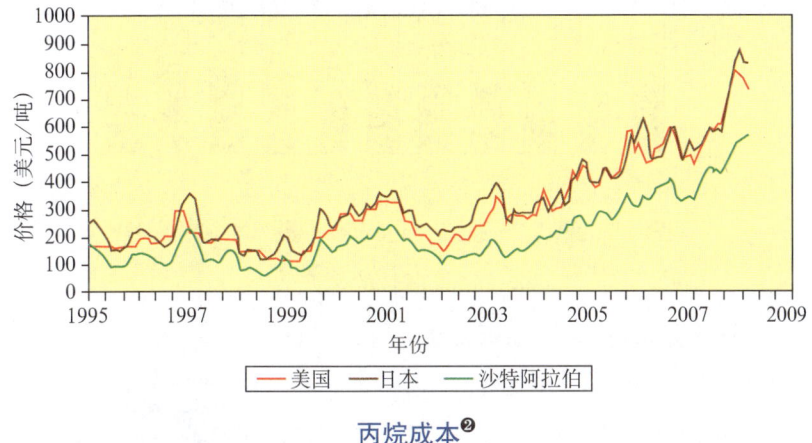

丙烷成本[2]

沙特阿拉伯的丙烷成本与亚洲市场的价格有关。价格优势取决于石油价格，即其他地区的石脑油价格。

乙烷继续为中东乙烯产品的竞争优势提供基础。人们可以用多种原料生产乙烯，每种原料的价格与产量都是变量。最常用的原料是石脑油，它是一种有限的炼油产物，将其应用于汽油加工则价值不大。利用石脑油可以为石油化工生产选择优化路径。石脑油是欧洲与亚洲使用的主要石油化工原料。

[1] 资料来源：《MEED》，2008。
[2] 资料来源：《MIF》，2007；《MEED》，2008。

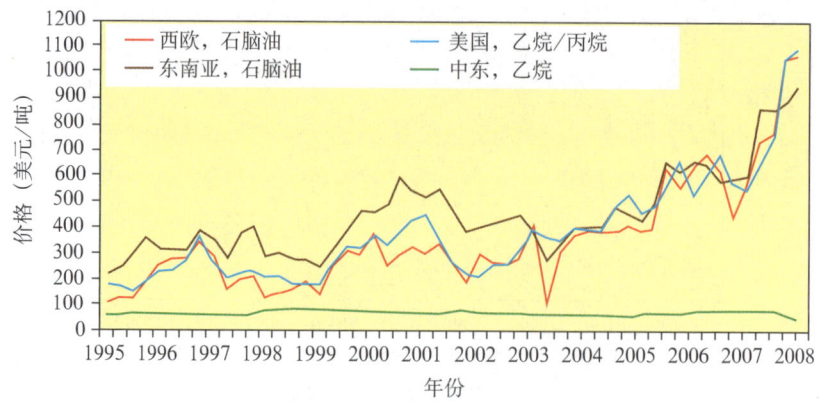

乙烯的生产成本[1]

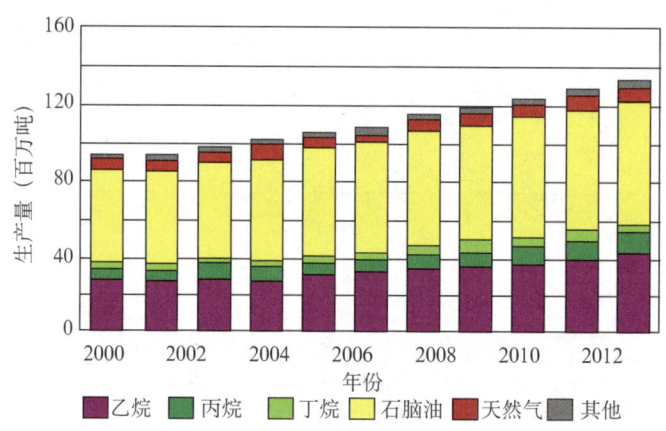

全球乙烯原料的生产

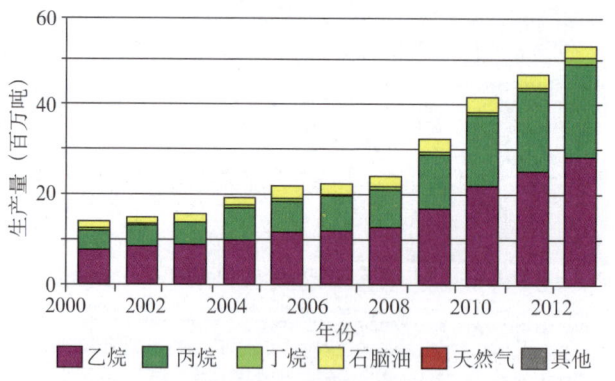

中东地区乙烯原料的生产

[1] 资料来源:《WER》,2007;《MEED》,2008。

到2010年，要保持新增生产能力在全球产量中占有较大比重将取决于乙烷的产量，因为它在中东地区具有特殊的价格优势，但石脑油的基础产能正在持续增加，而且有望在全球乙烯生产的原料中占到55%的份额。这些增加的最主要驱动力来自远东地区需求量的快速增加。在该地区，由于炼油能力的增长，加之天然气的优势难以充分发挥，所以石油就成了主要的生产原料❶。与绝大多数商品一样，乙烯的成本与供需关系密切相关，在价格较高时，边缘供应者就会为各个地区设定价格，这种高价格可由各地区进口乙烯或乙烯衍生物（它可能取代当地的生产原料）的能力提高给予缓解。下图为几条清晰的纯交易流（图中宽栏表示相对重要）。

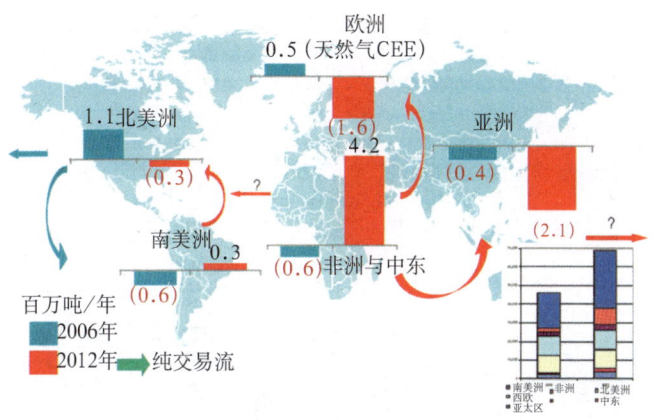

聚丙烯的全球纯交易流❷

海湾阿拉伯国家合作委员会成员的石油化工生产已经确立了自己在全球的领头羊地位，并确定了最大工业规模的前景。这就可以最好地解释海湾阿拉伯国家合作委员会成员公司是怎样在石油化工领域中独占鳌头，即它们是如何坐上平均裂解能力头把交椅的原因。中东地区的乙烷生产能力将为所有以乙烯为原料生产石油化工产品的企业提供竞争优势。乙烯可以在某些区域进行大宗交易（参与东南亚、中国和西北欧的交易），但区域性生产能力则取决于与进口终端的连接方式或将天然气输往该区域的管线能力。这种管线系统在美国的墨西哥湾地区相当发达，而在欧洲西部（莱茵河三角洲和内

❶ 资料来源：《WER》，2007；《MEED》，2008。
❷ 资料来源：《ITP》，2006；《Basell》对2012年的预测，2008。

陆）则较差，这使得衍生物的生产者从批发市场上经第三方大量购买乙烯。但实际上，这种供应的安全性欠佳，而且此类交易市场的基础设施也相当有限。因此，乙烯多与其衍生物高度结合进行交易。

随着乙烯工厂规模的扩大，这种结合的程度趋于增加。目前，新建工厂的乙烯生产能力已达140万吨/年。从商业意义上讲，依靠第三方提供大量所需的生产原材料是不切实际的，因为此举将会使新建的乙烯工厂面临原料短缺的窘境。从传统来看，长期合同中已经包含了可以确认的数量，但实际上，在最终的提案中，关于数量的灵活性还是很大的，可以在协议的最大量与最小量之间波动。一些天然气可以不按照合同规定的价格在零售市场出售，但这样做也会增加价格风险和天然气数量计算的不确定性，所以人们倾向于发展大型的、综合性交易市场，这样可以在烯烃生产能力与可靠的下游需求量之间保持良好的平衡状态。

为了评价利润和投资的标准，石油化工工业使用了工业利润的理念，尤其可以用3个区域为例：美国的墨西哥湾地区、西北欧和东南亚。工业利润往往可以从区域性乙烯价格加任何副产品的账面应得额减去原材料的价格而获得。对此，可以每月的基本数据来追踪，进而获得关于工业利润的统计结果。

工业利润具有多变性，但可以反映当前与可预知的未来的供需之间的平衡状态。在顾问团与公司的自身努力下，虽然这种方式已经得到了广泛的应用，但将工业利润用作工业分析的基础依然存在一些问题。首先要面对的问题是：在计算工业利润时，并没有考虑到每座裂解装置产量的变化幅度大这一特点。每座裂解装置的情况都不同，而且每座裂解装置的产量也会变化，这都取决于所选择的原料。

然而，根据假设的工业利润的加价与削价，依然可以获得效益，这取决于工厂的技术水平。工业利润可以为石油化工工业的整体优劣提供一种动态观察，在这些工业部门中，从事着商品的循环，也就是说，在价格走势上的某一点位置的重要性就在于可以被用来评价该公司的竞争地位和其竞争的比较优势。第二个问题是：它仅仅反映着主要的出口和进口的现金成本，并不包括与工厂相关的固定成本，既有现金的也有非现金的，而不是能量的成本。

全球石油化工工业前景

全球的石油化工工业产品销售额可达每年2.9万亿美元，远高于全球市场上的石油销售额，而且虽然需求量高度集中在成熟的市场❶，但在新兴经济体中也得到了强劲的增长，石油化工市场已真正实现了全球化（非洲的情况可能是个例外，那里的需求量仅仅占全球需求量的3%）。石油化工产品已成为工业与人们日常生活中不可缺少且无法替代的组成部分，直接产品有塑料包装袋、农用化学品、涂料，这些产品占化工产品总量的80%以上。一些尚未被人们熟悉的产品有飞机制造（10%）、房屋用品（20%）、制药设备（30%）。化工产品的用途日益广泛是新兴经济体的关键因素，从基础建设到工业包装、消费者产品领域都得到了发展。乙烯本身的直接应用并不多（如在西班牙，人们将乙烯用于西红柿的催熟，但应用得并不广泛）。同样，乙烯也有许多衍生物，如塑料（聚乙烯、聚氯乙烯）和纤维（聚对苯二酸盐和聚酯）。在美国，约70%的终端利用是非耐用产品，包括管材、汽车部件和电器部件。许多广泛的用途都集中在基本经济活动上，如包装业与建筑业。石油化工工业与GDP之间有着非常密切的关系❷。

不同的产品与区域之间的GDP变化主要取决于它们的成熟程度。正如我们所看到的那样，在中国与东南亚所出现的经济高速增长已经导致亚洲（日本除外）乙烯的需求量增长率高达7.5%，世界其他地区的增长率则仅为3.2%。随着GDP构成的多重性，这种增加可以扩大在整体经济增长中这些变化的影响程度，进而导致库存物资的大规模流通，对于可储存的下游产品来说，这种特征更加突出。暂时的短缺对价格的影响更大，涉及消费者与储备供应两个方面，由于较高的利润会刺激较高的工业发展，对此，生产与供应就会表现出某些灵活性。然而，更难保证的就是那些潜在的需求中任何额外的增加而不是暂时的供给中断，原因在于国际制裁与消费主流中的长期交付期，以及新增的产能。

过多的利润会促使过度投资，几乎与此同时发生的是生产能力过剩与利润的大幅度下跌。即使在过去的10年中出现了一些合并，乙烯工业依然保持

---

❶ 美国、西欧和日本的份额占到了市场的65%。
❷ 在可能性理论与统计学中，相互关系（常常作为一种相关系数的度量）表征着两种随机变量之间的线性方向与强度。

着相对的分散性，对任何天然气市场机遇的限制都会导致由减产引起的投资减少。由于高密度资本的投入与大量石油化工产品与市场的高度融合，获利的生产者感到有必要继续生产，即使他们已经受到损失也在所不惜，因为他们要稳定价格，或者在出现一个循环的低迷时期，生产者也会努力保住自己的领先地位。石油化工工业的极速增长，曾经发生在20世纪70年代的工业化国家中。对于当代的石油化工工业来说，一个关键因素就是需求的增长与现有的生产能力之间的失衡，这与需求增长或生产的价格优势严重脱节有关。

20世纪80年代，美国的生产能力再次增加，开始开采大量便宜的天然气，而欧洲人则致力于将石脑油作为满足当地需求的最便宜资源。这两种方式现已无人采纳，新兴的市场既可满足需求也可供给充足的生产原料，这可以体现竞争优势。这种失衡的解决可能会使这些生产者感到痛苦，但却可为那些善于把握的人们提供重要机遇。

影响需求、供给、利润和价格的原因是什么？石油化工生产能力的新浪潮还有空间吗？如果没有，会有赢家吗？或者仅剩输家？正是它的重要性，使得乙烯工业显得极其有效——它是整个石油化工工业关键的驱动力的标志。

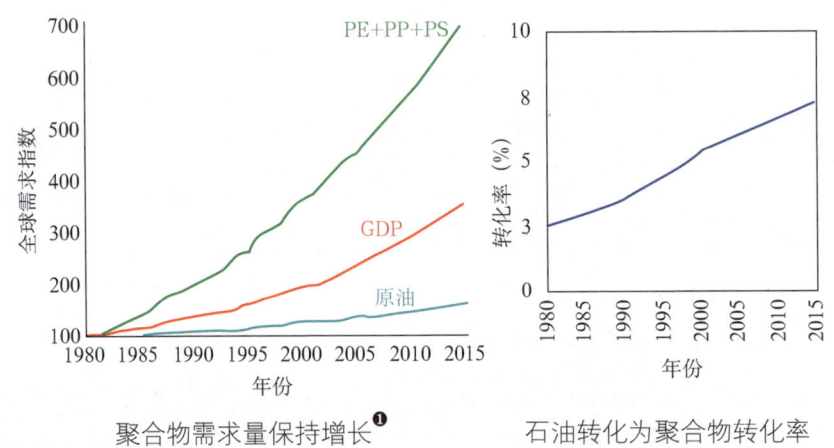

聚合物需求量保持增长❶　　　　石油转化为聚合物转化率

全球石油化工产品的需求与供给

全球乙烯需求量已经明显增加（从每年的3.5%增长到7.5%），这显然

❶ 资料来源：《MEED》，2007。

与整体经济局势的波动有关。较高的GDP增长与将终端产品运输至发达国家的措施已经给远东地区带来了意想不到的大增长，特别是中国、中东地区和印度，这些国家与地区在过去5年中的平均增长率已达13.5%，而且有望将以10.7%的速率增长。全球乙烯的产量约为每年1.1亿吨，丙烯产量为6500万吨，芳香烃原料的产量则可达到7000万吨。在美国和西欧已经建起了全球最大的石油化工工业体系，在中东和亚洲的新增产能也非常明显，在许多区域，石油化工产品的交易已经大规模展开。

> ### 石油化工的总结
> 石油化工就是与构成石油原料（石油与天然气）的氢原子和碳原子打交道，将它们分开并把它们重组为中间型产物。然后，将这些产品重组，或者单一重组，或者与一些自然界中大量存在的元素如氧（存在于空气中）和氯（存在于盐内）重组，生产人们日常生活用品和地球上每个人都会用到的石油化工产品。

第9章　石油、天然气与石化产品经济学

以往的证据表明，全球所使用的能源类型和总量与经济发展有着十分密切的关系。所以，对未来能源使用作可靠的评估，就需要认识到全球人口的增长速度将快于经济的发展和人类对提高生活质量的追求和努力，全球经济产出是以国内生产总值❶（GDP）来表示的。1980—2007年，全球GDP以平均每年3.2%的速度增长。到2030年，全球GDP有望继续以同样速度增长，这应归因于发展中国家经济的迅速崛起。自1981年全球经济增长以来，全球能源效率也增加了。这种效率增加的表现就是能量强度的显著下降，能量强度是由全球GDP除以全球能源需求量来表示的，如1980年用2.5桶油当量能源可以获得1000美元的经济产出。在过去25年中，能源效率以每年1.0%的速率降低能量强度。2005—2030年，这种速度可能会达到平均每年1.6%，这可以反映经济的发展和新技术的应用。然而，这样就会使2030年的能量强度比1980年下降50%。若以每天百万桶油当量（MBDOE）来表示，在2005—2030年间，全球能源

> 1980年全球总GDP约为20万亿美元，预计到2030年全球GDP可能达到约81万亿美元。

需要的每年平均增长量可达1.3%。这一速度肯定低于1980—2005年间的增长率，反映了能源效率的显著提高。1980年，全球能源总需求量约为1.5亿桶油当量，而到了2005年，就增至2.25亿桶油当量，预计到2030年，全球需求量可能会达到近3.25亿桶油当量。

---

❶ 国内生产总值或称国内总收入（GDI）是对一个国家和一个特定区域的经济产出的度量。GDP的定义为所有最终产品总的市场价值和服务业产值在一个给定的时间段内（通常为一年）的总和。可以认为，GDP是在一个给定的时间段内所有最终产品在生产阶段（中间阶段）的附加值与服务业产值的总和，以一种货币的数值表述。

石油天然气工业的经济学——全球纵览

本章泛指的商品价格暴涨的宏观经济学含义是指石油的价格——每桶平均价格已经在2007年的水平上增加了50美元，如果以后油价继续保持增长态势的话，势必影响到全球需求量的增加。

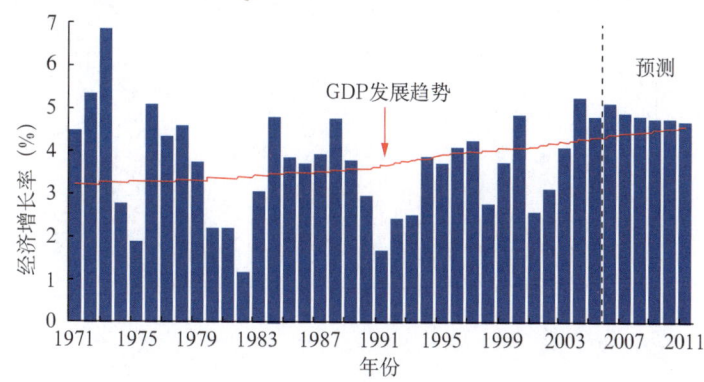

从更广泛的意义上讲，商品价格的波动正在影响着预算、交易的平衡和通货膨胀，当然，也会波及几乎全球各地的生活标准。在21世纪的前几年中，上涨的商品价格仅仅给宏观经济造成了中度影响，因为价格上涨是由一种全球普遍的通货膨胀引发的。在发达国家经济中，经济增长在2006年依然呈稳定状态，保持在3.0%左右，2007年为7.0%，而这种通货膨胀是可控制的。然而，通货膨胀

> 石油价格会逐渐影响预算拨款、交易平衡、通货膨胀及人们的生活标准。

现在已经造成了食品和能源价格的上涨。实际上，人们被扣除税款后余下的实际收入已大大缩水，最近在欧洲，通货膨胀率已高达3.6%，在美国则高达4.0%，而经济增长已明显减缓了。复杂的金融政策在抑制通货膨胀与保证需求之间建立了良好的关系，而真正的"操盘手"正是大型中央银行。

在新兴的经济体❶中，不断上涨的商品价格已经对通货膨胀造成了较大的

---

❶ 此概念最早于20世纪80年代由世界银行家Antoine van Agtmael提出，该词常常用于代替新出现的经济体，但实际上，它的真正含义在于表述一种经济现象，它不能用地理意义上的新兴经济市场或经济实力来充分表述或划定，如那些被认为正在由发展中国家向发达国家转型的区域，这些经济体包括中国、印度、巴基斯坦、墨西哥、巴西、智利、阿根廷、秘鲁、东南亚大部区域、东欧国家、中东地区、部分非洲和拉丁美洲国家等。这种划分强调了流动特征，政治学家Ian Bremmer将新兴市场定义为"一个市场主要受经济而不是政治影响的国家"。

影响，物价的上涨已经直接影响了人们的消费能力。在所有新兴经济体中，2007年的通货膨胀率上升了一个百分点，而到了2008年，再次上升了一个百分点。许多国家，尤其是商品出口国，已经因收入增加而明显获利。预算拨款

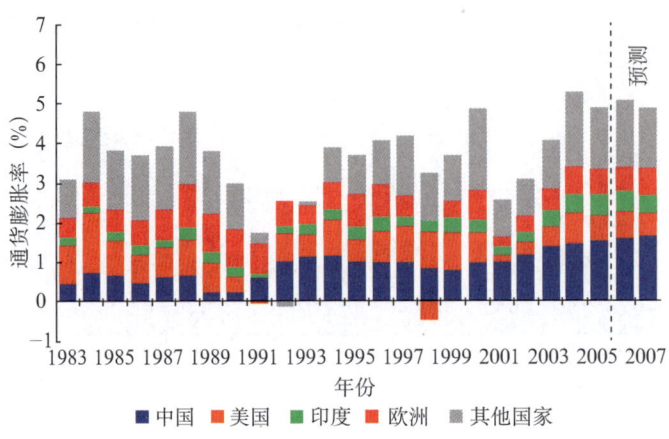

与贸易顺差已经提高，外汇储备也增加了。就像最近一期《世界经济展望》❶中所预测的那样，中东地区和非洲的GDP将分别增加6.1%和6.3%，这在很大程度上是高昂的商品价格所造成的，但在一些先进的经济体中，物价则发生了大幅度下滑。然而，对于一些经济体来说，庞大的国内需求与活跃的对外贸易已经令人们对发展过快（经济过热）十分的关注，在那些与汇率日趋贬值的美元关系密切的国家中，人们对此关注程度更高。对于新兴经济体来说，商品价格的暴涨已经产生了负面影响。那些纯商品进口国已经经历了预算拨款和交易平衡方面的不足与衰退，以及税后收入的大幅度下滑，通货膨胀严重（参见下表所示的石油价格上涨的情况）。

当前食品价格的波动，对那些将40%的支出用于食品的贫困国家的伤害更加严重。从整体上看，商品价格，尤其是食品与能源的价格已达到了正在成为破坏全球经济的潜在危险的地步。因此，这是一个需要全球共同面对的问题。国家政策的制定必须考虑到多

> " 美元贬值，短期利率的下跌，以及全球期货市场的中断等因素的相互交织，已经增强了投资者们对石油和其他产品的兴趣，将它们作为一种可选择的资产。"

❶ 资料来源：《WED》，2008。

重困难，对此，有两个不幸的国际性措施失败的例子，它们直接导致国内市场的价格全部下滑，造成这一结果的原因在于最近一项针对大米出口国实施的严格的出口限制，以及为刺激生物燃料生产而设置的保护壁垒。

石油价格持续上涨所造成的影响：方案1与方案2（2008年）

国家与地区	方案1（增幅20美元/桶）			方案2（增幅40美元/桶）		
	GDP（%）	贸易平衡（GDP%）	消费价格	GDP（%）	交易平衡（GDP%）	消费价格
欧洲	−0.5	−0.3	0.5	−0.9	−0.6	0.9
美国	−0.6	−0.4	0.7	−1.1	−0.6	1.0
亚洲（不包括日本）	−0.9	−0.5	1.2	−1.6	−0.9	2.1
亚洲（包括日本）	−0.7	−0.4	1.1	−1.3	−0.9	1.9
中国	−0.9	−0.2	0.6	−1.5	−0.4	0.9
中国香港	−0.7	−0.8	0.4	−1.2	−1.6	0.6
印度	−0.8	0.8	1.4	−1.5	−1.4	3.4
印度尼西亚	−0.2	0.9	1.7	0.3	1.9	2.2
日本	−0.6	−0.3	0.7	−1.1	−0.6	1.4
韩国	−0.6	−0.8	0.8	−1.3	−1.7	1.5
马来西亚	−0.9	0.4	1.4	−2.4	1.2	2.7
菲律宾	−1.9	−0.9	1.5	−3.6	−1.9	2.8
新加坡	−1.7	−1.4	1.4	−3.4	−2.5	2.6
中国台湾	−0.5	−0.7	0.4	−0.7	−1.3	0.7
泰国	−2.3	−1.3	1.6	−4.2	−2.6	2.9

另外一个重要的特点就是针对不断上扬的价格而加大供应力度。这就使我们转入本章的正题——如何促进对石油的投资。针对石油行业增加投资的政策已迫在眉睫。石油已成为商品、货物生产与销售的每个环节的关键性投入物。因此，增加石油的供应并提高石油市场的稳定性将会对其他商品的价格以及政府人员和市场参与者产生有益的影响。随着全球经济增长速度的放缓，市场希望石油价格降至2007年10月以后的每桶80美元的水平。而实际上，油价持续飙升，一度突破135美元/桶大关，这是近20年来石油生产能力过剩之后首次出现的供不应求现象。那些发达经济体的发展正在变缓，而新兴市场经济体已成为需求增长的主要动力。在过去10年中，仅中国、印度和中东地区的

石油消费量就占到了全球总消费量的三分之一。所以，即使2008年的全球经济增长率减少了一个百分点，我们依然希望这些新兴市场的石油需求量将继续保持增长空间。当石油需求量仍存在增长空间时，供给一方就有责任使上涨的油价降下来。近年来，尤其在一些非欧佩克国家，如墨西哥、俄罗斯和英国，许多供应项目已被常规性地修订减少了。由于商业与经济活动中的缓冲措施几乎已经名存实亡，所以石油市场对新发生的供给中断或地缘政治事件极为敏感。在这一年里，金融因素[1]对油价飙升起到了重要作用。实际上，在2008年的第一季度，流入商品领域的资产、资金已明显增加，按照传统的投资理念，投资者们大多都会购买价格正在上涨的资产。展望未来，我们希望随着全球经济发展放缓，油价会保持在一个适中的水平。但是人们所期望的这种降价只能部分缓解我们在过去几年所见到的这种累计上涨所造成的影响。

　　从基本原理上讲，石油价格可能还会停留在高水平，因为市场条件可能依然会呈现紧张状态。实际上，欧佩克的剩余生产能力仅为1996—2007年间平均值的一半左右，在一段时间内欧佩克还可能将自己的产能限制在1996—2007年间平均值的四分之一以内。在这种背景下，对石油行业的投资[2]已成为提高供需平衡的重要措施并可使市场更趋平稳。近年来，资本支出额开始迅速增加，正如人们所预测的那样，导致物价上涨。然而，国际货币基金组织的研究表明，这仅仅可使生产力发生适度的增加。更明确地讲，在2002—2006年间，以石油工业为名义的投资增加了约60%，而实际上，这一时期对石油工业的投资并没有什么变化。

　　关于投资行动迟缓的解释——对于效率不高的投资的真实解释是什么？简而言之，投资受到了周期性的、技术领域的、地质学方面的和政策性因素的多重影响。就第一个周期性因素来讲，勘探与开发的费用至关重要，反映着该领域中特定的生产力受约束程度，以及经过15～20年的低强度投资与生产力停滞的迟缓效应。一般地讲，生产力受限大多与一些意想不到的全球性迅猛扩张和过去几年中多种商品价格大幅上涨有关，即与涨价压力关系密切。较高的价格意味着较

---

[1] 指高油价、美元贬值、短期利率下降以及全球信贷市场的中断。
[2] 指对石油、天然气和石油化工的投资比率（《Coen》，1997）。

高的资金支出（以美元计）。一些价格增长与技术和地质学因素有关。

> 新油田的规模较小，但却面临着较大的工程技术与地质学方面的挑战，而在一些重要区域，已经开发的油田产量的递减速度却比以前预计的要快。
>
> 这意味着若一直以美元计算，在新油田勘探与开采每一桶石油的投资要高于曾经用于老油田的费用，即新油田的平均勘探与开发投资将翻番：从2000年的每桶5美元到2007年的每桶10美元，而对于那些边缘性油田来说，投资费用已接近每桶20美元。

　　在整个投资中，较大的份额是用于正在趋于成熟的油田的生产，而真正用于总体生产力的投资却较少。第一是油田所在国的投资大环境与管理方式。特别是对石油公司投资的综合分析进一步表明，这些公司对那些投资环境与管理状态较好的国家的投资力度也更大。即使这些国家的勘探与开发投资费用高于其他国家，这种趋势亦然。第二，政策的不确定性会阻碍投资。资源国日益增加的民族主义风险，近年来针对外国投资者合同条款的频频更改等都会给实际的油气生产造成负面冲击。然而，这也会影响当前的投资与工程项目，由于生产发生了意外的中断，会给未来的投资造成影响，也可能减少工程项目的投入。拥有长远规划的工业，投资的长期效益受到更大重视。当政策的改变被认为是专制的或直接针对外国投资时，影响尤其深远。第三，综合性、局限性能够影响不同类型的投资行为。我们的研究已经发现投资行为[1]并不会明显受公司性质（公有制或私有制）的影响。实际上，一些大型外向型国家石油公司的投资是非常迅速的，在某些情况下，这些公司得到了其所在国的官方支持。相反，一些小型公司（无论是私有制还是公有制）却对真正的投资行为不感兴

---

[1] 资料来源：Theodoropoulos，1999；Koen，2000。

> **稳定而可预测的投资体系将有助于支持足够的投资并能保证未来的供应。**

趣,因为这会使投资费用自动增加,而且地质勘探的难度也会加大。与此同时,一些更为传统的内向型国有公司也不同意扩大投资规模,在一些情况下,它们仅仅热衷于保持自己的生产能力。

在许多情况下,问题就出自那些禁止与外国同行合作的严厉法律条款,此举是把双刃剑,也妨碍了科技交流。

与其他商品市场一样,基本的政策保障肯定能够促进实质上的供需平衡❶,这些政策强化了市场力和正确运作所需的结构框架。这样看来,就需要允许石油价格成为影响供给与需求的标志性角色。不论由国有还是私有公司进行油气勘探作业,政府部门都应努力保障法律公平执行和税收的透明性、可预见性,并为扩大能源供应和基础建设提供支持。当事国政府突然更改合同或税收体系会增加政策的不确定性,也会威胁未来的投资,这些变化对拥有长投资周期的工业损伤更甚。当合同或税收体系缺乏常规的市场条件时,就须进行关于合同的重新谈判工作,这种重新谈判应该保障透明度并按照商业规律进行。所幸的是,石油工业具备了这种可变的结构,这方面的优势有助于开展国家与跨国石油公司之间更大规模的合作与协同增效。优化设计的合作关系能够优势互补,因此就可以增加对石油工业总体的投资力度。如今一些国家石油公司拥有地球上大量的石油资源,跨国石油公司着手进一步的勘探作业,主要以技术入股的形式参与当事国的油气勘探开发工作。同理,那些产油气国政府将为跨国公司提供更为稳定而透明的投资环境,并为本国的国有石油公司提供管理标准。

---

❶ 在经济学中,供给与需求描述了一种商品预期的卖方与买方之间的市场关系。供给与需求模式指征着一个市场销售商品的质量与价格。这一模式是微观经济学分析的基础,而且也被用作其他经济学模式和理论的基础。这种关系预测,在一个竞争性市场中,价格将具有均衡消费者们需求量和生产者们的供给量的功能,可形成一种价格与商品量的经济平衡关系。该模式与其他能够改变这种平衡的因素结合就可指征需求与供给的变动情况。

影响石油价格的因素

与全球的商品❶一样，石油和石油产品也是自由市场上价格波动的主角，而且明显受未来供需比例的影响。近年来，消费者的能源支出一直快速增长，在近25年中，人们的税后收入明显增加。2005—2030年间，平均每年的能源需求量增长率将为1.3%，即2005—2030年期间的能源需求量增加40%以上。

2007年，美国平均每天的石油消费为2070万桶，略高于2006年的消费量。欧佩克的石油剩余生产力（超过实际生产量）依然保持在历史平均水平之下。然而，在全球需求量持续增加和全球地缘政治局势紧张的形势下，这一因素对市场价格波动所起的作用十分明显。全球石油需求量已经接近每天8600万桶。根据分析，2007年每天的石油消耗量比2006年多160万桶。造成石油价格低廉的原因有多种，但基本上讲，原因就在于供需失衡——过量的供给或需求量过少。欧佩克是一个调节石油供给、维持供需平衡并为消费者保持稳定石油供给的组织，欧佩克的各成员都负有保障供给的责任。

如果石油的生产进度快于需求的增长，价格就会下降，同时所有产油者的利益都会受损。从长远来看，如果石油工业不盈利，对投资者失去吸引力，则消费者也会受损。燃料价格会受到多种因素的影响，包括原油价格、供需关系、燃料加工能力、政府法令、税收以及运输费用等方面的变化。原油价格反映着短期内供需平衡关系和长期的投资比率。如果没有提前获得足够的投资，在一个较长时间内，石油的供应都会受到限制，进而导致油价上涨。感知判断力也是一个重要因素，如果石油市场上的交易者相信将会出现石油短缺，则在短缺真正出现之前，他们就会提高油价。

其他一些影响石油价格的因素有事故、恶劣天气、需求量增加、从生产者输送的石油受阻、劳动力问题（罢工），以及一些因战争和自然灾害造成的

---

❶ 一种商品就是在一个市场上有需求但又没有供应品质（质量）区别的任何物品。例如，铜就是铜，大米就是大米。而另一方面讲，立体音箱却有许多质量等级。立体音箱的质量越高，它的价格也就越昂贵。然而，铜的价格却是全球一致的，根据供需态势每天都会发生波动。一种商品的特征之一就是它的价格可成为其整体市场的函数。品质出众的商品就会成为交易市场和分市场上的抢手货。通常，这些商品是资源和农产品，如铁矿石、原油、煤炭、乙烯、糖、咖啡豆、大豆、铝、大米、小麦、黄金和白银。

油气生产中断等。在许多国家，石油价格还不到石油产品价格的四分之一，所以税收对于石油产品的影响更大。当石油的税收增加时，消费者常常会错误地抱怨石油生产者，但实际上该对此负责的正是他们自己的政府部门。欧佩克寻求一种稳定的石油市场——它没有突然的价格波动，不会出现极高或极低的石油价格，它努力提高人们对石油工业的了解，寻求一些不会对石油的生产者和消费者产生不必要的经济窘境的政治与计量标准。近年来，美元相对其他货币的弱势也促成了油价的相对上涨❶。

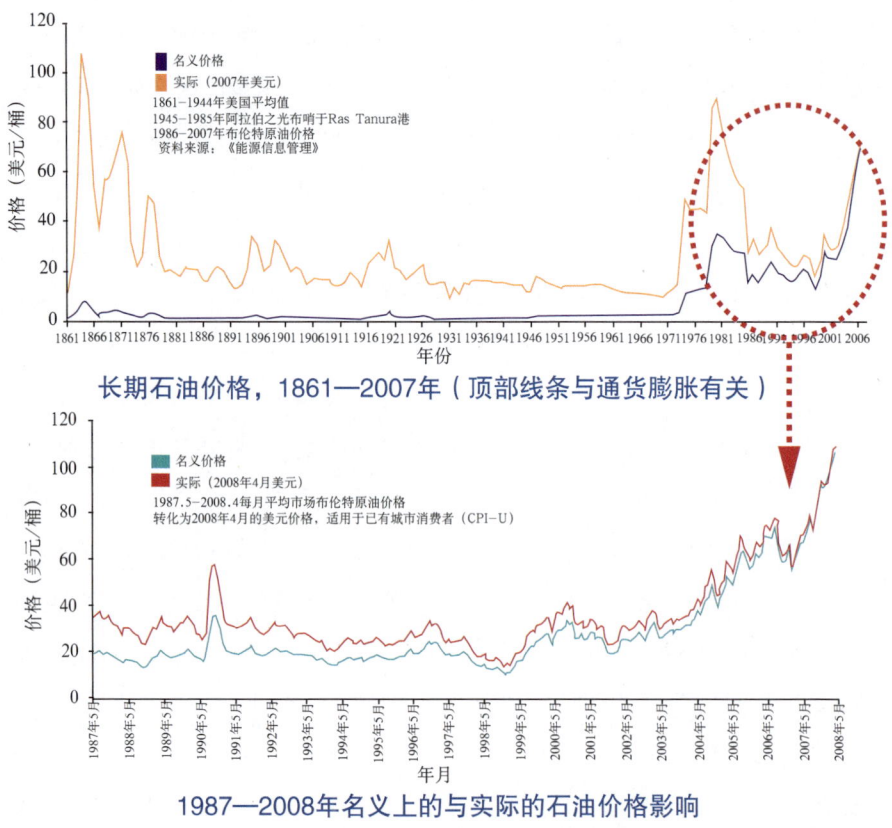

长期石油价格，1861—2007年（顶部线条与通货膨胀有关）

1987—2008年名义上的与实际的石油价格影响

中期石油价格 [1994—2008年（没有考虑通货膨胀因素）]

人类的生活都与石油有关，因为它是所有塑料和石油化工产品的基本原材料，是工业化的基础。在绝大多数情况下，石油价格反映着运输成本、产品

---

❶ 资料来源：《WER》，2006；《Prior》，2008。

与服务成本,以及许多日常生活所需产品,如食品、水和防护用品等方面的价格与波动。如果油价过高,则上述产品与相关的服务费用也会变得更加昂贵,且会发生通货膨胀。可替代能源的价格竞争力更强,但石油生产者最终会增加供给,油价也将回落。如果油价过低,消费者就会浪费这种不可再生的宝贵资源,投资者也不会投资石油行业。石油生产者也会感到难受,尤其是那些产油的发展中国家,如欧佩克。如果油价过低,石油的供给最终将会减少,直到价格震荡,导致通货膨胀再次发生。所以,石油价格过高或过低对于石油生产者都不是好事,对于消费者和世界大多数行业也都不是件有利的事。石油生产者相当确信,一旦市场原油供应不足,就会迫使油价高涨,而一旦市场上的石油供过于求,则油价就会暴跌。

欧佩克对石油工业的影响

工业经济学与其成本有部分关系,其中大部分体现在能源(如汽油或燃料油)价格方面,这些石油产品的价格受石油价格、税收和其他因素的影响。石油价格又受石油生产者的决策影响[1],尤其是他们所愿意出售的石油的价格和他们所要并能够提供的石油数量来决定。所以,如果出现石油供应短缺,油价就可能上涨,而这与石油工业中所有环节都有关系,如较高的运输费用。而较高的成本会导致经济增长变缓,经济增长放缓则会影响到工业发展。从历史来看,绝大多数非欧佩克成员相对都有优势——它们不受什么产量定额的限制,不论是否需要,它们都可以按照自己的意愿生产石油。结果导致近年来非欧佩克成员的市场份额明显增加,但石油价格依然保持在一个相对较低的水平上,市场也不如它们应该表现的那样稳定。然而,油价在1998年突然下跌,1999年初欧佩克表示,只有通过欧佩克与非欧佩克产油国之间的合作才能实现市场稳定。限制产量就是一种欧佩克稳定石油市场的措施。一些非欧佩克成员也实施了减产措施,这样有助于石油价格止跌回升。这些国家包括墨西哥、挪威、阿曼、俄罗斯。根据国际能源署的统计,欧佩克的石油产量占到了全球石油总产量的40%。

---

[1] 资料来源:《欧佩克能源报告》,2007;《MEED》,2008。

由于石油供给短缺,汽油价格就会上涨,但未来减产的可能性也是一个不可忽视的原因。当石油产量下降时,天然气公司就开始紧张了。它们害怕石油减少会引起天然气价格上涨。2001年4月,欧佩克决定把自己的石油总产量每天减少100万桶。与此同时,美国的消费者突然感到天然气涨价了。2001年5月14日的天然气价格每加仑平均涨了1.71美元。2005年

> 当欧佩克希望提高石油价格时,很容易,它减产就是了!

6月,欧佩克增产,当增至每天2800万桶时,每天的增长量就达50万桶,此时增产已经开始改变石油价格。2005年9月,欧佩克的剩余产量预计可达每天200万桶。然而,2006年11月,欧佩克再次减产,每天减产170万桶,以求使石油价格免于跌破每桶50美元的心理极限值。除欧佩克之外,还有一些国家为世界提供石油,包括美国、墨西哥、加拿大、赤道几内亚、俄罗斯和中国。2008年2月,美国每天从加拿大进口石油达190万桶(据美国能源信息管理局资料)。欧佩克追踪这些国家的石油生产,然后评价自己的生产,以期维持自己所希望的每桶石油的价格。许多方面能够影响天然气的出厂(泵站)价格,但是燃料价格仅仅是全球经济庞大格局中的一部分而已。天然气价格也会对经济体系中的其他部分造成影响。人们已经意识到了价格上涨的即时影响——在你为自己的爱车加油时,你会随着记数表上飞快的数字滚动而心疼得直哆嗦。还有一些间接的影响:你可能会因昂贵的汽油费而放弃自驾车长途旅行;在决定买车时,你可能不会选择耗油大王运动型豪华轿车(SUV)之类的车型,而会选择更为经济的车型。让我们把目光放得更远一些看看吧。汽油价格的飞涨很有可能会导致整个经济体系的通货膨胀。一旦价格上涨,势必对经济体系造成冲击。昂贵的汽油价格意味着运输费用的上涨、长途驾驶费用的上涨、乘飞机出行费用的上涨。所有这些成本意味着如果汽油处于高价位的话,那么,所有你能想象得到的产品都将会涨价。然而,经济学家并不认为汽油价格是通货膨胀的标志,油价和食品价格一样,都是波动性较大的,也就是说,它们都会受到天气、工人罢工和战争的影响。价格的上涨与下跌都取决于全球事件。在观察通货膨胀时,经济学家会把目光放在关键性消费价格指数上,它是某些商品价格的测量指标,如DVD播放机、旅馆房间或大学笔记本,这些商品在短

期内的价格都会相当稳定。

谁该为高油价负责？从2007年到2008年，石油价格上涨了79%，触发了人们对全球性经济衰退的恐慌。然而，欧佩克该为高油价负责还是高油价是由投机倒把商人们造成的[1]？

"2002—2008年间：从20美元到145美元，再到100美元。"

人们提出了许多解释原油增长的论据，实际上，这些论据都似乎是用来评价目前所看到的石油价位的。常用的机理已不再适用，因为市场正在按其他规律运行。在短期内，储备水平与价格差异，从价格曲线的一端到另一端，保持着令人信服的态势。在考虑价格曲线的发展趋势时，石油需求量的加速增长

---

[1] *2008年2月2日，一位美国纽约商业交易所的交易人迅速买下了1000桶原油。几个月后，他将这批原油出售——损失了600美元。这位投机商不仅只是掏了腰包，而且使自己被载入史册——成为一个把石油价格追至每桶100美元大关的人。今天，海湾的石油生产国能够期望每天获得十亿美元的额外石油，而西方的石油消费者却出现了一些抱怨石油价格飙升至每桶145美元的人。欧佩克认为剧增的需求与受到限制的供应导致了油价的持续上扬。在美国和欧洲，政治家正在呼吁加强对石油市场上泛滥的投机商的监管——正是这些人使商品的真实价格被扭曲了。在美国国会上，被激怒的民主党人要求设立法律强制性迫使商人们为已丧失活力的市场供应石油。在欧洲，领导者们已经提出了一项全球性禁令，禁止投机商们的石油交易，他们抱怨最近的石油价格是由赌博式投机行为所造成的。英国牛津商业集团（Oxford Business Group，OBG）是设在伦敦的研究与咨询机构，它认为在石油交易中大量的投机性投资可能会对石油价格产生"明显的冲击"。据报道，随着全球经济的大衰退，投资人对商品价格的关注程度远远大于对传统资产（如质量或合同）的关注。这种波动就是2008年消费者所面对的史无前例的痛苦的原因。最近交易得手的石油合同，西得克萨斯中质油（WTI）就表现得非常明显——创下了成交3871项合同的业绩，相当于5.62亿美元。在同一天，布伦特原油价格已接近每桶144.49美元，自从当天开市以来，原油价格上涨了32.3%。2008年7月11日，石油价格飙升至创纪录的每桶147.27美元，比2007年的油价上涨了87%。在2007年，近60%~70%的交易是以投机倒把的行为进行的，这意味着交易的并不是石油的消费或石油资源。这可真是个大数目。众所周知，从理论上讲，这个数量可能会更大，因为你可以购买或出售比自己消费量更多的石油。有一件事是可以确定的——资金一般在价格评估中扮演着重要的角色。随着石油价格继续上涨，要真正解释需求量的增加就更加困难了——需求量目前的增加相对平缓了。雷曼兄弟公司的首席经济学家Ed Morse预测，在2008年的第三季度石油价格将在130美元/桶价位处徘徊。然而，该公司相信，2009年全球石油需求增长率将达1.2%。根据BP公司的统计年鉴资料，2008年的全球石油消费增长率为1.1%。雷曼兄弟公司预计，石油和需求量与国际能源组织的预计相似，它代表着全球27个主要石油消费国的情况。在最近的一份报告中，国际能源组织预计石油产品的需求量到2009年中期将增加1.2%。投资商的辩护人却声称石油价格投机行为与石油真实价格之间并无直接关系。他们指出，来源于新兴经济体增长的需求量，特别是中国的石油需求量的增长起到重要作用，他们不同意欧佩克的观点——2007年全球的石油增长率为44%，因而应该继续增加石油产量。*

已经促使人们去开发那些对技术要求更高或者地缘政治条件更加危险的地域的油气田。此外，石油供应服务量的增加也极大地推升了石油成本。自20世纪90年代末以来，边际成本有规律地增加，目前已达65美元/桶。这就剩下了"无法解释"的20美元/桶，而且

> 石油重新成为网络上的热门话题。自从2001年以来，石油价格上涨了697%，这比互联网股票崩盘前的纳斯达克指数上涨得还高。

其基本原理不能被理解。这是一个巨大的缺口，有人调查了所有微不足道的原因，人们常常含糊不清地将其归因于"投机倒把行为"❶。一些解释更为集中："它是对损失的美元或者是对美国与伊朗之间持续紧张关系的结构性风险的额外补贴。"虽然这些争议可能有道理，但却难以让那些投机商接受20美元/桶的价位。

那些曾经用于解释和预测整个20世纪90年代油价变化的机理不灵了。为什么会这样呢？

根据经济学理论而产生的这一学说指的是价格受需求循环的影响，价格围绕着生产的边际成本波动，而这种价格与短期内供给相对稳定但长期看来会有所波动的市场发展相关。显然，在石油市场上也不再会出现后一种情况，问题就在于生产水平的下降，但需求量却迅速上升。因此，生产的边际成本仅仅是在同时期市场供应良好时参考而已。这就是2008年冬天所发生的事情，当时的石油价格跌至55美元/桶。在绝大多数时间里，在一个受限的市场上，你可能会青睐那种较低的价格，即需求与供给处在一条线上的价格水准。在供应不能满足的情况下，石油价格的上涨就会促使理性的消费者渐渐地限制自己以

---

❶ 投机倒把（一种商业术语）是对亏损风险的臆断，即一种不能按照正常交易获取收益的行为。除非在某种特殊的安全财务状况（不含风险）时才可能拥有某种把握。严格地讲，这种财政状况代表着一项"投资"。商业上的投机倒把行为包括购买、囤积，以及储备物资、保证金、商品、通货（货币）、房地产、金融衍生工具，或者任何可以通过购入时价格有巨大反差的有价证券的短期倒手，或者通过红利或利息的方式牟取暴利的方式。投机倒把代表着西方财经市场上四种市场角色的一种，它有别于套购保值、长期或短期投资以及套购等行为。

往大量使用的油料。这可以对价格和边际成本做出调整。这一过程也是有争议的,要看清需求量是如何影响石油价格上涨也是非常困难的。对这种明显迟钝的反应有两种解释。第一,每桶石油价格拉升,只能非常迟缓地传递到终端消费者处;第二,生活费用同时上涨也会产生强大的反作用,在最终分析中,石油价格的明显上涨是平衡市场的需要。我们将公路燃料需求作为一个例子来看看这种机理是如何发挥作用的。

公路运输在总消费中占到了约39%的份额,交通行业的燃料需求急剧增加,而代替石油产品的其他燃料又受到很大限制——这就是石油价格走势分析中关键的因素。

石油"平衡价格"❶的量化。将这些价格的灵活性进行末端对末端的分析,就可获得与名义上的原油价格相关的需求弹性:在全球水准上约为3.4%[所有的都是在其他各点都相同的情况下,石油价格均等地增长了100%,会导致现时的零售价格(出泵价格)上涨35%(以美元计),相当于美元的恒量值上涨了20%,进而使消费量下降了3.4%]。假设这是一个非常缓慢的过程,真实的收入平均弹性指数就已接近100%。2000—2005年(这是最后一个能够获得公路消费指数的年头),全球真实的GDP平均增长量达到了2.75%。供给方面的增加使得每年公路的燃料需求量增加2.6%。一些预测表明,根据消费者去推断,生产出的石油平均增长率为10.22%。这只是理论推测,而实际上,石油价格的增长率为13.25%(英国布伦特原油价格),为需求量演变的过程提供了一种关于从21世纪初以来石油价格增加的有利解释。

由于对价格的响应相当明显,所以当需求量急剧增长时就会促进生产。显然,由这一计算得出的理论增长值与实际价格增长并不完全一致,两种因素造成了这样的结果:(1)与长期评价相对应的判断指数图,而短期内,对于价格波动的判断要比对收入变化的判断进展缓慢(明显的涨价会迅速对需求量产生影响);(2)有偏见地使用估算的平均世界值。发展最快的发展中国家的年收入依然低于人均5000美元的水准,而那些与

---

❶ 平衡价格是一种适当的需求量或服务等于供给量时的价格。

GDP相关的消费指数就会大于我们所使用的数值。所以，这些国家就会规范零售价格，因此，价格指数要低于我们的数据。必须用当地的研究结果来为石油价格增长的量值来寻找更加精确的解释。

中期的石油价格会处于平衡增长的轨道上吗？ 在短期内，石油价格应该缓慢地增加（如果美元停止贬值的话）。然而，2008年，产品原料已经得到补充，但市场依然感到有压力。在经济增长的大格局下，零售价格体系将不会改变，唯一能够保持供需平衡的事情就是人们所观察到的自2002年以来的油价增长。石油价格的增加量也正是这种经济大格局不如以前那么明显的表现，而在以前的经济格局中，石油的零售价格没有上升。油价继续飙升的事实可能会与以模拟为基础的假设相悖；规范最终价格的体系将不能再承受这种急剧的增长，而且全球经济增长极有可能受到冲击。我们不应该忘记那些预言家在第二次石油危机之后做出的过分悲观的推论，他们误解了消费者对合同供应和石油价格上涨的判断能力。这种方案再次出现了相同的错误，对全球经济、对危机的化解能力的估计出现了错误。这种价格增长格局的主要利害关系就在于它能够与以前的需求量增长格局进行对比。在这两种极端情况之间，是可能找到妥协方案的。通过改变我们的生活习惯，在提高能源效率方面多下工夫并逐渐开发一些可替代能源，我们希望油价在可控制范围内增长，除非全球经济受到因其他原因引发的重大经济危机冲击时，油价的增长应该得到及时控制。

石油供应的国有化。 影响全球石油供应的其他因素是产油国进行的石油资源国有化。石油资源国有化是在国家开始控制石油生产❶并控制出口权时发生的，对石油资源的预测可能变化极大，目前政治因素已经介入了石油的供应。一些国家正在实施限制。一些正在委内瑞拉从事油气勘探作业的大型石油

---

❶ 石油供应的国有化是石油生产作业的去私有化过程，这是一种常常与石油的出口限制并举的措施。根据"PFC能源"的咨询文件，在全球预测的油气资源中，仅有7%分布在那些允许私人跨国公司自由支配的国家内，约65%在国有化公司的掌控之中，如沙特阿美石油公司或者在俄罗斯、委内瑞拉这些国家的国有石油公司。在那里，西方石油公司的作业很难开展。PFC的研究表明，政治因素限制了墨西哥、委内瑞拉、伊朗、伊拉克、科威特和俄罗斯等国的油气生产能力。沙特阿拉伯也限制自己的油气生产能力，但由于它自己的限定能力不强，所以与其他国家不同。结果并不能用于评价国家的石油勘探能力。埃克森美孚公司就没有能对它在1981年发现的新油田进行投资。

公司，由于日益推行的油气资源国有化，觉得自己已处在一种困难的窘境，这些国家现在已不愿意与他人分享自己的油气资源。

石油价格的历史与分析

石油价格的特征与其他商品的价格非常相似，在供应短缺和过剩时，都会发生波动。石油价格循环可能延续几年，它可能会因欧佩克与非欧佩克成员的石油供应与全球实际需求而发生改变。在整个20世纪的绝大部分时间里，美国石油工业通过规范化生产或价格控制，使得本国的石油价格始终处在严格的掌控之中。第二次世界大战之后，按照2007年通货膨胀的美元价值，美国的井口油价平均为每桶24.98美元。在缺乏价格控制的状态下，美国的石油价格紧随世界油价，达到了27.00美元/桶。同样在第二次世界大战之后的时间段内，综合美国产石油与全球的原油价格，美国的石油价格为19.04美元/桶。这意味着在1947—2007年期间，只有大约一半的时间段内石油价格超过了19.04美元/桶。在2000年3月28日之前，欧佩克一直把石油价格调整在22~28美元/桶的区间，石油价格只是在中东战争或冲突时才超过24.00美元/桶。2005年，欧佩克由于限制了自己的剩余生产能力而无力继续操控自己的石油价格，也无力控制全球的油价波动，它再也无法回到20世纪70年代后期将全球石油供给和油价玩弄于股掌之中的态势了。对更长历史时期的观察结果更为相似，自1869年以来，按照2006年的美元价值，美国的石油价格在这段历史时期内的平均价格为21.05美元/桶，而同期世界石油价格为21.66美元/桶。在这个时间段内，约50%的时间里美国和全球的石油价格都低于16.71美元/桶。如果将这漫长的历史观察作为一种指征，则石油工业的上游部分应该建立起自己的商业系统，以供获利，这漫长历史中的数据和第二次世界大战之后的数据表明：正常的石油价格远低于当今的价格。

第二次世界大战之后到石油禁运发生之前。从1948年到20世纪60年代末期，石油价格在2.50~3.00美元/桶之间波动，油价从1948年的2.50美元/桶涨到了1957年的3.00美元/桶。若以2006年的美元价值来看，就会得出一个完全不同的故事：1948—1957年，石油价格波动的范围为17~18美元/桶。显然，20%的油价是由通货膨胀而增加的。1958—1970年，石油价格稳定在每桶

3.00美元的水准。但实际上，原油的价格从17美元/桶下降到了14美元/桶。在考虑到通货膨胀的因素时，对于国际石油生产者来说，1971年和1972年因为美元的疲软而把原油价格的下降夸大了。

欧佩克于1960年由伊朗、伊拉克、科威特、沙特阿拉伯和委内瑞拉等5个发起国组织成立。在成立大会上，两个与会代表研究了美国得克萨斯州铁路委员会采用的限制生产来影响价格的方法。1971年底，另有6个国家加入了欧佩克：卡塔尔、印度尼西亚、利比亚、阿拉伯联合酋长国、阿尔及利亚和尼日利亚。欧佩克自成立以后，所有的成员都经历了原油购买力持续下降的时期。在第二次世界大战后，这些石油出口国发现它们的石油需求量增加了，但是每桶原油的购买力却下降了40%。1971年3月，供需持平了。当月，得克萨斯州铁路委员会第一次按100%的比例进行了分配，这意味着得克萨斯州的生产者不再限制自己的石油生产能力。更为重要的是，这意味着对石油价格的控制力已从美国（得克萨斯州、俄克拉荷马州和路易斯安那州）转移到了欧佩克手中。换句话说，美国已不再拥有剩余生产能力，所以就丧失了对石油价格控制的工具。在欧佩克成立的短短两年间，就出乎意料地遇到了战争，它窥见了自己影响石油价格的能力。

中东供油中断❶（赎罪日战争——阿拉伯世界实施石油禁运）。

1972年，每桶原油的价格为3美元左右。至1974年底，油价就翻了4倍，达到每桶12美元。1973年10月5日，以色列遭到埃及和叙利亚的进攻，赎罪日战争❷爆发。美国和许多西方国家表态支持以色列。这种支持的后果就是导致多个阿拉伯石油出口国实施了针对支持以色列的石油禁运。当时阿拉伯国家把自己每天的石油产量削减了500万桶，与此同时，其他地区的产油国的石油产量增加了100万桶/日。1974年3月间，全球石油产量净减少了400万桶/日，占到了西方世界石油需求量的7.0%。在阿拉伯世界实施石油禁运时，世人还在怀疑掌控石油价格的能力是否能从美国人手中转移到欧佩克手上。当石油价格在6个月内飙

---

❶ 1973年石油危机的原因：欧佩克主要阿拉伯石油生产国为回应西方国家支持以色列所实行的石油出口禁令。

❷ *赎罪日战争，又称斋月战争，即众所周知的在1973年10月6日爆发的阿拉伯与以色列之间的战争（第四次中东战争），同年10月26日战争结束，是埃及和叙利亚率领着几个阿拉伯国家结盟与以色列的战争，是埃及和叙利亚在以色列人的假日——赎罪日开打的。埃及人和叙利亚人跨过了设在戈兰高地和西奈半岛的临时停火线，那里曾被以色列人在1967年的"六日战争"中占领。*

升40%时，价格对供给短缺的敏感性就更加突显。从1974年到1978年，全球石油价格相对平稳，在每桶12.21~13.55美元之间波动。在考虑到通货膨胀因素时，那一时段的全球油价应该处于一个适度下降的时期。

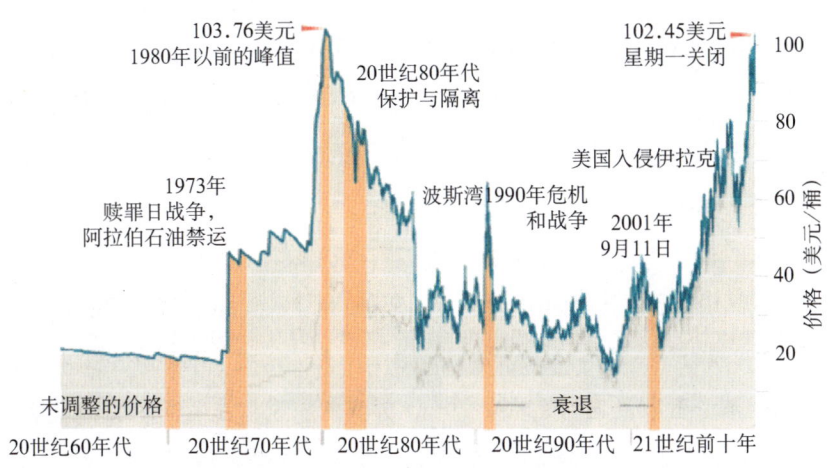

全球性事件与石油价格❶

伊朗与伊拉克危机❷。伊朗与伊拉克事件是导致1979年和1980年石油价格波动的另一个重要因素。伊朗人的革命导致了1978年11月到1979年6月间每天的原油产量减少了200万~250万桶。当时的石油生产曾一度停止，伊朗革命几乎造成了第二次世界大战之后的历史最高的石油价格。然而，这场革命对油价的影响有限，时间也相对较短，并不是连续事件。在这场革命后很短的时间里，石油产量恢复到每天400万桶。伊朗在这场革命中被削弱了，并在1980年9月遭到了伊拉克军队的入侵。1980年11月，伊朗与伊拉克两国的石油产量加起来也仅为每天100万桶，比战前产量每天减少了650万桶。

---

❶ 资料来源：《WEG》《纽约时报》、彭博通讯社，2008。
❷ 伊朗—伊拉克战争，伊朗又称惩罚战争和圣战，是伊朗和伊拉克军队在1980年9月到1988年8月间进行的战争。这场战争于1980年9月22日伊拉克入侵伊朗而打响，随后在漫长的近10年中，什叶派起义不断。虽然伊拉克希望在伊朗革命的混乱之际从中获利，在没有任何事先警告的情况下突然开战，并期望在几个月内结束战斗，但伊朗人奋起抵抗，到1982年6月终于收复了全部失地。

结果，全球的石油1980年比1979年减产10%。伊朗革命和伊朗—伊拉克战争（两伊战争）这两重因素使得石油价格从1978年的每桶14美元暴涨到1981年的每桶35美元。26年后，伊朗的石油产量仅达到伊朗前国王巴列维（Reza Pahlavi）统治时期石油产量的三分之二。伊朗的石油产量维持在每天150万桶，低于两伊战争爆发之前的峰值。

美国石油价格的政策控制。1973—1981年间，石油价格的迅速增加并不算太高，没有受到在石油禁运后期[1]美国政策的影响。美国政府利用征收价格税来控制国内石油产量，以求尽量缓解1973—1974年石油涨价的冲击。这种价格控制的明显结果是美国的石油消费者为进口原油的付费比为国产原油的多出了50%。美国本土的石油生产者的收入也要低于国际市场上的价格。因此，美国国内的石油工业就开始为消费者提供补贴。这项政策达到目的了吗？简而言之，1973—1974年的石油价格上涨所造成的经济衰退并不太明显，因为美国的消费者所面临的油价要低于世界其他国家消费者所承受的价格。然而，这也会产生其他一些影响。在没有价格控制的情况下，美国石油勘探与开发的力度肯定会加大。消费者所面对的油价越高，就越会导致消费量下降：汽车行驶每千米的费用增加，民用和商用建筑物内应该安装比自己初建时更好的设施并提高自己的工作能效。这样一来，1979—1980年间，美国对石油进口依赖度大大降低，而且在伊朗与伊拉克的供给中断时的油价大涨中所受的冲击也较小。

欧佩克控制石油价格的失败。欧佩克对控制石油价格的作用不大，其基本的需求之一就是加强给各成员生产配额，这就像一个过时的玩笑一样。欧佩克与美国得克萨斯州铁路委员会之间的区别是什么？欧佩克没有一个像得

---

[1] 1973年的石油危机始于该年10月17日，当时的阿拉伯石油输出国组织（OAPEC，由欧佩克的阿拉伯成员、埃及和叙利亚构成）成员宣布，鉴于赎罪日战争的爆发，它们将不再向那些支持与埃及、叙利亚和伊拉克作战的以色列的国家输送石油，这些国家是美国和其西欧的盟国以及日本。与此同时，在同年10月初与石油大亨"七姊妹"的谈判破裂后，欧佩克成员同意利用它们的全球石油价格调节机制杠杆作用以求抬升全球油价。由于工业化对石油的依赖性和欧佩克在全球石油供给中举足轻重的地位，使得那些遭受石油禁运的国家的经济发生了猛烈的通货膨胀，同时，也抑制了经济的发展。被禁运的国家对此反应迥异，绝大多数国家坚持寻求它们未来的石油进口源地。

克萨斯州铁路委员会那样的管理人员。它所拥有的唯一强制性机制就是沙特阿拉伯的剩余生产能力。沙特阿拉伯拥有足够的剩余生产能力，在需要时能够有效地增加产量，以补偿低油价对自己收入的冲击。它能够通过扬言增加足够的石油产量冲击油价的手段来强化自己的行为准则。实际上，除非欧佩克的目标与沙特阿拉伯的一致，欧佩克的强制执行机制并不包括这些内容。在1979—1980年石油价格快速飙升期间❶，沙特阿拉伯石油工业部部长 Ahmed Yamani 迅速向其他欧佩克成员发出警告：高油价将会导致需求量减少。但他的警告如同对牛弹琴。

石油价格的波动在许多石油消费国中引发了一系列反应：在新建房屋内安装更好的保温设施，在许多陈旧的房屋内增加新的隔热设施，提高工业的能源效率，提高汽车的燃料使用效率。这些措施的落实，加上全球经济衰退，导致石油需求量下降并促使油价下跌。对欧佩克来说，不幸的是这种经济衰退仅仅是暂时性的。没有人会匆匆忙忙地把家里的保温设备拆除或更换能源效率较高的设备——大批这种针对油价上涨而采取的措施会延续10年甚至更久，而且即使在油价下降、石油消费量增加时也不会再改变了❷。

高油价也促使欧佩克之外的石油勘探与开发工作量的增加。从1980年到1986年，非欧佩克地区与国家的石油产量每天增加了1000万桶。欧佩克面对的形势是：需求量下降，而非欧佩克成员的石油供应量增加。从1982年到1985年，欧佩克试图设定石油产量配额，尽量减少产量以稳定油价。由于欧佩克的各成员并未按照它们的配额进行生产，所以欧佩克努力的成效不大。在此期间，沙特阿拉伯作为一个动态的生产者主动减产，以求遏止下跌的油价。1985年8月，沙特阿拉伯再也无力担当此角色。它将自己的石油价格与零售市场的价格持平，到1986年初，开始增加产量：从200万桶/日增加到500万桶/日。1986年中，每桶原油的价格跌破10美元！即使油价如此下降，沙特阿拉伯也因其产量巨大而抵消了价格低廉对自己经济的影响，其收入依然不减。1986年12月，欧佩克将自己的价格目标定在每桶18美元。但到了1987年

---

❶ 资料来源：《WER》，2008。
❷ 资料来源：《WER》《FIR》《WSR》，2006。

1月，欧佩克的企图就破灭了，油价依然走低。

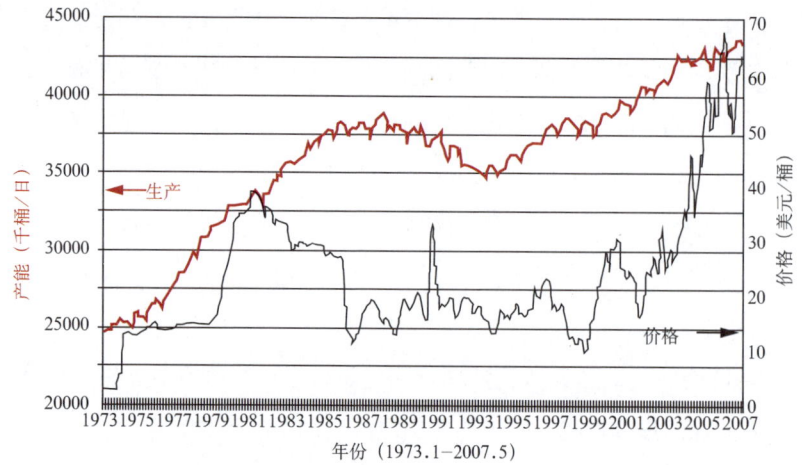

石油生产❶(非欧佩克成员石油平均产量/总量)

1990年，石油价格受到抑制，原因在于石油减产和伊拉克对科威特的入侵以及随后的海湾战争❷。全世界，尤其是中东各国对于萨达姆发动的入侵科威特的战争行为的憎恨远大于对其发动的与伊朗的战争行为。沙特阿拉伯——这个邻近的世界最大的石油生产者对这场战争的反应十分强烈，随后发生的事情就是有目共睹的：解放科威特的海湾战争打响，原油价格进入了持续下降阶段，至1994年通货膨胀发生之前，油价跌至1973年以来的最低点。

石油价格开始上扬，美国的经济走强，亚太地区开始恢复。从1990年到1997年，全球石油消费每天增加了620万桶。亚洲地区的石油消费量达到了每

---

❶ 资料来源：《WER》《FIR》《WSR》，2006。
❷ 海湾战争（1990年8月2日—1991年2月28日）是联合国（UN）授权下，由联合国的34个成员组成的联军（但实际上主要由美国和英国出兵）与伊拉克的战争，旨在使科威特恢复科威特埃米尔国王的控制。这场战争的起因与伊朗和伊拉克之间的战争相似，1990年，伊拉克指责科威特通过打斜井的方式盗取自己的石油资源。伊拉克军队入侵科威特后，伊拉克立即遭到了由联合国安理会发起的经济制裁，美国和英国随即准备战争。1991年1月，将伊拉克军队驱出科威特的战争打响，结果，联合国军大胜，科威特恢复了自己的主权。联合国军攻入伊拉克境内，伊拉克境内的空战与地面战斗在伊拉克、科威特和沙特阿拉伯边境附近全面展开。伊拉克还向沙特阿拉伯和以色列境内的目标发射了导弹，以示报复他们对科威特的支持。由于1980—1988年间的伊朗—伊拉克战争被许多新闻机构称为"波斯湾战争"，故1991年的战争常常被称为"第二次波斯湾战争"。但人们更常用的是"海湾战争"或"第一次海湾战争"，特指伊拉克对科威特的入侵。"沙漠风暴"则是美国军队在伊拉克采取的空中与陆地行动的名称，而且用于特指那场战争。

天30万桶，这也是促使油价回升并一直延续到1997年的重要因素。俄罗斯的石油减产也有助于油价的回升，1990—1996年，俄罗斯每天减产量达500万桶以上。欧佩克在控制石油价格方面的作用依然模糊不清，在产量配额改变的时间方面出现了错误，而且在欧佩克成员之间维持减产方面也是错误频出。1997年底至1998年初，石油价格迅速增加，当时欧佩克没有料到或严重低估了亚洲出现经济危机的冲击。

1997年12月，欧佩克将自己的生产配额每天增加了250万桶（增长率达10%）。1998年1月，将产量增至2750万桶/日，亚洲地区经济的迅速增长已日趋停滞。1998年，亚太地区的石油消费出现了自1982年以来的首次下降。低消费与欧佩克的增产导致石油价格再次下跌。对此，欧佩克于1998年4月将生产配额削减了125万桶/日，并于7月再次减产133.5万桶/日。至1998年12月，石油价格再次下跌。1999年初，油价开始回升，欧佩克于当年4月再次减产171.9万桶/日。虽然通常并不是所有的配额都能得到落实，但1998年初到1999年中，欧佩克的产量还是每天减少了300万桶，进而将油价提高至25美元/桶。随着经济的回暖，美元走势增强，全球油价自1981年高位之后在2000年中继续走高。在2000年4—10月间，欧佩克将配额总量每天增加320万桶，但这也不能抑制油价的高攀。2000年11月1日，随着另一配额的下达，使产量再增加50万桶/日，油价终于开始下降。

1996—2008年期间的全球石油价格。从2000年开始，非欧佩克成员的俄罗斯石油产量增加，这代表着进入21世纪以后大多数非欧佩克成员开始增加石油产量，这显然是欧佩克"力不从心"的标志。2001年，美国经济呈弱势，加之非欧佩克成员的石油产量增加，迫使石油价格再次走低。对此，欧佩克再次调整配额，开始减产，到2001年9月，欧佩克将生产配额减少了350万桶/日。2001年11月，恐怖分子发动袭击，使得石油价格再次受到波及并陡然下跌。

美国汽油现货市场上的价格基准点西得克萨斯的调停价到2001年11月中旬卜跌了35%。在正常环境下，这种量值的价格下跌已经导致了欧佩克配额的减少，但是鉴于政治气候，欧佩克一直推迟到2002年1月才实施减产措施，将自己的生产配额每天减少150万桶，欧佩克联合的包括俄罗斯在内的几个非欧佩克成员宣布联合减产，其减少量可达46.25万桶/日。2002年3月，这种减产措施使油价上升至25美元/桶。到2002年中期，非欧佩克成员恢复产量，但石油价格依然不断上涨。2002年后期，美国的石油库存已降至20年来的底线。到年末，过度供给并不是大问题。委内瑞拉的问题导致了委内瑞拉国家石油公司工人的大罢工，使得委内瑞拉的石油产量陡降。在石油工人大罢工的过程中，委内瑞拉再也没能使自己的石油储备能力达到以前的水准，但依然可使生产能力达到每天90万桶，在其每天350万桶产能峰值以下。2003年1—2月间，欧佩克将其每天的生产定额增加了280万桶。

2003年3月19日，委内瑞拉的石油产量开始回升❶，与此同时，伊拉克的军事行动也开始了。此刻，美国和其他欧佩克成员的石油储存依然很低。随着经济的发展，美国的石油需求量开始增加，亚洲的石油需求量也迅速增加。伊拉克和委内瑞拉石油生产能力的损失与欧佩克生产能力的增加满足了日益增长的全球能源需求，这样一来，也削弱了过量生产石油的能力。2002年中

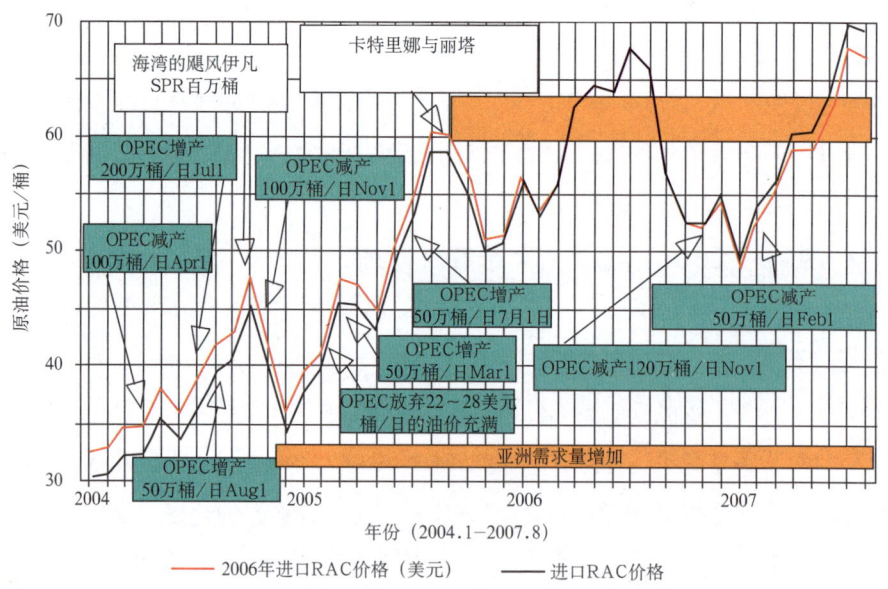

2006年的原油价格与正常油价❷

---

❶ 委内瑞拉开始应用新的合作机制（委内瑞拉将以每桶100美元的价格每天向西班牙出售10000桶原油，以换取进口医药设备和其他货物）。资料来源：《海湾新闻》，2008年7月。

❷ 资料来源：《WER》《FIR》《MIGA》，2007。

期，过量的石油产量还达每天600万桶，而在2004年和2005年的绝大多数时间里，石油的剩余生产力已不足100万桶/日。生产剩余石油的能力也不足以弥补绝大多数欧佩克产油国中断供给时的空缺。在一个每天石油产品消费量超过8000万桶的世界里，面对如此低的生产供给能力，油价肯定会做出相应的反应——很快就达到了40~50美元/桶。其他一些与当今石油价格相关的因素有美元的走弱、亚洲经济的崛起和石油消费量的连续增加等。2005年的飓风与美国在将甲基叔丁基醚转化为乙醇时发生的炼油厂事故导致了油价的高涨。

支持高油价的最重要原因之一是美国和其他石油消费国的石油库存量。在剩余生产能力达到库存水平之前，它可以为短期石油价格预测提供一种出色的工具。目前还没有欧佩克根据这种配额政策能够影响全球石油库存的证据。2006年11月出现的和2007年2月再次出现的石油减产，其主要原因是人们对不断增加的欧佩克库存量的关注。人们关心的重点在于包括原油和石油产品在内的石油总库存量，这可以成为更好的石油价格指标。

2007年10月19日，由于土耳其东部局势紧张，以及用于增加的美国石油库存量的美元价格走弱，使得美国轻质原油的价格上涨到每桶90.02美元的新高度。10月26日，原油价格再攀高峰，迅速达到了每桶92.22美元，当时全球的石油库存量反而下降了。当年10月末到11月初，油价一直走高。11月7日，轻质原油的价格再创新纪录，逼近每桶98.10美元。11月21日，油价继续走高，达到每桶99.29美元。人们对石油价格突破100美元/桶大关的恐惧使得美国《华尔街日报》惊呼："油价高峰即将到来！"2008年1月2日，美国轻质原油在超过人们心理底线100美元/桶大关之前回落到99.69美元/桶，这是尼日利亚新年局势紧张，以及美国的石油库存量连续7周下降造成的。随后，一份英国广播公司（BBC）的报告称，单一交易者是不能抬高价格的。纽约商业交易所一位前交易人、《石油市场实时通讯》的编辑Stephen Schork说，一位场内交易商购买了1000桶（160立方米）石油，这是最低购买量，然后，此人迅速将这批石油以99.40美元/桶的价格出售，因此亏损了600美元。

然而，2008年1月3日当天的石油交易中，油价终破100美元/桶大关，达到100.05美元/桶。在随后的1月4日星期五交易中，油价回落至97.91美元/桶。其部分原因在一周的职工报告显示：失业率已经上升。即使需求量减少，在得克萨斯炼油厂大火和欧佩克减产之后的1月19日交易中，油价再次上扬至100.10美元/桶。有证据表明，供给的减少速度要快于石油的需求。2月28日，随着美元持续疲软，加之美国联邦政府的现金利率过低，难以吸引更多的石油市场资金，油价飙升至每桶103美元。由于美元持续走低，3月3日，石油价格继续高攀至104美元/桶。同日，欧佩克指责美国经济"错误地运行"才将油价推向了创纪录的高度，认为这是"吹嘘性产量"并将这些归罪于美国的乔治 W·布什总统的统治结果。

3月12日，石油价格冲至每桶110美元的新高度，打破了不久前每桶109.92美元的纪录。油价继续一路走高，到了3月13日，攀升至每桶111美元。随后，在美国经济衰退的影响下，油价回落至110美元/桶。3月17日，油价再创纪录，美国的轻质石油价格达到111.80美元/桶。4月15日，油价首次突破114美元/桶。4月16日，油价达到115.07美元/桶。4月18日，由于美元持续疲软，加之尼日利亚反政府军事力量威胁要破坏输油管线，油价再次升至117美元/桶。4月22日，油价高攀至119.90美元/桶，之后略有下降。4月25日，美国纽约交易市场上的油价达到119.10美元/桶。在此之前，曾有报道称美国军事海运司令部下令击毁了一艘伊拉克货船。

5月9日，油价首次达到每桶125美元。5月21日，布伦特原油价格就达到了130美元/桶。在5月21—22日不到24小时内，每桶原油的价格冲至135美元。6月，油价首次大幅下跌，此后美国的主要供油国委内瑞拉扬言因油田生产过久而要从2009年1月开始减产5%，墨西哥、俄罗斯和尼日利亚也出现减产的呼声，国际油价应声反弹，每桶涨价超过6美元。2008年6月6日，油价在24小时内上涨11美元，这是有史以来出现的最大涨幅。以色列放出攻击伊拉克的狠话，也被认为是导致油价上涨的原因。两大石油供给国减少石油供给，使人们产生了类似1973年能源危机时的恐慌。

早在2007年10月，一些经济学家指出，由于印度与中国经济的快速发展，导致石油需求量❶快速增加。因此，在可以预见的未来，国际油价将保持在高位状态。12月，欧佩克的部长们开会，一致同意保持原有的高价位，但要稳定价格，这种价格将为石油生产国带来持续的高额收入。但是，如果油价

---

❶ 对石油、天然气和石油产品快速增加的需求主要来自印度与中国。

过高，就会削弱石油消费国的经济。根据欧佩克的目标，一些分析家建议，每桶石油的价格应为70~80美元。一些主要的石油出口国得到了迅速的发展，并且更多地使用本国所产的石油。尤为显著的是印度尼西亚，它已不再出口石油；墨西哥与伊朗的石油项目需求超前于石油生产5年时间。俄罗斯也将得到迅速的发展。显然，由于美元价值的迅速变化，油价也存在很大的变动。2008年的油价显然无论如何也不会超过每桶200美元，但若能恢复到每桶70美元的水平就已是正常的了。

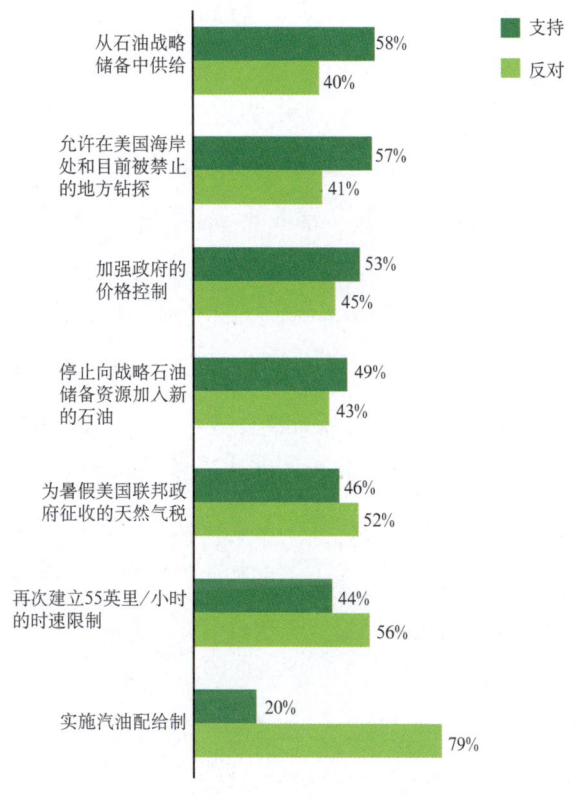

减少当前高油价的万能措施

未来将会有许多间接的市场拥有者（401K计划、共同基金，甚至个人存款也是一种常规的投资方式，这一点并没有被银行认识到），螺旋式下降经济的间接影响本身就可使未来的石油贬值。20世纪80年代初期，黄金与白银所经历的影响因素就是典型的例子。在任何投机买卖市场上的情况都一样，投资者的能力将会对所包含供给与需求比例的未来价格望而却步。需求量可能下降，而供给量则可能增加，1998—1999年的情况就是如此。当时，亚洲的石油市场崩溃（需求量减少），而伊拉克增产12%（增加供给/过剩）。这一时期的石油价格低至8美元/桶。未来依然是不确定的，但已知的欧佩克与其他石油生产国目前已经显露出相当多的过剩产能。

富油国消费了更多的能源，减少了出口

许多大型石油出口国的经济增加得如此迅速，以至于本国境内的能源需求量都无法满足，大量从境外购买，从而为全球石油市场增加了新的压力。专家们认为，如果这种急速增长能够持续的话，就意味着世界多个最重要的石油供应者在未来10年内将需要开始进口石油，以为它们正在购买的和利用它们石油财富而获得的新轿车、豪宅和商用建筑提供动力。印度尼西亚已经这样做了。

通过一些工程项目，5年内在墨西哥就可能发生相同的情况，墨西哥是继伊朗之后美国第二个石油供给国，这也使墨西哥一跃成为世界第四大石油出口国。在一些情况下，这些国家的政府为它们的民众下发了大额的汽油补贴费，汽油的售价仅为每加仑7美分。实际上，工业专家认为，此举将会起到放纵浪费的结果。令人非常担忧的是大量今天被我们列为国际供油者的石油出口国在近10年中已经不再是纯出口国了。在俄罗斯、墨西哥和其他欧佩克成员内，石油需求量增加也会减少石油的出口。专家们认为，人类对石油需求的弹性很大，世界石油的剩余生成能力很低，即使少量短缺就会导致油价上涨。如2002年，委内瑞拉的工人大罢工造成全球石油减产3%，几周之内，油价上涨了26%。

虽然这种影响十分明显，但从长远来看，并不意味着石油出现短缺。专家们认为，更加可能的是出现大幅度的市场波动，这是一些石油出口国产量缩水所造成的，而且像加拿大的沥青砂那样非常规资源已经日趋重要，它们对美国尤为重要。对那些限制靠近石油生产区的开放地域的压力可能会更大一些。在伊拉克、伊朗和委内瑞拉这些重要的石油生产国中，政治局势越稳定，就越能够补偿其他石油出口国日益增长的需求。石油出口国之间需求量的增长是一个较大的问题，这将会使部分发展中国家的经济增长受阻。在未来20年中，印度等国希望在全球石油需求获取更多的份额，石油出口国内石油消费量的增

加已成为满足全球石油需求量的第二大威胁。根据统计数据显示,5个最大的石油出口国(沙特阿拉伯、俄罗斯、挪威、伊朗和阿拉伯联合酋长国)的国内石油消费❶从2005年至2006年间就增加了5.9%。美国的石油出口量下降了3.0%,相反,石油的需求量却明显增加了。

根据世界银行报告,自20世纪90年代以来,中东与北非地区的经济增长已经翻番,而俄罗斯的情况甚至更好。石油金钱(Oil money)在许多国家中都大幅度增加,这意味着它们加大了自己经济发展的投资力度。全球经济的强劲发展也为它们的商品创立了许多新的市场——包括产自石油的塑料、石油化工产品和燃料等。可以肯定的是,许多石油出口国要达到西方国家的生活标准依然任重道远。

全球石油市场依然以传统的消费者为主,尤其是美国,它消耗了全球近四分之一的石油资源。可令人奇怪的是,一些产油国的人均石油消费量甚至超过美国的人均消费量。这些国家是:巴林、科威特、卡塔尔和阿拉伯联合酋长国。那些人口庞大的产油国,如印度尼西亚、俄罗斯和墨西哥,小轿车拥有量的迅速增加也是石油消费量剧增的一个诱因。俄罗斯农民用四轮驱动的交通工具取代了马车,而城里的人也用宝马(BMW)轿车更换了以前的低档轿车。

绝大多数石油生产国家中,年轻一代已经进入开汽车的年龄,而且他们非常喜欢开车,因为当地的燃料价格十分低廉。一些石油出口国利用价格控制手段为自己的国民保障便宜的燃料。这些措施带有政策的普遍性,当然,也有专家认为这会助长能源的浪费。比如,科威特人即使在几周的假期里,也会开着室内的空调机(这些空调机都是由石油燃料或天然气发电带动的)。阿拉伯联合酋长国的运动员在室内人造雪地练习滑雪,在人造草坪上打高尔夫球,这些都需要用石油产生的燃料发电,以制取大量的淡化水。沙特阿拉伯、伊朗和伊拉克的汽油价格仅为每加仑30~50美分。委内瑞拉的汽油更为便宜,每加仑7美分,这一的汽油需求量增加了10%。便宜的石油可以被认为是一个国家的人权,而人们实际上已经无法控制自己的欲望了。

石油价格的历史分析:

1947—1972年:最低油价12美元/桶,最高油价18美元/桶(1955—1956

---

❶ 资料来源:Jousif, 1999; Theodoropoulos, 2001。

年苏伊士运河危机）。

1973—1978年：最低油价32美元/桶，最高油价41美元/桶（1972—1973年赎罪日战争，石油禁运）。

1979—1985年：最低油价30美元/桶，最高油价67美元/桶（1978—1979年伊朗革命与伊朗/伊拉克战争）。

1986—1990年：最低油价19美元/桶，最高油价29美元/桶（1989—1990年海湾战争危机）。

1991—1996年：最低油价17美元/桶，最高油价24美元/桶（海湾危机的影响）。

1997—2002年：最低油价13美元/桶，最高油价32美元/桶（1997—1998年欧佩克增加配额10%和亚洲经济危机，1999年欧佩克减产420万桶/日，2001年美国遭受"9·11"恐怖袭击）。

2003—2007年：最低油价28美元/桶，最高油价102美元/桶（2003—2004年PDVSA公司员工大罢工，伊拉克战争危机，2004—2008年亚洲经济体印度、中国和日本及韩国石油需求量的增长）。

2007—2008年：油价飙升，创下新纪录，攀上石油工业历史的高峰，达到145美元/桶（2008年6—7月）以上，回落到97.00美元/桶（2008年10月），美元疲软，美国的石油库存增加。美元与欧元之比连创新低，美元与日元的兑换率在12年内首次跌破1美元不足100日元。

历史上的石油危机[1]

1973年石油危机——起因：为了反对赎罪日战争中对以色列支持的西方

---

[1] 一次能源危机是为一种经济体能源供应的任何中立带巨大瓶颈（或价格上涨）。通常，能源危机是因石油和电力或其他自然资源短缺。一次性能源危机可能是一次油品危机、石油危机、能源短缺、电力短缺或电力危机。当市场出现垄断操作时，就可能出现市场的失败。由于某些工业活动，如工会组织的罢工和政府的禁运等可能会导致危机的发展与扩大。其原因可能是过度消费、基础设施老化，有时也可能会因炼油和港口设施的短缺而限制了燃料的供应所致。在异常寒冷的冬季，也可能出现紧急情况。管线的故障与其他事故也可能造成能源供应的中断。在猛烈的暴风雨后，也可能出现能源危机。英国在2005年的石油终端大火和卡特琳娜飓风等事件后很快就出现了能源短缺。恐怖分子和反政府武装对重要基础设施的攻击也都是能源消费者潜在的问题，中东地区连续不断的罢工也引起全球石油的短缺。政治事件，如由于政变发生而导致的政府变更、个人集权政治的崩溃、军事占领、政变等都会造成石油与天然气生产的中断并导致供给短缺。

国家，一些主要的阿拉伯产油国发起的，由欧佩克实施的石油禁运。

1979年的能源危机——起因：伊朗革命。

1990年的石油价格突涨——起因：海湾战争。

2000—2001年美国加利福尼亚电力危机——起因：撤销（价格、费用等方面的）管制规定失败，商业腐败。

2000年的英国燃料抗议——起因：英国公路用燃料税收已经相当高和原油价格的暴涨。

北美的天然气危机。

2004年，阿根廷的能源危机。

朝鲜多年的能源短缺。

津巴布韦因为经济失控而导致多年的能源供应短缺。

2007年，缅甸反政府武装发动的政治动乱导致全面危机爆发，这也导致能源价格的大幅度上涨。在进入危机延长的阶段之前，俄罗斯—乌克兰的天然气争端和俄罗斯—白俄罗斯之间的能源争端已经解决。

其他能源短缺危机

自2003年以来油价一直上涨的起因：美国等国家的石油需求量增加、美元走势疲软、美国对伊拉克的占领导致需求停滞。伊拉克成为仅次于沙特阿拉伯和伊朗之后世界上拥有常规石油储量最多的国家之一。一些观察家认为，全球石油生产的高峰值出现在2005年12月间。关于Hubbert峰值理论的绝大多数解释预测石油价格的增加会导致石油生产达到一个高峰，然后出现一个不可逆转的油价下跌；如果这种预测是正确的，则石油生产的高峰能够被认为是2003年以来石油价格上涨的一个基本原因之一。其他原因，如伊拉克战争对油价增加的影响可能会成为最重要的因素。如果因为伊拉克战争，导致石油生产被耽搁几年时间，则可能会更快地引起石油峰值的出现。但是，如果伊拉克开采的石油最终抵达市场，则全世界的峰值后产量就会出现，如伊拉克的石油生产疲软，这种情况就会发生。

因此，对石油峰值的理论家们来说，从伊拉克战争可以看出，该战争可以在某种程度上缓解石油峰值。媒体行业也会将石油价格的增加大加引用，这意味着专家们对极为复杂的石油工业的状态更为深入地理解与认同。2008年爆发了中亚能源危机，这是当年异常寒冷的冬季和水力发电站的库存水位过低所引起的。

<u>南非的电力危机</u>导致了2008年2月的铂金涨价和黄金产量下降。即使拥有大量的油气资源，巴基斯坦总统在2008年2月还是宣布了应对已经达到的能源危机的措施。与此同时，南非总统也正在安抚人们对南非出现的电力危机的恐惧。

石油和天然气公司是怎样赚钱的？

一家公司怎样赚钱？所有公司都是通过出售自己的产品和以更高的价格提供服务而赚钱的，而不是依靠它们的制造或供给的成本赚钱。销售价格与成本之差被称为利润率。然而，对于烃类物质来说，成本与价格也遵循着完全不同的规律，两者间没有直接关系，利润率的范围相当广泛。石油与天然气的价格基础并不是成本价，而是以世界市场的供应需求来决定的，也是由政治规律所决定的。原油价格是由全球范围内市场上的原油和石油产品价格构成的，这些市场是由多方参与者按照它们各自的供给与需求比例而构成的。

石油与天然气的价格如何规范？石油与天然气价格可以被规范[1]，自从1973年由石油生产国自己引发的石油危机以来，石油与天然气的价格就被国际石油公司控制了。1974年，欧佩克引进了一套配额体系，试图弥补各成员之间生产的空缺，以便获得更高的油价。目前，欧佩克仅能够部分地控制油价，而且也是迫于市场压力所为。根据石油与天然气的供应地情况，成本的波动范围也很大，销售价格取决于市场，人们公认的市场是伦敦和纽约的石油市场。

> 非石油与天然气公司的利润率=**销售价格-成本费用**
> 石油公司的利润率=**供应/需求* × 政治规律%**
> *欧佩克将会填补供应/需求的空缺

---

[1] 自从20世纪初中东地区发现石油以来，石油政治已经成为国际外交关系中日益重要的角色。由于供应不足日渐明显，竞争就趋激烈，产油国与非产油国战略统计可能会强调开采、炼制、运输和石油产品的利用。

利润率[1]的确定

石油价格是经济利润调节者的重要工具，作为一种重要角色——它可以成为一种经济的调节剂，因为它们会对经济产生直接影响；然而，油价的上涨不仅会使经济发展放缓，还会减少石油产品的需求。在石油工业内部也存在着有规律的影响：油价越高，石油生产者的利润也就越高，而且对投资者的吸引力也就越大。

什么是桶？为什么用桶来表示石油的量？用桶来计量石油的历史可以上溯到早期（1859年）美国的石油生产。当时需要将石油从宾夕法尼亚州的油井运输到炼油厂去，而最常用的形式就是用马车拉着装满石油的木桶运送。在1859年到1861年间，使用的木桶有两种：（1）36加仑的威士忌或啤酒桶；（2）42加仑（159升）的鲱鱼或蜜糖桶。1861年，后一种成为石油计量的首选单位，人们用驳船成功地装载运输了4000桶石油，这是油罐运输的最早范例。令人奇怪的是，无人知晓这种缩写的由来，即使在得克萨斯州对此也从来没有颁布过任何关于"桶"为法定计量单位的官方文件。

最好的石油市场是什么？

现货市场[2]为一个特定量的原油设定单一的价格称为现货价。石油（作为一种能源商业产品）与其他商品一样，也能在期货市场[3]上交易，按价成交，3个

---

[1] 利润率、纯利润或纯利润率都是指对盈利的计算。利润率用公式计算获得且以百分比或数字表示：*纯利润率=纯利润（税后）/纯销售收入*。利润率大多用于内部的比较。但它难以用来精确地比较不同企业之间的纯利润率。一个企业的运营和资金安排的变化之大使得不同企业都各具自己的支出额，所以，彼此之间比较的意义并不大。低利润率标志着一种低安全利润：销售下滑的高风险将会使利润率下降并会导致纯损失。

[2] 能源现货市场允许生产商将过剩的能源立即送往这些能源的有能力购买者，关于这种现货价的谈判进行得极快，而且一旦成交马上就会送货。现货市场既可由私企运营，也可由工业组织或政府机构掌控。零售市场往往会吸引大批投机倒把商人蜂拥而至，因为现货价格都是公开的而且成交后送货十分及时。在欧洲的天然气能源现货市场的几个实例是设在荷兰的"教区运输设施"（Title Transfer Facility，TTF）和设在英国的"全国平衡点"（National Balancing Point，NBP）市场。

[3] 一项未来交换就是一种中央资金的交换，在那里，人们可以用与未来相关的标准化的合同进行交易，即在这种合同的制约下，买主可以买到特定量的商品或者是以特定价格标定的金融合同（协议书），而交货则是在未来某个特定的时间进行。

月或6个月后送货。此外，天然气的期货市场早已在美国存在，欧洲也已出现。

原油定价标准是什么？

在讨论原油价格时，我们会遇到一些标准的单位：（1）欧洲的布伦特（此名源自一个北海油田）原油价格；（2）美国用WTI（West Texas Intermediate，西得克萨斯中质原油）原油价格；（3）中东用迪拜原油价格。所有其他的原油价格都是以此为基准制定的，价格也取决于原油的品质（密度、含硫量等）。原油价格都是以美元/桶来计量的，石油产品价格的单位为美元/吨，天然气产品价格表示为美元/百万英热单位。为简化起见，原油价格意味着布伦特原油价格，它是所有进口到欧洲石油的基准价。然而，在谈论长期的石油价格时，就必须知道是名义上的价格还是美元价，或者是实价还是定值美元价。前者是当时即付的价格，后者是将长期交易中美元购买力变动因素消除以后的实际价格。由于交易中所提出的关于石油燃料和石油桶的比率的价格会波动，所以实际交易价的波动范围极大。关于石油价格的参考往往也就是在美国纽约商品交易所（NYMEX）输往俄克拉荷马州库欣的WTI/轻质原油的零售价，或者是在跨州交易所（ICE）进行交易的输往萨洛姆湾布伦特原油价格，在该交易所，国际石油交易所(International Petroleum Exchange)就与ICE合为一体。1桶原油（美制加仑或约159升）的价格高度依赖于它的等级（由密度或API度以及含硫量决定）和产地。绝大多数原油并不是在交易所进行交易的，而多以跨国买卖为基础进行交易，多以由Argus Media Ltd和Platts等定价机构确定的原油等级作为参考标准。其他一些重要的基准点包括迪拜价格、马来西亚塔皮斯（Tapis）轻质原油价格和欧佩克一揽子价格。美国能源信息署应用进口炼油厂收购价格（the Imported Refiner Acquisition Cost），所有通过进口进入美国的石油的平均价格都是以世界石油价格计算的。

原油价格是波动很厉害的

政局动荡和石油贸易的全球化使得石油价格对所有新闻消息都格外敏感。原油价格的这种敏感性对于来自炼油厂的最终石油产品来说更为重要，如汽油和柴油。但是，你在加油站所付的费用则要大大高于石油产品的成本价。

为什么会有此差别？这是消费者所在国家的税收政策所造成的。对于欧洲的德国、法国、意大利和英国等国家对石油产品的税收的平均水平可达石油产品销售价格的四分之三之多。在美国，石油产品的税收仅为销售价的四分之一，这就是美国的石油产品比欧洲的要便宜得多的原因。很不幸的是，便宜的油价并没有促使消费者去节约能源，在三个重要欧洲国家的市场上，石油产品的税收为9%~27%。

石油需求高度依赖于全球宏观经济条件，所以这也是确定价格的一种重要因素。一些经济学家认为，高油价已经给全球经济增长造成了负面影响[1]。欧佩克力图将油价维持在一个将其成员作为一个整体而最佳收益的水平上，这被一些观察家认为是一种"决斗的挑战书"。

2007年底，全球探明的石油储量已达119531800万桶，其中92714600万桶，或占77.6%的石油资源由欧佩克成员掌控着。2000年，全球的石油总需求量为每天7600万桶，2008年，全球经济继续增长，石油需求量增至每天8750万桶，到2010年达9060万桶/日，预计到2020年每天的石油需求量将接近10320万桶。

油气开发的合作者。石油合同的毛利润基本是在三方参股的合作伙伴之间分享的。这三方为：（1）石油或天然气的生产国；（2）勘探权的拥有者；（3）为油田的勘探和随后的开发提供资金的投资者。在绝大多数情况下，油气资产都是国家的。国家从石油和天然气工业获得极其丰厚的矿权使用费、利润和矿权税收。勘探所需的土地面积（英亩）可以通过拍卖获得，而且往往以租赁的形式转让给出价最高的人或企业。然而，这种卖方索价往往以打包的形式委托给那些主权国家。一份买卖股票的协议会在勘探方面投入一定量的资金，投入数千米的地震勘探作业，或者计划钻探一定数量的井。当勘探所需土地面积落实以后，财政部门常常就会与一些生产企业联合起来共享合同，而且这种合作往往都是固定的。租借的期限变化很大，但标准协议书的有效期限为25年或15年，在一些特殊情况下，这种合同的有效期将会大大缩短。

石油与天然气投资的整体观。对于重大石油或天然气工程的投资规模需

---

[1] 资料来源：《欧佩克能源报告》，2007；《MEED》，2008。

达数十亿美元。如此巨额的费用意味着只有那些资本最为雄厚的公司才可能拥有工程所需的技术与财政资源。即使这些公司拥有足够的资金，它们也常常会与其他公司合作，以求限制或分散风险。在石油工业中，只有投产后获得了以桶计或以吨计的石油和以立方米或英热单位计的天然气时，油气公司才能真正获利。

为了分担勘探钻井的风险和相关费用，目前多流行由多家合作者分担勘探土地的方式。负责钻井作业的公司称为作业者，其他一些参与该项目的公司则称为油田参与者。全世界各国对石油与天然气工业的掌控程度大相径庭，但基本都是由以下内容构成的：

开采权❶：现金支付或为矿权所有者支付利润。许多分成合同（PSC）并不包括开采权。通常，利润的范围为4%~17%，而且可能会根据生产速度给出一个降低范围。

回收成本：绝大多数分成合同允许作业者回收勘探、开发以及总产量或总收入中的部分资金（在利润被瓜分并被征收捐税之前），然而，回收成本就是获得成本油，其构成费用为：（1）作业费用；（2）资本投入（支出费用）；（3）财政支出费用；（4）在前些年中尚未被回收的成本。

> 石油成本 = 作业费用 + 资本投入 + 财政支出费用 + 尚未被回收的成本
>
> 在成本回收之后所剩余的收入就是在承包人和其合伙人、国家之间划分利润油（对此，精确的定义取决于PSC术语）。
>
> 利润 = 石油收入 - 石油成本

分包商常常与累计生产、返还率或石油退税政策❷有关。此举的目的为在油田生命周期的早期阶段，给予承包者高额的利润。有时，如果价格上升到某

---

❶ 开采权可以被定为是从资产或每销售单元一种固定价格的物品衍生出来的总的或纯销售百分比，但还有其他类型补偿度量制。一种开采权的利息是收集未来的开采权费用数据的参照，它常常在石油工业和绝大多数工业中使用，用来描述对一个给定的租借期未来的生产与总收入所有权的百分比，它可以从资产的原始拥有者中剥离出来。

❷ 累计税收与累计价格之比。

> 评估石油价格范围的最佳方式就是去观察将石油、天然气和石油产品送往市场的单位价格。

一水准，承包者的利润就会减少，此时就会出现价格上限。一定比例的进口石油必须以低于市场价在国内市场上出售（如印度尼西亚的情况）。作业者所占用的利润油可以成为国家一般性税收的一部分，在某些情况下，可以作为特殊的石油税（如石油收入税[1]）。石油税收常常是十分特殊的。一些国家实施退还石油税率（ROR）[2]的政策。提速生产作为连续的ROR的起征点。这种措施能够引起政府的极高参与并获得极大的盈利，还能够导致在生产与价格的特定增长下的NPV下降。

分成合同及其运作[3]。政府或国家的参与可以现金或现货石油的方式进行。许多税收的管理体制都是基于分成合同（PSC）产生的，据此，国家将会把石油和天然气的所有权收归国有。绝大多数分成合同也有一些浮动的条款，它们取决于生产率、石油价格、储集层的深度与形成时代。

> 石油合同如何运作？

下图是一个分成合同的典型实例，表示政府或国家的平均返还以及与公

---

[1] 石油收入税（PRT）是一种在英国直接收取的税种。1975年，根据石油税收法案（Oil Taxation Act）实施此项政策，这是在Harold Wilson的工党政府重返政坛之后出台的法案，此后不久即爆发了1973年的能源危机。此后，英国大陆架的油气勘探开展，目的在于使"国家更加获利"，这也促进石油公司对资本投资进行"合适返还"。PRT是对英国本土和英国大陆架上"利润极大增加"的石油与天然气勘探的征税。经过特殊允许，PRT对石油开采所征收的税率已达50%。PRT的征税可以作为单个石油与天然气田税收的参照物，所以，与开发和运营一个油田相关的费用就不能与其他油田所产生的利润相区分开来。PRT于1993年3月16日被彻底废除，所有油公司和开发中的油田都赞成此举，但此后PRT依然为油田存在了下去。与此同时，PRT的比率从75%减到了50%，但是许多针对勘探与评价经费的PRT的税收都减免了。

[2] 返还率（ROR）或称投资返还率（ROI），或有时就称返还，是指相对于投资金额对一项投资所获得的与损失的资金之比。获得的或损失的资金量可以作为利息、利润/损失或净收入/损失来看待。投资的资金量可以作为资产、资本、原则或投资的成本基数。ROI常用百分比而不用小数表示。

[3] 政府与石油作业者（承包商）之间的合同，包括勘探、开发和运输的过程。

司或承包商或油田作业者的工作关系。

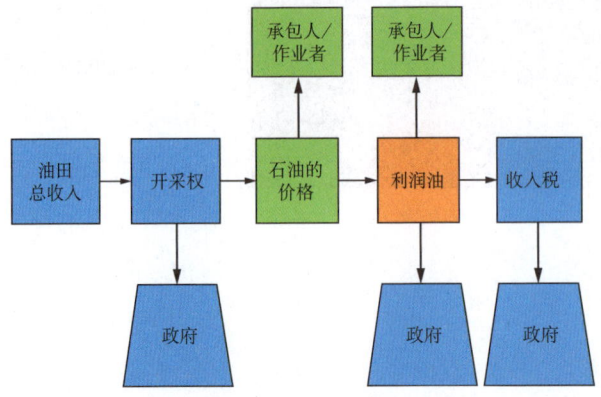

典型的分成合同

服务合同——在一些国家中，承包人接收每桶石油的固定费用，比如在尼日利亚，壳牌公司的利润约为2.5美元/桶，在阿布扎比酋长国，道达尔公司、英国石油公司、壳牌公司的利润固定为1美元/桶。

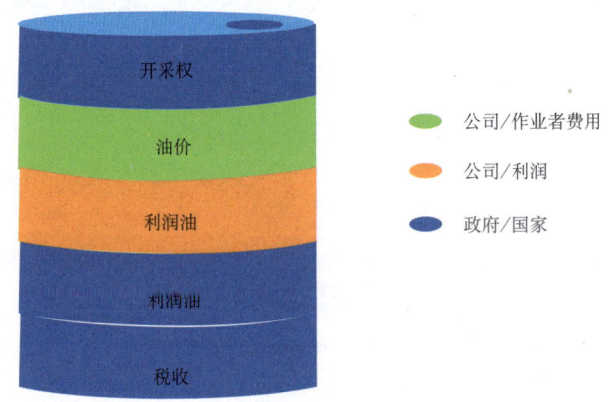

以合同为基础的成本与利润

什么是F&D成本？ F&D成本就是发现与开发成本，包括所有资金和生产开始之前的总收入。发现与开发的成本一般分摊在每桶石油当量上。发现成本由勘探与评估工作构成；开发成本包括将石油与天然气输往销售点而建设和设备安装所投入的成本。两项成本的计算就是将花在增加储量方面的费用与实际储量增加进行比较。

当前，寻找油气已经比石油工业早期的科学性更强了，但依然不可能精确地确定石油在地下的所在地，对于哪些地方可能存在商业价值油气的了解就更少了。最有可能的情况是在七口井中只有一口井可以做出对未来生产的精确评价，当然，这种比率在极大程度上取决于当地的情况。

> 勘探钻井的成本变数很大，它取决于地理条件（陆地或海域，交通便利的程度，困难或极其困难的地区等）以及所需钻井的深度。一些钻井的深度仅有几百米，几天之内就可完成，所需成本约一百万美元。然而，一些钻井的深度可达5000~7000米，完井作业至少需一年，其成本高达上千万美元。

从发现石油到送达市场需要多长时间？ 对此，并无标准的答案，但一般规律是从决定勘探开始，到发现油气、测试、开发并从一个新油田将油气外输约需3~7年时间。所需时间取决于石油所在地，以及发现、测试和开采油气的难易程度。如位于深水海域的一个油田的发现与测试所需的时间就要长得多，因为海上油气勘探与开发所面临的技术挑战更多、更复杂。深水钻井困难且昂贵，勘探家们需要时间去获得更多的资金并研究更先进的技术。

勘探与开发循环中所需的费用种类[1]。所需的费用可分为四种类型，其中三种为广义的勘探与开发循环：（1）所需的土地面积（英亩）；（2）在该区域的勘探；（3）任何成功的开发；（4）购买已有的油气储量。这些费用可以被视为在一个给定的时间范围内获得油气的成本。发现与开发的费用在1993年达到峰值以后就开始直线下降，这是因为钻取勘探井的技术已经被利用三维或四维地震勘探等更为先进的勘探技术所取代，钻井成功率明显提高，所钻的"干井"（失败的钻井）已大大减少。

勘探是风险最高的阶段[2]。在所钻井中，仅有少数井可以见到石油或天

---

[1] 从研究、勘探、发现、开发、生产、储运与油田替代开始。
[2] 这是石油开发循环中最为昂贵的阶段。资料来源：《欧佩克能源报告》《WER》，2008。

然气。不能指望仅靠这几口井就确定油田的范围。只有五分之一的勘探井能够发现人们所需的油气。然而，石油公司依然认为，以此代价去发现新的油气田是非常值得的。若将勘探成本均摊一下，如果使用更为高级而有效的技术方法，则每桶石油所需的成本仅为0.80~1.60美元。

生产成本。通常人们将生产成本称之为采油或作业成本，由员工成本、当地的能源成本、所需的租金（钻井设备的租用等）、消费（如钻井液）、钻头费用等构成。当今，油气开采技术已经大幅度提高（水下钻井、海洋油田开发、FPSO等），而且开采权费用也降低了（有时此项还包括生产费用）。

> 1999年，一些大型跨国石油公司的生产费用已经降至3.63美元/桶油当量，这是近10年来它们的最低水平。油气的预测，勘探钻井的目标都是深埋于地下的。这些钻探的目的层大多深埋于2~4千米的深处，有时可深达6千米。欲达目的层，所钻井的直径仅为50厘米。

石油是有限的自然资源，虽然仍可开采许多年，但它最终会被耗尽。以2007年的开采速度，欧佩克所拥有的石油资源还可以开采81年，非欧佩克的石油资源还可以至少开采20年。全球的石油需求量正在增加，而欧佩克也将进一步增强自己在石油资源方面的重要作用，如果我们能很好地安排我们的资源，提高石油的利用率，开发新的油气田，就能让石油资源多为几代人使用。石油勘探的费用可达几亿甚至几十亿美元，而实际费用则取决于以下因素：可能的石油资源位置（陆地或深海区）、油田的面积、能获得详细的勘探资料以及地下岩石的构造类型。所以，勘探需要进行详细的制图以便确定合适的钻探位置（地质构造的类型）、深部地层勘探（二维和三维地震勘探技术）以及实验钻井。要确定这些作业的准确成本并非易事，在石油工业中，欧佩克的平均生产成本最低，其部分原因在于欧佩克成员拥有丰富的石油资源而且开采地点十分方便。

生产与炼油厂之间的运输成本的变化也很大，在很大程度上取决于从油田到炼油厂以及从天然气田到加工处理厂的距离。石油生产国通过炼制国产石油的方式来使本国生产的石油增值。然而，如果市场遥远，运输的费用就会非常昂贵，就会出现输送石油的费用高于原油价格的现象，其主要原因在于与原油罐相比，石油产品的罐相对较小。因此，石油生产国不得不做出提高自己炼油比例的战略决定。

> 对于不太好的或者极其昂贵的（9.50~15.40美元/桶）的价格来说，实际的生产成本要高于4.20~8.10美元/桶，对于一个条件良好的中东地区的油田而言，生产成本为2.30~5.90美元/桶，其成本会因生产井的产量或单元流量而发生极大的波动。然而，成本也取决于油田的生产利润以及油田能够连续生产的时间。油田的生产峰值可以延续一段时间，一般为一年到几十年。

储量[1]接替成本 储量接替是上游工业另一种重要的评估标准。这一概念的定义为一家石油公司用新油田接替生产的能力，即用新增储量修订先前预测的（一个油田投产后）或者已经获得的储量。储量接替由石油公司提供的标准数据进行计算，而这些数据是由美国证券交易委员会（Securities and Exchange Commission，SEC）与财务会计准则委员会（Financial Accounting Standard Board，FASB）提供。虽然这两方面都有局限性，但它们是唯一能够在不同公司之间进行评估的两个标准。

油田生产的储量可以被以下因素所替代：（1）新油田的发现；（2）已有油田的面积扩大；（3）早期储量预算的修订；（4）从别处购买到的储量。一个100%的比率标志着一家石油公司在一个给定的时间段内已经将所有已开采的储量全部增补上了。由于一个典型的勘探与开发循环，大约为3~5年时间，这一时间比例的长短并无特殊意义。

---

[1] 石油储量是指在现有的经济与作业条件下能够开采出来的石油量。许多石油生产国并没有展示它们的油气藏工程数据，而仅仅提供一些关于石油储量的虚假报告。

中东地区一个品质良好油田的单元成本[1]

序号	单元定义	平均成本（美元/桶）	较低的原油成本与价格（美元/桶）	最高的原油成本与价格（美元/桶）
1	勘探成本	2.00	0.90	3.10
2	生产成本	4.10	2.30	5.90
3	运输与装载成本	1.05	0.40	1.70
4	离岸价当事国税成本价	7.15		
5	从中东和欧洲出发的油管运输成本	1.85	1.00	2.70
6	CIF每桶当事国税成本价	9.00		
7	欧洲每桶石油的销售价格（2007—2008年最高值）		65.00	145.00
8	总成本	9.00		
9	每桶的盈利		56.00	136.00

> 在石油工业界，欧佩克的平均生产成本最低，其部分原因在于欧佩克成员拥有丰富而且易于开采的油气资源。

  储量接替是上游工业发展情况的另一个重要评价指标。储量预测也是一门科学，而且，随着新信息的不断获得，储量预算也将发生变化。各石油公司都会尽力管理自家的储量并不断修订（一般都会增加）。一家油气公司在一个给定的时间段内已经完成了自己所有的储量接替工作，而一旦发现储量有下降的趋势，油气公司就会对自己的账目进行审核。无论是勘探与开发成本还是储量接替率完全可以各自核算。显然，在一些极端情况下，那些大幅度削减勘探预算的石油公司将一无所获，并会因油田的枯竭而不复存在。而那些勘探投入巨资的公司将在未来获得较高的储量接替率和生产率。

  在最有利的情况下（良好的中东地区油田），采油的利润将可达成本的6~15倍，这远高于其他工业的利润。这种巨大的利润使得石油工业在全球的工业界独领风骚。

---

[1] 一个油田就是一个拥有从地下开采石油的大量油井的区域。石油储集层延伸的面积很大，可能会达几百平方千米，在整个油田区域内分布着大量的勘探与开发井。此外，可能会有一些探井打到了油田的边缘，用管线可以将石油从那里运至加工厂。由于油田可能会远离居民区，因此建成一个油田的物流供应网极为复杂。如工人们不得不工作数日或数年，并需要在油田安家落户。反之，居住与设备也需要电力和水，在严寒区的管线可能需要加热。如果无法利用，人们会将多余的天然气烧掉，这将需要大量炉具和排气管，还需管线将天然气从井口送达炉具处。

石油储量与石油峰值。常规石油储量包括用现有的技术手段一次、二次或三次采油技术从井孔内采出的石油量。但并不包括从固体或气体中抽取获得的（如沥青砂、油页岩、天然气液化处理或者煤的液化处理）液体。石油储量可以分为探明（proven）储量、预测（probable）储量和可采（possible）储量。探明储量是指总量中至少90%~95%的资源，预测储量可达总资源量的50%，而可采储量则仅为总资源量的10%~50%。目前的技术手段可以从绝大多数井中采出约40%的石油。一些推测认为，未来的技术将可以采出更多的石油。但迄今为止，人们在计算探明储量和预测储量时都已将未来的技术能力考虑进去了。在许多重要产油国中，大量的储量报告并未被外部的审计核实确认。绝大多数容易开采的石油资源都已被发现了。

　　油价的增长促使人们在那些投资更高的地方进行油气勘探，如超深钻井、超低温条件下钻井，以及环境敏感区域或需要用高科技开采石油的区域。每次勘探的低发现率必将造成钻采工具短缺、钢材涨价，在这种复杂的背景下，石油勘探的总成本势必增加。全球油田发现的高峰值出现在1965年，其主要原因在于世界人口的增加速度快于石油的生产速度，人均生产的峰值出现在1979年（1973—1979年期间，为上升后的稳定水平阶段）。20世纪60年代，每年的石油发现量也达到了峰值，约为550亿桶。从那以后，这一数值就持续下降（2004—2005年间仅为120亿桶/年）。1980年储量出现峰值，当时的石油生产首次超过了新的发现量，虽然用一些创新的方法对储量进行了重新估算，但仍然难以精确地估计储量。

　　夸大的储量。全球的油气储量是混乱不清的，而实际上是言过其实的。许多所谓的储量实际上是资源。它们并未被确定，既没有得到，也无法开采，而仅仅是一种估算，在全球12000亿桶（1900亿立方米）的探明储量中，约3000亿桶应该被修订为探明资源量。在石油峰值数据的预测中，一个困难就是对那些探明储量进行评估时因定义模糊而出现的误差。近年来，人们已经注意到关于"探明储量"被耗尽的许多错误信息。对此，一个最好的实例就是2004年壳牌公司20%的储量突然不翼而飞的丑闻。在绝大多数情况下，探明储量是由石油公司宣布的，也可由石油的生产国和消费者们宣布。这三方都有夸大他们探明储量的理由：（1）石油公司可能会以此提高自己潜在的价值；

（2）石油生产国欲以此进一步强化自己的国际地位；（3）消费国的政府可能会寻求自己经济体系内和消费者之间的安全与稳定。2007年能源观察组织（Energy Watch Group，缩写EWG）的报告表明，全球的探明储量加预测储量为8540亿~12550亿桶（若按目前不再增长的需求量计算，可供全球使用30~40年）。对欧佩克报道数据进行详细的分析就可发现巨大的差异，这些国家夸大自己的储量很可能出于政治原因（特别是在没有实质性发现的时期）。有70多个国家也跟风，纷纷夸大自己可用于开采的储量。因此，最高预测就是12550亿桶。分析家认为，欧佩克成员的经济刺激着它们夸大自己的储量，因为欧佩克的配额系统允许那些拥有较多储量的国家增加自己的产量。如科威特在2006年1月向《石油情报周刊》（Petroleum Intelligence Weekly）提供的报告称，该国的储量480亿桶中仅有240亿桶为"探明储量"。然而，这一报道是基于科威特的"秘密文件泄密"情报而做出的，而且也未被科威特官方否认。此外，以前所报道过的第一次海湾战争中被伊拉克军人烧掉的15亿桶储量也没在科威特的石油储量中得以反映。另一方面，官方调查分析家们认为，石油公司一直希望造成一种假象，以便提高油价。2003年，一些分析家指出，石油生产国是了解它们自己储量的，目的就在于抬高油价。

FOB和CIF价格

价格可以分为FOB[1]（Free on Board，来自石油出口国的价格）和CIF[2]（Cost Insurance Freight，即"价格保险货物"，是针对进口消费国的

---

[1] FOB（也常常写作f.o.b.）是一种送货时常用的价格名词，以确定为其装货与运输支付费用的一方以及为从运输方到买方的货物运输的责任方。FOB运输是在货物的拥有者/责任方从卖方运给买方过程中的费用，即确定运输的责任人与支付方。FOB的目的地标明，在货物运抵买方之前所发生的所有费用均由卖方负责。在确定从卖方到买方运输途中所出现的货物损失或丢失的责任时，这种FOB运输方式定义就显得十分重要了。FOB运输与卖方为FOB运抵目的地负责。CAP，或称"消费者安排（飞机或船舶等）运输，意味着买方将为他们的到货选择集装箱船并为送抵买方之前的货物损失与丢失负责。

[2] 价格保险货物（CIF）是销售合同中常用的术语，它可用于使用海运方式的国际贸易中。当一种价格为定额的CIF时，它意味着销售价格包括了商品价格、货物运输费用以及海运的保险费用。CIF是一种国际贸易术语。CIF在绝大多数价格与货物（CFR）的条款中和相同的注释中都有明确的定义，包括仅用于常规海运中的费用，CFR的附加责任还包括在CIF规定下，卖方必须获得可转让的、具备了良好的风险保险名声的海运保险权力。该权力必须包含另加10%的费用以及可能的合同支付点注释。

价格方式）。

FOB与CIF价格	
FOB	成本价+石油生产国税收+石油公司*利润
CIF	FOB原油价格+保险费、运输费和到达石油进口国目的地港口的货物费用

*私人性质的或国有的或国际公司。

石油价格：它是如何上税的？与原油一样，石油产品也有它们的零售价格与期货价格。欧洲重要的石油产品市场在荷兰西南部港口城市鹿特丹。基准的原油价格包含了为产油国支付的税。然而，在原油真正运抵消费国之前，石油产品还将进行二次上税，这是由消费国自己征收的。这第二次税收，尤其是欧洲共同体内一般与石油生产国征收的捐税相比是最高的。

由于天然气链上的单元成本要大大高于石油链上的，因此总的利润单元的利润率就可能较低。对一个优质的中东油田来说，利润可达成本的6~15倍，而对于较小的天然气田来说，它们的利润则仅为成本的2.4~5.3倍。

一个中东天然气田的单元成本分析[1]**（税前）**

序号	单元定义	价格 (美元/百万英热单位)	最低价格 (美元/百万英热单位)	最高价格 (美元/百万英热单位)
1	勘探单元成本	0.30	0.20	0.40
2	生产单元成本 （包括运抵港口的费用）	0.65	0.30	1.00
3	液化成本	1.00	0.70	1.30
4	LNG的FOB税前成本价	1.95		
5	LNG罐船运输成本 （远程运输）	0.90	0.40	1.40
6	CIF税前成本价 （日本、韩国、中国）	2.85		
7	亚洲的LNG销售价		7.00	15.00
8	总单元成本	2.85		
9	每桶利润		4.15	12.15

*美元/桶油当量：每桶石油当量的美元价值，能够与原油的价格对比的一个单元。

---

[1] 天然气的储存价格以一个天然气田单元计。

石油炼制基础经济学

炼油是一种重工业，它需要对各种生产措施进行投资，这些设施需要实现原油的输送与运输最终产品的最佳连接。炼油厂需要大量的电力与水。炼油厂的寿命较长，一般可以使用五十多年。除了所需的投资规模之外，炼油工业所产生的附加值在与原油价格和石油产品运出炼油厂之后的价格相比相对并不太高。炼油的盈利❶取决于三个关键因素：（1）所用设备的最高生产量；（2）成本价格；（3）所有产品的升级效率。资本密集型企业可能会高度依赖设备的利用率，所以炼油厂常常会促使生产达到最高值，如果达到饱和的话，石油产品的销量就有可能出现下跌。炼油工业经济学与石油生产的经济学不同之处就在于它们的经济利用率的基本区别。

炼油的利润❷

炼油的利润代表着由炼油厂产生的利润，产自炼油厂的产品价格和输入炼油厂原油价格之间的差价。与附加值相比，原材料或辅料的成本较高，一座炼油厂必须使其工作效率尽可能地高，同时将工作的成本降至最低，这样才可具有竞争力。炼油厂也必须确定不会浪费产品或能源并利用石油的所有馏分，即从汽油一直到最重的组分。

炼油产品的价格❸。一个标准的炼油厂实际上可以生产几百种产品，一些重要，一些次要。炼油厂的生产可以分为两个主要部分：（1）燃料（汽油、柴油、航空燃料、燃料油）；（2）特殊产品。后一种的数量更多一些，但产品的总吨数却要少些，包括溶剂、润滑油和其他特殊产品。炼油厂可以生产大批相关的产品，但却无法为其逐一定价。可以用一些数学模型去计算理论成本，但实际销售价格不会反映这些成本，而且各种产品的价格都将受控于市场，这样的市场才具备着维持供需关系平衡的作用。

石油产品的价格。传统的、大量的石油产品出厂以后，价格会发生变

---

❶ *主要取决于石油产品的市场价格。*
❷ *炼制产品价格与原油价格之间的差异。*
❸ *炼油厂生产多种石油产品，它们的价格主要受市场控制。*

化，主要表现在最重组分（重质燃料）和最轻组分（汽油）的价格波动。近年来，布伦特原油的平均价格为22美元/桶（约150美元/吨），而主要的石油产品销售价格大约为：

价格（美元/吨）	石油产品
100	含硫的重质燃料
200	柴油
300	汽油

实际上，与原油价格一样，这些石油产品也是由不同的市场制定的。这些价格被称为石油产品现货价格。它们将随整体销售市场（如鹿特丹、纽约、新加坡和伦敦）的价格上涨或下降。当然，这些波动都取决于供需关系。石油产品也在在线实时交易市场上销售，其方式与原油的相同。石油产品市场比原油市场要活跃得多，其价格多变——这取决于因天气和经济条件影响的需求量的波动。汽油价格会受极具竞争性的零售市场和其他因素的影响，包括全球原油与石油炼制产品的交易等。我们对于石油产品价格的关注来自两个方面：全球各市场上的卖方与买方——他们是供需关系变化的晴雨表，政策与创新性需求为经济的发展提供支持，进而促进市场供需平衡。如在美国，因为特殊燃料的增值效应，包括对日趋增加的国内石油生产的支持，并致力于减少进入炼油厂和物流系统的复杂性与种种限制。

全球的原油和石油产品的供应与需求对美国加油站的汽油价格影响最大。2007年，美国原油的成本占到了每加仑汽油成本中的三分之二。当前，汽油价格中的19%为炼制、运输和市场营销成本， 13%为美国国家与联邦政府的税收。作为全球性商品，石油与石油产品（包括汽油与柴油）是自由市场上价格波动的主角，极易受到未来供需变化的影响。有迹象表明，只要保障供给，世界各地的石油购买者都有购买能力。

石油产品的税收❶情况各不相同。在送抵最终的消费者之前，被送到批发市场上销售的石油产品都会被消费国政府征收税。在一些国家中，尤其是在石油生产国，对于石油产品的税收是非常低的，甚至可以忽略不计。后一种情况会发生在一些国家（如伊朗、尼日利亚和印度尼西亚）中，而这些国家都会

---

❶ 不同国家的石油产品的税收政策各不相同，欧洲的税收额度为全球最高。

将自己的石油产品利润受益于自己的全体国民。其他国家（尤其在一些发达的石油消费国）的石油税收可能会很高，而且主要由终端消费者支付。由欧洲的石油消费国支付的捐税远高于石油生产国所交的税，在欧洲共同体内，石油的税收可以占到其成员预算的15%~20%。在美国，石油的税收要低得多。据此，可以很容易看出，与美国相比，欧洲的小轿车趋于小型化且耗油量减少的原因所在，因为汽车的燃料通常所缴纳的税额最高。当你观察一下欧洲的各种石油产品时，就会发现，其平均税率较低，但依然占到了消费者购买商品的平均价格的40%~57%，这是一个相当大的金额。

在运输过程中，运输量是一个重要的因素——运输量越低，则单位成本越高。对于石油产品和天然气产品都是如此。派送的成本在石油、天然气和石油化工领域之间的成本链上也是一个极为重要的因素。超级市场链是石油公司加油站的最大竞争对手，因为它们的特殊行业正在逐步缩减物流成本，其运输、储存和派送成本都已降至最低。当石油公司直接向消费者或顾客交送石油产品时，实际上已不具备任何优势。一些典型的实例是LPG或民用燃油、机场的航空燃油或天然气管线，这些石油或天然气产品都是直接输送给消费者（顾客）的。

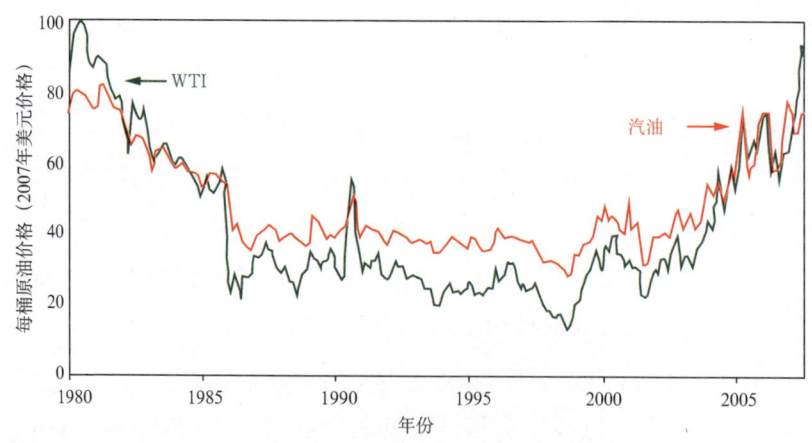

WTI原油与汽油价格❶（截至2007年12月的数据）

---

❶ 资料来源：《WER》《EIA》《FIR》，2005。

全球原油与汽油价格发展对比❶

欧洲炼油产品平均成本的分析（2003—2007年）

	最小	最大
石油生产国的生产成本+输往欧洲的运费+石油生产公司的利润	4%	11%
石油生产国的捐税	12%	22%
炼制与派送+炼油与派送公司的利润	18%	27%
欧洲国家的捐税	40%	57%

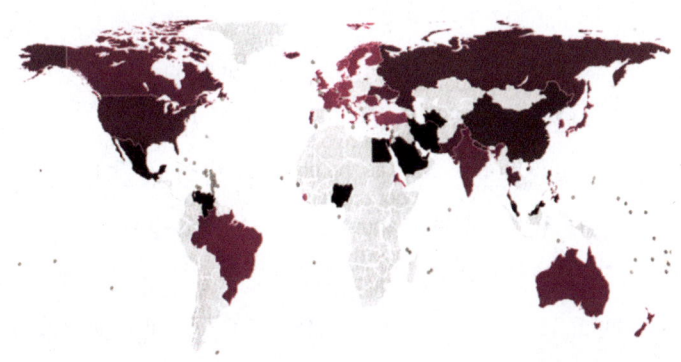

2008年5月全世界的平均汽油价格（颜色越浅表示该国家的汽油费用越高）❷

美国的汽油使用与定价

在美国，虽然需求量高而且燃料的价格不断上涨，但与绝大多数西方国家相比，汽油价格依然较低。2008年5月，美国的汽油价格为3.93美元/加仑（1.04美元/升）。2008年7月，平均汽油价格达4.00美元/加仑（1.059美元/升）。在美国的石油产品总量中，运输业的消耗量就占到了44%。换算一下，这个比例为每年6000亿瓦特。据美国能源部2007年3月的数据，在为石油的支出中，52%为汽油成本，24%为炼制成本，15%为捐税，9%为派送与市场营销费用。

---

❶ 汽油（汽油产品）的定价与应用取决于原油价格，加之处理与派送成本、当地的需求量、当地流通强度以及当地汽油供给的资源量。由于燃料是全球交易的，所以交易价格相似，由消费者支付的费用在很大程度上反映国家的定价政策：一些区域，如欧洲和日本，对汽油征收高额捐税；而另一些国家（如沙特阿拉伯、委内瑞拉）则给汽油以补贴，西方国家的人均汽油消耗量最高。汽油的最大消费国是美国，2005年美国每天平均汽油消耗量高达3.86亿美制加仑。

❷ 汽油的最大消费国是美国。

欧洲的汽油使用与定价❶

绝大多数欧洲国家实行高燃料税政策。从传统上看，欧洲的燃料价格是美国的3~4倍，如：2000—2005年欧洲的汽油价格为1欧元/升（约1.54美元/升或5.82美元/加仑），美国的汽油价格仅为1.50美元/加仑（0.40美元/升）。这种情况已经维持了多年，而且也没有引起过多的反对。事实上，在美国，燃油价格的保证措施更多。2007—2008年间，税前市场价格上涨了，使得各地汽油纷纷涨价，但是，欧洲的汽油价格依然是美国汽油价的一倍之多。俄罗斯及其一些邻国的税率很低，汽油价格与美国的十分接近。

确定在公路交通燃料需求中的因素。每人所消耗的交通燃料❷能够分解为两大部分：（1）汽车的拥有率；（2）每辆车的汽油消耗量。后一部分又可以分为消耗与利用率等两种因素。第一种因素主要取决于每人的真正收入。随着生活成本的增加，人均汽车拥有量呈"S"形曲线。第二种因素取决于实际的加油站价格（负面影响）、每人的收入（正面影响）以及汽车拥有率（负面影响）。如果我们将这两种因素合并，就能评估最终价格所需的变化弹性和与之对应的GDP值。第一种因素的弹性约为－17%，换言之，如果每升汽油价格翻番，消耗量就会减少17%，所有的因素都是均等的。第二种因素随着人均收入减少而减少。2005年，全球平均若以100%计，人均收入为5000美元。交通工具所消耗的燃料（广义上的能源产品）是一些特殊产品，它们往往由一些特殊系统掌控，而这些系统也会混淆与油价有关的信息。国际市场上，石油运营的影响在送抵最终使用者之前会被税收和津贴抵消一些。在一些国家，高额的税收所造成的影响是多方面的。欧洲是一个例子，在绝大多数欧佩克成员和许多发展中国家，石油价格是由其接收的津贴决定升降与否的。

通过针对每个国家（根据它在总消费中所占的份额）的加油站与石油价格灵活性的权重，我们可以得出一个全球平均弹性系数：35%。如果一桶油价翻番，则加油站的美元价格就会上涨35%，但是，消费者的对于价格变化的反应都是相同的。所以，自2000年以来，油价上涨的冲击已被淡化了，整体价

---

❶ 欧洲的汽油税额全球最高。
❷ 每个人的消耗量。

格与货币流通的趋势有助于限制高油价对消费者的冲击。与许多货币相比，美元再次贬值。与此同时，经济增长的强度已经导致了通货膨胀。从2000年以来的这一时期内，我们预计全球平均真实的加油站价格与名义上的石油价格之间的弹性系数约为20%。

汽油价格的分类。当你为自己的爱车加入50美元的汽油时，这笔钱可以分别交给几个企业。石油与其他消费商品一样，拥有自己的供给链和几个各自具有其产品价格的组成部分。媒体常常会使你相信汽油价格仅仅取决于石油价格，但实际上是多种因素决定着你在加油站所缴纳的金额。无论油价如何高，与它有关的所有企业都会受益。

> 根据美国能源部的资料，你为油料所付的1美元中可以大致分配为：（1）税11美分；（2）派送与市场营销费6美分；（3）炼制费10美分；（4）原油成本73美分——这些就是2008年4月汽油费用的分配额。

原油的成本是汽油成本中比重最大的份额，这也是由世界各石油出口国所确定的，尤其是在欧佩克，这些国家所生产的原油量标志着每桶油的价格。2008年5月22日，纽约和伦敦的市场报价超过每桶135美元。分析家们认为，关于石油未来的所有投资都应考虑到如印度和中国这些国家的石油需求，这种需求增长当然也会促使油价上涨。通常，即使市场上的石油供给充分，天然气的价格也会上涨，这将取决于石油本身的类型。原油可以被分成重油、轻质油以及"甜、酸"（没人能真正品尝石油，人们仅仅这样称呼之）石油。轻质而甜的石油容易炼制且炼制成本也较低，但它的供给一直不足。全球的重质、酸性石油蕴藏量极为丰富，但炼油厂，尤其是美国的炼油厂为此付出的成本极高。

炼制柴油燃料的成本远高于常规汽油。派送与市场营销是将原油运至派送点，然后送至加油站的成本。运输的价格也会被加入你为购买汽油所支付的费用之中。美国联邦政府的税收为每加仑18.4美分，还有一些附加税，如使用的国家销售税、总发票税、石油检验费、地下储存油罐费以及其他各种环境费。政府所征收的税合计平均可达每加仑27.4美分，甚至可能会更高。在欧洲，由于对石油征收的税率很高，所以那里的天然气价格也远高于美国的气价。加油站标高售价，其实你在加油站所支付的费用也并没有真正留给加油站。一些消费者抱怨加油站标高售价，而实际上，这些加油站（服务站）对每加仑燃油才仅仅多收了几美分。目前尚无关于加油站对燃油加价的标准，一些加油站仅增加2美分，而一些则可能加价10美分甚至更多。然而，美国一些州已经颁布法令，严禁加油站的加价超过批发价格的一定比例。制定这些法律的目的在于保护那些小型的、私人拥有的加油站，使其免于被从大型商业链中排挤出去，因为后者在自己选择的合适地点自主定价。出于各种原因，油价也会因地而异。在全国范围内，造成油价差异的最大因素可能就是征税。此外，各地加油站之间的竞争也会使价格出现差异。与炼油厂的距离也可能对油价产生影响，如离炼油厂较近的加油站，就会因运输成本较低而出售价格较低的油料。还有一些能够影响油价的区域性因素。

美国的平均汽油价格

年份	平均汽油价格（美元/加仑）
1980	1.22
1985	1.96
1990	1.22
1995	1.21
2000	1.56
2001	1.53
2002	1.44
2003	1.64
2004	1.92
2005	2.34
2006	2.63
2007	2.85
2008（至4月）	3.24

全球性大事件、战争和气候剧变等因素也会造成油价上涨，与世间的任何影响因素一样，从石油被钻探的那一刻开始，到炼制过程和被派送到你的爱车，每个环节的改变都可能导致油价的波动。世界一些富含石油地区的武装动乱会使石油公司无法进行勘探工作，也无法把石油运出去。飓风也会损坏海上钻井平台、海岸附近的炼油厂、运输码头和接收油罐。然而，如果一个油罐丢失或被损坏，或者石油泄漏进入大海，就会使市场受到冲击。

油价大波动是多种因素造成的，包括上述所列出的诸多因素。然而，2007年春季，又出现了一种新的因素，美国政府颁布法令，将更多的乙醇列为交通工具可以使用的燃料。据此，到2017年足以使每天的油料进口量减少150万桶。在2007年10月到2008年4月间，乙醇混合燃料的价格比常规油料要贵4%~12%。

欧佩克与全球石油价格[1]

由于欧佩克国家中的税收相对较低，所以零售价格远低于绝大多数发达国家的价格。

石油价格最昂贵的国家和地区（以美元计）		
排序	国家	价格（美元/加仑）
1	厄立特里亚（东非国家）	9.58
2	挪威	8.73
3	英国	8.38
4	荷兰	8.37
5	摩纳哥（欧洲西南部国家）	8.31
6	冰岛	8.28
7	比利时	8.22
8	法国	8.07
9	德国	7.86
10	葡萄牙	7.84
108	美国	3.45

汽油价格最便宜的国家和地区（以美元计）		
排序	国家	价格（美元/加仑）
1	委内瑞拉	0.12
2	伊朗	0.40
3	沙特阿拉伯	0.45
4	利比亚	0.50
5	斯威士兰（非洲东南部国家）	0.54
6	卡塔尔	0.73
7	巴林（西亚国家）	0.81
8	埃及	0.89
9	科威特	0.90
44	美国	3.45

即使媒体上每天的头条新闻都有对创纪录的油价的哀叹，美国实际上还

---

[1] 资料来源：美国劳工部颁布的统计消费价格指数（CPI），2008年4月；《WER》，2008。

是全世界油价比较便宜的地区之一。根据对全球155个国家与地区的调查，若从最便宜的地区排序，美国的油价位于第44位。如2008年4月后期的情况，这种差异也是令人束手无策的，美国的汽油平均价格为3.45美元/加仑，而绝大多数欧洲国家的油价则超过了8美元/加仑。美国一直努力保持低油价，目前争论的焦点是政府方面如何努力使这种已令世人难以接受的油价保持在一个合理的水准。但是，这些便宜的油价——美国正在实施的油价对于其他国家来说却是可望而不可即的。而这种便宜的油价也诱使美国人陷入了不断购买大型轿车和更大住宅的循环中，似乎全球上涨的油价阴影距离美国人是遥远的事。

价格的比较也不能一概而论。跨国的油价比较，或以不同的交换律比较总是件难事。与欧元相比，美元已大大贬值。加之人们的居住远近不一，公交车就可派上用场，而缴纳高油价的人也会从其他方面受益，如欧洲拥有较强的社会保险网，包括较为便宜的健康保健和较高的教育水准，这些就有一些是纳税人所缴纳的油价中所含的税金。

高昂的石油和汽油价格导致的经济困境

石油和其他商品价格的陡涨加大了通货膨胀，而且开始令决策者感到焦虑。商品量太少，人们持币观望，这样就导致石油美元的再循环难以进行。通货膨胀不仅在影响着关键货币指征，而且也在影响着全世界消费者的衣食住行。许多国家消费者的非理智行为不断增加。

在OECD成员的驾车人中，对通货膨胀的各种警觉也在增加，那里的消费者也正在承受着油价上涨的猛烈冲击。石油产品随处可见，但人们的腰包却瘪了，无力延续以往的消费习惯。在美国，运动型大功率轿车的销售已近停滞，小轿车的制造商正将自己的产品转向小型化和高效节能型。在美国，人们对汽油的需求与油价增长密不可分。无可否认的是：人们不得不面对生活方式突然改变的痛苦。与其排队等候加油还不如买一辆小型且节油高效的小汽车，专业驾驶员、渔工和其他以运输燃料为生的人们正在敦促政府通过减少对石油产品的沉重捐税来缓解高油价所造成的冲击。在欧洲，高额的石油产品税压制了人们的需求，并迫使人们努力提高燃油的利用效率。在过去的十年里，与收入相比，油价依然是适中的，一个国家接着一个国家争相提高自己的税率，进而导致能源的消费更加昂贵。原油的价格一般不足最终使用油价的一半。环境税、消费税、（货物）供给税、增值税构成了其他部分。虽然油价的上涨最初是由税收的缓冲措施得到了缓解，但高额税和原材料的高成本两种因素加在一起导致了当前加油站零售油价的暴涨。欧洲的经济增长已趋停滞，与此同时，物价上涨，失业率增长，在普通的欧洲人心中，已对未来失去了信心。在夏季到来之前，石油危机和信贷危机的冲击并没有给消费者造成太大的冲击，但旅游观光业却可能遭受重创，一些行业对它们所能承受的价格上涨已经达到了极限。

汽油价格：几乎完全取决于政府的政策[1]。无论产自世界何地，汽油的成本都大致相同，而零售的成本则会有所不同，一些国家的政府为油品进行补贴，而另一些国家的政府则会为石油产品征收重税。在许多产油国中，汽油的价格十分低廉（在委内瑞拉，每加仑汽油仅为12美分，沙特阿拉伯为45美分/加仑）。因此，许多政府在从公开市场出售的汽油获利之前就会将这些钱预支，使它们的国民感到幸福并推动国家的独立事业。许多分析家认为，补贴正在促使这些国家的需求变得毫无拘束，进而抬高了全球的油价。在美国，联邦政府对石油征收的税为每加仑18美分，与国际标准相比是非常低的。近年来，这些相对较低的石油税使得美国人难以面对油价从1美元/加仑到3美元/加仑的暴涨。

航空燃油成本造成的空中困境（以美国为例）。2007年，对于那些在美国飞来飞去的人们来说，油价飞涨可不是个好消息，这已成为航空工业的一场灾难。然而，通常情况下，人们并不善于评价某些事情真正的糟糕程度以及形势如何快速而急剧变糟，或者去判识关于航空经济学的谎言以及包括有航空工业重大重建工作和联邦政府可能会重新修订法律等消息。航空燃油价格的增长远快于油价的增长，前者在近5年中翻了3倍。2002年，美国的航空工业为航空燃油支付了130亿美元；2008年，美国航空业为航空燃油所支付的费用将达610亿美元。从历史上看，航空燃油的成本占到了总运营费中的15%~18%，远远比不上人员费用——它占到了总运营费的25%~30%。2006年，航空燃油费首次超过了人员的费用。2007年，航空燃油费达到了航线总

---

[1] 资料来源：*Roger Bezdek*博士，华盛顿（《世界石油》，2008年8月）。

运营成本的34%，是历史平均值的两倍之多。2008年，燃油成本达到了航线运营总成本中的40%~50%，而一些航线上的燃油成本将达总运营成本中的一半以上。目前，美国的航空工业在大量损失金钱，为降低成本，减少资本支出，即使付出了很大努力，却依然无法扭转下滑的颓势。在极少数情况下，即使有些航空公司拥有一种商业运行模式，也不会太多，利用这类模式，可以允许它们在任何现行的和预测的油价上获利。

它能恶劣到什么程度？ 考虑一下当今航空业的困境吧：在美国境内，有400多个机场都被迫减少了飞行架次，有30多个城市的飞机全被取消，200多架飞机在地上"趴窝"，10条航线上已经取消了头等舱的服务，包括所有主要的运输工具。在这种负面影响下，"潜在而严重的经济损失"会导致燃油价格连攀新高。

> 航空工业正在进行着近乎疯狂的涨价，费用增加了，但服务和能力却减少了。2008年，全球的航空业可能会损失52亿美元。

航空运输协会预计，2008年（夏季）进行空中旅行的人数将比2007年减少270万人。由于疯狂飙升的燃油价格（这是有史以来的最高价），预计美国航空业将损失130亿美元。2008年1月和3月，美国有8条航线停飞，一些航线上的机票价比2007年的同期上涨了3~4倍。托运行李的费用现在都比所预期的更为标准规范。一些航线上已经对软饮料、椒盐饼和水进行收费；一些航线目前已对内部坐席间的纵直通道座位、靠窗的座位和紧急出口的通道处座位等加收费用；许多航线通过从机舱内撤除杂志、枕头、毛毯等物品，使用较轻的饮料推车、盆子和用具等来减轻重量；还有一些航线甚至减少飞机所携带的冲洗厕所的用水。

一些航空公司使出浑身解数，新手段层出不穷，甚至正在考虑对每位飞机乘客按体重收费。而实际上，早在20世纪早期就有一些航空公司采用了这种方法。

经济发展与"高标准的生活"❶之间的对比。世界人口是指在一个给定的时间内，地球上生活着的人类的总数。2008年，世界人口已达67亿。在当前的人口规划中，全球人口数量将继续以20世纪之前从未出现过的速度增加。虽然自从人口增长的峰值出现以来，这种增长的速度已经减半。这一增长峰值出现在1963年，为每年2.2%。若按目前的增长轨迹发展，到2042年，全球人口将会达到90亿，见下表。

2042年全球部分国家人口

国家	人口（百万）	增长率（%）
中国	1620	20.14
印度	1430	17.16
美国	404	4.76
印度尼西亚	232	3.47
秘鲁	187	2.80
巴基斯坦	163	2.44
孟加拉	159	2.38
尼日利亚	148	2.22
俄罗斯	142	2.13
日本	128	1.92
墨西哥	107	1.60
菲律宾	89	1.33
越南	84	1.31
德国	82	1.23
埃及	81	1.13

石油供应与石油需求分布之间的一个重要因素是美国的消费量，它是举世瞩目的全球最大的石油消费国。2007年，美国的耗油量就达到了2550万桶/日，占到了全球日原油消耗量的29%。美国的原油消费量是它最近的竞争对手日本

---

❶ 生活标准取决于能够为人们提供的货物的质量和数量、服务以及在一个区域内为用户派送的方式和服务条件。这种标准的计量一般包括收入的不均等、贫困率（即通货膨胀的调节）和人均收入。其他一些评价条件有健康保障的程度与质量、教育标准和社会权利等。评估的实例包括某些特定的物资（如每千人中的电冰箱拥有量）、健康状况（如生活要求），以及人们在自己生活所在地的安全保障。一个"标准"的理念可能会与生活质量有关，这不仅涵盖了物质生活标准，而且也包含了一些与人类生活相关的无形的内容，如闲暇、安全、艺术、社会生活、精神健康、环境质量等。测量良好生活标准更为复杂的意义必须能够用于评价，而这些标准的政治色彩非常浓重，因此也是有争议的。即使在具有相似的物质生活标准的两个国家或两种社会制度之间，生活质量的因素也可能对于某个人或团体的吸引力并不尽然。然而，即使用平均数据进行生活物质标准比较时，也会存在一些问题，与之相反的是采用比例帕累托指数（Pareto index）的分析（即对收入多少和财富分布的分析）。生活标准因此可能就是以收入为主要目标评价的，如一些拥有极其富有的上层阶级的小国，一些拥有极其贫困阶层的大国，收入对于它们就可能具有更强的意义，即使那些国家的绝大多数人们的"生活标准"较低。这反映着对贫穷评估的问题，这也具有比较的性质。这也展示了收入的分布能够掩盖实际的生活标准。在评估生活标准之前，会考虑到多种因素。一些因素是国内生产总值、人均收入、人口数量、基本建设的发展、稳定性（政治与社会稳定）以及许多其他指标。

的近3倍，后者的日耗油量仅为910万桶。印度的消费量为每人每年1.1桶。北美洲却是走向另一个极端——平均每人每年所消费的石油量高达16桶。

这种差异反映着经济发展的程度与高标准的生活质量与石油消耗量之间的正相关关系。北美洲、欧洲和海湾合作委员会消耗了全球绝大部分石油资源。拉丁美洲、非洲和原苏联国家的石油消耗量的总和占全球石油需求量的23%。

全球人均石油生产量的峰值出现在20世纪70年代，预计到2030年全球人口数量可能将是1980年的一倍之多。一些分析家认为，未来人们将比现在需要更多的石油。据预测，2030年的石油生产将会下降至1980年的水平，而届时全球的石油需求量将会大大超过石油的生产量。人均石油产量也从1980年的每年5.26桶（0.836立方米/年）下降到1993年的4.44桶/年（0.706立方米/年）。2006年，虽然全球人口量继续增长，但石油产量却从8463.1万桶/日减少至8459.7万桶/日（1345.53万立方米减少至1344.98万立方米），这是由人均石油产量下降至4.73桶/年（0.752立方米/年）引起的。目前，有助于缓解人口增加对石油需求量影响的一个因素是20世纪70年代以来人口增长率的下降。1970年，世界人口增长率为2.1%；2007年，人口增长率下降到1.167%。然而，石油产量却依然赶不上因人口增长而引起的需求量的增加。从2000年到2008年，全球人口从60.07亿增加到60.70亿，而此间的石油产量增长16.9%，即从7490万桶增加到8760万桶（1191万立方米增至1589万立方米）。

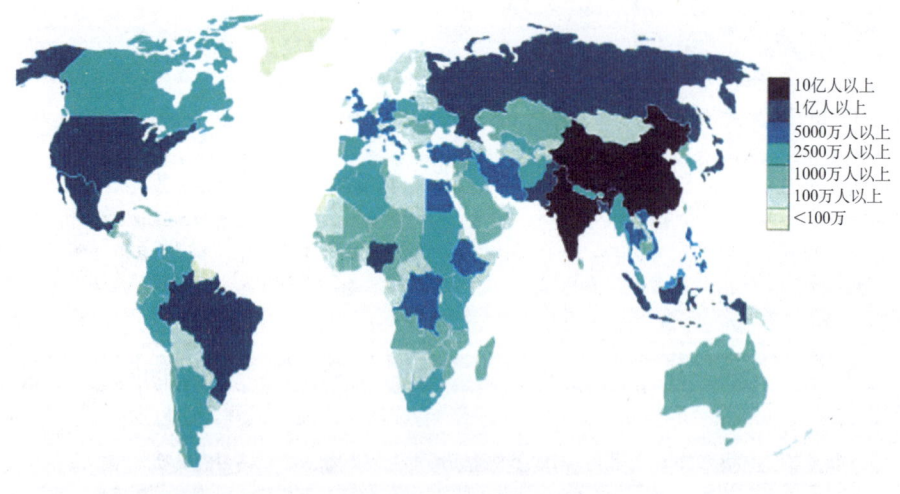

全球人口分布

石油消耗率——工业化❶与发展中国家❷

人们在消费石油时,一直在关注着石油需求的峰值以及这种需求的增长情况。1994—2006年间,全球石油需求的平均增长率为每年1.76%,2003—2004年出现需求高峰,达到3.4%。需求量增加最大的地区是发展中国家。据预计,到2030年,全球石油需求量的增长率将在2006年的水平上增加37%,石油需求量会从2006年的8600万桶/日(1370万立方米)增至2030年的1.18亿桶/日1880万,需求量增加主要在交通运输行业。随着国家的发展、工业化进展、城市化的加速以及对更高的生活标准的追求,都加速了能源的消费,其中绝大部分所需能源为石油,中国和印度这些经济高速发展的国家正在迅速成为石油消费大国。预计到2020年,印度的原油进口量将在2005年的水平上增加三倍之多,达到每天500万桶。能源需求主要分布在四个领域中:交通运输业、民用、商用和工业部门。一般来说,石油需求的最高年增长量出现在交通运输业,即由内燃式发动机驱动的私人小汽车的新增长点。在中国和印度,从2001年到2025年间,小汽车与卡车的增加将导致石油的消费增长率高达75%。随着国家的进一步发展,对石油的需求量就会更多,而交通领域的石油消耗率也会达到最高值,这一比值占到了2006年美国的石油总消耗量的68.9%和全球石油消费量的55%。因此,交通领域对于缓解用油高峰就表现出特别的兴趣。近年来,消费者的能源消耗量迅速增加,而他们的税后收入在过去的25年中也得到了明显的增加。2007年第三季度,消费者在能源方面的花费约占自己税后收入中的5.7%。

---

❶ 工业化是社会与经济转变的一个过程。在此过程中,人类社会完成了从前工业化社会进入工业化社会的转变。这是更广义上的现代化进程的一部分构成,在此进程中,社会转型、经济发展与科技创新密切相关,特别是大规模的能源与冶金学生产的发展。工业化也会引起一些哲学观念的改变,那些国家的人民所获得的自然资源比例也不同。已有许多文献描述了进入工业化的相关因素。由研究人员所确定的关键性正面因素有合适的、针对工业与商业的政治-法律环境,丰富的各种自然资源,相对低廉而充足的供应以及技术娴熟且适应性强的劳动力。

❷ 发展中国家是拥有已经发展了的和正在发展的工业基础的国家,人类发展指数(Human Development Index,HDI)和人均收入不断变化,但所有这些都处在经济发展的阶段。应认识到,一些发展中国家的发达程度与发达国家相差无几,所以并不能将所有国家归类于新兴的工业化国家名下。一些发展中国家多年来一直保持着经济的持续增长并展现出良好的经济潜力,它们被定义为大型新兴的市场(Big Emerging Market,BEM),它们包括:阿根廷、秘鲁、中国、埃及、印度、印度尼西亚、墨西哥、波兰、俄罗斯、南非、韩国和土耳其。

2007年，平均而言，消费者花费在能源需求方面的费用（税后）比1981年的8.2%减少了2.5%。而正是1981年，消费者在能源消费中的花费达到了近50年以来的最大值。除了受到石油价格与税后收入改变的影响之外，消费者对石油的需求改变也反映着其他因素，包括为房间供热油料需求量的下降、房间取暖设施与汽车燃料利用率改变。从20世纪70年代后期到80年代后期，上述领域已经发生了重大改变：主要表现在汽车行驶里程的变化。

2007年度统计意义上的全球人均GDP。本书根据人均GDP值（名义上的）列出了全球三类国家的名单，每个国家按照一个给定的年份列出了所有最终产品及所相关的服务，然后，按人均进行统计。下图并没有描述不同国家之间的人均生活成本，因此，每年的统计结果就会发生巨大变动，这取决于各国的货币兑换的汇率波动。这些波动可能使一个国家的地位发生变化，即使这些国家的居民生活标准并没有或仅仅发生了较小的改变。所以，对此应谨慎使用国家财富的比较方法，人们常用平均购买力（指价格、汇率、工资等方面的平均值，缩写PPP）为基础进行比较，用来评估不同国家的生活成本[参见根据人均GDP（PPP）所列出的国家名单]。PPP可以在很大程度上排除汇率转化问题，但它本身也有缺陷。它没能反映国际交易中的经济产出价值，而且与人均GDP相比，PPP的估计成分更多一些。一幅完整的人均PPP图远不如人均GDP图传阅得广泛。在用这两种图进行两个国家的财富比较时，须格外谨慎。人们往往希望根据此图标出全球最佳状况来表示对某个国家的崇尚，并以此鄙视甚至诋毁其他国家。这可能会产生完全不同的结果，但两个经济体之间令人信服的比较就应该用两国的分类等级进行，即用经济数据进行比较。国际货币基金组织（IMF）一栏包括了其成员（加上中国香港特别行政区）在2007—2008年的预算数据。这些数据是可以获得的。"WB"列包括来自世界银行的关于2006—2007年的数据。"CIA"列包括World Factbook[1]提供的

---

[1] *World Factbook*（ISSN1553-8133；又名CIA World Factbook）是《CIA世界各国概况》，其中提供了关于世界各国的概况资料。*World Factbook* 用2~3页总结了266个得到美国承认的国家、附属国和世界一些地区的人口统计、地理、通信、政府、经济与军事信息。*World Factbook* 是由CIA为美国政府的官方机构准备的，它的报道范围和内容都是为适合美国官员而设计的。然而，本书也常常会被用作学生论文、网络和非政府出版物的信息来源。

2007—2008年间的数据，由美国中央情报局（Central Intelligence Agency）在2008年3月6日提供。

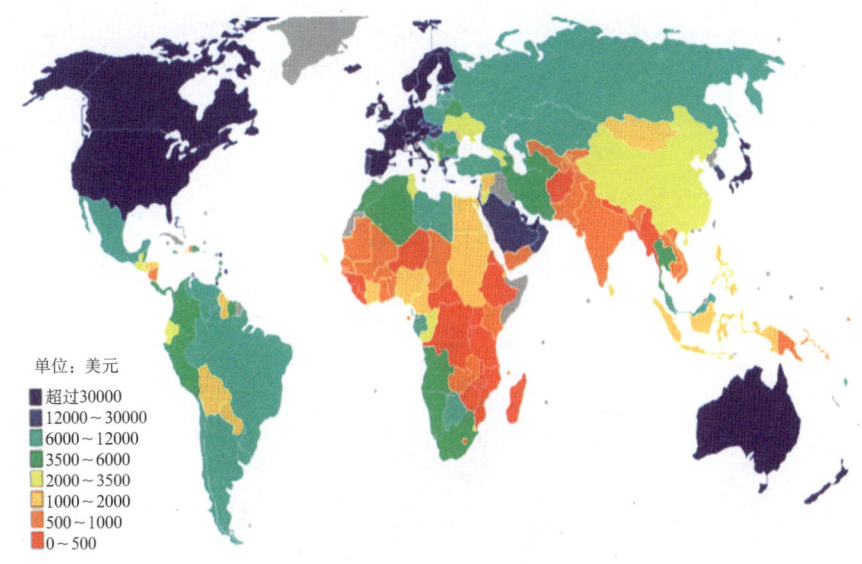

人均GDP（近似值）

各国GDP（PPP）排行表

国家或地区	排名	IMF	排名	WB	排名	CIA
阿富汗	168	323	—	无	171	311
阿尔巴尼亚	96	3354	91	2826	100	3111
阿尔及利亚	87	3825	79	3440	87	3777
安哥拉	88	3757	93	2728	77	4977
安提瓜和巴布达（拉丁美洲岛国）	45	13029	37	11881	41	15529
阿根廷	66	6606	61	5475	70	6094
亚美尼亚	108	2297	106	2122	98	3119
澳大利亚	15	43312	15	37705	15	43540
奥地利	13	45181	14	38884	14	44721
阿塞拜疆	91	3663	97	2340	85	3826
巴林	29	25731	—	无	29	23837
孟加拉	157	455	154	397	160	469
巴巴多斯	44	13605	38	11706	45	13309
白俄罗斯	78	4641	75	3796	82	3982
比利时	17	42557	16	37381	17	42609
伯利兹	84	4098	74	4074	80	4430
贝宁	145	692	147	545	147	672
不丹	112	2012	114	1451	157	500
玻利维亚	123	1342	121	1193	121	1404
波黑（波斯尼亚与黑塞哥维纳）	90	3712	86	3121	99	3119

续表

国家或地区	排名	IMF	排名	WB	排名	CIA
博茨瓦纳	59	7888	56	5704	64	6252
巴西	64	6938	57	5638	62	6679
文莱	24	32167	21	30267	26	33424
保加利亚	77	5186	73	4092	75	5335
布基纳法索	155	508	152	430	158	479
布隆迪	178	128	174	110	183	118
柬埔寨	152	600	150	511	155	593
喀麦隆	128	1095	122	1008	129	1159
加拿大	14	43485	13	38947	18	42108
佛得角	100	2891	103	2204	96	3227
中非共和国	162	402	156	350	165	377
乍得	142	747	143	625	142	749
智利	51	9879	45	8875	53	9874
哥伦比亚	93	3611	80	3367	84	3869
科摩罗	146	691	141	656	153	613
哥斯达黎加	69	5905	67	5053	74	5525
科特迪瓦	129	1045	126	928	130	1085
克罗地亚	47	11576	42	9666	50	11341
古巴	—	无	—	无	83	3958
塞浦路斯	28	27327	26	23827	31	22094
捷克共和国	36	17070	34	13926	37	16434
刚果民主共和国	177	166	173	141	182	150
丹麦	7	57261	7	50647	7	56820
吉布提	127	1099	125	939	116	1680
多米加	80	4333	70	4431	88	3702
多米加共和国	83	4147	82	3312	86	3789
厄瓜多尔	97	3218	85	3136	95	3235
埃及	117	1739	115	1449	117	1592
萨尔瓦多	101	2857	92	2759	101	2912
赤道几内亚	55	8702	31	17268	36	17257
厄立特里亚	171	281	169	231	172	290
爱沙尼亚	39	15851	36	12228	39	16110
埃塞俄比亚	173	252	172	173	181	221
欧洲共同体	—	无	—	无	—	33397
斐济	85	3921	76	3767	89	3580
芬兰	9	46602	11	40002	13	45070
法国	18	41511	17	36699	19	41313
加蓬	60	7887	51	7281	60	7107
格鲁吉亚	107	2355	110	1747	109	2056
德国	19	40415	18	35167	21	39550
加纳	148	676	146	561	149	649
希腊	27	28273	24	27671	27	33280
格林纳达	73	5571	68	4861	67	6146
危地马拉	103	2532	94	2711	105	2463
几内亚比绍	175	206	170	185	161	459
几内亚	156	473	155	361	178	233

续表

国家或地区	排名	IMF	排名	WB	排名	CIA
圭亚那	122	1365	119	1212	126	1272
海地	151	630	149	527	154	608
洪都拉斯	118	1635	118	1325	123	1344
中国香港	—	29650	—	27680	—	29081
匈牙利	43	13762	39	11217	42	13700
冰岛	4	63830	4	53858	5	64651
印度	131	978	132	822	135	965
印度尼西亚	115	1925	112	1636	115	1748
伊朗	82	4149	87	3108	81	4252
伊拉克	—	无	—	无	110	2016
爱尔兰	5	59924	5	51578	6	61644
以色列	31	22475	27	19926	34	20617
意大利	20	35872	20	31456	22	35565
牙买加	81	4172	77	3758	97	3203
日本	22	34312	19	34194	24	34104
约旦	102	2795	95	2546	104	2594
哈萨克斯坦	65	6868	64	5292	65	6246
肯尼亚	139	845	144	623	140	799
基里巴斯	147	686	139	710	146	677
科索沃	—	无	—	无	119	1522
科威特	23	33634	—	无	20	41268
吉尔吉斯斯坦	143	713	148	543	148	660
老挝	150	656	145	597	152	615
拉脱维亚	46	11985	46	8792	49	11948
黎巴嫩	67	6569	59	5603	69	6114
莱索托	149	665	137	749	143	747
利比里亚	176	195	171	176	179	229
利比亚	53	9372	48	8333	51	10934
列支敦士登	—	无	—	无	1	106082[4]
立陶宛	48	11354	47	8768	58	7991
卢森堡	1	104673	1	89760	2	99225
澳门	—	无	—	29699	—	无
马达加斯加	159	431	164	287	166	376
马拉维	172	264	168	233	176	253
马来西亚	63	6948	55	5770	63	6648
马尔代夫	99	3040	88	3090	103	2775
马里	154	517	151	490	156	578
马耳他	35	18088	32	15702	40	16050
马绍尔群岛	—	无	96	2385	—	无
毛里塔尼亚	134	931	131	875	139	840
毛里求斯	74	5520	66	5065	72	5620
墨西哥	58	8479	49	8052	57	8154
米克罗西亚联邦	—	无	102	2207	—	无
摩尔多瓦	124	1248	130	876	138	931
蒙古	121	1486	120	1212	125	1306
黑山共和国	—	无	72	4145	—	无

续表

国家或地区	排名	IMF	排名	WB	排名	CIA
摩洛哥	106	2389	104	2145	108	2155
莫桑比克	165	369	159	326	164	389
缅甸	174	235	—	无	173	289
纳米比亚	94	3584	84	3208	94	3264
尼泊尔	163	400	161	323	169	333
荷兰	10	46261	10	40532	11	45557
新西兰	26	30256	25	24975	28	30225
尼加拉瓜	133	945	124	958	134	1000
尼日尔	169	313	165	267	170	327
尼日利亚	126	1159	134	797	137	938
挪威	2	83922	2	71876	3	79798
阿曼	40	15584	—	无	48	12643
巴基斯坦	137	909	133	798	150	645
帕劳	—	无	50	7850	—	无
巴拿马	70	5904	65	5200	71	5947
巴布亚新几内亚	130	991	128	912	133	1020
巴拉圭	116	1802	113	1542	122	1400
中华人民共和国	105	2461	107	2016	106	2458
秘鲁	82	4414	81	4150	90	4040
菲律宾	119	1625	116	1363	118	1582
波兰	49	11041	44	8884	52	10730
葡萄牙	32	21019	29	18389	33	20624
卡塔尔	3	72849	—	无	4	72540
中国台湾省	37	16606	—	无	38	16431
马其顿共和国	92	3659	89	3054	93	3332
刚果共和国	109	2159	108	2002	114	1802
罗马尼亚	61	7697	58	5633	59	7115
俄罗斯	54	9075	52	6926	54	9096
卢旺达	167	353	166	264	174	286
圣基茨和尼维斯	50	10143	41	9938	46	13215
圣卢西亚	71	5689	62	5416	73	5614
圣文森特和格林纳丁斯	75	5229	78	3525	79	4469
萨摩亚	111	2101	99	2292	113	1806
圣马力诺	—	无	3	58276	—	无
圣多美和普林西比	138	881	135	794	145	711
沙特阿拉伯	41	15481	33	14745	43	13568
塞内加尔	136	910	136	761	131	1041
塞尔维亚	72	5596	71	4300	—	无
塞舌尔	57	8581	43	9118	55	8950
塞拉利昂	170	290	167	252	177	252
新加坡	21	35163	22	29473	25	33714
斯洛伐克	42	13857	40	10213	47	13138
斯洛文尼亚	30	22933	28	18586	30	22182
所罗门群岛	144	704	140	694	151	632
索马里	—	无	—	无	175	272
南非	68	5906	63	5384	66	6239

续表

国家或地区	排名	IMF	排名	WB	排名	CIA
韩国	34	19751	30	18341	35	20020
西班牙	25	32067	23	27757	23	34983
斯里兰卡	120	1506	117	1356	128	1232
苏丹	125	1242	123	993	127	1262
苏里南	79	4577	69	4648	78	4745
斯威士兰	104	2523	98	2327	107	2360
瑞典	8	49655	9	42250	9	47790
瑞士	6	58084	6	50783	8	54787
叙利亚	114	1946	111	1721	120	1516
塔吉克斯坦	153	578	153	423	159	474
坦桑尼亚	160	415	160	324	168	358
泰国	89	3737	83	3252	91	3470
巴哈马	33	19781	—	无	32	21547
冈比亚	161	411	163	307	180	224
东帝汶	158	440	157	346	162	435
多哥	164	387	158	344	163	420
汤加	110	2138	101	2230	112	1873
特立尼达和多巴哥	38	15905	35	13657	44	13392
突尼斯	95	3398	90	2992	92	3361
土耳其	52	9629	60	5518	61	6774
土库曼斯坦	76	5189	105	2142	76	5144
乌干达	166	363	162	315	167	368
乌克兰	98	3046	100	2276	102	2834
阿联酋	16	42934	—	无	16	42664
英国	12	45575	12	39257	12	45374
美国	11	45845	8	43968	10	45793
乌拉圭	62	7172	54	5826	68	6117
乌兹别克斯坦	141	815	142	647	144	726
瓦努阿图	113	1898	109	1756	111	1986
委内瑞拉	56	8596	53	6730	56	8719
越南	140	818	138	725	141	779
加沙西岸	—	无	—	1075	—	无
也门	132	972	129	877	132	1023
赞比亚	135	918	127	918	136	949
津巴布韦	179	55	—	无	124	1313
全球平均	—	无	—	7412	—	8125

液态天然气（NGL）的定价

液态天然气的利润受两个因素的影响：（1）天然气价格；（2）石油价格。天然气价格与石油价格密切相关，而且二者升降皆同步。湿天然气经管线输至天然气加工厂，在那里将天然气内的杂质除去，使其成为干气。其中的杂质包括丙烷、乙烯和丁烷，将其分离后分别以NGL出售。NGL可以成为石油化工工业中的生产原料，也可以作为炼油工业中的混合物。NGL以桶为单位销售，平均来看，它们的价格约为WTI原油的70%。假设原油价格为95美元/桶，则NGL的价格就应为66.55美元/桶左右。因此，如果原油的价格上涨，NGL的价格也会随之上涨。对于天然气加工者来说，理想的市场应该是一种天然气低价和原油高价的市场，这种情况将使NGL获利最大化。

产自美国的约85%的NGL主要用于三个领域：石油化工工业生产的原料、车用汽油制造以及民用与商用产热燃料。剩余物的应用也相当广泛，包括发动机燃料、工业用燃料、公共设施的峰值负载抑制、农作物烘干处理以及其他农业与加工业的燃料等。目前，乙烯生产中约70%的原料以及最重要的基本石油化工产品原材料都是NGL。此外，美国的车用汽油中，约10%来自NGL。

液化石油气（LNG）价格的波动性[1]

> 从历史上来看，天然气的价格波动大于石油的价格波动。

LNG市场上的价格变化能够通过商品的全球化而被控制在一种特定的范围内，当你在实施商品全球化时，你就会拥有多种不同控制这种价格波动的途径。全球LNG流动性的增加将有助于减少价格的波动性。我们一般不会为天然气价格指定任何波动幅度，在进行商品的定价时，我们必须预计一些价格波动范围，而不是笼统地忽视它。然而，天然气的价格波动会因地而异。

在高价的情况下，LNG其实也会进入美国市场，而且它将起到缓解价格波动的作用。当价格高涨时，LNG的供应就会缓解市场波动。当LNG的交易趋于全球化时，你就能够控制像美国和欧洲这些市场上的价格波动。天然气将在相当长的时间里成为一种重要的资源。但这是一种有缺陷的机制，因为一些天然气的转换无法实现。在美国、欧洲和亚洲，我们建造燃煤发电厂或核能电厂的速度远远不能满足日益增长的能源需求。这样，解决燃眉之急的最佳方案

---

[1] 在亚洲，液化天然气、SPA广泛应用的价格结构为：$P_{LNG} = A + B \times P_{原油}$。式中，A为一个代表各种非石油因素的术语，但通常会由谈判确定一个恒量，这种谈判是基于一个能够阻止液化天然气跌破某一水准的基础上进行的。这种价格结构与石油价格波动无关。

就是燃气发电厂，它的建造成本极具竞争性。由于美国颁布了强制性碳排放禁令，因此，天然气的需求量大幅度增加。除了待建的燃气发电厂之外，已有的燃气发电厂的应用也会大大增加。出于技术与环境的原因，天然气已成为绝大多数市场上受欢迎的能源。考虑到欧洲与亚洲LNG需求量的快速增加，美国的市场起到了LNG的供应与消费的典范作用。这是由于美国市场增加了供给并保障了高峰需求时期的供给。

所以，天然气市场上LNG的份额在所有的LNG进口国家中都将会增加，而且这也会对价格产生影响。与管线天然气不同，即使LNG的加工不像石油加工那样灵活，但它依然可

> 天然气供给将继续由长期合同控制，在一个开放型区域市场上，天然气的价格将继续随着石油价格的变化而变化。

以重新定位为一种很容易成为替代能源的产物，这种开放提示了不同市场之间进行交易的可能性。如果两个进口国家之间的价格存在差异，则LNG运输船就可能驶向出价最高的买主一方。这就可能颠覆由供需关系确定的价格规律，而如果一个市场上的LNG价格跌幅过大，则LNG就不能进入那个市场而被运往别处交易，这会导致先前的那个市场的LNG出现短缺，进而出现价格上涨。如果一个高价市场出售了过多的天然气，剩余的天然气就会落价。

随着时间的推移，平均价格在两个市场之间趋于平衡，人们已在大西洋区域一侧的美国与另一侧的英国、西班牙之间的市场观察到了这种状态。

迄今为止，这种LNG的交易仅限于少量的LNG，而且对市场价格没有造成什么大的影响，但是LNG在天然气价格中有望扮演一个日益重要的角色。在未来的10年到14年内，LNG将会导致整个大西洋区域出现一种单一价格体系。所以，大西洋区域的零售价格将成为LNG的基准价位。然而，这种情况却难以在亚洲发生，因为亚洲的天然气市场可能会因其大量分化而得以保持原有的体系，亚洲的市场并不是全部使用液态天然气，至少到2020年前都将如此，包括那些高度依赖LNG进口、垄断化市场国家。当大西洋区域的LNG价格变得高于亚洲的价格时，LNG的生产者（尤其是那些介于两大消费地域之间的中东地区）将肯定会有兴趣去依靠船专门为大西洋区运输LNG的，就像

为亚洲运输一样。长期销售合同有着严格的条款,尤其是运货者或付款条款规定,如果生产者不履行合同就会受到惩罚。无疑,这意味着全球仅有少量的LNG依靠这种方式进行交易,这些运输者甚至可能受控于生产者和相关的亚洲购买者。

MEGA利润公式[1]

考虑到石油公司所获得的巨大利润以及由石油公司生产国获得的意外之财,油矿开采权以及世界最具活力的组织所获得的基金对于反映MEGA利润理论应用就显得十分重要。欧佩克指出,世界石油生产国在2003年至2008年间生产的石油已经获得了1.9万亿美元的利润,这是根据布伦特原油价格估算出来的,那里原油价格从2003年的29美元/桶涨到了2008年的145美元/桶。为了更好地理解这一观念,下面的MEGA利润公式就可以反映各个变量的意义:

$$(P_{08} - P_{03}) Q_{08} = M_{08} \quad\quad (1)$$

式中,P_{08}为2008年的原油平均价格;P_{03}为2003年的原油平均价格;Q_{08}为2008年生产的石油总产量(开采到地面的石油桶数);M_{08}为从2008年生产的石油所获得的巨大利润,代表着在2008年的每桶石油中获得的超级利润(或者是矿藏开采权,或是庞大的资金)。

MEGA公式中的变量[2]:2008年以美元表示的每桶石油价格(平均值)称之为t_{08}。虽然在英国伦敦的股票市场上标出了重要的原油价格,但我们还是选择布伦特原油价格作为参照物,因为布伦特原油价格是全球人人皆知的原油价格的表征。在选择这种原油价格来确定石油公司所获利润时,可能会遇到一些问题。鉴于不同国家的勘探开发作业的成本会导致每桶原油的价格出现4~6美元的偏差,以1998年的情况为例,当年的平均原油价格为10美元/桶。若用2003年的每桶原油价格,则为每桶29美元,这样就可使我们得出一个清晰而稳当的假设。利用该公式的计算对于石油公司与作业者来说,二者的结果

---

[1] 该公式是根据2003—2008年石油信息解具有变量的公式的关键公式。
[2] 一个变量通常由 个或多个词或符号来表示,如"时间"或">X>"。在巨额利润公式中,变量为:2003—2008年间的平均石油产量(以桶计)以及2008年7月的石油价格(以美元计)。

将是公平对等的。选择29美元/桶的油价进行计算的第二个正当理由是在该年之后，原油价格开始上涨。在2003年6月到2006年7月间，每桶原油的价格上涨了一倍有余，见下表。

时间	价格（美元/桶）
1998年	10
2000年6月	30
2003年	29
2004年6月	40
2004年10月	50
2005年7月	60
2006年7月	71
2008年6月	145

这种油价大幅度上涨是难以用全球经济增长的原理来解释的。我们有理由认为，这种油价飙升的主要原因是欧佩克热切地希望一手遮天地垄断全球日益增加的能源需求，而石油市场上又充斥着投机倒把行为所造成的。

因此，这一公式依然以29美元作为原油价格，并没有产生MEGA利润，但也并不意味着没有获利，用此价格公式来计算利息、开支、风险以及石油工业的作业情况等。因此，MEGA利润公式表明了三个重要因素[1]。

MEGA公司表征着石油公司的利润与开采权或酬金之间的区别。石油公司的"超级利润"是由石油公司与石油生产国欧佩克成员之间分享的。顺理成章地，欧佩克成员就拥有了产量（QOPEC）份额以及常常相当于石油公司的MEGA利润的开采权。石油公司拥有一定数量的QOC，这可以使其不必在研发方面过多地投入资金并可弥补生产的费用。因此：

$$QOPEC + QOC = Q$$

该公式可用于三个主要的石油作业公司。

（1）用于石油公司的Theo利润公式

该公式可用于那些在极度困难的条件下获得MEGA利润的石油公司，而这些石油公司又会将自己的所获利润与负担社会责任有机地结合起来，而这也是社会所期望的。

---

[1] 利润、矿藏开采权、资金。

因此，Mt代表着MEGA利润（MPt）：

$$(P_{08} - 29) \times QOC, r = MPt \qquad (2)$$

（2）用于石油生产国/政府或州的MEGA利润公式

该公式也可用于欧佩克的石油生产国。但是与石油公司为非石油生产国（NOPEC）所获得的开采权不同，后者要进行投资而且会根据自由市场的规则去获得利润。欧佩克不进行投资，它们仅仅以被称为环境酬金或开采权作为自己的收入来源，道理很简单——它们拥有可供油气勘探的土地。在一个平均分配情况中的MEGA利润公式系数为：

$$(P_{08} - 29) \times QOPEC, t = SRt \qquad (3)$$

SRt代表着酬金或开采权。

（3）用于非石油生产国[1]的MEGA利润公式

石油价格的波动上涨使那些依靠进口石油的非石油生产国不得不依法支付高额费用。这些款额已经使资源的效益大大缩水并使经济与社会的发展动力大打折扣。该公式有助于确定非石油生产国最终必须为高涨的油价所支付的高额能源账单。Qt应该被超过正常支付水平的MCt取代：

$$(PC - 29) \times QM, t = MCt \qquad (4)$$

MEGA利润公式应用实例：

2008	
$1/3\Sigma M$	欧佩克的石油生产国拥有以现金支付的开采权
2003	
2008	
$1/3\Sigma M$	非石油生产国
2003	
2008	
$1/3\Sigma M$	石油公司（QC）已获得它们正常的利润
2003	

---

[1] 石油进口国。

根据MEGA公式，欧佩克成员国从2003年29美元/桶到2007年的145美元/桶的油价获得巨大的利润，其中MEGA利润可达1.9万亿~2.1万亿美元以上❶。

据研究，我们发现了主要的石油生产者们的收支平衡的价格，它能够抵消所有花费在石油与天然气方面的投资。沙特阿拉伯是世界上最大的石油生产国，它需要将原油价格稳定在47美元/桶的水准，以避免国家收入的亏损。沙特阿拉伯是中东地区最大的经济体，它的出口收入中90%来自石油与天然气销售。沙特阿拉伯的收支平衡价格是海湾合作委员会之间最高的，因为它们在油气勘探开发项目方面进行了大量的投资，石油资金被大量用于这些项目。在油价进一步下跌的情况下，如果继续对基本建设项目大力投资的话，就可能将当地的经济引导到危险的边缘。阿拉伯联合酋长国能够在油价涨到24美元/桶时就使自己的国家财政盈利。阿拉伯联合酋长国将在油价达到24美元/桶时获得国家收入的平衡，但若跌破这一水准，它们就会亏损。卡塔尔的收支平衡价格为32美元/桶。伊拉克拥有本地区最高的收支平衡价格。这个饱受战火之痛的国家所产的石油应达109美元/桶以上，方可使它的收支达到平衡。当收支平衡价达到57美元/桶以上时，阿尔及利亚就将实现财政的收支平衡。

由Theodore博士研发的MEGA公式颇具优势，而且可用于对石油生产者和油气作业者进行更多的产量分析与研究。

---

❶ *2008年，欧佩克从石油大约获利1.5万亿美元。根据美国政府的顶级能源预测机构的预计，由于破纪录的高油价，欧佩克成员有望在2008年获利1万亿美元。石油输出国组织的纯石油出口收入预计在2007年会飞涨45%，达到6760亿美元；到2008年将会达到9800亿美元；到2009年将会回落到8800亿美元，因为2009年的油价可能会有所下降。在人均计算的基础上，欧佩克的石油出口利润将在2008年的基础上增长43%，达到人均获利1636美元。欧佩克的成员们正在因全球强有力的石油需求和一路飙升的油价（达到创纪录的145美元/桶）而赚得盆满钵满。2008年，有些欧佩克成员（指6个最大的欧佩克成员）因石油出口的获利预计为：沙特阿拉伯—2550亿美元，阿拉伯联合酋长国—740亿美元，伊朗—650亿美元，尼日利亚—650亿美元，科威特—670亿美元，阿尔及利亚—600亿美元。*

第 10 章　工程项目融资

> 工程项目融资，是金融学的一门学科，是被普遍接受的一种方式，可以用来描述一种资金筹措的方式，即贷款人依据工程项目信誉评估收益的一种融资手段，其中规定将现金收入合同作为债务的抵押。

为什么要使用工程融资？

在国家工业的基础上，工程项目融资可以为工程的承包人或保证人（发起者）提供明显的好处。这是一种获得国家能源，社会、国家或一个地区居民赖以生存的公共事业基础建设和提高生活标准的绝佳途径。与传统的国家措施相比，低成本的技术转让，为多方合资的合作伙伴去增加融资，完成重大工程项目（尤其是当合作者们拥有不同的债务偿还能力时）等手段就能够获得足量的资金，约束风险或风险规避。私营企业的工程项目发起者通常会努力提高贷款额度，同时强调风险共担——这些措施可使一些参与工程的公司因股本上涨而获利，并有助于工程发起者利用银行的关系举债经营：（1）可以在联合贷款的基础上摆脱一些约束获得一定的自由度；（2）获得较长期的资金资助。

工程项目融资的拓展定义可以包括以下内容：
（1）贷款方式——能够广泛地用于各种工业部门，而且包括了一个独立的重大资金投资的工程项目融资；
（2）贷款者（分期）偿还贷款（即可批量又可单独进行），可以现金流和工程的资本形式进行，对于股东们来说，这种依靠借债获得的设施将被"限制"，或者是无追索权贷款（non-recourse）；
（3）从典型意义上讲，工程项目融资获得的设施可以延伸到SPV（一个工程承包公司），这是由工程的发起者为自己和工程实施而独立掌控的；
（4）工程项目融资是一种体系形式，是一种举债经营的贷款方式，比如在一个工程项目融资措施中，债务、股本往往以150% - 400%进行排序（60:40 - 80:20），可以根据工程项目的经济、股东与贷款者之间的风险分担而维持相对平衡。

工程项目融资与公司融资的区别

公司融资❶往往会被用作资产负债表外的融资之间的措施，贷款决定是根据合作公司（或若干企业或公司组成的集团）财务状况与平衡所做出的，而现款收益与公司资本则依赖于公司对贷款设施的服务与利用。换言之，如果你要进行融资，则你的账户就必须能够支撑这种设施的运转。工程项目融资的内容远不止这些。在工程项目融资❷中，贷款者强调在独立的工作模式下运行工程项目本身。这就为工程承包者提供了独一无二的机会——寻找工程实际获利的

---

❶ 公司融资是一个与财政决定有关的融资措施。在这一措施中，公司可将融资作为工具和用于做出一系列决策的基本要素进行分析。公司融资的基本目的在于使公司的价值最大化，并减少企业的财政风险。它与经营上的融资有着重大区别，后者是研究所有企业财政情况的，而不仅指公司行为，在公司融资中，主要概念可适用于企业的所有财政问题。这种行为准则可以划分为长期的、短期的决策和技术性的措施。一方面，资本投资决策是关于工程接受投资的长期抉择，而不论与产权或贷款相关的投资性融资还是在何时或是否为股东们支付红利，在这种投资中都不予考虑。另一方面，短期的决策可以被归类为重点资金管理。这是一种流动负债与短期负债的短期平衡；此处的焦点在于对现金流的管理，而短期借款与贷款（如给消费者提供信贷）的管理则不在此列。

❷ 工程项目融资是长期的基础建设和工业项目的融资行为，这取决于一种复杂的财政体系，据此可将贷款和产权用于工程项目的融资。通常，一个工程项目的融资方案包括一系列产权投资者，即众所周知的工程发起者以及为勘探开发作业提供贷款的银行财团。这种贷款是最普通的非追索性贷款，它可以用工程本身或完全用现款收益来担保，而不是由工程发起者的总资本货信用贷款，以及财政建模所支持的部分决策来担保。典型的情况是，融资行为是由所有的工程资金给予担保的，包括产生收入（税收）的合同。工程贷款者可以获得对于所有资金的扣押权，而且如果执行工程项目的公司难以遵从贷款条文，则该工程项目就可能被他人取而代之。通常，人们都会为每个工程建立一个实体（企业），因此就可以保护一个工程项目发起者所拥有的，避免因其他工程的失利而造成的损失。由于这种具有特殊目的的实体，所以工程项目的实施公司就不会拥有其他工程的资金来源。负责此工程的公司所拥有的资金往往需要被用来为工程实施财政保障，工程融资往往要比其他融资方法更加完善。从传统上来看，工程项目融资在采矿业、交通运输业、电信业和公共设施工业中应用得更加广泛。最近以来，尤其在欧洲，工程项目融资原理已被应用于公有制基础建设（如学校、医院、轻轨、监狱、政府建筑等）的准私有化转型中，即所谓的公共—私有化合作（PPP），或者是英国人所谓的民间融资立法提案（Private Finance Initiative，缩写PFI）交易。风险确认与分担是工程项目融资的关键因素。一个工程可能会遇到大量技术的、环境的、经济的风险，尤其在发展中国家。财政金融机构和工程负责人可以推断出在工程进展中所遇到的风险，否则不会接受相关的运营（非融资性的）方式。为了妥善处理这些风险，这些工业（如发电厂或铁路部门）中的工程承包者往往由一些专业公司构成，它们以彼此结合成"合同网"（Contractual network）的形式进行合作，以求在允许融资实施过程中分担风险。融资经常采用工程交割方式进行，与此同时，与工程相关的风险也须与从事此项工程的各方分担。一项风险性较大或投资较高的工程，可能需要由工程完成者的担保保障所融资金的偿还能力。一个复杂的工程融资，将资产等债券化，期权（按规定价格期限内买卖股票、货物等权利）、保险条款或者其他进一步的调节凑数联合实施，其目的都在于化解风险。

切入点，进而推进工程的进度，并掌握那些可能导致工程内部出现的风险。

融资与贷款的区别

　　公司贷款与工程融资之间有着关键性区别。公司贷款的关键性特征是拥有(贷款)全部追索权，贷款者依靠贷款合同与现款收益，信贷分析与利率，无抵押的、有限的合同（金融性的、连带违约的和负抵押的），相对较低的费用与利润，短期到中期的融资进程以及再筹措资金的风险等因素之间建立起的平衡。工程项目融资的关键性特征是有限的或是非追索性的：对工程的现金收益，包括物质的与利润方面的工程资金的安全措施，由贷款者在独立的咨询师的支持下所做出的详细的经济与财政分析，包括综合的合同一揽子交易（肯定的与否定的），相对较高的费用与利润分析等，虽然目前的形势对借贷款者和长期合约有利。

> 工程项目融资是产生一系列可用于操作的、具有财政目标的无与伦比的活动。

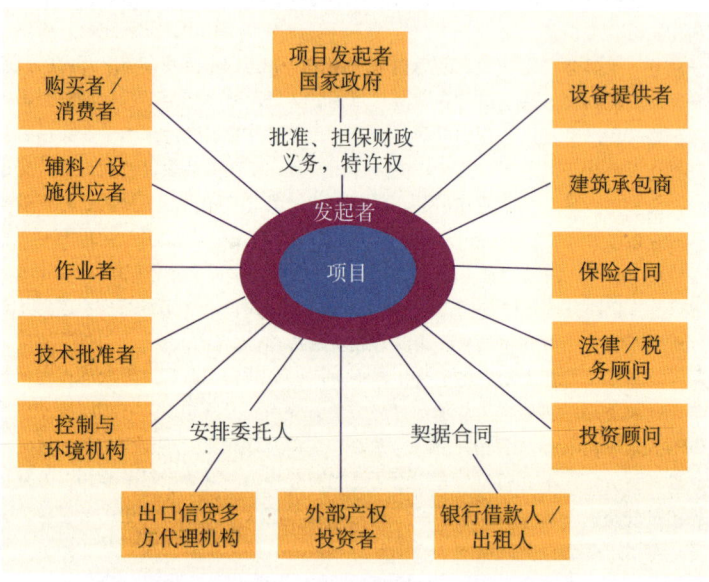

工程项目融资的基本构成是什么？

所有工程项目融资都可以大致分为以下几个部分：（1）从银行或其他贷款方获得的贷款；（2）合同和工程总收入的转让权形式中附带的保证金；（3）根据风险的等级而确定信用证形式中的信用增强、担保或保险额度；（4）来自工程管理的抵押资产的净值。

研究大型工程❶。在一些实施工程的大环境中，这种分析着眼于价格在3.5亿~5.5亿美元或更多的大型工程，对这些工程融资已经进行了学术研究，对一些大额投资仅仅做了一些相对较小的研究——是关于大工程的一些分支项目的研究。这种分析集中于大型工程分项的学术与管理方面。与前文相同，学术的判断力与有创造性的和解说性的管理能力有关。从研究的观点来看，大型工程的吸引力远大于小型工程的，因为这些人拥有庞大的个人财富，再加上他们的专业威望，足以使他们从一些投资者那里吸引大量而足够的资金。

定义与工程项目融资的使用。对工程项目融资的定义并没有一致的意见。比如Finnerty❷就将工程项目融资定义为：

> "增加融资的拨款，从经济学原理上讲就是资助相互无关的资金投资工程，在这些融资过程中，拨款者关注来自工程的现金流，并将其作为服务于他们贷款的资金来源，并返还这些工程中（扣除一切费用后）抵押资产的净值部分。"

而Nevitt❸与Fabozzi❹将其定义为：

---

❶ 一个大型工程是一个极其庞大的投资工程。从典型意义上讲，大型工程的定义为投资超过10亿美元的工程，它们对公共事业具有极大的吸引力，因为它们会给社会、环境和预算造成重大影响。大型工程项目还可以被定义为"自然的、极为昂贵的、公众的提案"。对工程的进展需要谨慎从事，以便减少任何困难的乐观偏见和战略上的误判。重大工程包括桥梁、涵洞、高速公路、铁路、飞机场、海港、发电厂、水坝、海浪发电工程、特别经济区建设、石油与天然气开采工程、公共建筑、信息技术系统、航天工程以及军工（武器制造）系统。

❷ 资料来源：Finnerty，1967。

❸ 资料来源：Nevitt，1960。

❹ Frank J Fabozzi，美国耶鲁大学管理学院的金融学教授，从1994年以来一直在耶鲁大学执教。Fabozzi是一位投资管理学专家，是美国华尔街的学术权威和《有价证券管理杂志》(Journal of Portfolio Management) 的编辑。他为多家金融机构提供咨询服务。2002年11月，他正式进入大名鼎鼎的"固定收入分析协会"。他还是耶鲁国际金融中心的会员。

> "在一个特殊经济单元的融资行为中，贷款人一开始就须确认现金流和本次贷款的盈利前景，并以此作为自己的资金来源，且以此为偿还贷款的基础，同时，还可以此作为本次经济活动的资金，用于相关的贷款。"

虽然上述定义从来没有明确地使用"无追索权债务"的术语，但这一定义将三个关键性决策表述出来并与工程融资的应用结合起来了。

首先，有一个包含了工业资产的投资决定❶。这里，工业资产术语涵盖了基础设施工程等内容。Bruner与Langohr分析了股票与现金收益工程之间的不同。在股票型工程中，商行获得像石油与天然气之类的自然资源，销售产品并着手履行债务，并在资源被消耗殆尽之前将股权归还给原主。相反，现金收益型工程包括道路、桥梁通行费、管线、电力通信系统、发电厂，这些工程依靠资产偿还资金的方式返还债主。

这种定义也使得一种组织性决议❷特征更为突出，这种决定产生了一种法律上资本独立的企业。结果，工程项目融资就可以代表融资租赁失衡的状态，这意味着工程资金和责任没有出现在工程承包合同的资产负债中。然而，精确的决算处理是经过选择的组织形式（公司、合作伙伴等），而这也正是工程承包商的零散权益所在和控制整个工程的目的。在许多情况下（当仅有一个工程承包商时），工程资金和责任就会倒向承包商的资产负债。

最后，会有一个含有无追索权债务的融资决定❸。由于工程公司具有法律意义上的独立性，因此，就可以不必与工程承包商的追索权相应的贷款挂起钩来。法律的独立性还保护资金的提供者，使他们能够无障碍地索要工程资金和现金流而不必顾及工程承包商的财政条件或事先索取它的资产。

这一正式的定义确定了大量的限定条件。这似乎可能是不重要的，但对于将工程项目融资与其他金融体系区别开来则是必需的。如保证金与工程项目

---

❶ 资料来源：Kein, 1997; Theodoropoulos, 1999。
❷ 资料来源：Theodoropoulos, 1999; David R, 2002。
❸ 资料来源：Carle, 1995; Theodoropoulos, 1999。

融资之间，金融资本的投资组合与一个独立的工业资本之间的区别等，这些可以使你了解如何筹措资金，在一个（证券）资产担保的保证金中的投资可以显示更大的统计学规律，所以它可以支持更多的贷款。资本的性质还会影响你对它们的管理，因为工业资本需要监督而不是简单的日常操作。为了明确定义，可用它进行公司融资与其他财政结果之间的比较。考虑以下的金融体系就可以认识工程融资。

有无担保债务❶：无，因为债务具有对公司资本的追索权。

卖主—偿还债务❷：否，因为债务具有向公司资本的追索权（卖主融资是一种有担保债务，据此可以进行商品制造，提供贷款等）。

附带债务：否，如果它是债务，就将具有对公司资本的追索权。

租赁❸：否，因为合同（契约）拥有追索权，而它并不包括资本的所有权。

合资❹：否，除非为非追索权债务提供资金（注意：许多工程可以按照联合投资来组织实施）。

---

❶ 担保贷款是一种借债人抵押一些资产（如小轿车或房地产股票）的贷款方式，然后，它可以成为一种归属于提供贷款的债权人所拥有的担保贷款。这种债务因此就得到保障——在借债人未履行债务（违约）事件中，它就可以成为担保品或资金，债权人将资本的所有权用作担保并可出售它，以确保借债人能够获得（赢利性）贷款。从借债人的立场来看，这是一种债务分类，据此，借债人安照法律程序拥有可以部分获得特定财产的权力。担保贷款/债务的反面非担保性债务，它与任何特殊的财产无关。反之，债权人可以为借债人的债务提供担保，而不仅仅是借债人的担保品。

❷ 卖主融资通常是一种延期的贷款形式，据此，卖主可以进行融资或分担认购。卖主通常会在新的实体中分担管理责任。

❸ 非资本拥有权。

❹ 合资（英文通常缩写为JV）是一支由两个或更多的合作伙伴形成的实体，共同从事经济活动。合作伙伴同意通过贡献自己的股本组成新的实体，然后，他们就分享红利，分担支出，获得对企业的控制权。这种投资可以仅供一项工程使用或为一些继承性（连续型）商业活动所用，如索尼-爱立信的合资企业。与此形成对比的是战略结盟，后者并不涉及合作者的股权，而且也不会做出过于苛刻的约定。简而言之，这是一种实体的目的而不是实体的类型。所以，一个合资企业可以是一个公司，有限责任公司，合作的或其他法律体系，它取决于对税收和侵权责任的考虑。

资本担保保障❶（ABS）或房地产投资公司（REIT）：否，由于他们拥有金融公司的股票，这并不是单一目的的工业资本。

私有化或地方性发展：否，因为他们缺乏共同的主办者。

举债经营全部收买（LHO和MHO）：否，因为他们缺乏共同的主办者。

商业不动产开发：是，但不动产多拥有制度性计划安排方案。

工程承包公司：有可能，但是随着工程数量的增加，它看上去更像一个与交叉抵押的债务合同相似的股份有限公司。

即使人们可以把项目融资与那些体系区别开来，但两者之间的区别却并不明显。如建造几座发电厂就类似商业化房地产开发，只是这些工程常常会包含更多的关系或特别交易的资金（这些资金在对某些参与交易的当事人或在某些商务关系中具有更高的价值）。一些工程，如卫星通信系统就类似于一场商业冒险，相当于新的公司或企业开张，而LBO与工程承包公司则高度分享举债经营的资金和汇聚的股本拥有权。由于这些和其他相似性，关于不动产（房地产）融资，LBO/MBO将资产转换为债券、担保债务以及利率降低等都可以使我们深入了解工程融资，以及它是如何创造价值的。同时，关于工程项目融资的研究会产生对这些和其他相关领域的新认识，如风险管理、公司管理方法、发展经济学以及组织管理经济学。

工程项目融资的历史

绝大多数人认为，工程项目融资是近期才出现的现象，但它的历史可以追溯到几百年前甚至近千年前。最早记载的工程融资行为是在1299年，当时

---

❶ 在金融学中，资本返还的担保是一种以资本垄断性联合投资或者由基础的贷款担保类型，或者以资本特殊的联合投资为基础做担保的类型。资金由多个机构为共同利益集中使用，从而使那种位置不足道的或不具经济意义的投资具有价值，而且通过将基础的资金分别投在几家公司内的做法而减少风险。这种担保使得这些持有资金的投资人的投资范围更加广泛。这些资金的集中方式可以是多种多样的，如可以是常用的信用卡支付方式，也可以是抵押贷款，只有内行能懂的现金流，如飞机租赁、矿藏开采付费、电影院红利。典型的担保贷款的特征可能是非流动资金的（不能立即兑现的）或者是私人性的。在一些情况中，可以用一种担保作为对老油田开采所需的贷款，而这种担保的利率要高于收益公司将自己的资本货币化的利率。这就使相关公司所支付的利息低于其可能贷款的银行贷款或债务的利息。

英国国王招募佛罗伦萨商业银行援助加拿大北部德文岛银矿的开发。该银行获得了一年的租赁权,以支付所有开采作业的费用作为交换,可以获得这一年内全部开采出的银矿产品。如果采出的矿藏量或价值比所期望的少,英国国王也没有追索权。今天,这种类型的贷款被称为生产支付款项贷款,在17世纪和18世纪早期的交易中,也出现过以一个工程为基础的融资活动。投资者为荷属东印度公司和英属东印度公司提供资金,以供它们到亚洲的航海活动,在那以后,他们根据在出售时所承担的货物量而获得报酬。历史上,由于可以获得更多的长期不变的资金类型,所以这些商行就会削减它们的海运项目或工程的特殊融资措施。在美国,最早的工程融资发生在自然资源利用领域和房地产业。20世纪30年代,美国得克萨斯州与俄克拉荷马州的"野猫井"勘探者使用了生产支付性贷款资助处境困难的油田勘探工作。同样,房地产开发商在20世纪的工程基础上建筑并资助了独立的商业性(包括在工地上所建房屋在内的)地产项目。在这两种情况下,债权人拥有仅对所资助的工程的索取权。

20世纪70年代,工程项目融资开始进入现代模式,部分地担负起一些大型自然资源的开发工程项目,而且在一定程度上促使了能源价格的飙升,进而导致人们对非常规能源需求量的增加。70年代初期,英国石油公司以一个工程项目为基础融资9.45亿美元,用于北海的40个油田的勘探开发。大约在此前后时期,"自由港矿产(Free port Minerals)"工程项目融资资助了印度尼西亚的Ertsberg铜矿的开采工程,澳大利亚的ConzincRiotionto工程项目融资资助了巴布亚新几内亚的Bougainville铜矿的开采。现代的工程项目融资措施已经开始,大量统计表明,80年代初美国就以这种方式修建了数座发电站。70年代持续高攀的能源价位走势促使美国国会通过了"公共事业管理政策法案"(Public Utility Regulatory Policy Act,PURPA),将其作为促进替代(非化石燃料)能源投资的途径。这一法案需要地方公共事业部门根据合同规定购买所有产品。股权投资者创造了新型的、独立的公司——它们拥有自己的发电厂并以无追索权的债务形式资助它们。这些发电厂是独立的电力生产者。

下图展示了一个典型的工程体系,其中包含了15个组成部分,以纵向互相连接，或以一些更为契约性的合同形成一个IPF，其显著特点在于一个开发者必须签署四份重要合同：（1）建设与设备合同，大多为价格固定的，与一位经验丰富的承包商签署的总承包性合同；（2）长期燃料供应合同；（3）与一家信誉出众的公共事业部门签署的长期电力购买合同；（4）一份运营与维护合同。在这些合同和大量其他合同签署之后，工程负责方就可在此工程基础上注入资金。由于这些合同用途广泛，一些工程融资也可以作为契约性资金运作。

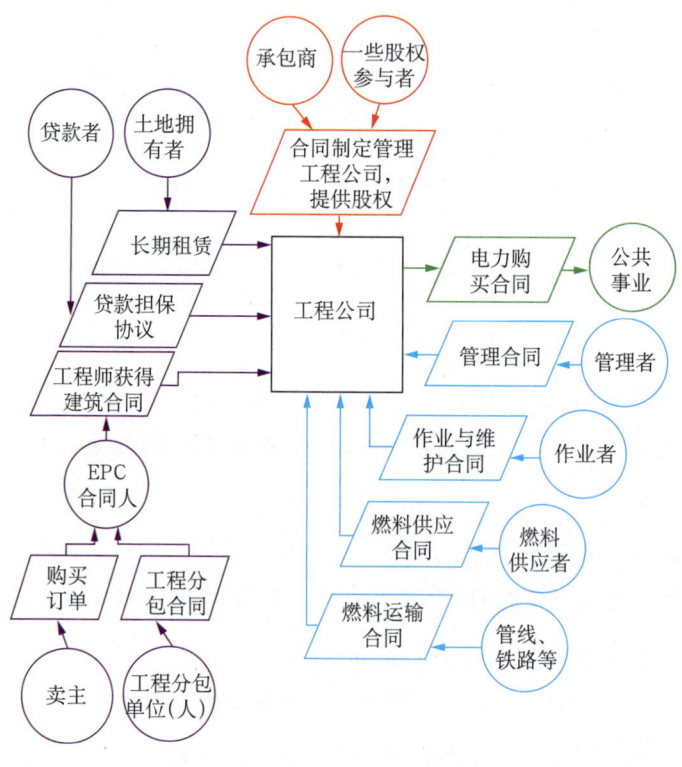

一个IPP标准的工程融资体系

工程项目融资是一种颇具吸引力的方式，可以为工程主办方的资产负债提供有限或无限的索取权的举债经营方式。贷款者可能会对这种条款感到满足，因为IPP拥有长期公债和来源于有资格接受信用贷款的合同，加上另一方稳定的现金流支持，因此可以用常规的标准来约束这种契约。20世纪80年代，电力公司获得了总工程项目融资中三分之二的投资额度。根据这个原因，在90年代之前，工程项目融资已成为美国电力融资的同义词。但与此同时，也出现了分化，现代工程项目融资的前身是公共事业部门将免税的市政公债债券用于公路建设、水处理厂以及其他基础设施工程的融资。市政当局和其他实体部门往往利用依靠它们的良好信誉和信贷能力而获得常规公债保证金——以此作为自己的融资资金。长期以来，它们一直在用由特殊红利现金流返还的（美国市、州政府以收益为担保而发行的）收益债券作为一种融资手段。

20世纪90年代初期，美国市政当局开始把工程项目融资与私营企业的投资紧密结合起来，在规定的目标下，促进更为良好的管理。而且赞成者也能更加有效地分担风险时，这些公共部门和私人企业也可获得更多的可用资金。而实际上，此举限制了政府的预算案。公共部门和私人企业合作模式（英文缩写为PPP）近年来已经变得更为规范。比如，英国已经在1992年建立了私人融资计划（the Private Finance Initiative，PFI），内容包括私营企业对社会基础设施工程的资助与管理。到1999年，英国签署了总价值达160亿美元的250项PFI工程，根据早期的成功，英国政府已经确认了更多的可以包括在PFI范畴的工程项目，包括百科医院、学校和监狱的建筑工程等。近年来，包括澳大利亚、爱尔兰、意大利和南非等许多国家已经建立了相似的PFI。PPP模式是另外一个混合体系的实例。PPP模式利用私人资金和私人公司构成并运作工程资金，如公路、监狱和学校。从历史上来看，这些都是由公共资金资助并以营利的目的运营的。

通过PPP模式，政府会将建设与运营的风险转嫁给私人企业，此举往往可以更加有效地收集并运作这些资金。然而，政府预料到了市场风险（如在公路收费的实例中，就会存在与交通收益相关的风险）。一个政府的市政部门能够比私人企业（公司）更适合应对许多重大的、长期的风险。随着PPP模式在未来的应用，公共部门与私人企业在开发与运营公共工程资金中的角色将继续得以确定。那些正在非传统领域中（如电力工业之外的工业部门）得到资助的或者正出现在市场上的工程项目将能从IFI和其他保险形式中获得更多的支持。

投资者在寻找能够化解最重大风险并掌控宏观经济学风险的新途径，其部分原因在于市政部门参与后而提供保护措施要弱于工程承包者们事先想象的程度。作为替代，那些工程承包商们正在使用政治风险保险（PRI）去抵消当前货币贬值、没收（土地或财产）以及合同不履行等所造成的损失。如人们所期望的那样，PRI价格正在因需求量开始超过实际供给量而呈增长的趋势。此外，标准商业活动的终止费用和其他类型的商业保险也正在变得更加昂贵。尤其是，2002年9月11日发生的悲剧性事件以后，保险公司为恐怖主义危害的保险金额度大幅度增加了。从那以后，保险公司要求为恐怖事件分割一部分保险金，此前，这部分金额是包含在普通财产和事故伤害保险金中的。这种增加的成本使得许多种类的工程融资和那些已经开展且需要再度筹措资金的措施更加难以进行。其他一些特别棘手的是国外货币交换汇率风险，对于发展中国家和"零售"型工程项目（即这些工程涉及公路收费、电力、供水等相关的个人用户）来说，更成问题。目前，这些工程将使用当地的货币进行融资，以化解货币贬值所造成的损失，而且这种趋势日渐明显。一种相对较新的措施是货币贬值保险。2001年，美国海外私人投资公司（Overseas Private Investment Corporation，OPIC）和美国银行（Bank of American）引进了一种新的防止货币贬值损失的形式。如在巴西的一项水力发电工程中，AES Tiete使用了3亿美元融资资金。货币贬值保险在这些没有投资等级的国家中成为一级投资资金来源。

2002年，世界所有工程项目融资市场的资金约为1350亿美元，包括贷款和工程承包公司的股权投资数额，比2001年的2170亿美元下降了38%。在2003—2007年间，工程项目融资都是正向增长的，尤其是在海湾合作委员会和中东地区，总投资金额以年均23%的速率增长。随着中东地区成为世界最大的工程项目融资市场，从迪拜到整个中东地区都存在着用举债经营融资的方式进行全部收购式投资的明显趋势。在过去的几年中，在阿拉伯联合酋长国，尤其是迪拜酋长国对举债经营性融资的兴趣持续且稳定地增加。日益活跃的中东地区已成为全球最大的工程融资市场：2006—2007年间，全世界工程项目融资贷款额已达2755亿美元，其中仅中东地区的工程项目融资就高达1013亿美元。基础设施建设投资不仅在传统的以能源为基础的工程，而且在所有领域都迅速扩大了。来自海湾合作委员会的市场开发贷款和市场资金配给都已连续而快速地增加，在企业联合组织的贷款市场上也可以看到这种增加。海湾合作委员会的企业联合组织贷款市场从2003年以来一直持续增长；企业联合组织贷款以其总金额高达1905亿美元的股权市场而扬名天下，它已成为全球最大的OPI（份额高达39%），而就规模而已，沙特阿拉伯拥有最大的份额（达47%）。

为什么要研究工程融资？

Modigliani与Miller[1]（1958）指出，公司融资的措施在某些条件下对企业并没有什么吸引力。它们的"不切题"的提案可以成为现代融资的一个里程碑，而研究每个活动诺贝尔奖（Modigliani与Miller分别于1985年和1990年获得了诺贝尔奖）的重要原因都是非常重要的，因为它可以使人们清晰地认识到指定融资措施的价值所在。他们"不切题"的提案潜在的一个关键性假设就在于融资与投资决定是相互分离且各自独立实施的。根据这一假设，各种融资措施，如企业出面的融资，获得的资金以及企业所拥有的体系等并不会影响企业的价值或投资决心。构建这一理论基础的科学家花费了25年多的时间对公司融资进行了大量的经验性研究，以求表明真正融资体系的真正含义。研究工程融资的主要原因就是因为它可以为人们勾画出这种"题型"形成的原因——它颇具吸引力。工程承包公司是这种研究的目标，因为它们具有独一无二的体系结构。例如，工程承包公司拥有大量举债经营的资金体系（平均起来，工程承包公司的贷款—公司总额度之比为70%，而相比之下，公有公司的这一比例仅为35%），和集中的股份所有权（一个典型的工程项目具有两至三家股东，而国有公司的股东则可达数百甚至数千家）。我们更近详细的检测体系的性质，可以了解它们存在的原因和所提供的优势。实际上，本书的中心思想就是关于

---

[1] *Modigliani-Miller理论（Frano Modigliani,Merton Miller）*为资金体系创立了一个现代化思考的基础。这一基本理论认为，在缺少税收、破产资本、非对称性信息以及收效大的市场的情况下，商业企业价值并不会受到该企业如何获得资助的影响。这与企业通过发行股票出售债务来增加自己的资本并无关系，也与企业的划分政策无关。所以，*Modigliani-Miller理论*也常常被称为资本结构不相关原理。*Modigliani*于1985年因其杰出贡献而获得诺贝尔经济学奖。*Miller*于1990年与*Mark Witz*和*William Sharpener*合作，因"金融经济学理论"中的重要贡献而获得诺贝尔经济学奖。

"体系"的研讨,因为它影响着投资决心和随后的能够供给资金一方(或多方)的现金流。

工程承包公司具有研究吸引力的第二个原因就在于我们能够以比当事的公司更清晰、更透明的方式来观察评论各种融资的决定性因素和所产生的影响。尽管是历史性的手段,但过去的盈利或是以前的对全局有重要意义的付款项目等,都限制了能够供现有公司的管理者选择的范围,这些因素对于那些设计新的工程承包公司的管理者的影响并不大。事实是,工程体系是复杂而多方谈判的结果,最终的体系必须具有对承包企业的吸引力,或者它们不会因和解协议而被起诉。

工程承包公司是一些独立的实体的事实也得益于一种研究视角,因为这标志着这些体系的各种细节和进展情况更加易于被外界所观察。当体系运行构成了内部资金多样化的公司时,则这些选择与随后的结果就可能会因其他公司的措施而变得模糊不清。出于这些原因,一些工程承包公司为研究融资措施、体系特征和创收等而提供了一种新型的、有潜力且效力极高的实验室。

一个独一无二的体系特征实例之一就是举债经营。一些工程承包工作举债经营的措施,其广泛使用可以为我们提供一种关于贷款融资的新观念,同样,在一些投资返回措施中,股权的广泛使用也为我们提供了一种观察股权融资的新方法[1]。通过研究那些举债经营的特征,我们可以检测已有的资本体系理论之间的分界,并观察哪种理论可以更好地解释偏激的观察材料。在工程承包公司的情况中,举债经营扮演着一种重要的惩戒性角色,它可以防止管理者浪费或对自由的现金流的不当分配,并阻止相关但无益的参与者,包括当事国政府,使其无法试图挪用以融资法筹措到的资金。由于举债经营可以缓解这些代价高昂的冲突,它增加了所期望的能够给予资金提供者的收益现金,这样就可以建立起工程体系与工程价值之间的一种联系。对于一个公司来说,要在一个公司框架内复制工程承包公司的体现特征就会变得令人不快,甚至是不可能的。鉴于举债经营影响了人们所希望的返给资金提供者的收益现金,其他一些

---

[1] 由Sahlma Gompers、Lerner(1999)或Kaplan、Stromberg(2003)所做的关于接受过风险投资的企业的研究。

体系特征也会影响那些管理者的投资决心。能够产生一种独立的工程承包公司以及具有不附追索权贷款融资的能力等因素，会使管理者坚持投资的决心。例如管理者会特别不情愿冒着巨大的资金风险进行投资行动。管理者通过分离工程承包公司内有风险的资金方式来防止该工程项目失败，进而将相关的企业拖垮的情况发生。当一种恶性结果可能出现时，管理者往往就会放弃，即使存在一种直接参与社会事物的净现值（NPV）❶、投资。工程融资允许企业在独立体系内将资金风险分隔开来（这种独立企业应对担保金给承包公司所造成伤害的能力欠佳）。这种例子表明一个体系是如何形成的——在工程融资（融资资本相互分离）与公司融资（融资资本合并）之间选择，此举通过帮助企业避免在政府行使社会经济管理职能的NPV工程中的设施、资源浪费等措施来影响企业的价值。总结起来，我们侧重于工程承包商的原因就在于它们具有能够区分已有的资本体系、公司管理与风险掌控的潜力。以此同时，对工程承包公司的分析可以为我们勾画出一条极为清晰的、如何建立融资系统、影响管理决策和进行评估的路径。

财政模式——构建良好模式的要素是什么？

　　模式的最低要求就是应提供实实在在的优势。优秀的模式是简单的、清晰的，易于操作而有代表性的。这些模式使用了恰当的假设（在所需要的详细材料基础上建模所给出的结果是没有额外益处的），包括我们在确定投资决策时所需要的关键性结论，提供颇具灵活性的分析，能够快速且易于操作（这是一种良好的设计而且方便研制，相同的方法能够提供多种多样的设计方案），以及具有连贯性和校正性。

　　一个工程项目融资过程中获得专款需要多长时间？如何为一个工程项目融资或公司融资的方法提案获得资金？这需要应用经过考验和证实的方法与技术。

---

❶ 净现值（NPV）或称NPW的定义为在一个现金流的时间段内的总现值（PV）。这是用金钱的时间价值去评价长期工程项目的一种标准方法。该方法被用于资金预算，并在经济学中得到了广泛的应用，一旦遇到金融变化时，可以用现时价值结账计算。此方法可以计量现金流的增加或短缺（Theodoropoulos，1999）。

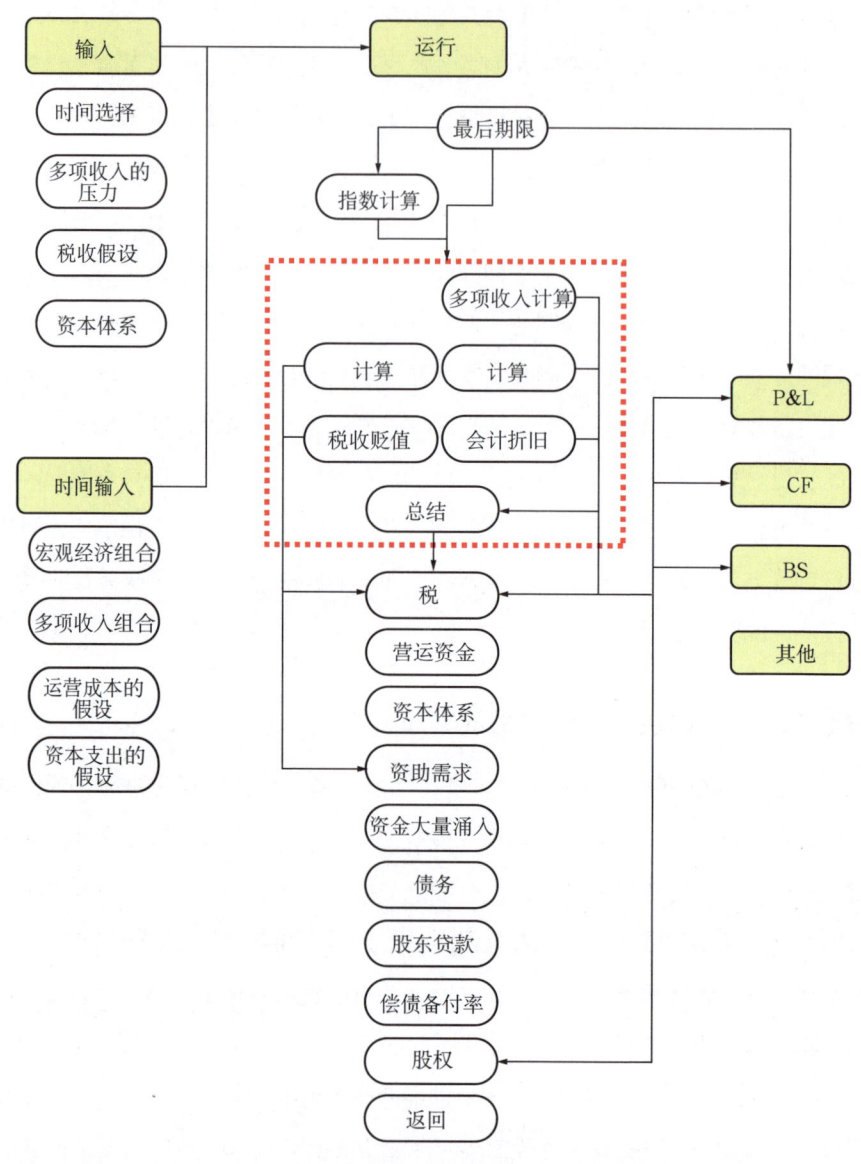

工程融资模式体系[1]

---

[1] 资料来源：Koen, 2005; Theodoropoulos, 2001。

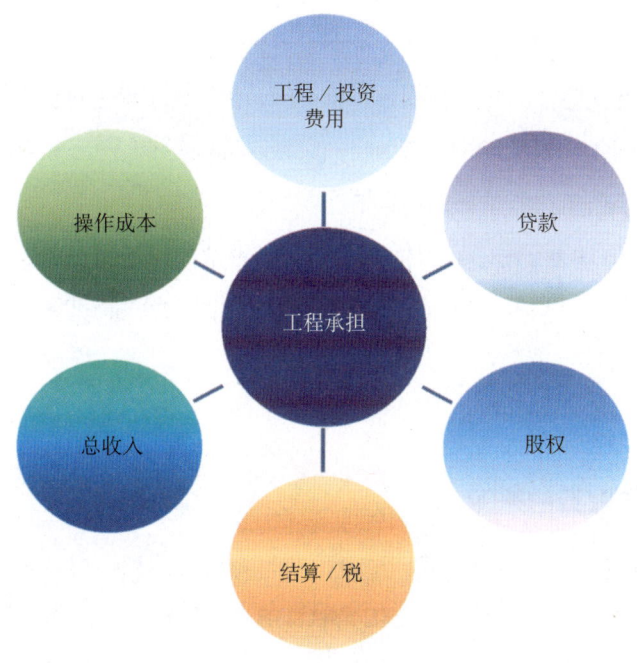

一个工程项目融资的总体假设❶——关键性领域

所需时间，这可能很难确定，因为这涉及经济学、市场学和工业基本原理学等，其中应该或将要涉及相关的工程，而且工程本身也充满了变数。当这些因素都被调整到"资金提供通道"上时，筹集资金中的风险、复杂性和困难就会

---

❶ 根据计划所制定的假设是一种"岗位计划"方法，它有助于公司去除一些令人难以意料的事情。它可用于确定公司商业计划中最重要的一些假设，检查这些假设并考虑对冲行为以及如果提前变化又将怎样推测的预案等。常规的商业计划方法是以假设为前提实施，它可以使管理者根据对以往信息的充分理解而推测未来。然而，对于新的商业活动和工程来说，这种计划的方式往往并不完整。在绝大部分时间里，并不存在"岗位知识"，如果存在"岗位知识"的话，对未来的预测就是不可能的。管理者对这一问题的解决方法就是设定假设；他们将尽力对未来进行预测。一些在计划过程中制定的假设非常接近真实情况；而其他一些假设则颇具不确定性，虽然它们也不太重要。根据计划制定的假设几乎就是对在商业技术中所设定的假设"保值措施"与"假设推测"方案的确定和检测。简言之，这意味着可以确定不确定性，人们设计了一种检测方式，以便使事情更为清晰，在等待这种不确定性变得确定时，你可以考虑如果最初的预测被证实是谬误时，自己将做（或不做）什么？所以，根据计划所做出的假设点并不需要对所有在商业活动中做出的假设具有最大的精确度。但是，为了制成一个合乎情理的模式就需要评价一个新工程或公司所将要面对的挑战及所发生的顺序和规模。

——呈现。认识到这些动态的因素，我们就有可能期望用2~3个月的时间完成下列工作：聘请顾问，研究与审核、开发，然后向指定的资本来源机构提交第一阶段筹集资金的一揽子计划书。接下来，假设该工程是可望吸引投资的，则所需要的时间一般就取决于该工程的实力，贷款者的时间表以及筹措资金之前所需要提供的文件和条款的准备情况。

典型的ECA筹资举措的时间：（1）在财政顾问得到任命以后不久即与其接洽；（2）为ECA准备简明扼要的信息组合包，此举需在事先所完成的经济与科技可行性研究与市场分析的基础上进行；（3）等待9~12个月后可以获得ECA的最终承付款项；（4）经ECA的工作之后，与银行接洽。

项目结构和融资的来源

项目结构建模的目的是确认融资项目，为融资的利用提供经济动力，并为确定这些资金和最适合获得此工程融资的企业提供参照标准。这些模件的主题思想是项目的体系状态，而挑战就在于认识这种状态形成的原因。说得更具体一些，其目的就是认识承包工程的企业在使用不附追索权债务方式的独立式融资（工程项目融资）时要比其与公司专款联合融资（公司融资）更有价值的原因。应用这种并不完美的参照标准，我们可以看清楚融资之前仅有"纯资产"的公司的真实面目。特别值得一提的是，这些真实的情况揭示了应用工程项目融资的三种主要动因：（1）机构成本动机：降价机制（激励性的），工程承包者与资金提供者之间的内部冲突；（2）诱因：在工程承包公司中减去举债经营所诱发的投资不足部分，这一现象称为"债务积压"（debt overhang）❶；（3）风险管理动因：由于资金亏本和（或）经营商的风险转化，所以要减去绝对正增值中的投资不足部分。

---

❶ 债务积压是政府财政的一种状态，多见于发展中国家。它指的是一个国家的债务超过其未来偿还能力的一种状态。发展中国家的债务积压是新千年（2000年）运动爆发的一个诱因。那是因为如果债务偿还能力足够大的话，来自良好投资行为的任何利润都将直接归还债权人。他们拥有凌驾于股权持有者之上的崇高权力。

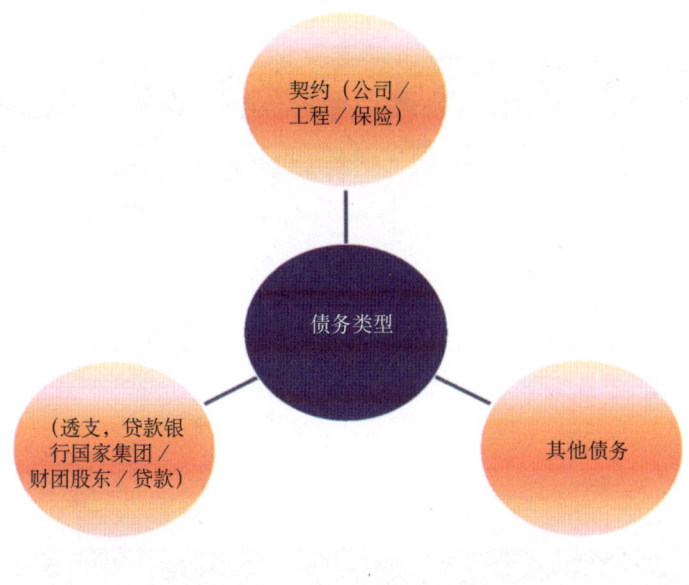

融资来源❶

债务资金❷对于那些能够确认稳定的现金流❸或那些拥有雄厚基础的公司是最适合不过的了。

（某公司的）股权主要来源：全球基础设施建设基金、退休基金/公共事业基金、主权财富基金/政府股权、战略投资者筹措的资金、私人股权投资者、大富豪的投资。

在进行企业的资金成本计算时，需将每项资本与普通的股票、优先股、保证金，以及任何长期债务按百分比进行加权平均，参见下表。

---

❶ 指债务与（扣除一切费用之后）抵押资产的净值（Charles，2001；Theodoropoulos，1999）。

❷ 债务资金是由扣除了贷款以后的商业举债。这是公司的一种贷款方式，在未来归还。债务资金与股权或股本金不同，因为债券资金的认购者们不会成为商业的部分拥有者，他们仅仅是债权人，债务资金的提供者们通常会收到按照他们贷款固定的年百分利率的返还资金，这就是票面利率。对于按年返还来说，债务资金的等级高于股权资金。这意味着从法律上讲，在为任何股权的提供者们返还红利之前，必须支付债务资金的利息。一个高度依靠举债经营的公司拥有较高的债务/股权资金比率。

❸ 现金的流入与流出都无变化。

资金成本

WACC = 资金成本的加权平均值 × 股权% + 债务资金 × 债务%

$K_e = R_f + (R_m - R_f)\beta$
K_e = 所期望的股票利率
R_f = 无风险利率
R_m = 所期望的市场返还
β = 资本返还的敏感性

$K_d = F(1 - T)/D \times 100$
K_d = 债务的平均资本
F = 各种债务的总资金成本
T = 可利用的税收利息
D = 在市场返还时期所增加的平均债务,包括保证金、前期的公债、贷款等

> 债务资金对于那些能够确认稳定的现金流和/或那些拥有雄厚基础的公司是最适合不过的。

募集的（公司）股权与债务的成本

股权(%)	K_e(%)	债务(%)	K_d=10%(%)	WACC	资产的最佳成本
100	15.50	0	0.00	15.50	11
90	14.00	10	1.00	12.70	10
80	12.50	20	2.00	10.40	9
70	11.00	30	3.00	8.60	7
60	9.50	40	4.00	7.30	5
50	8.00	50	5.00	6.50	3
40	6.50	60	6.00	6.20	1
30	5.00	70	7.00	6.40	2
20	3.50	80	8.00	7.10	4
10	2.00	90	9.00	8.30	6
0	0.00	100	10.00	10.00	8

如果e=40%且d=60%,则WACC就较低（资金的最佳方案1）。

决策矩阵[1]

属 性	债 务	股 权
成本	P	N
（汇票）期限	N	P
输往市场的时间	P	N
文件证据	P	N
对证券的 β 因素（从风险和市场价格稳定角度衡量证券运行的标准）	N	P
管理的	P	N
（证券等的）价值耗减	N	P

P：正向的；N：负向的。

WACC是怎样工作的？由于我们在估量新资本所期望的量值，所以就应使用这些组成部分的市场价值，而不是它们的表面价值（两者有明显的区别）。此外，融资筹款的另一个更加"外来的"来源（如货币、证券，可兑换的贷款，经通知即可收回的公债，可兑换的优先股票等）应该包含在计算公式内，如果它们以任何量值的形式存在的话——因为这些筹款方式的价值通常与普通的公债贷款和股权是不同的，前者具有极佳的特点。WACC是一种对获得并使用贷款的企业的资金折损情况进行评估的方法。

符 号	意 义	单 位
C	资本的加权平均值	%
Y	所需要的或所期望的股权返还率或股票价值	%
b	所需要的或所期望的借债返还率或贷款的额度	%
t_c	公司税收率	%
D	总贷款与借债（包括长期贷款和期票到期的当前部分）	货币

---

[1] 决策矩阵用于表示一种多标准决策分析（MCDA）问题的方式。如果在一个MCDA问题中，有M的选择权，则就需要评价N的标准，然后，此问题的决策矩阵就具有了M行和N列，或M×N因素，如文中表所示。

续表

符 号	意 义	单 位
E	股票与股票当量的市场总价值	货币
K	运营中的公司的投资的资产总量	货币

这种公式描述了仅有同性质的股权或货款的情况。如果部分资金为优先股（具有不同价值的股权），则该公式就应包括针对每种资金来源的附加含义。我们如何发现针对WACC的公式中各组分的价值呢？首先，我们要注意一种筹款来源的"权重"，就是简单地用所有组分的总价值除以每个组分的市场价值。比如，上述公式中普通的股票权重将确定为"普通股票的市场价值（普通股票的市场价值+贷款的市场价+优先股的市场价值）"。这样，我们就可以发现各种融资来源（贷款、优先股票和普通股票）的市场价值了。

一个公开交易的股票市场价值很简单，公开交易就是由大量股票未偿还贷款构成的所有股份的价值。这是最容易被识别出来的成分。

如果一个公司拥有公开交易的公债，则它的贷款市场价值就很容易被看清。通常情况下，许多公司还拥有大量的银行贷款，而这些贷款的市场价值则不易被发现。然而，由于这种贷款的市场价值与（公司或股票的）的净值非常接近（对于公司而言，它们至少没有经历信贷利率的明显改变），所以，贷款的这种净值就往往会被用在WACC公式中。

优先股的市场价值也常常易于在市场上看清，而且，可以用所有股票未偿还贷款的每股价值集合而确定之。

我们来探讨这些资金吧。

优先股等同于终身年金，它的持有者有权永远获得固定的返还款。因此，它的价值可以用优先股的价值除以各个时间的得款来确定，以百分比表示。

普通股票的价值通常用资金财产定价模式确定。

贷款的价值由相关公司的公开交易公债（投资）的到期日生息确定。这无法获得有效性，由于银行对一个公司目前贷款征收的利息也应该起到像一种贷款价值一样的作用。由于一个公司往往会注销它为贷款所支付的利息税，所以贷款的价值会因为公司支付的税率而进一步减少。因此，一个公司的贷款价值就成为（公债或贷款的利息）×（1－税率）。实际上，税的扣除一般会出现在WACC的公式中，而不被算入贷款的价值中去。如，WACC=优先股的权重×优先股的价值+普通股的权重×普通股的价值+贷款权重×贷款价值（1－税率）。

银团贷款

银团贷款[1]（又称辛迪加贷款：Syndicate Loans）被广泛地应用在工业领域和新兴的市场经济国家中的拨款偿付利息措施中。银行可能会缺乏在某些类型的交易中，在一些地理区域或工业部门中的启动阶段，或者真正需要削减开办经费的时候开展行动。一旦在一个浮动汇率基准点（特别是伦敦银行同业拆借利率）的普遍盈利时（这种基准点是根据贷款的金额而划定的），实施银团贷款的银行就可以获得各种款项。盈利性贷款根据其年资而获利，而相同的银行可以在银团贷款中发挥各种作用。

与保险合同一样，一项贷款是对风险的义务承担。关于贷款的某种分类而言，银行有自己的规律，它们认为，可能会有5%的借债人破产。如果银行的贷款额度中有这5%的假设，则银行就需要对贷款收取10%以上的利息才能使自己获利。通常，银行与金融市场使用风险资本标准来进行定价，根据普通的贷款额度的风险和特殊借款者的风险制定贷款利率。然而，那些与较大宗的商业贷款相关的问题一般并不太多。大宗的商业贷款中如果有一宗出现了违约（即发生了上述5%的情况），则银行就会损失它所有的财产。所以，最佳选择应该是将所有银行划分开来，或者彼此"联合"它们的大宗贷款，这样，每家银行都会得到它们贷款投资组合中自己应得的那一份。对于那些银团贷款来说，经常受到评价的原因就在于它们可以避免财产的大量或出人意料的亏损，

---

[1] 一项银团贷款（或者是"银团型银行机构"）是一种大笔贷款，在这种贷款的实施中，银行集团一起工作，为借款者提供资金。通常有一个领衔的银行（称为"筹划人"或"代理商"）负责贷款的百分比分配，将银行的储备金（盈余）转给其他银行。银团贷款是互惠贷款的反面，它仅有一个借贷者和一个出借者（常常是一家银行或金融机构）。一项银团贷款要比共同参与放款额度更大也更加复杂。在一项银团贷款中，常常有两个以上的银行参与。

取而代之的是它一般仅会受到少量的且可以预测到的亏损。较少的且更加可以预知的亏损会得到许多管理团队的关注，因为这种亏损通常是可以接受的，那些具有"连续而流畅的"或更加稳定盈利的公司相对于它的盈利来说，可以获得较高的股票价值，那些获利的管理者往往都是先从股票开始的。沃伦·巴菲特对此提出了指责，他认为在许多时间里，这种行为是荒谬的。如果银行不通过银团贷款而继续成为一种代表，而且如果银团贷款能够减少它们的边缘利益的话，则在一个较长时间里，一家银行就会不用实施银团贷款而获得更多的资金。

在投资银行和保险业界，这种动力源所起的作用是相似的——在这些部门中，也会发生类似"银团贷款"的情况。为了避免所有的借债人都蜂拥到那些银团型银行去，在众多的银团型银行中就会有一家扮演着所有银团成员工作机构的角色，并可能成为它们与借债者之间的连接点。

银团贷款市场可以大致分为两类。第一种是为小型公司设计的（贷款额度一般在2000万～2.5亿美元之间），其特征在于一般由一个银行集团提供一种额度固定的贷款。比此更大额的贷款往往是一种更加开放式的交易，实际上也是一种更具活力的交易，所以它们更像一种有规律的公债。这些贷款包括对冲基金、退休基金、银行贷款以及其他投资手段。遭遇次贷危机之前，那种较大宗的银团贷款虽然是由一家银行"代理"的，但大多也会以"担保贷款契约"的形式被出售给国际金融市场。实际上，对于这些大宗贷款，那些代理银行就常常会把自己短期借出的钱收回来，然后以贷款的形式投资给"担保贷款合同"签约的借债者。由于次贷危机，许多国际固定（财产）受益（借贷）资金市场的规模大为缩水。因此，许多银行被自己并不愿意借出的借期仅有几个月的贷款所纠缠，如果有可能，它们绝对不会做这种贷款生意。这些贷款被称为"被挂起来的贷款"，而且也是最近进入亏损的原因。

投资的债券化

全世界都会用广泛的合作方式来接受融资的形式。尽管资产的债券化被认为是一种高度特化的融资工具。资产的债券化的含义是将资产通过有吸引力的公债利息和对较高的LTV而转化为债券（此举可以通过债券运作的成熟度和实施的时间长短来获利）。这是一种资金返还式融资方式；投资者正在审视这种特殊资金运作方式（从创始人的信贷情况到其在较大范围内的影响力）。

资本的债券化具有超过其他拨款偿付利息方式的优势：（1）可以减少债务的成本价格，进而减少股本总额的成本价格；（2）通过实际分析和交易几个利息套购方式，以较低的基金成本价格，增加投机买卖以期获得大于利息的利润；（3）其他重要动产和不动产的资产的货币化措施；（4）风险转移及通过特殊手段（如，由储蓄银行存款转为直接的证券的投资方式等）；（5）无追索权认定；（6）资金/负债契约；（7）提高融资能力（LTV），因为再筹措资金的风险可能会被镶嵌入交易的框架中；（8）新的且多样化的资金来源。

貌似公平的结构（剩余索取权）

信托融资（Modaraba）：在一项信托融资合同中，一家金融机构为一项工程提供融资资金，而企业家则提供管理技巧。在工程资助中，该机构并不是尽可能多地吸收各方面的投资者。在许多方面，这些合同都与西方游戏的合作企业的合同十分相似。金融机构都会从企业的盈利中扣除后再计算自己的盈利，并将这部分作为投资管理基金，剩余的利润返还给投资者。

利润分成（Mosharaka）：这种合同与信托融资相似，只是合作伙伴的职责未被限制，他即可是金融家，也可是投资者。反之，企业的资金与管理措施也是分享的。

优先股：根据其法律规定，可以利用不同类型的普通股。

负债状态的结构（固定的款项）

在成本外加一定费用的筹款措施：在此类合同中，一家金融机构购买了一种货物，然后再以一种预先确定的价格专卖给消费者。该机构的盈利就是其为购买货物的付款和卖主付款之间的差价。买主可以选择立即付款也可选择延期付款，这种合同往往会在有火灾或犯罪发生时无法按以前预定的额度获利，但在买主未能从金融机构追回自己私人财产的情况下才可按此执行。这种机制使金融机构具备了某种程度的风险，而它的利润直接源自这种风险。通常，此类合同多为一些短期合同。

租赁（Ijara）：在一个租赁合同中，一家机构购买了某种基金，然后再按一定利率将其出租，对此，该机构可以进行定期的复审和调整。由这种租赁所获得的利润要用资质做担保，因为拥有这笔资金的金融机构的资质是有异议的。所以，对这种销售情况所可能遇到的风险有：租赁人会选择在租赁期结束时购买资产，此举将被视为违法，因为在这种选择中当然会存在不确定因素，在一些形式有所变化的租赁合同中，当事人会同意在租赁期结束时以预先付款的方式购买资产。

Mukarada：这是一种与银行为特殊工程筹措资金而获得收益保证金相似的合同方式。投资者拥有投票权，但被赋予按比例获得利息的权力，当然，也会在商业冒险中受到损失。

期货购买（Salam）：一份期货购买合同就是一份期货购买的法律合同，据此合同，投资者或金融机构直接为制造商支付将要生产出来且在一个固定的日期送达的货物所需的款额。这种缺乏直接市场的情况就可能存在使贷款者遭遇风险，对此，将需要涉及相关的交易法律。支付的款项（或实物）量由合同签订时决定。

受委托的制造商（Istisna）：在受委托的制造商合同中，一方同意购买由第二方生产的货物，而付款在未来的某一日或一定的时间段内进行。在一些情况中，伊斯兰银行可以代表最终的使用者。付款常常被认为是制造业的里程碑或者完成（指财产出售的最后阶段，法律上的正式易主）。受委托的制造商与期货购买合同之间的主要区别就在于前者适用于那些尚未生产出来的货物。

借贷者处在一个可以被信任的状态，所幸的是，信任与合同的责任都体现在其他宗教的原则中。潜在的更为严重的问题涉及资金——负债的管理。如果它们要进行长期投资，有固定到期日的保险单（或证券）等不协调因素就会使它们处于拥有流动资产和利润风险的境地。

借贷者与银行会确认工程项目融资是一种可实施的融资措施吗？工程项目融资是一种行为准则，其中银行具有在此融资市场上的分配权，银行会真正确认收益源（资金雄厚的收入性合同），将其作为担保品的一个主要来源。工程项目融资在20世纪70年代供一些重要的私营工程项目的融资中得以完善，当时主要用于石油和天然气的勘探与开采工程，但从那以后，工程融资就被广泛应用。工程项目融资措施被广泛地应用于全世界大量的私营企业所运营的基本建设工程中，包括发电厂、天然气管线、废物处理厂、废物—能源转化工厂、电信工程、桥梁、涵洞、公路、铁路、网络、城市中心有轨电车以及医院大楼、教育设施、政府设施和旅游设施的建设与维护等。

工程项目融资是将大量经济参与者和他们资助的目标连接到一起的方式：（1）政府专业部门，提供工业基础设施建设，减少政治资助的"蹭饭者"，确立雇主税收的收入、技术转化；（2）股东，开发市场，分担公司与政府的风险，并分享以所获得的利息/返还资金；（3）多国和其他类型的官方机构，促进出口和国际贸易，帮助新兴的经济体；（4）供应者与购买者，产生利润率，提供生产原材料，提供服务，购买产品；（5）借贷者，支持战略性工程项目，更好地掌控贷款，化解更多的风险，获得更高的利息与资金收入。

什么样的工程没有(大宗)收入合同？在一种"商业性技能"中，工程的可实施性取决于在（大宗）收入合同中所设定的内容，如一位贷款者可能会依靠投资一个电力市场去创造一些与工程有关的需要条件。然而，由于"商业性技能"的特色性质，高额的举债经营工程项目若没有强有力的融资合同支持，就将难以继续下去。因此，我们极其不情愿进行此类工程项目。如果一家公司以它的资产负债形式接手这类工程，那么，我们的"公司金融或咨询与顾问专家队伍"将对此持否定态度。

哪种类型的工业或工程拥有理想的工程项目融资体系？以下为部分适合进行工程融资模式的工业或工程项目：能源类、管线、储存设施、炼油厂、采矿业、公路建设、废物处理、水、电信工程、合资企业、重建工程、体育场馆、燃料工业、纸浆与造纸工业、化工设施、交通业、医院、大型农业生产与农业项目、投资庞大的工程开发、基础设施建设、公司扩展、稳定的政府支持的基础建设设施等。

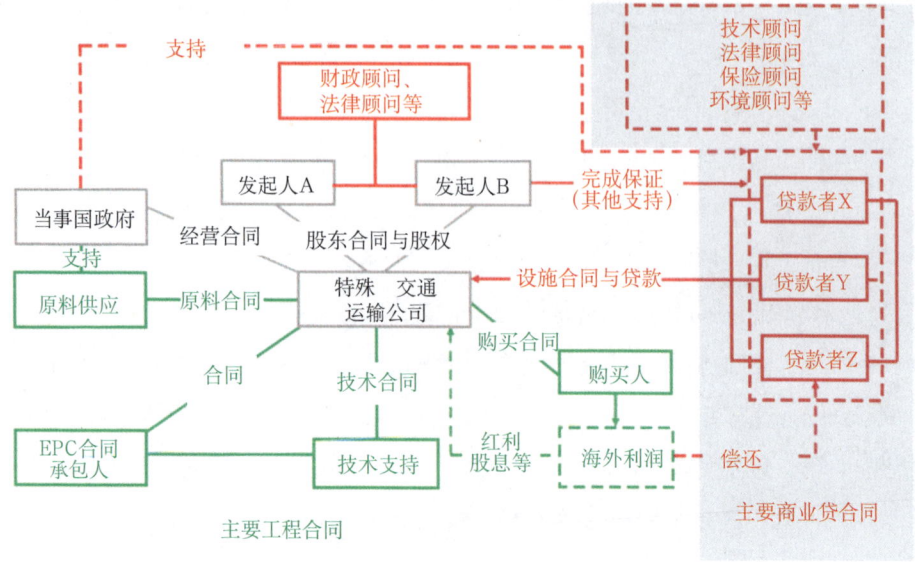

典型的工程项目融资体系的复杂性

工程发包人[1]的财力

工程发包人试图寻找不受限制的财力，但是欲达此目的，须先进行大量的谈判工作。建设与佣金回扣风险的缓解须由稳固的经济体系的EPC总承包合同来进行，而这类合同都须由信誉卓著的企业和高水平的L/D或强有力的施工保障（DSU型或金融保证）。贷款人后完成的形式通常是可以承受O&M风险，前提是：勤勉。工程由具技术能力的丰富经验的作业者实施，即从应汇聚到大量投资且有公认信誉卓著的人，而且发包人应具备良好的市场运作能力。工程发包人拥有基本股票和股东、贷款支持以及拥有其他资源分享、限制现金、所有权受损最小等特征，而且还拥有顾问费与咨询费或成交费（Successfee）。

用于预先明确的服务咨询项目的账单以及在工程结束后也需要为顺利完工而支付的佣金。服务费用的账单是在工作开展之前就定好的，此类账单预先

---

[1] 即工程拥有者。

支付50%，剩下的50%待完工时或资金完全到位后支付。成功费用的佣金将等待真正的工程付款阶段才支付。所有的咨询都会为工程提供一种令人满意的复审。据此，可以对工程先期进行一个简要的基本审视。这种基本审视的目的在于对工程进行一个总体观察，判定其是否达到了工程发包人所希望获利的目的。这种基本的观察并不包括评论性分析与研究，但它却代表着对工程所进行的一系列初步审视。

这种模式的主要任务是描述企业使用工程项目融资的原因，我们也可以根据它的优势进入工程项目融资的领域并理解本章的通篇含义。工程项目融资的主要优势就在于它提供了一种防止公司在投资中可能引起的风险和财务危机。工程债务的无追索权性质可以保护工程的发起企业，使其免受风险的损伤，即在发生工程被拖延或者一些企业因违约或征税而被扣押资金的情况（如正在进行的投资被迫中断）下得到保护。所以，工程项目融资就可以为风险控制提供一种组织机制。此时，传统的金融措施就显得格外有效，如金融衍生工具就不能被用于进行套购保值。

工程项目评价

在描述了什么是和为什么企业会采用工程项目融资之后，我们将着眼于分析工程项目融资的办理事项❶。我们还将关注工程的评价标准，工程风险的管理和划拨款项的控制等。关键在于复杂的评价问题需复杂的手段来完成。造成工程评价如此困难的原因就在于这类工程是在发展中国家进行的，而这些国家具有一些非传统性风险，具有一种重要的、与生俱来的期权性风险，包括所补贴与保证的现金流通，具有极高且易变的举债经营等级。即使存在这些复杂性，绝大多数人却用从免税的现金流中减去一个恒量或加上一个特别折扣价的相对简单的方法去进行工程项目评价。不幸的是，这些方法会导致一系列评价错误，并会产生不理想的决策。这种模式的目的在于完善目前正在使用的基本评价工具，并为工程融资提供新的、合适的评价工具。特别重要的是，这种模

---

❶ 当然，在一个商行内真正的投资与筹款措施是不会以这种形式进行的。在决定使用工程项目融资手段之前，须分析风险度与返还率，在标准情况下，商行会分析在可替代的融资体系下的风险和返还率，这样才能使自己的收益最大化。

式涵盖了三个主题：现金流评价、股票现金流评价以及实际（在规定的时间内的）履行契约情况分析。

现金流评价（包括社会或成本/利润分析）。为了提高公众或社会对经济框架内评价的反馈，可采用反映社会资本/利润分析的方法。这种分析帮助工程承包方赢得（政府、当局、公司等的）特许权（当事国政府可以选择能够产生最大社会返还率的工程项目），进而增加资金的来源，如来自国际金融公司（International Finance Corporation，IFC）或非洲开发银行（African Development Bank，AfDB）的资金，这些机构在考虑投资和化解没收（土地、财产）的风险之前，需要进行这类分析。即使一个工程项目能产生增量的社会返还率，但一些（由若干企业或公司组成的）集团依然会未能按比例持股或者会经历一些与它们的社会贡献不相称的风险。确定这些集团并改变风险的划拨款项与返还率将有助于依法追讨债务（指向保证人要求履行保证义务前，应尽量设法向债务人讨债）。

股权现金流（ECF）评价。股权现金流评价以我们更为了解且更常用的自由现金流（Free Cash Flow，FCF）评价为标准确定并比较ECF价值。虽然ECF评价工作在实践中已得到广泛应用，但在绝大多数普通金融学课程中从未讲述过。这种情况为人们了解基本评价工具的局限性提供了一个机会，同时也为我们提供了可以进行大型工程项目评价的更为精炼的方式。

实物期权分析。实物期权分析为我们提供一个用此种方法评价一个工程项目的机会，其关键是将工程承包人的投资和运营计划详细地编绘成一种期权设计框架：债权人对债务土地的临时所有权是如何使用的——是否决定建造并运营一座以煤气为燃料的发电厂，并以此作为期权？这两种情况表明了需要先进的评价工具的原因。尤其是一个从商品进口转化为商品出口❶的工程融资项目——它自然而然地就进入了一个实物期权格架之中。它们还为模拟分析提供了一些机会，也为筹资管理人的评价工作提供了机遇。始终如一的是，这种分析提出了其他一些重要的规则，如对抵押品的估价和一些发展中国家中的贬值率的计算等。即使提供了完成（财产出售的最后阶段，法律上正式易主）抵押

---

❶ 例如将天然气或煤气转化为电力。

金或其他的工程资金的返还，但绝大多数商行并没有清晰地评价这些资金的额度。由于忽视了所提的抵押金的真实数额，他们终于认识到一个指定工程的总价值，因此，也就会夸大它的价值。虽然本书以足够的篇幅来描述评价多种与工程承包公司相关的抵押金的机理，但此类分析也是与在评价真正的期权中的分析方式相似的。与计算发展中国家的贬值率相似，这一情况也会多次出现。不幸的是，目前尚无成熟的、可被广为接受的用于评价新兴经济体财产的理论。

工程风险管理。关于风险管理的模式为我们提供了一个评价方法的补充，在这种模式中，其中使用的是典型的风险/公平回报模式。这种模式调查研究了风险管理是如何影响工程价值的，描述了风险管理实施的过程，并且提供了用于管理各种工程风险的战略框架。推动这种分析的一个关键性假设就是风险管理的价值所在——它可以减少昂贵的市场损失。第一种模式着眼于将组织结构作为工程承包公司的风险管理形式，与之形成对立的是这种模式强调在工程承包公司内部的风险管理，尤其是对与财政困难相关的财产以及各有关方面❶之间的激烈冲突的风险管理。工程风险管理的四个阶段：判识、评估、缓解和分摊。在判识阶段，目标是确定工程的风险并将其分为四大类：完成（财产出售的最后阶段，法律上的正式易主）风险（指在时间与预算拨款方面的完成风险）、营业风险（市场需求，生产能力）、政治的极度风险（没收财产、土地、不可抗拒的事件等），以及金融风险❷（利率与兑换率被曝光）。

在判识、确认了风险之后，就进入了评估阶段。在此阶段，往往会通过敏感性分析，利用以前的经验，或以模拟的方式对最重要的风险，以及需要大力缓解的和需管理的风险进行评估。通过缩减可能的退货数量，特定的管理就可以使工程资金与举债经营的比例达到90%以上。最后是分摊阶段，其目的

---

❶ 这是管理者认为，他们用工程项目融资方式能够更好地实现风险的缓解并提高风险分摊能力的主要原因之一。而且，绝大多数用于缓解工程风险（如终止合同，以固定价格解释合同等）的相同技术手段，以及分摊工程风险的方式都可以在联合——融资业务中得以复制。有趣的问题是，风险管理的情况都不能在联合融资业务中复制。

❷ 从技术上讲，风险分别以两种形式出现：（1）洪水、地震，或其他自然灾害——这些被认为是运营风险；（2）战争、罢工、暴乱和没收（土地、财产等）是政治/霸权性风险。

在于把风险分摊给最能控制、管理风险的且能够承受最低价码的参与者。在典型情况下，风险分摊与长期合同有着密切的关系。然而，始终不变的特点是：这些合同最终将是"不完善的"，它不可能也不会以昂贵的代价分摊所有可能发生的不可预测事件，还可能会以昂贵的代价才能完成。当合同未完成时，对于一些重要的决策者之间的激烈冲突来说，这不妨是一种潜力（获得成功的潜力）。为产生最优化的结果，就需要一些其他的管理机制（如共同所有权制）去解决或防止此类冲突的发生。一些最重要的，也是最不完善的合同就是与政治风险极大的当事国所签署的合同。在这种背景下，合同的不完善性会导致其无法实施，这是无法预见或无法特别说明的特例。

当合同无法执行时，财产权就变得不确定了，工程的现金流失，就会出现一系列诸如征用土地（财产）等方面的风险。

由于在许多国家中存在着并不存在的、未经检验的或不可预知的"工程项目"，所以管理中所遇到的"政府干涉"的风险就成为工程管理者面临最重要的问题之一。与对工程结构的整体风险管理肯定是有别于"传统的"金融管理的。在金融解决问题的方式中，工程承包商所采用的是简单地增加公司的(投资预算)最低预期资本回收率的方法，而且仅仅接手那些能够产生高回报率的工程。正如Wells与Gleason(1995)所指出的那样，这种方式实际上会增加工程的风险，因为它会使工程承包商自认为可以通过当地居民的消费而获得极大的利润。这种高回报实际上会引起高风险的观点被称为"基本建设投资的悖论"。实践中这种悖论是如何起作用的？一些现代实例就是印度的Dabhol发电厂工程（该工程过分强调了给Enron的返还率，促使印度政府正式废除了电力购买合同）以及美国加利福尼亚州的Calpine发电厂工程（加利福尼亚州政府在返还率下降时就单方削减了它购买电力的合同价格）。

高回报率实际上可以增加风险的观点是强有力的，是一种非常直观的概念。在描述了风险管理的过程之后，剩下的就是集中进行特殊风险分类分析，并分别进行运营和政府干预风险的分类分析。虽然没有直接论及任何独立的情况，但如利率、兑换率、基金和未履行债务等金融风险几乎在所有实例中都会被强调。在这种模式中，根据实际观察而估量的资金结构特征为：能够安全地履行它的工程项目的债务合同，或者将能按时并"出色地"以较高的公司利润分配利率（指一个公司的净利总额与作为分配用的利润的比率）按期返还。然而，在另一个模式中，对资本构成决策的分析更具理论性，以求解释这些工程项目使用如此高额的举债经营方式的原因。

为了解释工程项目的所有领域的风险分析和风险管理的战略，这些实例包含了不同的投入（资金与成本）产出的分配，以及政府干预风险的不同等级。在前一种情况中，生产的产品被出售给终端使用者（多人）；在后一种情况下，产品被出售给更多的中间生产者或派送者。根据这种分类基础，这种模式中所涉及的各种实例大多存在于现实中，而约四分之一的（如零售商品库存）实例则基本不存在。

> 根据类型对工程进行分类的一种分类方式是：'储存—类型'，它包括了像煤矿那样会随时间推迟而被消耗的固定自然资源；反之，'流动类型'工程则是指需要用其产生价值的工程，如道路、桥梁等通行费。工程项目还可以划分为拥有零售或批发顾客的两大类。

综合风险分析和（交易中的）必要审计

假设工程项目融资是有限的或者是没有追索权的贷款，这就需要进行与工程项目融资密切相关的必要的审计。工程项目融资所需的要比公司贷款更为详细的评估。贷款者是这样进行分析（或者从第三方获得利益）的：(1)工程承包人/开发商的积极性（工程与核心之间的关系）；(2)工业分析（无市场风险处理）；(3)对方贷款（合同或金融交易的）分析，如合同人、原料供应、与购买者无关的产品等；(4)金融分析（主要出于债务服务目的的现金流分析）；(5)商务谈判（期限与条件）与银团分析；(6)必要的法律审核（国际与区域性的）所涉及的内容，基本的商务合同与金融文件（包括贷款、债权人、合同与有价证券的组合等内容）的谈判与草案；(7)独立的咨询报告（包括工业的特别报告，如储量、市场分析、交通条件等），技术与工程的至关重要的基金，社会与环境的保险。

风险的构成与消除

在此领域中所面临的风险包括合同延期、超支、合同中断、技术的流失或失败以及工程要素的相互冲突与依存等。石油化工工程，特别是那些世界范围的工程和技术试验等都可以被看作贷款人所面临的风险。贷款者可以考虑各种缓解措施，包括股东的支持（DSU、金融保证金、备用股权、更高的储备金利润）或具备高水准的L/D与合同承办人的抵押金合同。股东的收益在于不论是一个或几个EPC，或者EPC+EP+C，或其他形式都可以减少合同的负债资金而不会增加期间互相作用的风险，并可以减少资金超额与拖欠的责任。合同的主要规定将取决于工程的规模与复杂程度。签约的合同越复杂，贷款者就越需要完成财产出售最后阶段的保证金，而独立的技术顾问就成为关键所在。

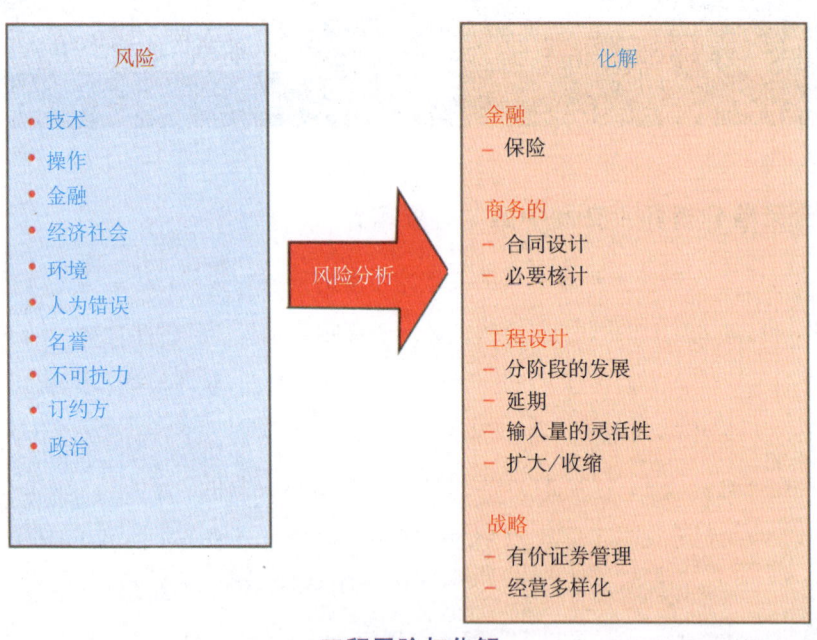

工程风险与化解

政治风险❶保险。工程项目融资的利益共享者（指局内人、相关人员和参与者等）获得了股东的股票保险政策，贷款者获得了融资机构保险，而保证人则获得了贷款保证政策。这些政策促使工程项目融资的利益共享者通过政治风险化解而艰难地进入一些市场。

国家吸引力。新兴市场（发展中国家）——工程项目融资收益、最高的利率、期限短、担保品需求和工程项目财务专业知识的缺乏，缺乏愿意在当地投资的外资银行等因素都是高危的国家风险。

（1）目前的计划指出了未来更大的机会。

（2）平均得分为1～5。此处，1等于最不容易发生的因素，而5等于最容易发生的因素。

我们的感性认识所能体会到的海湾合作委员会区域内更加合适的投资气候❷。

---

❶ *政治风险是投资人、公司和政府所面对的风险类型。利用适当的预防措施与投资可以了解并掌控此类风险。从广义上讲，政治风险产生的原因是负责的商务活动，而政府可能会面对通常因政治决定而导致的后果——或者"任何可能改变人们收入期望的政治变革"以及可能改变的商务活动宗旨及因此而造成的变革。企业面对的政治风险可以被认定为"战略性的、金融性的风险"，或者是因非市场因素——如宏观经济的和社会政策性（国家收入的、金融的、贸易的、投资、工业、收入劳动力，即发展等因素所导致的）影响及由此所造成的个人收入的损失，或者是与政治动荡有关的事件（如恐怖主义事件、聚众闹事、政权被颠覆、内战爆发及暴动等）所导致的危险。有价证券投资者们可能会面对相似的财政损失。而且，政府可能会在它们所处理的外交的、军事的或由政治风险而产生的其他行动中面临更为复杂的情况。在一个特定的国家中，低等级的政治风险与该国的政治自由程度之间并无必然的关系。对政治风险的长期评估必须考虑到一种政治暴虐环境的危险，而这种国家的稳定仅能在长期的专制统治下得以维持，那里的人们被禁止与外部世界进行观念与商品的交流。应该认识到，这种政治风险也就是导致这类国家动荡与颠覆的原因之一。对商务活动而言，政治风险的含义就在于它可能成为政治事件，这类事件通过直接影响（如捐税或酬金）或间接影响（如就业成本的增加等）而影响人们的收入。结果，政治风险就会相当于一种期望值——政治事件发生的诱因，由此而导致的固有的期望返还率的减少会进一步影响人们的投资欲望。政治风险有大和小两种。大的政治风险会在一个特定的区域内给所有的外国参与者造成相似的冲击，而这些冲击应该包括在国家的风险分析内容内，将大的政治风险分析等同于国家风险分析的做法是错误的，因为国家风险分析仅仅关注国家层面上的风险，而且它包括金融与经济风险。小风险主要集中于部门、企业或工程项目特有的风险。政治风险保险是一种可由工商企业完成的保险类型，它可以任何规模来抵御政治风险——革命运动或其他政治因素所导致的风险都会造成的损失。*

❷ *资料来源：《QNB》，2007；《WER》，2007。*

（1）根据三种特性进行筹划：

①投资潜力；

②国家风险；

③现实的环境。

（2）注意理想的投资点。

（3）KSA和其他地区（卡塔尔、阿拉伯联合酋长国、科威特）出现在最受欢迎的象限内。

（4）全球有多少工程项目❶使用了工程项目融资手段，它们分布在何处？在全球范围内，工程项目融资合适吗？

2007年，全球的工程项目融资比2008年增加了20%，总额达到了2750亿美元（全球范围内），涉及全球约650个工程项目。2007年全球最大的10个工程融资项目为：

（1）印度——石油化工厂；

（2）卡塔尔——炼油厂；

（3）南非——铁路；

（4）委内瑞拉——炼油厂；

（5）沙特阿拉伯——发电厂；

（6）澳大利亚——飞机场；

（7）菲律宾——发电厂；

（8）中国——石油化工厂；

（9）美国——港口；

（10）菲律宾——发电厂。

"欲望地区"（appetite）是指美国、加拿大、欧洲、亚洲、澳大利亚、印度、海湾地区（卡塔尔、沙特阿拉伯、科威特、迪拜），以及绝大多数政治局势稳定的区域。

---

❶ 指2007年全球工程项目融资总额。

国家风险分析❶。既是一种描述性方式（指只以客观事实为依据进行描述，没有感情色彩的判断，也不涉及历史或理论的分析，即公司当下正在使用的方式），也可以是定量化的方式。由于绝大多数国家风险评价是根据对债务判决书进行的，或者将风险置于某种等级，或者用文字进行描述，两者结果的差别不大，定量表述与非定量表述之间也无太大差别。然而，目前流行的趋势是用一种简单的定量方法去评价国家风险。之所以这么做的基本原因是人们相信定量化更为客观。然而，事实依然显示定量化并不需要什么主观因素，而且定量化方式也是有失误先例的。

国家风险评估是一个范围较广的概念，它包含了政治的、经济的和社会的因素，还具有商务活动的性质。由于这些因素一直是变化着的，所以对于一个国家的风险评估就需要对一个特殊实例的各种性质进行详细的分析。然而，时间与成本（在这些约束因素之间）则常常限制了这种分析的深度与广度。按照该领域内专家的观点——"经验表明，事情很简单，我们可能尝试并获得所有模式中所有可能改变的特征"。一个更为切合实际且富有成效的方法是去集中分析少量的相关因素，也就是五到十个因素。实际上，这些有重大影响的国家就是指那些会造成跨越边界的商品交易损失的风险，它们因一些特殊国家中发生的事件而产生，这些事件在某种程度上已得到了政府的控制，但是私人企业或个人则是绝对无法控制的。在这个范围狭窄的定义中，有两点是非常清楚的：国家风险涉及跨

> "政治风险包括：战争、暴动、革命、没收（土地、财产），合同受挫，以及许可证被注销等。"

---

❶ 国家风险的发生会导致商业环境的改变，进而会影响一个特定国家的运营盈利和资金价值。如现金控制、货币贬值或管理模式的改变等金融因素的变更，或者社会大骚乱、内战爆发，以及其他潜在的能够使公司发生运营风险的事件所造成的不稳定因素。该术语常常用来表述政治风险，而国家风险的含义更为狭窄，它仅用于描述影响一个特定国家内所有公司运营的风险。政治风险分析人员和信贷利率确定机构用不同的方法去评估一个国家的相对风险度并为其定级。贷款利率确定机构多使用定量的经济学模式并致力于金融分析，而政治风险分析家们则多利用定量方式进行政治分析。然而，在进行贷款风险与政治风险分析之间并没有通用的方法（《June》，1981，77页）。

境交易，即不包括在国内商业活动中的风险；国家风险的概念要比政府操控的风险概念含义更广泛一些，后者是指与政府控制的企业相关的交易中所固有的风险。

与之相反的是，如果这种风险与相关国家的领导者的决策无关，但与企业的管理有关的话，我们就将讨论关于商业风险的问题。由破产而引起的违约行为就是一种国家风险（如果这种破产是因政府对经济管理的失误所造成的）。然而，如果这是企业的管理失误而导致的，则就是一种商业风险。在一些典型国家（转让）风险的实例中，会出现危险的局面，在这种特例中，企业会用自己当地的资金去为所有的外国合同支付所需的款额。当然，这种"转让"做法会被地方法律或相关规则所阻止。由于外汇的短缺，当局者可能会对资金的转让实施严格的限制。

即使上述描述似乎给出了关于风险的精确定义，但还有一些"灰色区域"或者一些难以界定的情况，比如自然灾害。如果风险的诱因是无法预知的，属于"上帝安排的"（Acts of God），则根据专家意见，就不能将它认定为是一种国家风险。在任何事件中，可以认为它是不可抗拒力的结果。国家风险的概念包括了转让风险、经济风险和政治风险。那种用自己本国的货币去偿还贷款的风险可能被阻止，因为那些货币很可能根本就无法流通或转让，那些需要用外国合同支付的外汇称为"转让风险"。转让的问题可能会起因于经济情况，也可能是政府的管理而造成的。所以，这种风险亦可归类于政治风险的范畴。政治风险是由非经济因素造成的，这种风险会影响外汇的兑换能力，或者影响政府完成与外国履行的意志，也可能会使一个国家的人们能够用自己宝贵的外汇去支付国外的契约[1]。一个新政府可能不会承认以前所签署的外国合同，或可能修订征收（财产或土地）的法律，或修改那种阻碍贷款者为国外合同支付的法律规定。经济风险多由内部或外部的经济发展所造成，如粮食歉收、错误的经济政策、需求减少、国家出口量下滑等，这些都相互作用，影响一个国家的收支平衡。外汇的缺乏所造成的影响是产

---

[1] P.J.Nagy，《国家风险评价、量化与监控》，1981，13页。

生国际间支付困难❶的最常见原因。停付货欠债的风险都要在进行国家风险评估中所要强调的，如果上述某些事件发生，这些风险就会加大。国家风险的评估就是评价这些事件（因国而异）是否会造成债务偿还难以实现，如果这种情况发生，则此类风险可能会促使债务偿还问题加重。

虽然停付的主要原因属于经济范畴或政治范畴，但支付能力是指在某种情况下贷款人缺乏还贷的诚意而导致欠债。造成后一种情况的部分原因在于贷款人，或者贷款人出于各种原因所产生的拖欠。所有国家的发展路线都不尽相同，在各个时期的商业处理方式也会不同。此外，在通常情况下，一些国家会找出种种借口，以图免去自己的外汇贷款，因为它们无力支付外汇贷款，即无支付能力。相反，一些国家却可能出色地履行它的贷款返还合同。

2008年3月一些国家和地区的出口交易分析

有偿还能力者	政治风险（短期的）	商业风险
阿富汗	6	C
阿尔巴尼亚	2	C
阿尔及利亚	2	C
安德尔（欧洲西南部国家）	1	A
安哥拉	4	C
安圭拉	4	B
安提瓜和巴布达（拉丁美洲岛国）	3	B
阿根廷	3	C
亚美尼亚	2	C
阿鲁巴岛（拉丁美洲荷属安的列斯群岛中的大岛）	2	B
澳大利亚	1	A
奥地利	1	A
阿塞拜疆	2	C
亚速尔群岛（北大西洋中东部，属葡萄牙）	1	A
巴哈马群岛	2	A
巴林群岛	1	C
孟加拉	3	C
巴巴多斯（岛）（拉丁美洲国家，在小安的列斯群岛最东部）	3	A
白俄罗斯	6	C
比利时	1	A

---

❶ Emiliol Mayer，《国际贷款——国家风险分析》，1985，10页。

续表

有偿还能力者	政治风险（短期的）	商业风险
伯利兹（拉丁美洲北部国家）	6	B
贝宁（西非国家）	3	C
百慕大岛（北大西洋中西部）	2	B
不丹	2	B
查戈斯群岛（印度洋中部，由5个珊瑚礁和其他小岛构成，1810年被英国占领）	2	B
玻利维亚	3	C
波斯尼亚和黑塞哥维那（简称波黑）	3	C
博茨瓦纳	1	A
巴西	1	B
文莱	1	A
保加利亚	3	C
布基纳法索	3	C
布隆迪	6	C
柬埔寨	6	C
喀麦隆	4	C
加拿大	1	A
加纳利群岛（北大西洋东部，1497年起沦为西班牙殖民地，后被改为西班牙自治区）	1	B
佛得角	3	B
开曼群岛（拉丁美洲，位于加勒比海西北部，1670年沦为英国殖民地）	2	B
中非共和国	4	C
梅利利亚自由港（位于地中海摩洛哥沿岸，属西班牙）	1	B
乍得	4	C
海峡群岛（英国南部）	1	A
智利	1	A
圣诞岛（东印度洋，属澳大利亚）	1	B
哥伦比亚	2	C
科摩罗群岛（非洲国家）	3	C
刚果民主共和国	6	C
刚果共和国	4	C
库克群岛（南太平洋，1888年沦为英国保护地，1901年转为新西兰属地，1965年宣布实行完全内部自治）	2	B
珊瑚海群岛（属澳大利亚）	1	B
哥斯达黎加	3	B
科特迪瓦（西非国家）	5	C

续表

有偿还能力者	政治风险（短期的）	商业风险
克罗地亚	3	B
古巴	6	C
塞浦路斯岛（南部属希腊）	1	B
塞浦路斯岛（北部属土耳其）	4	C
捷克共和国	1	A
丹麦	1	A
吉布提（非洲东北部国家）	4	C
多米尼克	3	B
多米尼加共和国	3	B
厄瓜多尔	4	C
埃及	2	C
萨尔瓦多	3	C
赤道几内亚	3	C
厄立特里亚（东非国家）	6	C
爱沙尼亚	1	A
埃塞俄比亚	5	C
法罗群岛（北大西洋，属丹麦，1948年获得自治）	1	B
富克兰群岛（南大西洋，即马儿维纳斯群岛，原属阿根廷，1833年被英国占领，目前阿英对其归属有争议）	2	B
斐济	4	C
芬兰	1	A
法国	1	A
法属圭亚纳（南美洲北部，1678年沦为法国殖民地，1946年改为法国的海外省）	1	B
法属波利尼西亚（南太平洋，包括社会群岛，土阿莫土群岛，马克萨斯群岛等）	2	B
加蓬	3	C
冈比亚	4	C
格鲁吉亚	5	C
德国	1	A
加纳	3	C
直布罗陀（欧洲伊比利亚半岛南岸城市，1704年被英国占领）	1	A
希腊	1	B
格陵兰（属丹麦，1979年实行内部自治）	1	B
格林纳达（拉丁美洲岛国）	4	C

续表

有偿还能力者	政治风险（短期的）	商业风险
瓜德罗群岛（拉丁美洲，位于小安的列群岛中部，1635年沦为法国殖民地，1946年改为法国的海外省）	1	B
关岛（位于西太平洋的岛屿，美国海外属地）	2	B
危地马拉	2	C
几内亚	7	C
几内亚比绍	4	C
圭亚那	4	C
海地	6	C
洪都拉斯	2	C
中国香港	1	A
匈牙利	1	A
冰岛	1	C
印度	1	B
印度尼西亚	2	C
伊朗	5	C
伊拉克	6	C
爱尔兰	1	A
以色列	3	A
意大利	1	A
牙买加	3	C
日本	1	A
约旦	2	B
哈萨克斯坦	3	C
肯尼亚	4	C
基里巴斯（西太平洋岛国）	5	C
朝鲜	7	C
韩国	1	A
科威特	1	B
吉尔吉斯斯坦	3	C
老挝	5	C
拉脱维亚	1	B
黎巴嫩	5	C
莱索托	2	B
利比里亚	6	C
利比亚	2	C
列支敦士登（中欧国家）	1	A
立陶宛	1	B

续表

有偿还能力者	政治风险（短期的）	商业风险
卢森堡	1	A
中国澳门	1	A
马其顿共和国	2	C
马达加斯加（非洲岛国）	4	C
马德拉斯群岛（北大西洋中东部，1420年起被葡萄牙占领，后改为葡萄牙的一个辖区）	1	B
马拉维（非洲东南部国家）	5	C
马来西亚	1	B
马尔代夫群岛	4	B
马里	3	C
马耳他（欧洲岛国）	1	A
马恩岛（英国）	1	A
马里亚纳群岛（北部）（西太平洋，第二次世界大战后由美国托管，1977年成为美国的联邦）	3	B
马绍尔群岛共和国（太平洋中部的岛国，第二次世界大战后由美国托管，1979年宣布成立主权政府）	4	C
马提尼克群岛（拉丁美洲，1635年沦为法国殖民地，1946年改为法国的海外省）	1	B
马里塔尼亚	4	C
毛里求斯（非洲岛国）	3	B
马约特岛（印度洋西部，1975年基督教徒占优势的居民选择归属法国，1979年联合国通过决议，承认岛国科摩罗对该岛拥有主权）	2	C
墨西哥	1	B
密克罗尼西亚（西太平洋岛国，主要包括马里亚纳群岛和加罗林群岛）	4	B
摩尔多瓦	4	C
摩纳哥	1	A
蒙古	2	C
黑山	3	C
蒙特塞拉特群岛（拉丁美洲，在背风群岛南部，1783年沦为英国殖民地）	4	B
摩洛哥	1	C
莫桑比克	3	C
缅甸	6	C
纳米比亚（西太平洋岛国）	2	A

续表

有偿还能力者	政治风险（短期的）	商业风险
瑙鲁	2	B
尼泊尔	3	C
荷兰	1	A
荷属安德烈斯群岛（拉丁美洲，新印度洋群岛中的荷兰殖民地的总称，包括库拉索岛和阿鲁巴岛等）	4	B
新喀里多尼亚（西南太平洋一群岛，1853年沦为法国殖民地，1885年起改为法属海外领地）	2	B
新西兰	1	B
尼加拉瓜	4	C
尼日尔	4	C
尼日利亚	3	C
纽埃岛（南太平洋中部，在汤加岛以东，是新西兰属地，1974年实行自治）	2	B
诺富克岛（西南太平洋，属澳大利亚）	1	A
挪威	1	B
巴基斯坦	2	C
帕劳群岛（西太平洋，即帕琉群岛）	4	B
巴勒斯坦	7	C
巴拿马	2	B
巴布亚新几内亚	2	B
巴拉圭	3	C
秘鲁	1	B
菲律宾	2	C
皮特科恩岛（南太平洋，1839年被英国占领）	2	B
波兰	1	B
葡萄牙	1	B
波多黎各（拉丁美洲，为美国的一个自治联邦）	2	B
卡塔尔	1	A
留尼汪岛（印度洋西部，马斯克林群岛中的一个火山岛，1767年沦为法国殖民地，1946年改为法国的海外省）	1	B
罗马尼亚	1	C
俄罗斯	2	C
卢旺达	6	C
萨摩亚群岛（南太平洋中部，东萨摩亚为美国占领）	2	B

续表

有偿还能力者	政治风险（短期的）	商业风险
萨摩亚群岛（西萨摩亚独立）	5	A
圣马力诺	1	A
圣多美和普林西比（西非岛国）	6	C
沙特阿拉伯	1	C
塞内加尔	2	C
塞尔维亚	3	C
塞舌尔	7	C
塞拉利昂	6	C
新加坡	1	A
斯洛伐克	1	A
斯洛文尼亚	1	B
所罗门群岛（南太平洋的一个岛国）	5	C
索马里	7	C
南非	3	B
西班牙	1	A
斯里兰卡	4	B
圣赫勒拿岛（南大西洋，属英国，1815—1821年拿破仑一世被放逐至此并死于此岛）	2	B
圣基茨岛与纳维斯岛	4	B
圣卢西亚岛（拉丁美洲岛国）	4	B
圣皮埃尔岛与密克隆岛（北美洲东部，属法国）	1	B
圣文森特和格林纳达斯（拉丁美洲岛国）	4	B
苏丹	6	C
苏里南	4	C
斯威士兰	4	C
瑞士	1	A
瑞典	1	A
叙利亚	4	C
中国台湾省	1	A
塔吉克斯坦	5	C
坦桑尼亚	2	C
泰国	1	A
帝汶岛（东南亚）	6	C
多哥	4	C
托克劳群岛（新西兰）	2	B
汤加	4	C
特立尼达和多巴哥	1	C

续表

有偿还能力者	政治风险（短期的）	商业风险
突尼斯	2	A
土耳其	3	C
土库曼斯坦	3	C
特克斯和凯科斯群岛（英属）	2	B
图瓦卢（南太平洋岛国）	3	B
乌干达	2	C
乌克兰	3	C
阿拉伯联合酋长国	1	B
英国	1	A
美国	1	A
乌拉圭	3	A
乌兹别克斯坦	3	C
瓦努阿图（西南太平洋岛国）	3	B
梵蒂冈	1	A
委内瑞拉	4	C
越南	2	C
美属维尔京群岛（拉丁美洲，1917年美国购自丹麦）	2	B
英属维尔京群岛（拉丁美洲）	2	B
墙和富图纳群岛（法属）	2	B
西撒哈拉	2	C
也门	2	C
赞比亚	4	C
津巴布韦	7	C

截至2007年在工程融资与市场清偿中发生的重大事故[1]，内容包括贷款金额，与广义上的借贷相关的MBS和CDO。

公司名称	商业类型	损失（10亿美元）
瑞士银行	银行	37.7
花旗银行	银行	39.1
美林银行	投资银行	29.1
摩根士丹利	投资银行	11.5
法国农业银行	银行	4.8

---

[1] 资料来源：彭博通讯社，2008年5月19日。

续表

公司名称	商业类型	损失（10亿美元）
汇丰银行	银行	20.4
美国银行	银行	7.95
加拿大帝国商业银行	银行	3.2
德意志银行	银行	7.76
瑞穗金融集团	银行	5.5
英国巴克莱银行	投资银行	3.1
贝尔斯登银行	投资银行	2.6
苏格兰皇家银行	银行	15.2
华盛顿互惠银行	储蓄与贷款	2.4
瑞士再保险公司	再保机构	2.04
雷曼兄弟公司	投资银行	3.93
德国巴登-符腾堡州银行	银行	1.1
JP摩根银行	银行	5.5
高盛集团	投资银行	1.5
美国房地美公司	借贷GSE	4.3
瑞士瑞信银行	银行	9.06
美国富国银行	银行	2.9
美联银行	银行	11.1
加拿大皇家银行	银行	1.2
美国房利美公司	抵押贷款GSE	0.896
MBIA	债券保险	3.3
德国Hypo Real Estate银行	银行	0.580
美国Ambac金融集团	债券保险	3.5
德国商业银行	银行	1.1
法国兴业银行	银行	3.06
法国巴黎银行	银行	0.870
德国西德银行	银行	2.74
美国国际集团	保险	11.1
德国巴伐利亚银行	银行	6.7
法国外贸银行	银行	1.75
美国国家金融服务公司	抵押贷款银行	4.0
德国中央合作银行	银行	2.1
富通银行	银行	2.3
印度工业信贷投资银行	银行	0.264
德国工业银行	银行	3.45
日本清空银行	银行	0.397
德累斯登银行	银行	3.49
苏格兰哈利法克斯银行	银行	7.06

续表

公司名称	商业类型	损失（10亿美元）
英国劳埃德银行	银行	1.32
中国银行	银行	2.06
中国工商银行	银行	0.448

工程融资偿还能力比率

定义：

CADS=可用于贷款服务的现金。

CADS为税前运营收入（利润减去运营费用）。

加上来自准备金账户的利息收入，减去代理资金支出额，减去纯工作资金中的投资，再减去准备金账户所需的供款。注意：（1）贬值/折旧的额度不应该从运营（作业）费用中减去；（2）一些财产税和销售税应该从运营费用中减去，但收入税则不应该被减去。虽然，在现金流短缺的情况下，可以用负债资金的准备金账户来支付负债资金，但它们显然不能被包含在负债资金的现金额度内。

DS=负债资金。

DS包括了利息支付，以及在一个规定的日期的还本支出。

DSRA=负债资金的准备金账户。

EBIT=在利息与税收之前的收入。

EBITDA=在利息、税收加折旧与分期偿还之前的收入。

FCF=自由现金流。自由现金流等于税后EBIT，加上贬值与分期偿付，减去资本支出和纯工资资金（NWC）的增加量。

KD=债务资金（即定期利息额度）；如果是多项债务或文书，则对债务的资金额度进行加权平均，此处的加权平均是根据本金进行的。

信贷准备金利率

（1）利息平均债务偿还能力比率（已获得的计时利息，或TIE）。

$$TIE=EBIT/到期利息$$

传统的利息信贷准备金利率常常用于公司的融资，而很少用于工程融资中。由于绝大多数工程的生命周期有限，它们的债务金额一直呈下降状态，结果，工程的贷款方就需要这些工程区利用分期偿付的形式。相反，从理论上讲，公司却具有长期筹款的能力，或者将自己的贷款续期。出于此因，相比支付利息而言，只有工程的贷款方才在意整个负债资金的偿还能力。

（2）平均债务偿还能力比率（DSCR）或每年的平均债务偿还能力比率（AD-SCR）：

$$DSCR=CADS/DS$$

最低的负债资金信贷准备金利率（最小的DSCR）通过最低的信贷准备金利率的年内的最大值而评测金融风险。最小DSCR的标准范围为：

①2.0×一个充满市场风险的商用发电厂（MPP）。

②1.8×一个具有商业价值风险的自然资源工程项目。

③1.3×一个拥有电力购买合同的独立发电厂（IPP）。

平均债务偿还能力比率等于在一项贷款的基础上计算出来的每年平均债务偿还能力比率（注意：如果现金流高而贷款偿还相对较低时，这种评测可以在历年的记录中被曲解）。它提供了关于判识工程项目在一段可以确定的时间段内是否具有足够的偿还贷款的现金。然而，它并不能保证工程能够偿还其所有年份中的债务。当这种平均DSCR较高时，就意味着在所要求的时间段内具有偿还分期支付的能力。

（3）贷款有效期的偿还能力系数（LLCR）。

LLCR等于经过最终（票据等的）到期日的计算数据而得出的净现值（在债务额度和股票的部分收入基础上的加权平均值的折扣），除以在计算日期的总未偿本金。这一比率可以估量一个工程项目支付所有贷款利息的能力，而未偿付的额度却不能指征在任何一个给定的年份内的赤字情况。

$$LLCR=NPV（贷款有效期CADS@KD）/总贷款额度$$

（4）工程项目周期的偿还能力系数（PLCR）。

PLCR与LLCR相似，但CADS的净现值是在工程的整个有效期内而不是贷款的有效期基础上计算出的。对于基础设施和其他类型的工程来说，工程的有效期被定义为特许权的有效与失效期（即合同的有效期）。相反，一些有吸引力的工程（如采矿、石油工程等）的工程有效期指的就是到总储备金的被停止动用之前的那段时间。在与自然资源有关的工程中，这一比率常常被认作储备金的偿还率(RCR)。该比率可以度量一项工程所能偿还其贷款的能力，但并不指征在任何一个给定的年份里是否会出现亏空（赤字）。

$$PLCR = NAV（贷款有效期 CADS@KD）/总贷款额度$$

（5）削减偿还率（DCR）。

DCR是一种具有前瞻性的偿还率，它出现在一项工程有效期的早期阶段，即在削减总贷款额度之前。与分析流通的债务的LLCR不同，DCR分析的是与最大预期贷款量有关的偿还率。

第11章　未来能源

自200年前的工业革命❶以来，人类就对化石燃料产生了依赖。人们几乎从未想过会有所改变。也许环保人士危言耸听，也许有些良心不安，也许会把中央空调调低一两格，或者买辆低油耗汽车。但实际上能够停止使用这些人们所必需的用品吗？

> 难以想象：真的没有选择了吗？

眼下气候变化问题争论得甚是激烈，根源就是安于现状，缺乏对未来的设想。

"节约能源"——不错的环保口号，但无济于事。除非此刻经济停止增长，如果情况不是这样（也不可能这样），则就算用最"有效"的手法也只能暂时缓和，不管节约多少，很快就会被更高的人均能源消费所吞噬。即使人们像苦行僧一样生活，也是换汤不换药的做法。环保主义者哀叹他们预计的暗淡前景似乎就会成为现实。油价已经突破了历史最高限度，石油储量告急，当这些不再是窃窃私语、市井传言而成为公开议题时，人们有理由相信，世界末日真的不远了……但也并不是每个人都如此悲观。在物理学家、生物学家和工程师的眼中，另一个世界正在成型。如本书所述，化石燃料经济时代结束后的计划已经在制定中，而且没有多少痛苦的转型过程。提倡新能源的人士不会威逼吓唬，而是去诱导人们，为他们勾画出一个超出想象却又同样舒适，甚至更加美好的世界。

可替代能源听起来像在逃避现实。风能和太阳能似乎都很难像现在的锅炉和蒸汽轮机那样给这个繁忙而自我的世界提供足够的电力。电池驱动的汽车似乎有点搞笑，就像送奶的马车，离名牌跑车还差得远，但新的可替代能源的支持者却非常认真。尽管他们中不少人看中其环保价值，但更多的却是为了钱。

---

❶ 工业革命发生在18世纪后期到19世纪初期。当时，农业、制造业和交通领域都发生了重大变革，它们对英国的社会经济学和文化等都产生了重大影响。这些变化不久就蔓延至整个欧洲和北美大陆，最终波及全球，导致了全世界的工业化进程。工业革命的发生标志着人类社会重要的转折点。人们日常生活几乎所有的层面都受到了不同程度的影响。

因此不管是什么替代品，必须要便宜（至少不必像现在这么高），又要容易使用（至少不比现在难）。对于石油的替代品来说，价格突然不是什么问题了。在未来可替代能源领域中，生物燃料或者电池将会比今天的石油更有竞争力。当然，今天的石油价格不是一成不变的，石油的价格或许会跌。但随着农作物的改良，制造加工技术、生产流程和燃烧效率的提高，生物燃料价格也会下降。与此同时，在可预见的未来，电力会比汽油便宜。未来的电动汽车插上插座就能充电，如同现在用油泵加油一样。日本本田公司近期公布的新车型依然属于氢燃料电池驱动车，而电池汽车不需要新渠道输送能量。现有的电网调整优化后，能提高发电站输出电能的使用效率，这样，基础设施就已足够用了，关键是用什么发电。另外两种能源似乎会是更合适的替代品。风力已经赶上天然气，后者的价格随着石油的价格水涨船高，而风力价格已经接近煤炭价格，太阳能也只落后几年。大多数现代体系已经认可了风力这种档次的价格。事实上，两个行业都非常成功，以至于制造业都无法跟上它们的发展步伐。其实它们价格本不该如此，只因受制于供应不足的瓶颈而被迫提高。煤炭是最便宜的发电燃料，但燃烧时产生的二氧化碳对气候有很大影响，这迫使人们为气候变化而付出巨大的代价。如果对其收取特殊税将有助于替代能源的发展。然而，就算不需支付这种税，一些雄心勃勃的企业家已经开始讨论采用比煤炭更便宜的替代能源了。

力量与荣耀

未来技术的大发展很可能主要取决于可替代能源。人人都需要一个繁荣昌盛的市场，而最繁荣的市场取决于科技革新的成果。世界上一些敢于冒险的企业家都从20世纪80年代的计算机大普及，90年代的互联网大发展和21世纪初的纳米技术与生物技术的飞跃中获利。目前，他们正在寻找下一个科技大发展的领域。他们认为自己已经找到了这一领域：能源。

以往的许多繁荣都曾得益于能源：燃煤蒸汽机、燃油内燃机、电力的大发展，甚至航空旅行的激增等。但是，在过去的几十年中，与能源相关的繁荣却没有什么重大突破。煤炭是廉价的，天然气也是廉价的。除了20世纪70年代那段时间，石油也是便宜的。一种真正的新奇事物就是核能的闪亮登场，

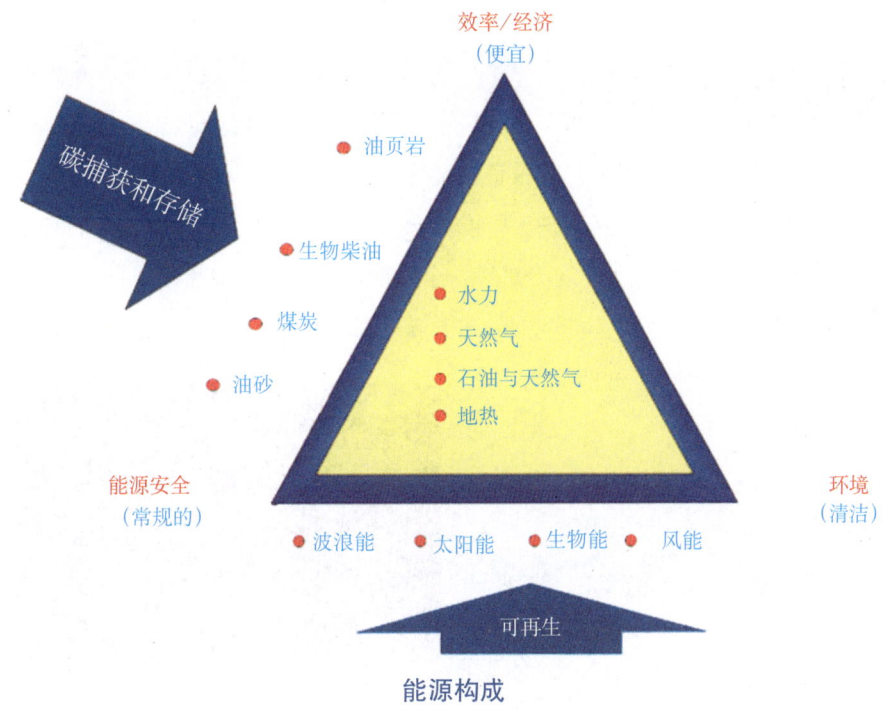

能源构成

改革的压力已降至最低。在两年时间里，一切都发生了改变。石油已不再廉价——达到历史最高点。

人们正日趋关注这样一个问题：随着消费量的持续增加，石油供应的峰值可能会很快到来，已有的石油资源会被耗尽，而新的油气资源又难以找到。人们越来越关注自己的汽车油箱内的燃料，而不是从地下采出更多的石油。这似乎是一种近乎狂热的经济行为。人们目前并不认为可以用车载电池来取代汽车的油箱。天然气价格与石油价格同步增长，这也带动了电价的上涨。相比之下，风能与太阳能的价格并不算高。实际上，煤炭的价格依然便宜，而且是正在工业化的亚洲发电厂所喜欢的燃料。但是，富裕国家观察事物的角度是不同的。从理论上讲，美国仍有大量待建的燃煤发电厂。但在过去的15年中，仅建成了为数不多的此类发电厂，相当多的待建项目或被推迟或被取消，其主要原因如下。

首先，美国已建了大量工厂。其次，美国的电力公司担心自己很快就会因二氧化碳的排放而支付特殊的污染费用。富裕世界的其他地区已经开始实施这一措施。人们已经为燃气发电厂大量投资，但很快就发现自己进入了一个价格不断上涨的陷阱，人们不想再犯同一种错误。风能与太阳能所面临的是巨大的资金缺口与空前的发展机遇。这些零资源能源的未来价格是可知的，即使目前人们对风力与太阳能发电厂的投资已经超过了燃煤发电厂的投资，但前者的经济价值依然难以判定。风能与太阳能发电大发展的前景不够明朗，人们对它们的认识还可能改变。当经济下滑时，全球变暖❶(这是一种长期现象)可能并不为绝大多数人所关注。当新的油气资源满足了亚洲地区日益增长的需求时，高油价就可能下跌。但这些原因可能都不会完全消失。

如果石油意味着传统的、能够很便宜地从地下开采出来的资源，则石油峰值❷可能很快就将到来。自然界中存在着丰富的其他种类的油气资源（如油砂等），因此油气资源在一个较长的时期将不会被耗尽。但它的生产成本将更为昂贵，而且以后的生产费用将会高于今天的费用。此外，任何政治风险都将危及石油的安全，因为政治风险常常与政府相关，原因很简单——石油资源的存在也会引起政府的腐败，这种政府根本无法控制它们的政治家的行为。

> "如果敌对的政府能够被和平地更迭且资源变得更加多样化，则人类的能源供给就会得到保障。"

能源的市场非常庞大。目前全球人口每年消耗的能量约为15太瓦（1太瓦

---

❶ 全球变暖是自20世纪以来地球表面空气与海水平均温度升高的现象，而且地球温度仍然在继续升高。从2005年底向前100年内，全球地球表面的平均温度上升了$0.74 \pm 0.18℃(1.33 \pm 0.32°F)$。联合国政府间气候变化专门委员会（IPCC）总结认为："自从20世纪中叶以来，绝大多数所观察到的全球平均温度上升很可能是人为产生的温室气体浓度增加所致。"即温室效应增加的后果。太阳变化、火山活动等自然现象可能不会对前工业化时期到1950年期间的全球变暖造成明显的影响。而在1950年以前，全球气温还略有下降。这些基本的结论已经得到至少30个科学团体和学术机构的赞同，包括主要工业化国家的国家级科研机构。

❷ 石油峰值是指全球石油开采达到最大值的时间点。从这个时间点以后，石油的生产就进入了最终的衰减阶段。这一概念是根据对单口油井开采率而得出的。一口油井的总生产率在达到峰值之前一直呈增加状态，到达峰值后就开始下降，而且这种产量下降往往是相当迅速的，一直到油田枯竭。用这一概念可以总结一个国家的国内生产率，并可用于全球石油开采率的分析。重要的在于人们应注意到石油峰值并不是指石油正在被耗尽，而是指石油开采率达到峰值以及随后的减少。

等于1万亿瓦）。做一个商业性转换，这相当于一年全世界经济产出的十分之一。到2050年，全球电力消耗量可能将会达到30太瓦。如果它被物质化，而且它在目前占主导地位，尤其是那些依靠信息技术的能源市场的份额将达近几千亿美元。新的技术不断更新产生了突破性效应，迫使人们更换现有的设备。然而，建造风能发电厂并不需要关闭燃煤的火力发电厂。出于上述两种原因，任何从一种以化石燃料为基础的经济过渡到另一种以可再生能源为基础的经济，即向绿色能源的转换都可能是一个缓慢的过程。过去，这方面的改变并不大。另一方面，从市场供应规模来看，可替代能源的机遇使得它们已处在转化的边缘并已渐成潮流，风能的利用正是如此。一些能源技术具有创新性和突破性潜力。比如"插入式"（Plug-in）汽车就可以电力为动力来源，其费用相当于每升汽油25美分。然而，这可能会对石油、汽车制造业和电力工业造成冲击。

过去的几十年中，技术创新为能源工业的发展提供了有利机遇。实际上，在能源领域中，生物技术与纳米技术并不会有太大的发展，主要掣肘于它们的工业应用，而工业应用也将会促使它们的发展，同时也会使这些技术重现辉煌，也会产生许多新的技术。能源的新技术并没有太多的突破。埃隆·马斯克（Elon Musk）是一位发明家，与人共同开发出一种电池动力的运动型小汽车。拉里·佩奇（Larry Page）与谢尔盖·布林（Sergey Brin）是谷歌（Google）的创始人，他们已经启动了一项名为Google.Org的计划，旨在找到一种能使可再生能源真正比煤炭更为便宜的途径。这种对能源领域中可再生能源的兴趣正在产生大量的新观念，其中一些是颇具前景的，而另一些观念则是离奇古怪的，它们可以令人想起网络公司大繁荣的时代。随着这种大繁荣，绝大多数此类观念将会变得无足轻重。但是，在它们中间，没准就会出现像Paypal、Google或Sun这样的成功企业。一些更为传统的公司也正在引起人们的兴趣。通用电气公司（General Electric，GE），是美国最大的工程企业，也已大力发展风力涡轮机技术并积极致力于它们的太阳能利用开发业务。美国纽约的Schenectady实验室的能源研究者正在充分地享受着自己企业的科学民主气氛，他们的研究经费非常充足。

同时，英国石油公司与壳牌公司正在成为学术与创新的领头羊；一些拥有充满希望的企业，如杜邦（DuPont）公司（世界上最大的石油化工企业之一），它们也投入了可再生能源的开发利用。当然，也并不是所有的企业都投入此类研发工作。埃克森—美孚石油公司（Exxon-Mobile），这家世界上最大的私营石油公司就没有从事此类研发工作。但是，在大量的可再生资源研发过程中，也不可能不受环境保护人士的指责。一些人抱怨，许多已有的可再生能源依靠额外的补贴或者其他形式的特殊处理才可被利用。从表面上看，此话当真。但深入分析起来，地球上的所有能源都得依靠"补贴"才可获取，它们既明晰又隐秘，而且它们的开采成本也不尽相同。所以，人们就为发电寻求可再生能源，如风能涡轮机就正是这种可再生能源的施展领域。在多云天气的德国、运营的太阳能工业以及美国人所使用的以玉米为原料的乙醇工厂等都是可再生资源利用的实例，当然，巴西人所使用的以糖为原料制成的乙醇则要便宜得多。虽然这种由非化石燃料进行的发电已经在电力生产中占据了一定的比例，但是似乎这种特殊的发电技术目前还并未形成大气候，它们仅停留在市场上展示创新发明的阶段。

如果世界是理性的，则所有这些关于能源的限制都将被一扫而光，而且正如时下在欧洲所发生的那样，它们会由适当的碳税所替代。根据英国投诉IPCC的建议，风能的交易价格已经进入了总量管制与排放交易体系。如果目前的风力发电已经具备了与化石燃料的竞争力，那么，其他可再生资源的大发展也就为时不远了。但很遗憾，对这种资源替代的特殊做法可能是相当不错的，但这种调整需要特殊的工艺技术，它们既不喜欢华而不实的好大喜功，也不能在不需要时就匆匆放弃。

贫瘠的世界变得更绿。对此，至少富裕的世界是这么认为的。即使一些西方的政治家和商人对此持否认态度，但那些贫穷的、正在迅速发展的国家已经在越来越多地关注着可再生能源的开发利用。事实是，中国正在以众所周知的速度大建燃煤发电厂。但中国也拥有自己庞大的风力发电能力。在2008年，这种风力发电能力有望增加三分之二。中国拥有数量上排名世界第二的太阳能镜面板，这还不算遍布中国大地的屋（楼）顶的太阳能热水装置——那是世界第一的。巴西拥有仅次于美国的世界第二大风力资源以及最具经济效益的生物质能燃料工业。生物燃料在巴西人的小汽车燃料消费中已经占到了40%的份额，而且很快就会占到发电量中15%的份额（通过制糖废料的燃烧发电）。南非正在成为新型的、安全而简单的核反应器应用的领头羊。从严格意义上讲，核能并不是可再生能源，但核能是无碳排放的，因此，越来越受到人们的欢迎。这些国家以及一些与它们相似的国家正在准备放弃化石燃料。这些国家将因地制宜就地取材地获取自己的能源。所以，如果可再生能源和其他可替代能源在价格方面能具竞争力的话，则穷国和富国都将接受它们。

如果政治的与经济的变化仅仅出现在高价和资源量短缺阶段，而与人类对石油峰值到来的恐慌无关的话，那么，经济变化对这些油气进口国的伤害在很大程度上将取决于石油峰值期之后石油进口量如何快速下降的情况。出口国家的模拟模型表明，人们所能开采出来的石油量在全球范围内下降的速度大大地快于石油出口国的石油产量，因为这些石油出口国的石油需求量也在快速增长。产量的下降（因此供应量也会下降）将会导致油价大幅飙升，如果人们的需求量能够保持在一个计划中的适当水准，并使用替代能源，则这种情况可得到缓解。在石油峰值期到来的20年中，我们一直需要这样行事。根据乐观的预测，石油生产的峰值期将出现在2020年至2030年左右，而对替代能源的重大投资应该在这种危机出现之前就进行，以避免在一些发达国家中人们的生活方式和水准发生明显改变。这些模型表明，石油的价格先会逐步上升，然后随着其他类型燃料和能源的投入使用，油价就会下跌。根据悲观的预计，如果以目前的速度开采，石油的峰值期已经达到或即将到来，任何积极的措施可能都不会有什么作用。据此预测，全球的油气产量将会下降，并可能导致全球市场上一系列连锁反应，还可能造成全球工业文明的倒退。在2008年初，有迹象表明，不断攀升的油价将会使可能衰退的经济形势更加岌岌可危。面对能源危机，广泛采用绿色能源和保持适当的节能生活方式已为人们广泛接受。这已促使人们对可替代动力和燃料能源研究的关注，比如燃料电池技术、液态氮技术、氢燃料技术、生物乙醇制取技术、生物柴油、克里斯低温碳处理技术（Karrick Process）、太阳能利用技术、地热能使用技术、潮汐能、波浪能以及风能与核聚变能的利用等。目前从天然气中获得氢气，为一种纯能量损失过程，而在北美洲和世界其他地区这种氢气的产量正在下降。一旦停止从天然气中提取氢气，人们依然需要从其他能源中获得氢气，当然，其加工处理过程依然需要消耗大量能源。然而，这也使得人们将氢认定为一种能量的携带者，像电力一样，但不是一种资源。未经检验的脱氢加工过程也已证明，水可以作为一种能源。效率机制，例如大功率的发电厂能够明显地更加有效地利用目前已有的发电能力。这是一个用于描述日益增加的交易效率的名词，应用消耗功率去增加可以实现的市场供应而不是增加发电厂的发电能力。因此，目前是一个可替代能源的买方市场。可再生资源有效地利用了自然资源，如太阳光、风、雨水、潮汐以及地热等，它们是可以自然补充的，而且目前的技术水平是可以利用太阳能、风能、水力发电和微型水电能力、运输业中的生物质能与生物燃料。

2008年全球所消耗的能源中，约14%来自于可再生能源，13%来自于传统的生物质能，如木材燃烧。水力是地球上第二大可再生资源，达3%。接下来是热水，占到全球能源消耗中的1.3%。现代技术所开发的地热、风能、太阳能以及海洋能在全球能源消耗中的贡献占0.8%。这些领域的技术应用潜力是极其巨大的，超过了所有其他可以获得的资源量。可再生能源技术往往会因为它们的间歇性或其他原因而备受指责，而可再生能源市场也正以多种形式发展着。

风能的利用以每年30%的速率增加，在全球范围内，装机容量已达100吉瓦，风能已在多个欧洲国家和美国得到了广泛的应用。2006年，全球的光伏（太阳能）工业所产生的电力已达2100兆瓦，太阳能（PV）发电已在德国广泛使用。在美国和西班牙的太阳能发电厂大量运营，其中最大的太阳能发电厂SEGS坐落在美国的莫哈维（Mojave）大沙漠区，它的年发电量达354兆瓦。全世界最大的地热发电厂位于美国加利福尼亚州的Geysers(黄石公园地区)，其发电量达750兆瓦。巴西的可再生能源发电厂是世界上最大的此类发电厂之一，所使用的燃料来源于制糖原料的生物乙醇，在全国汽车用燃料中，18%为生物乙醇。在美国，乙醇燃料也得到了广泛的应用。目前，一些国家已经制定了大型的可再生能源开发计划，可再生能源激活素目前在发电领域的应用尚不广泛，多用于偏僻而遥远的地区，而能源在人类社会的发展中则是至关重要的。肯尼亚的家庭太阳能拥有量占全球之冠，每年大约有30000个小型（20～100瓦）太阳能利用系统投入使用，气候变化与高油价有着密切的关系，石油峰值期和日趋增加的政府支持正在促进着可再生能源利用的相关立法，加速它们的利用与商业化。

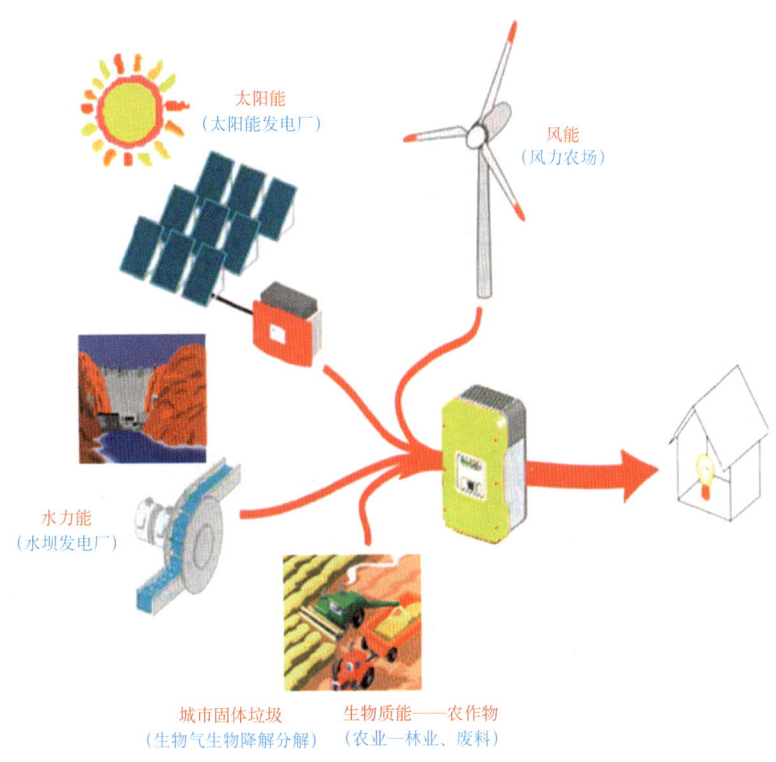

所有可再生资源图示

太阳能[1]

太阳能是来源于太阳的能量，其表现为辐射能和光，它控制着气候与天气的变化并维系着地球上的生命。太阳能技术用以控制这种资源的利用。太阳能是太阳能量的同义词，或是特指通过太阳能电池板将太阳光转化为电力的技

---

[1] 太阳能是对来自太阳的辐射能量的利用。太阳能常常被用于与太阳能量的交换，但更多的含义是指通过太阳能板或太阳能热能汇聚装置，或者通过多项试验技术（如热—电转化器、太阳烟囱发电技术）将太阳光转化为电力的过程。

术，这是一种汇聚太阳热能的装置，或各种实验性装置。太阳能的蒸馏法❶和消毒技术可以为全世界成千上万的人们提供饮用水。家用太阳能炊具和较大型的灶具的工作原理都是将太阳光汇聚起来做饭、烘干和低热消毒[又称巴（斯德）氏消毒法]。人们利用更为复杂的聚焦技术可以将太阳光进行调整，以求获得高温、进行物质的检测、金属的熔化以及工业化学品的生产等。现在世界上已经有了太阳能汽车的原型车、太阳能飞机和船。

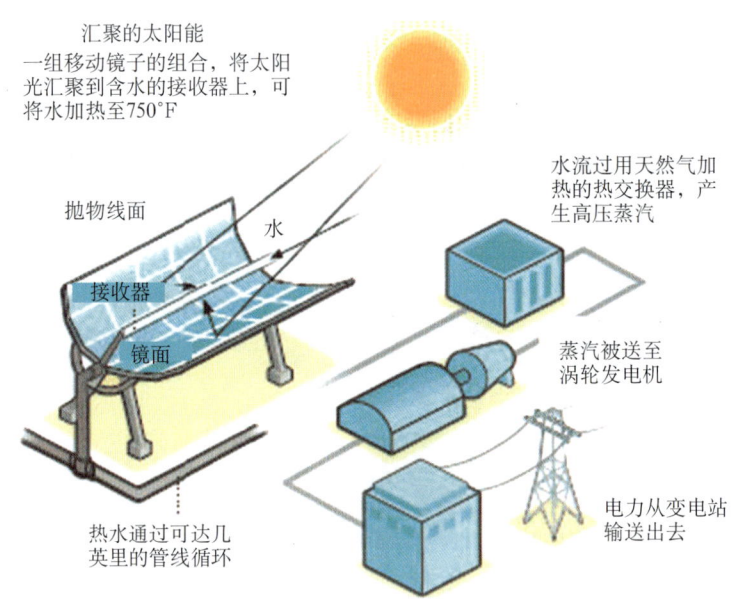

太阳能发电示意图

地球北半球连续地接受174皮瓦的太阳能（曝晒）。当这些太阳光遇到地球大气层时，大约有6%被反射回太空，16%被吸收。平均大气层条件（云、尘埃、污染物等）会进一步减少穿过大气层的太阳辐射能，进而使20%的太阳辐射能被反射，3%被大气层吸收。然而，这些大气层条件不仅会减少到达地球表面的太阳能量，还会将约20%的太阳光散射并用它的光谱进行过滤。

太阳光进入大气层后，约一半成为可见的电磁光谱，另一半的绝大部分为红外光谱（少部分为紫外光谱）。

---

❶ 这一过程首先加热混合物，将它分离成为易挥发性的和不易挥发性的，然后进行冷却和凝聚，产生蒸气，因此可以形成更纯的或精炼的物质。

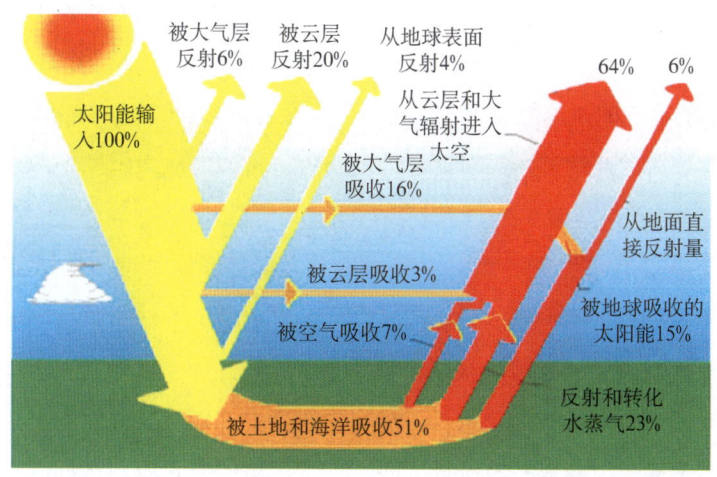

太阳能的分布

大气层对太阳能的吸收❶（明显的热导）和水蒸气的蒸发与凝结（隐性的热传导）驱动着地球上水的循环和风的形成。由海水和陆地所吸收的太阳光使地球表面温度平均保持在14℃左右。太阳能通过光合作用转化为化学能可以产生地球生物所需的食物、木材和生物质，而这些又是形成化石燃料的母质。太阳辐射又可以形成次生太阳能资源，如风和水动力能、水力发电和生物质能，它们构成了地球99.9%的可再生资源。在我们的环境中，与人类对能源的需求相比，太阳能的流动与储存量是极为巨大的。

每年由地球的大气层、海洋和陆地所吸收的太阳能总量约为3850泽焦（3850×10^{21}焦）。

每年预计的风能潜力约为2.25泽焦。

每年生物质通过光合作用所俘获的太阳能约为3泽焦。

2008年，全球所消耗的电力约为0.0862泽焦。

2008年，全球的能源消耗量约为0.841泽焦。

太阳能板的能量产出量将取决于它所接收的太阳光的量和转换效率。以美国和欧洲为例，那里一整年内（包括夜晚与多云的天气）地表的平均太阳光吸收量为7.5～21.5千瓦·时/($米^2$·日)。目前，太阳能板可以将约15%

---

❶ 在物理学中，电磁辐射的吸收，光子能量被物质，特别是一个原子的电子所吸收的过程。因此，电磁能可以转化为另一种形式的能量，如热量。在波传播时的光吸收常常被称为衰减。

的太阳光转化为电力，平均说来，那些地区的太阳能转换为电力的能量为 1.12～3.22兆焦/（米^2·日）[0.31～0.90千瓦·时/（米^2·日）]。相比之下。转化率为60%的标准的太阳能热水器的电能产生量可达4.5～12.9兆焦/（米^2·日）。随着工业革命的开始，人类对能源的使用就不可逆地从太阳能（木材、生物质）转化为化石燃料。

1859年，世界上第一口油井获得成功，加速了能源使用的转型，到19世纪80年代初期，美国人的化石燃料消耗终于超过了木材的消耗。而在19世纪60年代初，由于以为煤炭很快会被耗尽，人们开始了太阳能利用技术的早期研发工作。但出乎人们的意料，煤炭与石油的开发极大地促进了经济与公共事业的大发展。在第一次世界大战之前，人类的太阳能利用技术研发工作一直在进行着，但化石燃料价格的持续走低终于使该领域的研究工作趋于停滞。1973年的石油禁运与1979年的能源危机导致全球能源结构的重组，并促使人们重新关注太阳能技术的研发。太阳能研发战略着眼于奖励性项目，如美国的联邦太阳能发电应用项目和日本的阳光项目等。此外，研究机构有美国国家能源部可再生资源实验室（NREL）、日本新能源产业技术综合开发机构（NEDO）、德国弗劳恩霍夫（Frauchofer）太阳能系统研究机构（ISE）。

> 专家预计，经过10年以上的研发，可使太阳能具备竞争力。

1970—1983年，太阳能发电板装置迅速发展，而且价格也降了下来；然而，1984—1996年油价的持续走低，使得人们对太阳能利用技术的需求被抑制了。虽然油价保持在130美元/桶的高价位，但欲使太阳能具备与石油的竞争力，尚需10年或更长时间的研发方可达此目的。太阳具有为我们这个星球提供所有人类所需的电力与燃料的潜力。太阳能利用的基础就是有效地利用阳光和直接将水分解为它的基本构成——氢和氧，然后用氢作为清洁燃料。太阳能的潜力极大——每小时内射到地球的太阳光所具有的能量要比全球人类在一年内所消耗的所有能量还要多。

唯一的挑战就是降低成本。这样，发电所用的煤炭、天然气和其他非可再生能源的大幅度转型就具有了经济意义。据预测，太阳能发电能量的成本为每度（千瓦·时）电35～50美分，相比之下，其他类型的能源发电的费用就要便宜得多，煤炭和天然气发电的成本为每度电5～6美分。由于太阳能具有清洁和可再生性，太阳能就不要与其他类型的能源进行价格上的攀比。科学家们认为，一旦将太阳能发电的成本降至每度电10美分左右，太阳能的利用技术就可能获得突破。而一旦达到此水准，大量的消费者就会开始购买，进而驱动每度电的电价进一步下降。然而，欲使太阳能具备与常规能源的竞争力，人们尚需大约10年时间对太阳能发电板的研发。主要的战略包括研发便宜的太阳能电池，它可以不间断地工作且在制造过程中无污染排放物，但是生产出价格低廉的太阳能光电板仅仅是太阳能利用技术征途上迈出的第一步。化学家需要致力于生产价格上能与石油和煤炭竞争的清洁燃料，这些压力促使化学家去从某些物质（而不是天然气或煤炭）中获取氢；他们已经开始着手从太阳光和水中获取氢的研发工作。

风能

  风力发电厂❶可以分散地建设。一座未能完成的燃煤或者核燃料发电厂肯定无法使用，那是对资源的浪费。但是，一座半成品的风力农场的意义就在于其规模上的"一半"，一旦第一个涡轮机完成了装机就可以发电获利。风能市场的迅速增加是技术进步的有效体现与循环，它促使风能的发电越来越接近解开谷歌的"比煤炭便宜的方程（Cheaper-than-Coal Equation）"。第一个涡扇被匆匆地拼凑起来装箱起运。目前，工程师们借助于飞机设计的理念应用复合材料和各种几何形状的扇叶方案去制造尽可能大的涡扇叶片（对于涡轮机技术来说，叶片越大越好），且尽可能灵活的叶片（当风力过大时，叶片就会

---

❶ 发电厂（也可称发电站）是一种产生电力的工业化设施。发电厂也可类比为轮船、飞机和其他交通工具内所使用的电动机。一些人喜欢使用能量中心这个术语，因为它可以更为精确地描述发电厂的功能，它可以将其他能量（如化学能、重力潜能、热能等）转化为电能。发电厂是美国最常用的术语，而发电站与发电厂这两个术语都被广泛应用，在许多经济发达国家，尤其在英国，多用"发电站"这个词。发电站的中心部位是一个发电机，是一个旋转的机器，通过一个磁场与一个导体之间的相对运动将机械能转化为电能。能源组合配线使发电机产生很大变化，这主要取决于何种燃料更易使用以及电力公司所采用的技术类型。

弯曲，因此就会"分流"部分风力，当一些叶片旋转时，其他叶片就不会被折断，以保证叶片的安全性）。一个叶片的理论最大效率为59.3%，现代涡轮叶片出乎人们意料地接近上述效率——大约为50%。它们要比先驱者的可靠性更高。2002年，GE公司加入涡轮叶片的制造业，其平均叶片产量占到了当时世界产量15%的份额。目前该公司的产业下滑至3.0%。结果，这种叶片的成本降至每度电8美分，这样就使得风力发电在加工上具备了与天然气的竞争优势。燃煤发电的成本依然更加便宜，每度电为5美分。但根据美国麻省理工学院（MIT）的研究，如果将发电厂燃煤所排放出的二氧化碳捕获并储存于地下，考虑到每排放一吨碳须上税30美元的情况，燃煤发电的价格就应上升到每度电8美分。购买涡轮的电力公司也正在变得更加聪明，它们雇佣了一批气象学家去评估全球各地最适宜放置涡轮机的地点。问题不仅是何时有风吹过，还在于风力的大小。

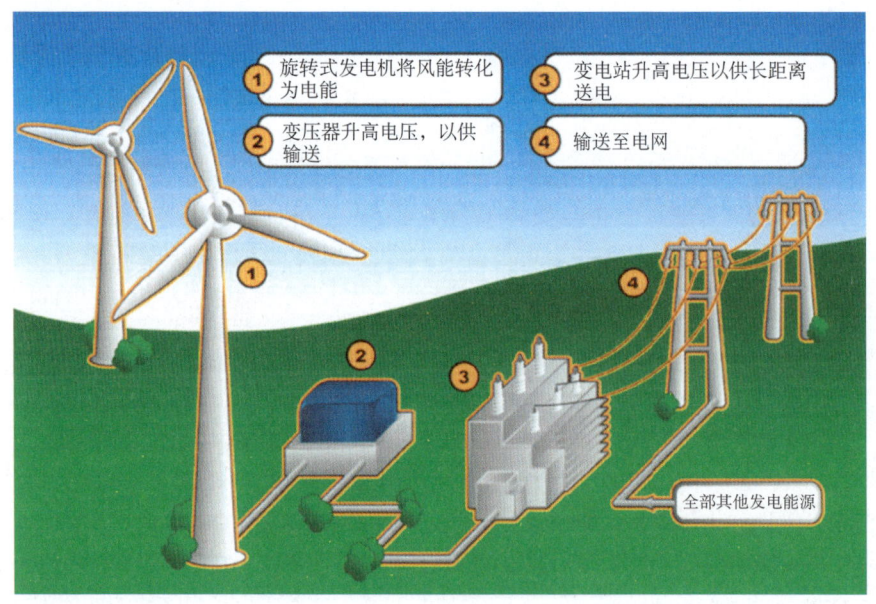

风产生能量

在一小时内，平均风速差别在1~2千米之内（匀速）的风发电效率较高。大多数气象学家坐在一些控制中心，做出提前1~2天的风力预测，以帮助电力公司掌控自己的电力输出量。问题在于一旦风停下来，涡轮也会停止运转。降低成本就是推广风力发电的第二个重大挑战。第三个挑战是人们生活的地方往往没有强风吹过，实际上，人们大多会避开那些地方。解决这些问题的关键并不在于那些建设涡轮机的机械工程师们，而在于电力工程师——正是他们担负着将电线从风力发电场架设到人们所需要地方的重任。这意味着电网已经变得更大且更加灵敏。风力已为人类所利用，而且在未来将会得到更好的利用。但是，在一个不再依赖化石燃料发电的世界来说，风力的应用仅仅是一个过渡阶段。利用风力的目的在于通过截获太阳光而直接利用太阳的能量，而不是仅仅等待太阳光搅动地球的大气层进而以空气流来驱动涡轮机发电。所幸的是，发明家们乐见此类问题，他们所提出的观点是大规模地利用太阳能去驱动建筑物内一个简单的加热系统，那是一种应用时髦的纳米技术制成的背面为"镜像散热器"的装置（具有最佳角度），以求俘获每个光子并将其转化为电力。

太阳能利用的最常见形式就是太阳能电池，这是目前增长的最快的可转换能源类型，目前正以每年50%的速率增加，而且以此技术产生的电力价格也在下降。根据剑桥能源研究协会（Cambridge Energy Research Association，CERA）的统计：1995年生产1度电的太阳能板电力的成本为50美分；2005年，这一成本下降至20美分；2008年降至15美分而且依然在下降，下降幅度为25%。太阳能电池可以将太阳能直接转为电力。但是，这并不是利用太阳能发电的唯一方式，此举也可以汇聚太阳光线，用来煮沸水并用所产生的蒸汽驱动涡轮机。这两种截然不同的方式表明了一个关于未来能源尚未解决的问题：它是否能够集中生成并远距离地输送给消费者，对此，近几十年的情况与一个世纪以前的情况相差无几——几乎都是原地发电、原地使用。

太阳能电池的理念依然萦绕在人们的心头。人们喜欢风力涡轮机，只有更多地使用这种技术，仅用一块太阳能板就能发出电来。如果你居住在充满阳光的地方，在自己的屋顶上放几块太阳能板，从此就不必支付电费了。实际上，你也可以为自己的电力公司购买电力。对于电力市场供不应求的欧洲来说，向北越过地中海就是大陆的太阳能被浪费的撒哈拉沙漠的南缘，阿尔及利亚政府正在设法找到一条将两者连接起来的方法。一座实验性太阳—热能发电站正在建造之中，人们已经提出四种具竞争性的设计方案：通过抛物镜（parabolic-through mirror）、抛物面碟镜（parabolic-dish mirror）、动力塔（用一组镜面将太阳光汇聚到一个升高的平台上）以及菲涅耳(Fresnel)系统——这是一种用（较便宜的）平面镜子的模拟通过抛物镜。所有被加热的水都会被转化为蒸汽，用于驱动发电机，也可以将硝酸钠之类的低熔点盐加热并液化后用于产生蒸汽。

　　海上的风❶比陆地的风可提供更多的能量。2006—2008年，全球的风能市场得到了迅速的发展，主要原因在于美国、德国、西班牙、印度和中国的能源需求量猛增。在全球范围内，2007年新增的风能发电量为18240兆瓦，投资金额为195.5亿美元，比2006年增加了32%。2008年，全球风能增加的主要动力源自美国的市场，其新增电能为2454兆瓦，当然，这种增加也与德国、西班牙、印度和中国的市场需求有关。风能的市场不仅在德国、欧洲增加，而且全球都增加。

　　详细分析，2008年欧洲的新增风力发电量为7600兆瓦，价值110.5亿美元，比2005年增加了四分之一。2007年，全欧洲的风力发电量增加了19%，达到了55000兆瓦，德国与西班牙吸引了绝大部分投资，占到50%的市场份额。欧洲国家的贡献也在增加，除德国、西班牙和丹麦之外的其他各国的风能发电量从2002年的680兆瓦增至2007年的4400兆瓦。下图清晰地显示了欧洲诸国对风能投资的第二次浪潮。

---

❶ *风能是风的能量向一种有用形式的转化，如电力就是用风力涡轮发电站产生的。到2007年底，全球的风能发电量已达941亿瓦。虽然风力发电目前仅占全球电力生产中的1%，但据2007年的统计，风能发电分别在这些国家的电力生产中占据了相当大的比例：丹麦19%，西班牙和葡萄牙9%，德国与爱尔兰6%。从全球来看，2000—2007年，风力发电量增加了5倍之多。绝大部分风能被转化为电能。大型风力发电场都与电网连接。独立运行的涡轮机能够向遥远的地区输送电力。在风车房内，风能被直接用作机械能，进行抽水或加工谷物。风能充足、可再生、分布广、清洁，用它取代化石燃料发电时，有助于减少温室气体的排放。在用风力发电进行持续性供电时，风的间歇性问题就会显现。所以，风力发电被用于调节人们的电力需求，为补偿这种间歇性而额外增加的投资被认为是可行的方式。*

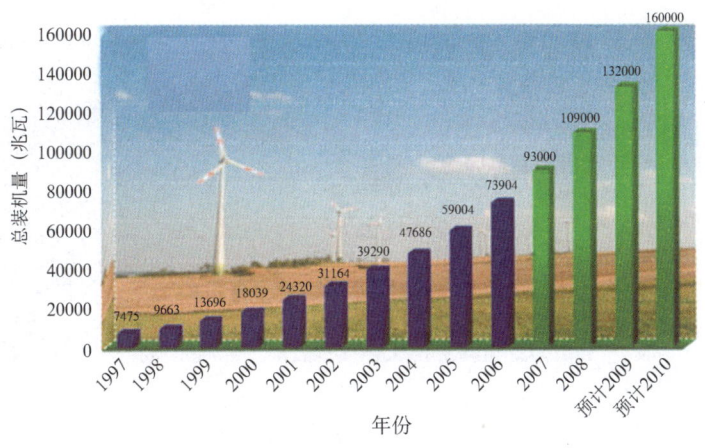

1997—2010年世界风能——总装机量

生物质能

什么是生物质

生物质是直接源于生物体的有机质，它具有可再生性和可持续性的特点。生物质包括农作物、树木以及各种工业加工的残余物，如纸浆、造纸厂废料、锯木厂残渣、工业有机残渣、民用与农业的废料。在食品、造纸、纺织、建筑和制药业、化学试剂等工业中所使用的一些基本的原材料都是生物质，除这些用途之外，它可以成为重要的能量供应源。生物质包括活着的和刚死去的生物，它们可用作燃料或工业生产原料。在绝大多数情况下，生物质是指可用作生物燃料的植物，但也包括可用于纤维、化工产品或大量生产的植物或动物。生物质还包括可用作燃料的生物降解废料。然而，生物质并不包括那些经过地质作用后转化为煤炭或石油的生物质。生物质可因树木量而增加，包括芒草、柳枝稷、麻类植物、玉米、杨树、柳树、甜菜类和油椰子（棕榈油）等。一些特殊用途的树往往对于终端产品来讲并不重要，但它却会影响原材料的加工过程。随着人们对可持续性燃料关注的增

> 虽然中东和北非的可再生资源潜力极大，但目前仅仅开发了极少一部分。

加，生物质的生产就成为一种蓬勃发展的工业。虽然化石燃料源于远古时期的生物质，但它们并不能被认定为通常意义上的生

> 生物质具有两个重要的缺陷——低能量度和分布过于分散，这就需要在收集、物流保障和加工处理方面的高投入，并需要为生物质的能源化处理提供一种结构性保障机制和庞大的原材料基数。

物质，因为化石燃料内所含的碳已经很久很久没有参与地球的碳循环了。因此，它们的燃烧会增加地球大气层内二氧化碳的含量。塑料来源于生物质，与一些目前开发出的可溶解于海水中的物质一样，以石油为原料的塑料也以同样的方法制成，而实际上，后者的制造成本更低而且能够达到或超过绝大多数目前已有的性能标准。

生物质的应用

生物质的应用包括大量至关重要的而且常常可以反映政策的内容，包括能源、环境、农业、全球贸易、交通运输和土地使用规划等，这些内容极为复杂。生物质是极为丰富且有多种用途的可再生资源，目前占全球初级能源供应12%的份额，也占到了欧洲共同体初级能源供应的4%。各种假设与预测表

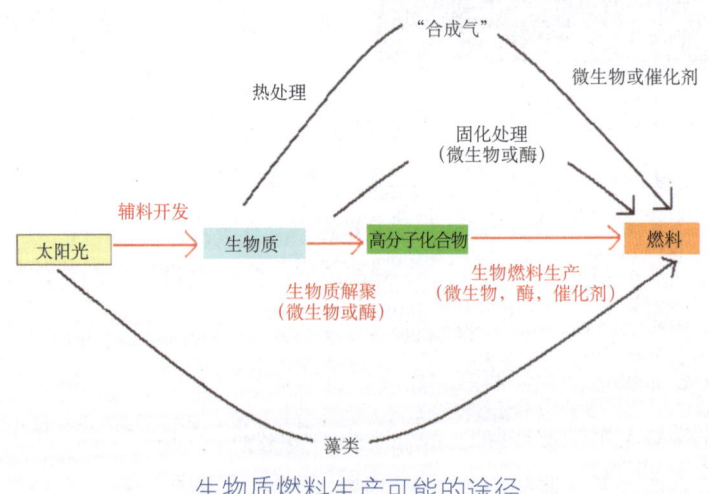

生物质燃料生产可能的途径

明，2030—2050年，生物质在全球能源需求中将会达到15%~35%的比重。到2030年，欧洲共同体的初级生物能源潜力总量将达2.5亿~2.9亿吨石油当量，而在2003年，仅为0.69亿吨石油当量。

然而，如果没有任何补贴，生物质往往会无法与今天广泛使用的用于发电或汽车燃料的化石燃料竞争。但是，这种缺憾可能会变得并不重要，在能源供给中，生物质将会具有更大的潜能。

用生物质作为一种能量资源是自然碳循环的一部分，因为燃烧时释放到大气层中的二氧化碳量基本上等于在光合作用❶中被生物质所吸收的量。培育和转化生物质给料（指供送入机器或加工厂的原料）的非能源密集型加工技术具有一种二氧化碳平衡功能。生物质可以提供的能源形式包括热量、电力、气体的，液体的或固体的加热燃料和汽车燃料。三种主要的生物质能转化加工技术为：（1）热化学技术，如燃烧、热解和汽化；（2）生物技术，如发酵和酶的水解；（3）油脂化学技术，如植物油和动物脂肪的炼制。

从广义上讲，生物燃料（可以培育或栽培的称为"农业燃料"）定义为由源自死亡不久的生物体（绝大部分为植物）构成的固体、液体或气体燃料。据此，可以与化石燃料区别开来，后者源自死亡已久的生物质。从理论上讲，生物燃料可以产自任何（生物学的）碳源。最常见的植物都是具有能够俘获太阳能的光合作用的植物。许多不同的植物和源自植物的物质都可被用于生物燃料的制造。生物燃料的应用已经遍布全球，在欧洲、亚洲和美洲的生物燃料工业正在蓬勃发展，最常见的用途是车用液体燃料。所以，可再生的生物燃料的使用可以减少人们对石油的依赖性并提高能源的安全性。生物燃料的生产与使用的各种当代的要素有缓解石油价格的压力、食品与燃料之争、碳排放的水平、可持续性生物燃料生产、森林的滥伐与土壤流失的影响、人权方面的内容、减少贫困的潜力、生物燃料价格、能源的平衡与效率以及集中于分散生产

---

❶ 光合作用是指在生物体内从光能转化为化学能的一系列酶—催化剂过程。它的初始物质是二氧化碳和水，能量来源是光（电磁、辐射）；而终端产物是氧（含有能量的）和碳水化合物，如蔗糖、葡萄糖、淀粉。这一过程是可以论证的最重要的生物化学途径，因为地球上所有的生物都直接或间接地依靠这种作用。这是一种发生在较高等植物、藻类以及细菌（如蓝藻）体内的一种复杂的过程。

的模式等。

最大的技术挑战之一，就是研发一些用特殊手段将生物质能转化为可供车用的液态燃料的方式。为达此目的，有两种最常用的战略：（1）增加糖类作物（甘蔗、甜菜、甜高粱等）或淀粉（玉米、谷物等）的产量，然后将其做发酵处理，生成乙醇（酒精）；（2）增加那些能够（自然地）生产油脂的植物，如油棕榈树、大豆或藻类的产量。当这些油料被加热时，它们的黏度就会下降，这样就可以在柴油发动机内进行直接燃烧，也可以将这些油经过化学处理后产生燃料（如生物柴油）；木材和木材的副产品可以被转化为生物燃料，如木（煤）气、甲醇或乙醇燃料。

从2006年的石油价格来看，一些生物燃料已经具备了竞争力（参见下表），如果石油价格长期保持高位的话，研究与开发工作将会使更多的生物燃料投入使用。随着人们对农作物关注的增加，有三种植物都可供利用：草、树木和藻类。草和树生长在干燥的土地上，但加工处理工艺比较复杂。目前的观点是将树的所有生物质（特别是由树的细胞壁构成的纤维素）转化为燃料。

与油类和油类产品价格相比的生物燃料价格

	燃料	2006—2007年	至2030年的预测
化石燃料	油价（美元/桶）	50～80	
	石油产品的税前价（美分/升）	35～36	
	石油产品的零售价（美分/升）	欧洲：150～200 美国：80	
生物燃料	产自甘蔗的乙醇（美分/升）	25～60	25～35
	产自玉米的乙醇（美分/升）	60～80	35～55
	产自甜菜的乙醇（美分/升）	60～80	40～60
	产自小麦的乙醇（美分/升）	70～100	45～65
	产自木质纤维素的生物柴油（美分/升）	80～110	25～65
	产自植物油的生物柴油（美分/升）	70～100	40～75
	用合成气制成的燃料（美分/升）	90～110	70～85

发展中国家的生物燃料

许多发展中国家都在建立自己的生物燃料工业。这些国家拥有极为丰富的生物质资源，而随着人们对生物质和生物燃料需求量的增加，生物质正在变得更有价值。世界各地的生物燃料开发的进度不尽相同，印度和中国等国正在大力发展生物乙醇和生物柴油技术。印度正在扩大麻风树属的种植，这是一种可用于生产生物柴油的产油作物。印度的糖酒精研究的目标是在车用燃料中达到5%的份额。中国是一个重要的生物乙醇生产国。开发生物燃料的成本也是非常高昂的。在发展中国家，生物质能可以为生活在农村的人们提供加热和做饭的燃料。牲畜的粪便和农作物的残余物常常被用作燃料。国际能源署的数据表明，在发展中国家初始能源中约30%是由生物质提供的。全球20多亿人用生物燃料作为他们的初始能源来源，用于户内做饭的生物燃料的使用往往会产生健康问题和污染。据国际能源署2006年的《世界能源展望》资料，生物质燃料使用时不通风现象已经造成了全球130万人的死亡。解决这一问题的方法是改进炉灶和使用替代燃料。然而，燃料具有对生物（尤其是人）的伤害性，而可替代燃料则又过于昂贵。从1980年或更早以来，人们就开始设计生产出极低成本、较高燃烧效率且低污染的生物质能灶具。

> 生物燃料的生产一直颇受质疑，因为生物燃料的生产肯定会提高农作物的价格，进而从整体上影响食品安全！

问题在于教育与分配的缺乏、腐败横生以及外国的投资过少等。在没有帮助或资助（如小额信贷）的情况下，发展中国家的人们往往不能解决这些问题。一些组织，如中间技术开发集团（Intermediate Technology Development Group）的工作就是为那些无法得到生物燃料的人们建立使用这种燃料和替代燃料的设施。

目前生物燃料生产与使用的问题。人们认为生物燃料的优点在于：减少温室气体的排放，减少化石燃料的使用，增加国家能源的安全性，加快了农村的发展并为未来提供可持续性能源。生物燃料的局限性在于：生物燃料生产的原材料必须迅速得到补充，而且必须对生物燃料的生产过程进行创新性设计和不断补充，这样方能以最低的价格获得最多的燃料，而且能够获得最大的环境效益。广义而言，第一代生物燃料的生产加工仅能为我们提供极少的份额，造成这种现象的原因如下所述。第二代加工技术能够为我们提供更多的生物燃料和更好的环境效益，但其加工技术的主要障碍是投资成本：预计建立第二代生物燃料生产加工的成本高达5亿欧元。目前，关于生物燃料的有利与不利之间的争议时常出现。政治学家和大型企业正在推动以农作物为原料的乙醇生物燃料的进程，并以此为石油的替代品。实际上，这一措施正在加速全球粮食价格的飞速上涨，使得亚马孙河流域的丛林被毁灭，并使全球变暖加剧。

石油价格的调节

生物燃料使用的全球安全意义。如果石油需求量的增加未被抑制，则会使石油消费国更易受到伤害，严重时会使石油供给中断并会导致油价剧烈波动。有报道表明，生物燃料可能终有一天会成为一种可替代能源，但是，生物燃料的使用对全球能源安全的意义，经济的、环境的和公共健康的意义还有待于进一步评估。经济学家不同意生物燃料生产规模的扩大会影响石油价格的说法。在交易市场上，如果不使用生物燃料的话，石油价格将会比目前的还要高15%，汽油价格也会高出25%。可替代能源的有序供给将有助于平抑汽油价格。生物燃料的使用规模受到了极大的限制，而且成本昂贵，这使得它的价格与石油价格之间存在着极大的差异，由于这种能源成本的基本要素之一就是食品的价格，所以生物燃料的生产也代表着对食品价格的调节作用。

> 来源于植物的生物燃料转化为能量，从本质上讲是植物通过光合作用获得的太阳能的再利用。太阳与可用能（与总量的换算）转化效率比较表明，太阳能发电板的能量效率是谷物乙醇的100倍，是最好的生物燃料的10倍之多。

上涨的食品价格——"食品与燃料"之争。这是一个引起全球争论的话题。对此，美国国家谷物生产者联合会（National Corn Growers

Association）就认为生物燃料并不是主要原因。一些人认为，问题在于政府对生物燃料支持的结果。另一些人则认为，原因在于石油价格的上涨。食品价格上涨的影响对于较贫穷的国家尤甚。在一些国家中，冻结生物燃料生产的呼声高涨，那里的人们认为生物燃料不应与食品生产展开竞争，更不能"人口夺食"！生物燃料生产所追求的目的应该在于不会影响到1亿多目前因食品价格上涨而处于危险边缘的人们的生活。

能源效率❶与生物燃料的能源平衡。用原材料进行生物燃料的生产需要能量（如农作物的种植、最终产品的转化与运输以及化肥、灭草剂和杀真菌剂的生产与使用），而且也会对环境产生影响。生物燃料的能量平衡是由燃料生产过程中所输入的能量与它在汽车发电机内燃烧时所释放出能量的比较，这会因辅料和预计的使用方式而变化。从向日葵籽生产出来的生物柴油可以产生0.46倍于化石燃料的输出效率；从大豆产生的生物柴油所产生的输出效率则可达化石燃料的3.2倍。与从石油炼制的汽油和柴油的输出效率相比，生物柴油分别是前者的0.805倍，后者的0.84倍。

对于生物燃料来说，生产每英热单位的能量所需输入的能量要大于化石燃料：石油可以用泵从地下抽到地面，而且其能量效率要高于生物燃料。然而，这并不是一个用石油取代生物燃料的必需条件，而使用生物燃料也并不会对环境产生影响。人们已经进行了关于生物燃料生产能源平衡计算方面的研究，结果显示，因所采用的生物质和生产地点不同将会导致能源平衡的极大差异。生物燃料生产的生命周期评估表明，在某些条件下，生物燃料的生产仅仅限制了能量的储存和温室气体的排放。化肥输入和远距离的生物质运输能够减少温室效应气体（GHG）的储存。

人们可以设计生物燃料生产工厂的位置，以便尽量减少所需运输的

---

❶ 在物理学与工程学，包括机械与电子工程学中，能量效率是一个量纲一级量，其值介于0到1之间，当用100相乘时，以百分比表示。在一个处理过程中的能量效率以 η 表示，其定义为：效率 η =输出/输入，式中输出为机械工作的量（以瓦计），或是处理工程中释放出来的能量（以焦耳计），而输入则指输入供加工处理所使用的能量或工作量。根据能量转换原理，在一个密闭体系内的能量效率永远不会超过100%。

距离，建立农业管理制度，以限制用于生物生产所使用的化肥量。一项关于欧洲温室气体排放的研究发现，用农作物种子（如欧洲油菜籽）所制成的生物柴油的"油井—车轮"（WTW）CO_2排放量可能几乎与从化石燃料制取的柴油的CO_2排放量相当。这表明一个简单的结果：产自淀粉类农作物的生物乙醇所产生的CO_2排放量几乎与产自化石燃料的汽油的一样多。这项研究表明，第二代生物燃料具有低CO_2排放量的特点。其他独立的LCA研究表明，同等当量的生物燃料与化石燃料相比，前者的CO_2排放量是后者的50%左右。如果使用了第二代生物燃料生产技术或者减少化肥的生产，则可以减少80%~90%的CO_2排放量。通过使用副产品提供热量（如用甘蔗渣生产乙醇），温室效应气体的排放量还将下降。

具有相互依存作用的植物的搭配能够提高效率。一个实例就是利用来自工业产生的废热进行乙醇的生产，然后进行冷却和循环，用于替代能够使大气升温的水热蒸发。

水力能[1]

水力能或水动力能是活动着的水产生的力或能量。它可以被聚集起来供人类使用。在进行大规模的商业用电之前，水力能被用于灌溉和多种机械，如水磨坊、纺织机械的运转、锯木厂等。在一个工厂（作坊）里，可以通过下落的水产生压缩空气，然后利用这种压缩空气去推动远离水源的机械运行。

水力能的利用已有数百年的历史。在印度，建起了水轮机和水磨坊；在罗马帝国，人们用水力机械磨面粉，还用于锯开木材和石料。从蓄水池内释放出的水波浪能被用于提取金属矿——这就是所谓的"水清洗（矿石）法"。水清洗法在中世纪的英国得到了广泛的应用，后来的人们用此法萃取铅和锌。再后来，该法演化为水力选矿法，广泛应用于美国加利福尼亚州的黄金矿的淘选工艺中。在中国和其他远东地区，人们用水力作为"水轮机"，将水从地下抽到地表，引入灌溉的水渠中去。19世纪30年代是世界上运河的修筑高峰期，人们利用一种倾斜面的铁路借助水的能量在陡峭的上坡、下坡上拉动河里的驳

---

[1] 由流动的水体产生的能量。

船行驶。直接的机械能传递需要利用当地的瀑布，如19世纪后半叶，在美国密西西比河的圣安东尼（Saint Anthony）瀑布，水的落差可达50英尺，人们在那里建起了许多代客加工的磨坊，这些磨坊的建立促进了明尼阿波利斯（美国明尼苏达州东南部城市）的发展。水力能的利用也呈现网状发展，利用多条管线从源头将具有压力的液体（如泵）输往终端用户，以供机械的运行。如今，水力能的最大用途就是发电，它可以使人们用上来自水力的廉价能量。

自然现象

在水力学中，水力能是一种自然现象，是水施加在河底与河床上的力。在洪水期间，这种能量尤甚。水的动能可使沉积物和其他物质从河底及河床上发生移动，会引起侵蚀和其他变动。

水力能有多种形式：

水轮，已有数百年的使用历史，用于驱动磨坊和机械。

水力发电，通常用水坝蓄水发电，或者用水流从高处落下的冲力（如水力发电的水磨坊）发电。

无坝的水力能，可以利用河流、溪流和海洋的动能。

海浪能，利用水平方向上的潮汐能量。

潮汐流能量，利用垂直方向上的潮汐能量。

涡流能，产生涡流，然后聚集能力。

波浪能，可以利用波浪能量发电。

水力发电

当今世界，水力发电为全球提供了约715000兆瓦当量的电力，占总发电量的19%（2003年，这一比例为16%）。人们继续设计、建造着大坝。全球最大的水坝是坐落在世界第三大河流中国长江上的三峡大坝(Three Gorges Dam)。在正常情况下，三峡大坝的水力发电可以保障供电地区高峰期用电，因为那里的发电机很容易停止或启动。这也能提供高能量、低成本的电力。

水力发电是水力能的一种形式，是使用的最为广泛的一种可再生能源形式。它无污染、无温室气体二氧化碳的排放。2005年以来，全球总电量中的63%是由可再生能源产生的。虽然在全球的水力发电量中，大部分由大型水力发电设施所产生，但在中国，小型水力发电站也相当普及，这些小型水电站所发出的电量达到了全球水力发电量的50%。对此，一些评论家并不认为大型水力发电设施可持续提供能源，因为它可能会对人类与环境造成影响，当然，这种评估是根据"可持续性"的定义做出的。

绝大部分水力电能来源于由大坝蓄起水的潜能，用水力驱动涡轮机和发动机。在这种情况下，从水获得的能量取决于水流量与水源之间的高差与体积，这种高度差异称为水位差。水体内的潜能量与水位差成正比，为了获得最大的水位差，可以先将水引入一个名为水槽（涵洞）的大型管道内，然后再引至涡轮机，通过储存在不同高度处的水的流动来产生电力，以供用电高峰时的电力需求。在用电低谷，额外产生的电力可被用于蓄水——将水抽提到较高地势处以备后用。一旦到了用电高峰期，人们就会将较高部位的水途经涡轮机而释放到低处。这种蓄水方式目前仅供有重要商业意义的大型商业电网的电力储备，并为发电系统提供正常的供电。

没有储备能力的水力发电厂称为"河床式电站（run-of-the-river）"，因为它不可能蓄水。潮汐发电厂可以利用每日潮汐的涨潮与落潮的能量发电，这种资源的可预测性极高，如果诸条件允许建造一些蓄水池，就可以在用电高峰时释放能量，进而产生电力。水力发电中不太常见的类型是利用水的动能，如水下涡轮装置。可以用一个简单的公式来近似地计算一个水力发电站的发电量：

$$p=hrk$$

式中，p为功率（瓦），h为高度（米），r为流速（米^3/秒），k为7500瓦的转换系数（设定一个效率系数为76.5%，而且会因重力而增加，淡水的密度为1000千克/米^3）。

现代化的大型涡轮机效率往往较高，而老式的和小型的发电装置的效率则较低，因为效率会因摩擦力的增加而下降。一年内电力生产量取决于水的供给量。在一些发电站中，一年内水的流速参数变化为10:1。

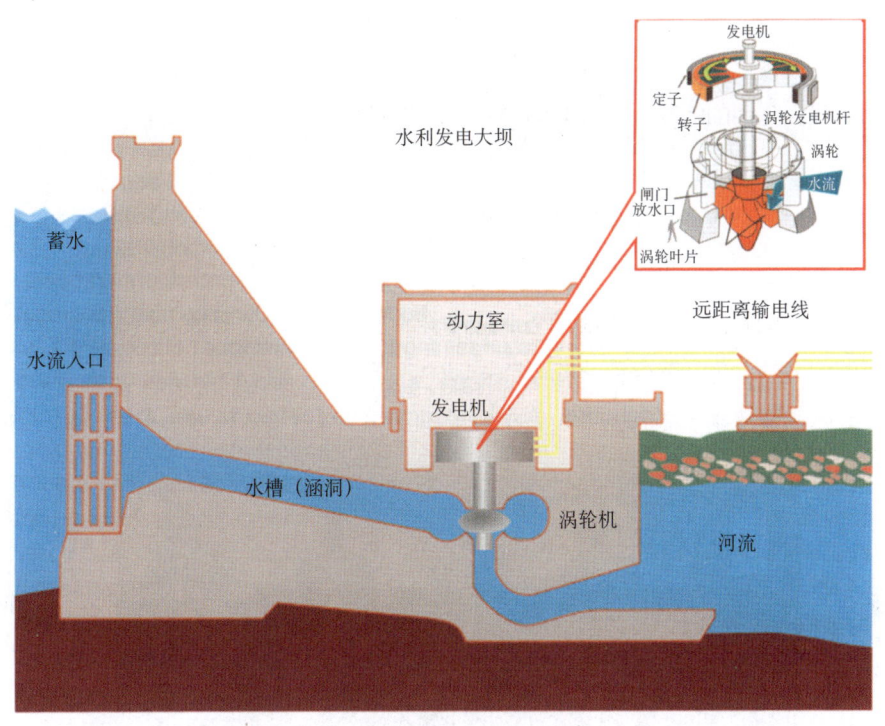

水力发电大坝结构示意图

水力发电的经济优势

　　水力发电的主要优势是可以排除燃料的成本。水电站运行的成本几乎不受石油、天然气和煤炭等化石燃料价格上涨的影响。由于水力发电不需要燃料，所以燃料就对此类发电站显得并不重要。水力发电站的经济寿命比烧燃料的发电厂更长，世界上有一些建于50～100年前的水力发电站依然在运行。由于水力发电站多为自动运行且在正常运行情况下所需的工作人员较少，所以，此类发电站的运营劳动力的成本往往较低，如果在此类基础上建造水力发电站，就可能相对降低大坝建造的成本，也为大坝的运营费用增加了有用的红利。计算表明，中国的三峡大坝经过5～8年的发电，就能收回大坝建设的投资。

煤炭发电

煤炭是一种化石燃料，由保存在水体和泥沙的生态体系中以前死亡的植物生成，死亡的植物在这种环境中可以使其避免被氧化和生物降解，因此可以把其中的碳固定下来。煤炭是一种易于燃烧的黑色或黑褐色岩石，它是一种沉积岩，但并不太坚硬，如褐煤可以被认为是一种变质岩，因为它形成后曾经遭受过高温和高压的影响。煤炭的主要成分是碳和氢，以及少量的其他元素，比较显著的是硫。煤炭是全球发电业应用得最多的燃料，也是最大的二氧化碳排放源，当然，也是气候变化和全球变暖的重要元凶。就二氧化碳的排放而言，煤炭的排放量略高于石油，约为天然气的一倍。煤炭采自地下的煤矿，既可深入地下开采也可以开放式矿坑（露天开采）进行开采。

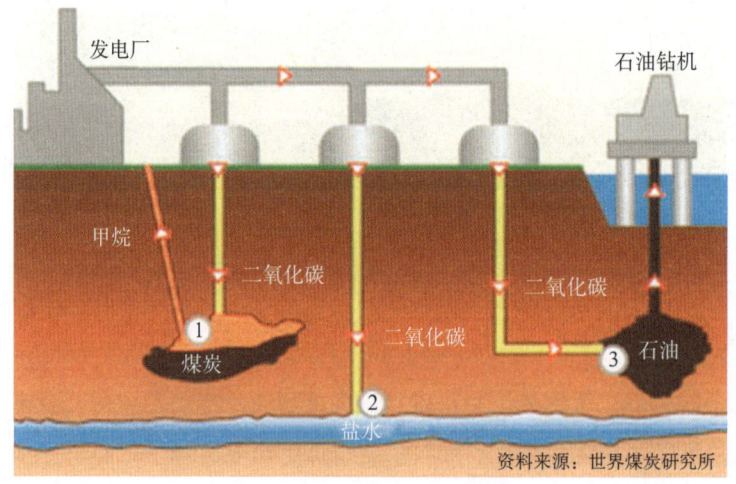

燃煤发电站

煤炭主要用作发电的固体燃料，通过燃烧产生热量。全球每年的煤炭消耗量[1]约为62亿吨，其中约75%用于发电。2007年，中国的煤产量为28.5亿吨，印度的煤产量约为5.367亿吨，中国电力中的68.7%来源于煤炭发电。美国每年消耗10.53亿吨煤炭，其中90%用于发电。2007年，全球煤炭总产量为68.1亿吨。在用煤炭发电时，首先要将煤炭碎成粉末，然后在锅炉内燃烧。炉子内所产生的热量将锅炉里的水加热成为蒸汽，接着用其驱动涡轮发电机产生

---

[1] 资料来源：《WER》，2006；维基百科，2007。

电力。在过去的几年中，这一过程的热动力效率已经得到了较大的提高。标准的蒸汽涡轮机的技术远未达到令人满意的程度。在上述过程中，热动力效率才达到35%，这意味着所燃烧的煤炭有65%的热量被排放到周围的环境中——被白白地浪费掉了。老式的燃煤发电站的热动力效率更低，被浪费掉的热能也更高。

从理论上讲，温度与压力的增加可能会获得更高的热动力效率，因此超临界涡轮机概念的出现展现了一种热动力效率可达46%的极高温的锅炉。利用煤炭的另一种有效方式是组合循环式发电机，即热电联供，以及一种MHD顶级循环式发电机。全球大约40%的电力是由燃煤产生的。用已有的技术可以开采出的这种沉积岩（煤炭）的总量可供以目前的消费水平使用300年以上，包括污染大、能量强度低的煤炭种类（如褐煤和沥青煤），而在几十年内，全球的煤炭生产就会达到最大值。

用煤炭发电的一种更具能量效率的方式是使用一氧化物燃料电池或熔融的碳酸盐燃料电池（或任何氧离子转换基电池，在它们燃烧氧时，这些电池的燃料之间没有什么区别）。用这些方式，可以使热动力效率达到60%～85%（直接发电+废热蒸汽涡轮机）。目前，这种燃料电池技术仅仅能利用气体燃料，而它们对硫中毒十分敏感。在用煤炭获得大规模商业成功之前，仅靠这种技术是不够的。随着气体燃料研发的进展，有一种观点认为，可以用氮气作为携带者输送煤炭粉末。另一种观点认为，用水将煤气化，在这种方式中，将氧引入电解液燃料一侧可能会降低燃料端的电压，但也可能极大地简化碳的回收。

液化处理——煤液化技术（CTL）

煤炭也可以被转化为液态燃料，通过几次加工处理后可以变成汽油或柴油。德国使用了多年的费托合成法（Fischer-Tropsch）❶可以间接地产生液态

---

❶ 费托合成（或称费托处理）是一种催化化学反应，在这一反应过程中，二氧化碳、氢合成气的混合气体被转化为各自形态的液态烃类。虽然也用镍和钌，但最常用的催化剂是铁和钴。这种处理的主要目的在于产生一种合成的石油物质，主要是以煤炭、天然气或生物质为原料，用于合成润滑油或合成燃料。这种合成的燃料可供卡车、小轿车和某些飞机发动机使用（据Sasol）。近年来，柴油的用量增加。生物质气化（BG）与费托合成气的混合浆可能成为生产可再生车用燃料（生物燃料）的途径。

烃，目前这种方法在南非的萨索尔（Sasol）地区依然使用着。煤炭被气化成合成气（一种CO_2与H_2等比例平衡的混合气体），还可用费托催化剂冷析技术生成混合气，以产生可供进一步生成汽油和柴油的轻质烃气体。合成气还可被转化为甲烷，它可用作燃料、燃料添加剂，或者通过Mobile M—气体加工方法进一步加工成汽油。贝吉乌斯（Bergius）加工技术是一种直接液化方法（由合成加氢法进行液化处理）也是可行的，但仅限于德国国内使用，此法在第一、第二次世界大战期间获得了极大的成功。南非的萨索尔公司实验了直接加氢处理。人们已经开发出一些直接液化技术，其中有由海湾石油公司（Gulf Oil）开发的SRC-I和SRC-II（溶剂炼制煤）加工技术，这些技术已由美国人在20世纪60年代和70年代分别进行了先导实验。1976年，NUS公司研发了另一种直接加氢方法，并由Wilburn C.Schroeder获得了专利。该加工法包含干燥、磨粉煤，与大致1%（质量比）的钼催化剂混合。应用加氢技术可以在一个分离的汽化炉内产生高温和高压的合成气体。该方法最终可以产生一种合成的石油物质：石脑油，少量的C_3、C_4气体，轻—中质液体（C_5—C_{10}），可以作为燃料，少量的NH_3和大量的CO_2。

  煤的液化是支柱性技术之一，它具有平抑石油价格的潜力，而且能够缓解车辆燃料短缺的影响。一些学者认为，这种燃料可以推迟石油峰值的到来。液化技术的生产能力是不可预测的，它正在大幅度地增加，以满足日益增长的对石油的需求。从煤炭生成液体燃料的预算成本表明，美国国内从煤生产出的液体燃料的成本已具备了与石油的竞争力——为35美元/桶（这是一个不亏不盈利的价格）。2008年7月11日的石油价格为145美元/桶。这就使得煤炭在这种价格背景下具有了取代石油的经济意义，虽然目前这种煤液化燃料的产量还不大。在商业成熟的技术中，据Williams与Larson（2003）报道，间接的煤液化技术要优于直接液化技术。2001年以来，人们已经对此进行了大量的研发工作。世界CTL奖[1]颁发给了对煤的液化技术理解与研发做出了重大贡献的人们。

---

[1] 2009年，此项奖在美国首都华盛顿召开的2009年世界煤液化技术大会（2009年4月25—27日）上颁发。

能源强度

煤的能源强度即煤的热值，约为24兆焦/千克。煤炭的能源强度也可以某一单元的千瓦·时表示，这种单元即为日常生活中最常用的电力销售单位，用于估算每发出这一单位的电力所需的煤炭量。煤炭的能源强度为6.67千瓦·时/千克，标准的燃煤发电厂的热动力效率约为30%，可以成功地将煤的热能转化为电力——其余部分为废热。燃煤发电厂中，每燃烧1千克的煤约产生2千瓦·时的电力。如，一台100瓦的计算机每年所需的电量为876千瓦·时[100瓦×24时/日×365日（1年）=876000瓦·时=876千瓦·时]。将此电量换算为煤炭的消耗量则为：876/2.0=438千克或966磅的煤炭消耗量。所以，一台计算机运行一年所需的煤炭为438千克。人们还可以推算出在电线内因电阻和所产生热量而导致的电力损失——约为5%~10%，这将取决于从发电到用户的传输距离。

相对的碳成本

由于煤炭的含碳量至少可达50%（质量），则1千克煤的碳含量至少为0.51千克，即0.5千克/（12千克/千摩）=1/24千摩。其中1摩尔等于N_A（阿伏加德罗数）颗粒。燃烧时，这些碳与大气中的氧混合在一起，产生的二氧化碳原子量为[12+16×2=质量（CO_2）=44千克/千摩]。所以，每1/24千克煤可以产生1/24千摩的CO_2，这些CO_2一旦被俘获，CO_2的质量约为1/24千摩×44千克/千摩=11/6千克≈1.83千克。此值可用于评估燃煤发电厂所用能量的碳成本。由于煤炭有用的输出能力约为30%，即6.67千瓦·时/千克（煤）。所以，我们能够说，煤可以产生2千瓦·时/千克（煤）能量。由于1千克的煤大约可以产生1.83千克的CO_2，所以，我们可以说用煤发电过程中，CO_2的生产率约为0.915千克/千瓦·时，或者0.254千克/兆焦。这一推算与美国能源信息署在1999年做出的关于发电所产生的CO_2排放的报告数据非常吻合，即其排放率为950克CO_2/千瓦·时。相比起来，美国的石油燃料发电厂的二氧化碳排放率为890克CO_2/千瓦·时，天然气发电的排放率为600克CO_2/千瓦·时。核能、水力和风能发电的预测特殊排放量约比化石燃料低100倍。

生产趋势与全球煤炭资源量

据英国地质勘探局报告,2006年,中国的煤炭产量高居全球榜首,其煤炭产量占到全世界总产量中的38%,其次为美国和印度。2006年底,全球可采煤炭储量为8000亿吨至9000亿吨。美国能源信息署指出,全球煤炭资源量为9980亿短吨(short-ton),相当于9050亿吨,其中约一半为硬质煤。以当前的生产能力计算,至少可以开采164年。目前,全球每年的能源总消耗量为15太瓦,以此标准,已发现的煤炭储量足以供全世界使用57年。由美国能源信息署推测的这9980亿吨开采煤炭量相当于约44170亿桶油当量。据统计,2001年,煤炭的燃烧量折合约为每天消耗4600万桶石油。我们假设,全球继续以此速率消耗能量,已发现的煤炭至少可供全世界使用263年。比较起来,在2001年,人类每天所消耗的能源中,天然气提供了5100万桶油当量的能源,同时,地球人每天还消耗了7600万桶石油。根据英国石油公司在2006年底发布的年度报告预计,全球已发现可采煤炭储量为9090.64亿吨,可供全球以当前的开采率生产147年。这一数据仅仅包括由煤炭公司在勘探钻井工程中"发现的"储量,尤其在一些尚未勘探区域,不断有新增储量发现。在许多情况下,一些煤炭公司认识到,已被"证实"了的一些煤炭是无法开采出来的。然而,一些公司并没有更新它们的发现量,对它们的产量预测依然停留在原有的水平上。

作为三种化石燃料之一,煤炭是应用得最广泛的能源;全球有一百多个国家发现了煤炭资源,它们分布在除南极洲以外的所有大陆上。全球煤炭资源量最大的国家依次是美国、俄罗斯、澳大利亚、中国、印度和南非。

世界主要产煤国[1]

国家及每年的煤产量(百万吨)				
国家	2003年	2004年	2005年	2006年
中国	1722.0	1992.3	2204.7	2380.0
美国	972.3	1008.9	1026.5	1053.6
印度	375.4	407.7	428.4	447.6
澳大利亚	351.5	366.1	378.8	373.8

[1] 资料来源:《WER》,2006;维基百科,2006、2007。

续表

国家及每年的煤产量（百万吨）				
国家	2003年	2004年	2005年	2006年
俄罗斯	276.7	281.7	298.5	309.2
南非	237.9	246.4	244.4	256.9
德国	204.9	207.8	202.8	197.2
印度尼西亚	114.3	132.4	146.9	195.0
波兰	163.8	162.4	159.5	156.1
全球总计	5187.6	5585.3	5886.7	6195.1

世界主要煤炭出口国❶

国家及每年的煤炭出口量（百万吨）			
国家	2003年	2004年	2005年
澳大利亚	238.1	247.6	257.6
美国	43.0	48.0	49.9
南非	78.7	74.9	77.5
原苏联国家	41.0	55.7	62.3
波兰	16.4	16.3	16.4
加拿大	27.7	28.8	31.0
中国	103.4	95.5	79.0
南非	57.8	65.9	68.8
印度尼西亚	107.8	131.4	147.6
越南	无	10.3	14.1
总量	713.9	764.0	804.2

地热能

　　地热能（Geothermal power）是由地表之下储存的热量或由地球的海洋和大气层吸收的热量聚集而形成的能量。1904年7月4日，意大利Piero Ginor Conti 王子在Larderello 干气田进行了世界上首次地热发电机运行实验。目前世界上最大的地热发电厂坐落在美国盖瑟尔斯（Geysers）地热田。2007年，地热发电量已占全球总电量中的1%。

　　地热能具有许多优于化石燃料的特点。从环境观点来看，能源利用的意义就在于对周围的环境无污染且安全。能源还应具备可持续性，因为用在地热

---

❶ 资料来源：《WER》, 2005；维基百科, 2006、2007。

处理中的热水可以被反复注入地下，以产生更多的蒸汽。此外，地热发电厂不会受气候变化的影响。地热发电厂可以连续工作，地热能在某些地区极具价格方面的优势，并可减少人们对化石燃料的依赖，因此，地热能的价格是无法预计的。地热能还可提供各种规模的能源供给：一个大型地热发电站能供给一座城市的全部所需电力，而一些小型地热发电厂则可为十分遥远的居民点（如遥远的农村村落）提供电力。从工程学角度来看，地热流具腐蚀性，更糟糕的是有的地热流的温度相对较低（与锅炉内的蒸汽温度相比），根据热动力学原理，这种地热流会限制热动力发电机的发电效率。绝大部分热量会被丢失，除非在一些利用低温的地区，如温室大棚或木材加工厂，或分区供暖（指由一个中心工厂向一地区或一组建筑物供应暖气或热水）等。

出于多种对环境方面的考虑，人们对地热能多有关注。地热发电厂的建立能影响四周区域的大地稳定性。这主要涉及提升地热体系❶，即将水注入以前没有水的干热岩石层中所产生的一些效果。干蒸汽和热水流发电厂的二氧化碳、氮氧化物和硫等排放量极低，仅约为化石燃料发电厂此类污染物排放量的5%左右。

地热发电厂可以建成排放控制系统，可以将那些排放物回注到地下，所以，与化石燃料发电厂相比，地热发电的碳排放量仅为前者的0.1%还少。由地热产生的热水会含有微量的危险性元素，如汞、砷、锑等，如果这些元素进入河流就会污染饮用水。

虽然，一些地区已经供热数十年，但最终一些地区会冷却下来。在这些

---

❶ 地热热量泵系统是一种热和空气调节系统，它利用地球所储存在地下的热量。这些系统的运行基础是地下温度的稳定性，地表几米深度之下在一年内的温度非常稳定，这取决于当地一年内的气候条件。地热泵利用冬季可以获得的热量并在夏季把热量回注到地下。地热系统有别于常规的炉具和锅炉，后者是以标准的方法产生热量并转为热能的。随着能源成本连续高攀且污染也日益成为社会关注热点，而地热能的利用恰好可以解决上述两个问题。地热热量泵还被称为"地热交换"系统（这是一个由工业协会创立的术语）和地下来源的热泵。后一种术语是有用的，因为它能清晰地将地热与空气来源的热量泵相区别。地热热量泵几乎可以在任何地区使用，也应与地热加热泵相区别。地热加热技术可以在那些除了地下高温区（如热泉和火山口蒸汽排放等）之外的任何区域应用，地热加热可以在没有用到热泵的户内空间进行供热。本书着眼于用水与地下进行热交换的热泵，即"水—源地热热泵"或"水循环地热热泵"。其他技术——直接交换地热热泵也将在本章内进行简要地讨论。

地区，地热发电厂（供热厂）的整体能力设计欠妥，对地热过量提取，因为在地球的某一部位所能储存和补充的能量是有限的。对这种现象的一些解释认为，这些特殊地区的地热能量可能会被耗尽，而问题在于：地热是否是一种真正的可再生资源。如，位于新西兰怀拉基的世界第二古老的地热发电厂的产量已经下降。如果单独地看，由于地下岩浆的热储备，这些地区所损失的热能可能可以得到补充。冰岛的高温地热田发电总潜力预计为1500太瓦·时（总量），或者说可以每年15太瓦·时的电量供应100年。地热田的发电能力目前为每年1.3太瓦·时。

潜力

如果算上来源于地热泵所获得的热量，地热能的非发电能力预计为1亿千瓦热能，在全球70多个国家中进行着商业化应用。2005年，美国国内签署的关于地热发电的合同发电量就达650万千瓦。在其他11个国家中也建立了地热发电厂。全球可以利用的地热资源的预测变化极大。根据1999年的研究，利用先进技术后，地热的发电能力可能为0.65亿～1.38亿千瓦。麻省理工学院2006年的报告称，利用提升地热系统后，预计包括人们可以支付的地热发电量约为1亿千瓦，仅在美国，到2050年的地热发电量就会极大地增加。美国在过去的15年间，已为地热的研究与开发投入了10亿美元，它是世界上在此领域投资额度最高的国家。

麻省理工学院的报告计算出全球热干岩系统（EGS）资源超过13000泽焦。当然，200泽焦以上是可以通过泵抽提获得的，随着技术进步，人类可以利用的地热能将会超过2000泽焦——足以满足全球人类上千年的能源需求。EGS的关键就在于深入地下10千米处坚硬的岩石层内。典型的情况是在一处钻两个孔径一致的孔，并深入地下岩石层之间的断层中。用泵将水从一个孔注入地下，从另一个孔获得热蒸汽。麻省理工学院报告预计，在美国，地下10千米处的坚硬岩石层内存有足够的能量，若以全世界目前的能量消耗水平计算，可以供人类使用3万年。在石油工业中，目前有能力钻至这一深度，但费用极高。埃克森美孚石油公司宣布，在撒哈拉地区的Chayvo油田，钻了一口深度达11千米的井（据Lloyds）。在石油工业中，一般钻一口深度大于4000

米的井的成本为1000万美元。技术的挑战是以低成本钻口径更大的井,以求尽可能多地破碎岩石。与那些用于钻孔的能量不同,这种过程并不排放温室气体。其他一些重要的国家有中国、匈牙利、墨西哥、冰岛和新西兰。在澳大利亚地下几千米深处也有一些可以开发的有潜力的地热区。

地热能量已在全球多个国家和地区得到了应用,它们是冰岛、美国、意大利、德国、法国、立陶宛、新西兰、墨西哥、尼加拉瓜、哥斯达黎加、俄罗斯、菲律宾、印度尼西亚、中国、日本、圣基茨岛和尼维拉斯岛。雪佛龙公司是世界上最大的地热生产者。加拿大政府(官方公布了3万个地热利用设施,可以为加拿大的民用和商用建筑物供热)报道说,已在不列颠哥伦比亚省的 Meager Mountain-Pebble Creek 地区建立了地热的发电实验基地,可以发出100兆瓦的电量。

第 12 章　地球历史中的气候

前寒武纪（46亿—5.4亿年前）

持续时间：40亿年以上。化石遗迹证实了冰期的存在。最早的生命痕迹出现在相对较浅的海洋中。

古生代（5.4亿—2.45亿年前）

持续时间：2.95亿年。这一时期发生过两个漫长的冰期。在这一时期的开始与结束时的气候相对稳定，存在着几种温度段，赤道一带亦然。大气变化的方式与我们当今的大气层极为相似。在石炭纪（3.5亿年前），温暖而潮湿的气候使地球上出现了繁盛的植被和生物的迅速多样化发展。形成了山脉链，尤其在欧洲，那里出现了海西期和加里东期褶皱构造带。二叠纪的气候特征是干燥而寒冷，以海水平面下降为标志，导致地球上95%的生物灭绝。

中生代（2.45亿—6500万年前）

持续时间：1.8亿年。气候较寒冷，促使地球上最早的哺乳动物出现。这是一种高于所有爬行动物的动物种类。恐龙是干旱土地上真正的霸主。在海洋中，浮游的和游泳的生物（在开放性海洋中）大量生存。大陆开始分离，山脉（尤其是阿尔卑斯山）褶皱带的出现改变了地貌，海洋开始变得更深。较低的温度，相对干燥的时期和收缩的海域，宣告了向古近纪的转化而且可能导致30%的地球生物的消亡，包括庞大的恐龙家族。

古近—新近纪（6500万—165万年前）

持续时间：约数千万年。出现了不同的气候演化期；大陆趋于稳定，形成了我们今天所看到的模样，出现了更多的山脉褶皱（包括喜马拉雅山脉和阿尔卑斯山脉的分化）。在中生代末期形成的大量生物礁体此时出露地表，形成了陡峭的山体。海域的萎缩导致大量滨岸型生物（软体动物、珊瑚等）消亡。

较寒冷的气候促成了温血动物的发展。大量哺乳动物出现并统治地球的所有生活环境。

第四纪

始于165万年前，并一直持续到今天。第四纪以四次冰期为特征，中间有短暂的、较为温暖的时期，与古近—新近纪开始时的情况相似，森林趋于消亡，草地特别繁茂。

附录　计量与换算：石油、天然气与液化天然气当量

石油

1桶 = 0.136吨

1吨 = 7.33桶

天然气

10亿立方英尺 = 18万桶石油 = 0.28亿立方米LNG = 2.6万吨石油

液化石油气

10亿立方米 = 629万桶石油 = 353亿立方英尺天然气 = 90万吨石油

多因素换算

换算关系

产品	桶→吨	吨→桶	千升→吨	吨→千升
LPG	0.086	11600	0.542	1844
汽油	0.118	8500	0.742	1351
煤油	0.128	7800	0.806	1240
汽油/柴油	0.133	7500	0.839	1192
燃料油	0.149	6700	0.939	1065

石油	吨	英吨（2240磅）	桶	加仑（英制）	加仑（美制）	吨/年
吨	1	0.984	7.33	256	308	—
英吨	1.016	1	7.45	261	313	—
桶	0.136	0.134	1	35	42	—
加仑（英制）	0.00391	0.00383	0.0286	1	1.201	—
加仑（美制）	0.00325	0.00319	0.0238	0.833	1	—
桶/日	—	—	—	—	—	49.8

换算关系

产品	桶→吨	吨→桶	桶/日→吨/年	吨/年→桶/日
车用汽油	0.118	8.45	43.3	0.0232
煤油	0.128	7.80	46.8	0.0214
汽油/柴油	0.133	7.50	48.7	0.0205
燃料油	0.149	6.70	54.5	0.0184

天然气和LNG	10亿立方米天然气	10亿立方英尺天然气	百万吨石油	百万吨石油热单位	万亿英热单位	百万桶油当量
10亿立方米天然气	1	35.3	0.90	0.73	36	6.29
10亿立方英尺天然气	0.028	1	0.026	0.021	1.03	0.18
100万吨石油	1.111	39.2	1	0.805	40.4	7.33
100万吨LNG	1.38	48.7	1.23	1	52.0	8.68
1万亿英热单位	0.028	0.98	0.025	0.02	1	0.17
100万桶油当量	0.16	5.61	0.14	0.12	5.8	1